compendio Bildungsmedien

Recht und Steuern

Recht für technische Kaufleute und HWD

Grundlagen mit Beispielen, Repetitionsfragen und Antworten sowie Übungen

Lucien Gehrig, Thomas Hirt und Christa Müller

Recht für technische Kaufleute und HWD
Grundlagen mit Beispielen, Repetitionsfragen und Antworten sowie Übungen
Lucien Gehrig, Thomas Hirt und Christa Müller

Grafisches Konzept: dezember und juli, Wernetshausen
Satz und Layout: Mediengestaltung, Compendio Bildungsmedien AG, Zürich
Illustrationen: Oliver Lüde, Winterthur, Rolf Kränzlin, Zürich
Druck: Edubook AG, Merenschwand

Redaktion und didaktische Bearbeitung: Thomas Hirt

Artikelnummer: 7765
ISBN: 978-3-7155-9409-8
Auflage: 3., überarbeitete Auflage 2011
Ausgabe: U1031
Sprache: DE
Code: XTK 008

Inhaltsverzeichnis

Über die Reihe «Wirtschaft und Recht TK/HWD»

Die Reihe ist auf die Bedürfnisse von Studierenden zugeschnitten, die sich auf die Prüfungen zum **technischen Kaufmann** / zur **technischen Kauffrau mit eidg. Fachausweis** (TK) oder zum **Erwerb des Höheren Wirtschaftsdiploms** (HWD) vorbereiten.

Sie richtet sich deshalb in Stoffauswahl und -tiefe nach den Prüfungsreglementen der beiden Lehrgänge, wobei die Neuerungen des **TK-Prüfungsreglements 2010** berücksichtigt sind. Mit den Bedürfnissen der beiden Zielgruppen vertraute Dozierende haben bei der Konzeption der Reihe und bei der Erarbeitung der Inhalte mitgewirkt.

Die Reihe umfasst folgende Titel:

- **Betriebswirtschaftslehre (Management)**
- **Rechnungswesen**
- **Marketing**
- **Organisation und Projektmanagement**
- **Führung**
- **Kommunikation und Information**
- **Schriftliche Kommunikation**
- **Recht**
- **Volkswirtschaftslehre**
- **Logistik**
- **Informatik**

Die Lehrmittel folgen dem bewährten **didaktischen Konzept** der Compendio-Lehrmittel. Verständliche Texte, zahlreiche Beispiele und Grafiken sowie Repetitionsfragen mit ausführlich kommentierten Musterlösungen ermöglichen die zielgerichtete Vor- und Nachbereitung des Unterrichts und gegebenenfalls auch ein Selbststudium.

Als **Besonderheit** enthält jedes Lehrmittel dieser Reihe einen **Übungsteil** mit anwendungsorientierten Aufgabenstellungen, wie sie an TK- und HWD-**Abschlussprüfungen** typischerweise gestellt werden.

Zürich, im März 2011

Thomas Hirt, Projektleitung

Vorwort

Das vorliegende Buch bietet Ihnen die Grundlagen für das Fach Recht.

Inhalt und Aufbau dieses Lehrmittels

Das Buch umfasst folgende Teile:

- **Teil A «Was ist Recht?» –** Recht und andere Verhaltensregeln, Aufbau der Rechtsordnung, Verfahrensrecht, Arbeit mit Gesetzen
- **Teil B «Die Entstehungsgründe von Obligationen» –** Vertrag, unerlaubte Handlung, ungerechtfertigte Bereicherung, Haftpflichtrecht
- **Teil C «Entstehung und Erfüllung von Verträgen» –** Voraussetzungen der Vertragsentstehung, Auflösung von Verträgen, richtige Erfüllung, Erfüllungsfehler
- **Teile D–G Besondere Verträge –** «Kaufvertrag» – «Mietvertrag» – «Arbeitsvertrag» – «Werkvertrag» – «Auftrag»
- **Teil H «Unternehmensformen und Handelsregister» –** Einzelunternehmung und Gesellschaft, Arten von Gesellschaften, Kollektivgesellschaft, Aktiengesellschaft, GmbH, Stellvertretungsrecht, Handelsregister, Firmenrecht
- **Teil I «Betreibungsrecht» –** Grundsätze, Betreibung auf Pfändung, Betreibung auf Pfandverwertung, Betreibung auf Konkurs, Sicherungsmittel im Betreibungsrecht
- **Teil J «Übungen» –** Kapitelübergreifend vernetzte Übungen für das Training
- **Teil K «Anhang» –** hier finden Sie Musterlösungen zu den Repetitionsfragen, die in den Theorieteilen A bis I jeweils am Schluss jedes Kapitels enthalten sind

Zur aktuellen Auflage

Das Buch erscheint in einem neuen, zeitgemässen und leserfreundlichen Layout. Inhaltlich ist es auf den neuesten Stand gebracht sowie in Bezug auf die Prüfungsanforderungen punktuell angepasst. Herauszuheben sind folgende Änderungen:

- Kapitel 4: Überarbeitung des Verfahrensrechts an die nun geltenden eidgenössischen Regelungen der Strafprozessordnung und der Zivilprozessordnung
- Kapitel 25: Aktualisierung der Handelsregistereinträge
- Kapitel 8: Ergänzung des Übungsteils um die Übung «Malermeister Mahlstein», wo die Sachverhaltsanalyse und die Ermittlung der Anspruchsgrundlagen im Zentrum stehen.

In eigener Sache

Dieses Lehrmittel eignet sich auch für das Selbststudium. Nützliche Tipps dazu erhalten Sie auf www.compendio.ch.

Haben Sie Fragen oder Anregungen zu diesem Lehrmittel? Über unsere E-Mail-Adresse postfach@compendio.ch können Sie uns diese gerne mitteilen. Sind Ihnen Tipp- oder Druckfehler aufgefallen, danken wir Ihnen für einen entsprechenden Hinweis über die E-Mail-Adresse korrekturen@compendio.ch.

Zürich, im Dezember 2010

Lucien Gehrig
Thomas Hirt
Christa Müller

Teil A Was ist Recht?

1 Was ist Recht, und wozu dient das Recht?

Lernziele

Nach der Bearbeitung dieses Kapitels können Sie ...

- die Bedeutung von Verhaltensregeln für das Zusammenleben von Menschen beschreiben.
- Recht, Brauch, Sitte und Moral als Verhaltensregeln benennen und anhand ihrer Wesensmerkmale unterscheiden.
- Gespräch, Mediation und Gerichtsverfahren als Möglichkeiten der Konfliktbewältigung aufzeigen.

Schlüsselbegriffe

Ethik, Handelsbrauch, Handelsusanz, Konfliktlösung, Moral, Recht, Sitte, Verfahren, Verhaltensregeln, Verkehrssitte

Wo Menschen **zusammenleben,** braucht es Regeln. Ohne **Verhaltensregeln** wäre eine menschliche Gemeinschaft nicht möglich. Es würden chaotische Zustände herrschen, und es käme ständig zu **Streit.**

Beispiel

Dass ein Zusammenleben ohne Verhaltensregeln schwierig wäre, zeigt folgendes Beispiel: Andreas Villiger schreckt aus dem Schlaf auf: «Der Wecker hat nicht geläutet – ausgerechnet heute, wo doch um 8.10 Uhr eine wichtige Teamsitzung ansteht! Wenn ich mit der Vespa fahre anstatt wie üblich mit dem Bus, schaffe ich es gerade noch!» Andreas Villiger fährt mit Vollgas. Um den Weg abzukürzen, wählt er eine wenig befahrene Einbahnstrasse. Dort übersieht er einen älteren Mann, der soeben die Strasse überqueren will. Andreas Villiger kann gerade noch ausweichen, streift aber den Mann und stürzt beinahe. Blick zurück: Der Mann kauert am Boden, offenbar sucht er nach seiner Brille, die am Boden liegt. «Zum Glück ist ihm nichts passiert», denkt sich Andreas Villiger. Er ruft dem Mann noch eine Entschuldigung zu und fährt weiter.

Vier Tage später – da liegt sie nun, die Vorladung der Polizei. Schon die ganze Zeit hat Andreas Villiger ein ungutes Gefühl gehabt. Sein Gewissen hat ihm gesagt, dass er sich nicht richtig verhalten hat. Mit Eingang der Vorladung wird ihm klar, dass sein Verhalten Konsequenzen haben wird, weil er Rechtsnormen verletzt hat und dabei erwischt wurde. Doch welches sind die Konsequenzen, welches der unzähligen Gesetzbücher sagt etwas zu unserem Fall und welche Folgen wird das für Andreas Villiger haben?

Verständlicherweise will Andreas Villiger möglichst rasch zur Teamsitzung gelangen. Sich ungehindert zu bewegen, gehört zu seinem Freiraum. Dasselbe gilt aber auch für den angefahrenen Mann. Auch er beansprucht den Freiraum, sich ungehindert zu bewegen.

Weil beide ihr Recht auf Freiraum zur gleichen Zeit am gleichen Ort ausüben wollen, kommt es zum Konflikt mit zwei Seiten: Andreas Villiger kann sagen: «Der Mann ist schuld. Er hat sich in meinen Fahrweg gestellt und so den Unfall verursacht.» Der Mann kann sagen: «Herr Villiger ist schuld. Er hat mich angefahren, meine Brille kaputtgemacht und mich verletzt. Diesen Schaden muss er bezahlen.»

Im Grunde haben damit beide eine Verhaltensregel aufgestellt. Die Regel von Andreas Villiger sagt: «Der Mann darf sich mir nicht in den Weg stellen.» Die Regel des Mannes sagt: «Herr Villiger darf nicht dort durchfahren.» Und beide leiten aus dieser Regel Ansprüche an den andern ab. Wenn beide auf ihrem Standpunkt beharren, ist ein Streit vorprogrammiert.

Der Konflikt zwischen Andreas Villiger und dem Mann ist nur einer von vielen. Was würde geschehen, wenn jeder von uns täglich damit rechnen müsste, irgendwo in einen Streit gezogen zu werden, z. B. weil er bei der Parkplatzsuche etwas schneller war als ein anderer oder weil er das letzte Kinobillett erhalten hat, das ein anderer auch unbedingt wollte usw.? Würden Sie in einer solchen Gesellschaft leben wollen?

Wenn wir unser Beispiel auswerten, dann können wir folgende Schlüsse ziehen:

1. Wir brauchen verbindliche **Verhaltensregeln.** Diese bestimmen die Freiräume von Menschen, legen also fest, wie sich Menschen verhalten müssen.
2. Verhaltensregeln genügen aber noch nicht. Wir müssen im Konfliktfall auch **Verfahren** festlegen, in denen die Verhaltensregeln angewendet werden. Die Gesellschaft muss zu ihrem eigenen Schutz verhindern, dass Konflikte eskalieren. Deshalb verbieten moderne Staaten Selbstjustiz. Wenn ein Konflikt nicht gütlich beigelegt werden kann, müssen die Betroffenen sich an den **Staat** wenden. Er stellt verbindlich fest, welche Verhaltensregeln gelten, und ergreift unter Umständen auch die gebotenen Zwangsmassnahmen.

1.1 Recht, Brauch, Sitte und Moral

Das menschliche Verhalten in der Gesellschaft wird durch vier Arten von Regeln bestimmt: **Brauch, Sitte, Recht** und **Moral.** Man kann sie in **äussere** und **innere** Verhaltensregeln unterteilen. Bei den äusseren Regeln verlangt **die Gesellschaft** ein bestimmtes Verhalten vom Einzelnen. Die inneren Regeln haben ihren Ursprung im **«Gewissen»** jedes Menschen selbst. Zu den äusseren Regeln zählen der Brauch, die Sitte und das Recht, zu den inneren die Moral.

1.1.1 Brauch, Sitte und Recht – die äusseren Verhaltensregeln

Der **Brauch** ist die lockerste Form von äusseren Verhaltensregeln. Man hält sich zwar im Normalfall an die Bräuche, wer aber dagegen verstösst, muss **keine Reaktion** der Gesellschaft befürchten.

Die **Sitte** ist schon strenger. Ein Verstoss gegen Regeln der Sitte bewertet die Gesellschaft als **ungehörig** oder **unanständig.** Entsprechend reagiert sie auch mit Missfallen, wenn jemand gegen die guten Sitten verstösst.

Am strengsten sind die Regeln des **Rechts,** denn hier setzt der Staat im Namen der Gesellschaft verbindliche Normen. Recht setzt der Staat immer dort, wo er einen Verstoss gegen Verhaltensregeln für wichtig genug anschaut. Rechtsnormen sind für alle verbindlich und auch erzwingbar; wer also gegen eine Rechtsregel verstösst, muss mit **staatlichen Sanktionen** rechnen.

Beispiel

- **Brauch:** Für viele ist es Brauch, einem Menschen an dessen Geburtstag ein Geschenk zu machen. Aber es ist jedem freigestellt, ob er/sie diesen Brauch pflegen will. Die Gesellschaft reagiert (heutzutage) nicht, wenn jemand keine Geschenke macht.
- **Sitte:** Seit einer Viertelstunde wartet Helmut Kaser auf einen freien Parkplatz. Nun wird einer frei. Da wischt ein anderer Autofahrer, der eben hinzugefahren ist, in die Lücke. Er hat die Sittenregel verletzt, dass derjenige parkieren darf, der am längsten gewartet hat. Helmut Kaser wird fluchen, hupen oder sonst wie auf die Verletzung dieser Sittenregel reagieren.
- **Recht:** Andreas Villiger verstösst gegen verschiedene Rechtsnormen:
  - Er verstösst gegen das Fahrverbot. Das Strassenverkehrsrecht bestraft ihn mit einer Busse.
  - Er verstösst gegen die Pflicht, bei Unfällen am Unfallort zu bleiben. Auch damit befasst sich das Strassenverkehrsrecht.
  - Er verstösst gegen das Gebot, dass man niemanden verletzen darf. Hier greift das Strafrecht, das Körperverletzungen unter Strafe stellt.
  - Zusätzlich muss Andreas Villiger damit rechnen, dass er schadenersatzpflichtig für den Schaden wird, den er dem Mann zugefügt hat (kaputte Brille, evtl. Heilungskosten und Verdienstausfall). Hier kommt das Haftpflichtrecht zur Anwendung.

1.1.2 Die Moral – die inneren Verhaltensregeln

Neben den äusseren Regeln (Brauch, Sitte und Recht) gibt es die inneren Regeln der **Moral.** Sie verlangen, dass man sich **gut** und **gerecht verhält.** Die Moralregeln entstammen unserem **Gewissen.** Die **Ethik** (= Lehre vom sittlichen Verhalten) schlägt uns zwar Moralregeln vor, aber sie zwingt uns nicht, sie zu übernehmen. Die Regeln der Moral haben etwas ganz Persönliches: Jeder Mensch entscheidet selbst, was gut und was schlecht ist, und stellt sich so seine persönlichen Verhaltensregeln zusammen.

Beispiel

Andreas Villiger hat ein schlechtes Gewissen. Das ist ein Zeichen dafür, dass er gegen seine inneren Regeln der Moral verstossen hat. Um Fragen seiner individuellen Moral geht es auch, wenn er überlegt, wie er sich nun gegenüber dem Mann und der Polizei verhalten soll; ob er zu seinem Fehler stehen oder ob er leugnen soll.

Nun, wir wissen nicht, welche Regeln der Moral sich Andreas Villiger selbst gegeben hat. Vermutlich hält aber auch er sich an folgende Grundregel der Ethik: **Sei fair, behandle andere so, wie du von ihnen behandelt werden möchtest.**

Aus dieser Regel lassen sich unzählige konkrete Verhaltensweisen ableiten, z. B.: Wenn dir etwas passiert ist, dann übernimm die Verantwortung dafür; oder achte das Recht des Schwächeren.

Ethik und Recht sind nicht zusammenhangslos. Wir versuchen, unser **Recht gerecht** zu machen und Grundregeln der Ethik umzusetzen. So ist zum Beispiel das Gebot, sich im Umgang mit anderen **fair** zu verhalten und das **Recht des Schwächeren** zu achten, ein wichtiges Prinzip unserer Rechtsordnung.

1.1.3 Wie hängen Brauch, Sitte und Recht zusammen?

Brauch und Sitte sind oft die Grundlage für das Recht. Der Staat macht den Brauch oder die Sitte zum Recht, wenn die Gesellschaft eine Regel für wichtig genug befindet.

Beispiel

In früheren Zeiten warf man Abfälle bedenkenlos in Flüsse und Seen. Dann entstand die Sitte, Gewässer nicht zu verschmutzen. Im Jahr 1991 wurde diese Sittenregel in Recht umgewandelt, und zwar mit dem Erlass des eidgenössischen Gewässerschutzgesetzes. Art. 14 Abs. 1 dieses Gesetzes lautet nämlich: «Es ist untersagt ... Stoffe jeder Art, die geeignet sind, das Wasser zu verunreinigen ... in die Gewässer einzubringen ...»

Umgekehrt verweist das Recht immer wieder auf Brauch oder Sitte. Dies ist der Fall, wenn es eine Frage nach Ortsgebrauch oder nach Übung beantwortet haben möchte. Man spricht von Verkehrssitten, (Handels-)Usancen oder Handelsbräuchen.

1.2 Wie vorgehen, wenn es trotz Verhaltensregeln zum Konflikt kommt?

Manchmal **verletzt** jemand trotz Brauch, Sitte, Recht und Moral die **Regeln des Zusammenlebens** und bricht so den Frieden. Wie kann der Verletzte reagieren?

- **Gespräch:** Die Konfliktpartner können miteinander reden, um den Konflikt zu lösen. Sie handeln miteinander Regeln aus, wie sie künftig miteinander umgehen wollen. Sie legen ihren Streit durch gegenseitiges Entgegenkommen bei. Gelingt ihnen dies nicht, können sie einen aussen stehenden Vermittler beiziehen.
- **Mediation:** Der Vermittler hilft den Parteien bei der Lösung ihrer Probleme. Mithilfe der Mediation grenzen die Parteien die Konfliktbereiche ein, besprechen die strittigen Punkte. Diese aussergerichtliche Streitschlichtung ermöglicht den Parteien, selbstständig an der Lösung ihres Problems mitzuwirken. Kommt auch mithilfe der Mediation keine Annäherung zustande, bleibt den Parteien nichts anderes übrig, als staatliche Hilfe in Anspruch zu nehmen.
- **Staatliche Gerichte:** Die Parteien gelangen ans Gericht oder beauftragen einen Anwalt, der ihre Interessen vor dem Gericht vertritt. Da Prozesse Jahre dauern, kostspielig und nervenaufreibend sind, versucht auch der Richter ein letztes Mal, eine gütliche Einigung zu erreichen und die Streitparteien vom Sinn einer einvernehmlichen Lösung zu überzeugen (sog. Vergleich). Scheitert auch dieser letzte Versuch, beurteilt das Gericht die Rechte und Pflichten der Streitparteien und stellt diese in einem Gerichtsentscheid fest.

Zusammenfassung

Das Zusammenleben von Menschen muss durch **Verhaltensregeln** geregelt werden. Ohne Verhaltensregeln käme es ständig zu **Konflikten** mit der Gefahr, dass diese **eskalieren** und der Friede in der Gesellschaft gebrochen wird.

Es gibt verschiedene Quellen für Verhaltensregeln:

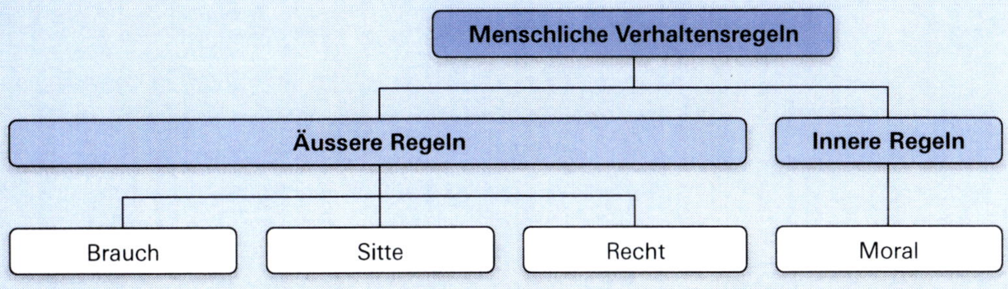

Das Besondere an den Verhaltensregeln des Rechts ist, dass der **Staat für ihre Einhaltung** sorgt, um den Frieden zu sichern. Recht soll aber auch **gerecht** sein, indem es die Grundregeln der Ethik in durchsetzbare Verhaltensregeln umsetzt.

Die Erfahrung zeigt, dass es trotz der Verhaltensregeln zu Konflikten kommt. Um sie zu lösen, kann man das **Gespräch** suchen, einen aussen stehenden **Mediator** beiziehen und – wenn es zu keiner Einigung kommt – die **Gerichte** anrufen.

Repetitionsfragen

1 Weshalb genügen die Regeln der Moral nicht als Verhaltensregeln zur Friedenssicherung in der Gesellschaft?

2 Handelt es sich bei den folgenden Fällen um einen Verstoss gegen Brauch, Sitte oder Recht?

A] Nach der ausgelassenen Geburtstagsparty seines besten Freundes setzt sich Roger Wohler ans Steuer seines Autos, um heute Nacht noch nach Hause zu kommen. Er fühlt sich topfit, obwohl er einige Gläser Wein und Bier getrunken hat.

B] Beda Fahrni ist ohne Geschenk zur Geburtstagsparty gekommen – offenbar als Einziger, wie er angesichts des üppigen Gabentischs feststellen muss.

C] Jessica Brown, auf einer längeren Ferienreise durch Europa unterwegs, betritt die barocke Klosterkirche mit einem rückenfreien T-Shirt und in Shorts. Sie erntet missbilligende Blicke der anderen Kirchenbesucher.

2 Vom Aufbau unserer Rechtsordnung

Lernziele

Nach der Bearbeitung dieses Kapitels können Sie ...

- erklären, was man unter der Rechtsordnung versteht und wie man sie nach dem Rang der Rechtsnormen und der Rechtsstellung der Beteiligten in verschiedene Bereiche unterteilen kann.
- Verfassungsrecht, Verwaltungsrecht, Strafrecht und Verfahrensrecht als Hauptbereiche des öffentlichen Rechts benennen und ihren Gegenstand allgemein umschreiben.
- das Zivilgesetzbuch (ZGB) und das Obligationenrecht (OR) als die beiden Hauptgesetze des Privatrechts benennen und ihren Gegenstand allgemein umschreiben.
- die allgemeinen Rechtsgrundsätze Treu und Glauben, Verbot des Rechtsmissbrauchs und die Beweisregel beschreiben.
- den Unterschied zwischen dispositivem und zwingendem Recht erklären sowie Gesetzesstellen korrekt zitieren.

Schlüsselbegriffe

Beweisregel, dispositives Recht, Gesetz, Gesetzesartikel, Gesetzesrecht, Obligationenrecht (OR), öffentliches Recht, Privatrecht, Rechtsmissbrauch, Rechtsordnung, Strafrecht, Treu und Glauben, Verfahrensrecht, Verfassung, Verordnung, Verwaltungsrecht, Zivilgesetzbuch (ZGB), zwingendes Recht

Alle rechtlichen Vorschriften (Rechtsnormen) bilden zusammen die Rechtsordnung. Man kann sie nach verschiedenen Kriterien einteilen. Wichtig sind folgende Einteilungen:

- **Herkunft einer Norm** – Gesetzesrecht, Gewohnheitsrecht und Richterrecht.
- **Rang einer Norm** – Verfassung, Gesetz und Verordnung.
- **Geltungsbereich einer Norm** – Eidgenössisches, kantonales und kommunales Recht.
- **Beteiligte Personen** – öffentliches Recht und Privatrecht

2.1 Herkunft einer Norm – Gesetzesrecht, Gewohnheitsrecht und Richterrecht

Wir wollen uns zuerst damit beschäftigen, **woher** eine einzelne Rechtsnorm **stammt.** Wenn man sie einem Gesetz oder der Verfassung oder einer Verordnung entnimmt, gehört sie zum **geschriebenen Recht.** Wenn sie mündlich überliefert ist, handelt es sich um eine Norm des **Gewohnheitsrechts.** Und wenn sie durch richterliche Rechtsprechung entstanden ist, zählt man sie zum **Richterrecht.** Das Zivilgesetzbuch (ZGB) nennt diese **drei Rechtsquellen,** und zwar in dieser Reihenfolge.

2.1.1 Das Gesetzesrecht

Zum Gesetzesrecht (ZGB 1 I) gehören alle Rechtsnormen, die in der **Verfassung,** in einem **Gesetz** oder in einer **Verordnung** aufgeschrieben («gesetzt») sind. Es ist die **bedeutendste Rechtsquelle:** Fast alle Rechtsnormen, die in der Schweiz gelten, sind irgendwo in der Verfassung, einem Gesetz oder in einer Verordnung aufgeschrieben. Wir kommen darauf im nachfolgenden Abschnitt, Kap. 2.2, S. 16, zurück.

2.1.2 Das Gewohnheitsrecht

Obwohl es Hunderte von Gesetzen und Verordnungen gibt, sind sie **nie vollständig.** Dazu ist das Leben zu vielfältig. Es entstehen immer wieder neue Fragen, die der Gesetzgeber nicht voraussehen konnte. Für einen Richter gibt das grosse Probleme: Wie soll er entscheiden, wenn ihm das Gesetz auf eine Frage **keine Antwort** gibt? ZGB 1 II zeigt die Lösung: «Kann dem Gesetze keine Vorschrift entnommen werden, so soll der Richter **nach Gewohnheitsrecht** … entscheiden …»

Gewohnheitsrecht ist **mündlich überliefertes Recht.** Es ist in keinem Gesetz niedergeschrieben und gehört darum zum **ungeschriebenen Recht.** Seine Vorschriften kann man nirgends nachlesen, und trotzdem muss man sich daran halten. Es hat die gleiche Geltungskraft wie das Gesetzesrecht. Gewohnheitsrecht ist heute sehr selten.

Wie entsteht Gewohnheitsrecht? Damit eine Verhaltensregel zum Gewohnheitsrecht gehört, müssen **zwei Voraussetzungen** erfüllt sein:

- Erstens muss die **ganze Gesellschaft** davon **überzeugt** sein, dass die Verhaltensregel zu den **rechtlichen Vorschriften** gehört. Bürger, Verwaltung und Richter müssen sich also einig sein, dass diese Verhaltensregel eine rechtliche, d. h. staatlich erzwingbare, Regel ist.
- Zweitens muss diese allgemeine Überzeugung schon **seit längerer Zeit** bestehen.

Beispiel

Wer bei einer Bank Geld auf ein Konto einzahlt, ist durch das Bankgeheimnis geschützt. Das heisst: Die Bank darf nichts über den Inhaber und den Kontostand an die (Steuer-)Behörden verraten. Heute gehört das Bankgeheimnis zum Gesetzesrecht, denn es ist im Bankengesetz niedergeschrieben. Aber es galt auch schon früher, als es das Bankengesetz noch nicht gab. Damals war es den Banken nach Gewohnheitsrecht verboten, das Bankgeheimnis zu verletzen. Das heisst: Schon vor dem Bankengesetz herrschte in der Schweiz seit langer Zeit die allgemeine Überzeugung, dass die Banken von Rechts wegen die Namen ihrer Kunden den Behörden nicht verraten durften.

2.1.3 Das Richterrecht

Was soll ein Richter tun, wenn er auf eine bestimmte Frage weder im Gesetz noch im Gewohnheitsrecht eine passende Vorschrift findet? Auch darauf gibt ZGB 1 II Antwort: Kann dem Gesetze keine Vorschrift entnommen werden, so soll der Richter nach Gewohnheitsrecht, und, wo auch ein solches fehlt, nach der **Regel** entscheiden, die **er als Gesetzgeber aufstellen** würde.

Der Richter muss also selbst Recht setzen! Dabei geht er in zwei Schritten vor:

1. **Recht setzen.** Im ersten Schritt muss der Richter in die Rolle des Gesetzgebers schlüpfen und für Fälle wie den vorliegenden eine allgemeine Rechtsnorm aufstellen. Dabei hat er die Meinungen der Fachleute und die bereits ergangenen Entscheide in ähnlichen Fällen zu berücksichtigen (ZGB 1 III).
2. **Recht anwenden.** Im zweiten Schritt wendet der Richter das von ihm geschaffene Recht auf den konkreten Fall an und fällt einen Entscheid.

Richterrecht liegt also vor, wenn ein Richter eine Lücke im Gesetz durch eine **eigene Regel** füllt. Man spricht aber auch dann von Richterrecht, wenn andere Richter **gleichartige Fälle** auf immer die **gleiche Weise** entschieden haben. Wie das Gewohnheitsrecht gehört auch das Richterrecht zum **ungeschriebenen Recht,** denn man findet seine Normen in keinem Gesetzbuch aufgeschrieben. Richterrecht ist **relativ selten.**

Abb. [2-1] Geschriebenes und ungeschriebenes Recht

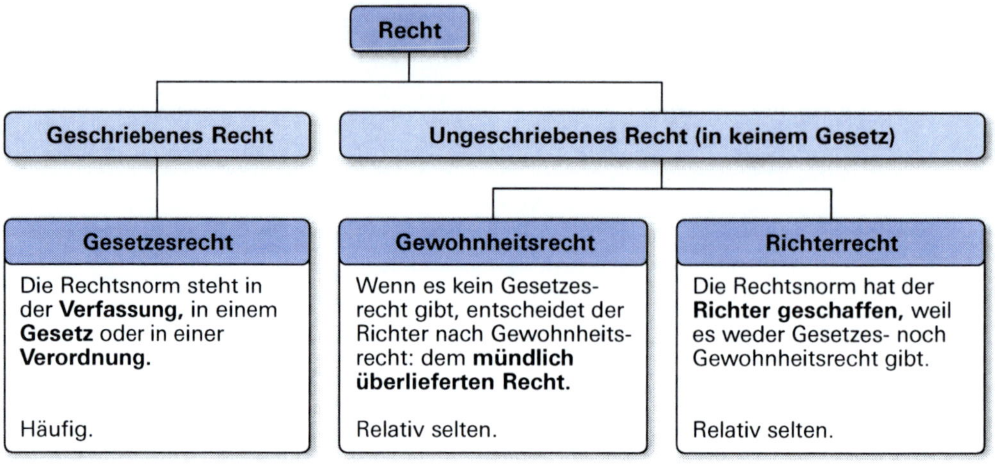

2.2 Rang einer Norm – Verfassung, Gesetz, Verordnung

Wenn man nach dem Rang der Normen (des geschriebenen Rechts) fragt, erhält man eine dreiteilige Gliederung unserer Rechtsordnung.

- Das oberste Gesetz ist die Verfassung.
- Aus der Verfassung abgeleitet sind die Gesetze. Sie konkretisieren die Verfassung.
- Aus den Gesetzen abgeleitet sind die Verordnungen. Sie konkretisieren die Gesetze.

2.2.1 Die Verfassung als oberstes Gesetz

Die Verfassung ist unser oberstes Gesetz. Sie regelt den Aufbau des Staates und seine Aufgaben, die Machtverteilung im Staat und das Verhältnis zwischen Bürger und Behörden. Die Verfassungsartikel sind allgemein gehalten. Sie geben die Leitlinien vor.

Beispiel

Der Umweltschutz ist heute ein wichtiges gesellschaftliches Anliegen, das nur mit rechtlichen Mitteln gelöst werden kann. Aus diesem Grund steht in der Bundesverfassung folgender Artikel (BV 74 I): «Der Bund erlässt Vorschriften über den Schutz des Menschen und seiner natürlichen Umwelt vor schädlichen oder lästigen Einwirkungen.» Der Staat wird also angewiesen, Vorschriften zum Schutz der Umwelt zu erlassen.

Der Anstoss zur Änderung und Ergänzung der Verfassung kommt entweder vom Parlament, das einen Vorschlag ausarbeitet, oder vom Volk (Volksinitiative mit 100 000 Unterschriften).

Die Verfassung wird aber nur abgeändert, wenn das Volk dem Parlamentsvorschlag oder der Volksinitiative zustimmt, und zwar mit der Mehrheit aller Stimmenden in der Schweiz (Volksmehr) und aller Kantone (Ständemehr). Die Bundesversammlung (National- und Ständerat) kann also nicht allein über eine Verfassungsänderung entscheiden.

2.2.2 Die Gesetze – Konkretisierungen der Verfassung

Die Gesetze konkretisieren die Verfassung. Sie führen die Grundlinien, die durch die Verfassung vorgezeichnet sind, näher aus. Jedes Gesetz hat seine Grundlage in der Verfassung und darf ihr inhaltlich nicht widersprechen.

Beispiel

Im Bereich des Umweltschutzes gibt es mehrere Gesetze, die den allgemein gehaltenen Artikel 74 Absatz 1 der Bundesverfassung näher ausgestalten. Eines der Gesetze ist das Umweltschutzgesetz (USG). In 67 Artikeln schreibt es vor, wie sich jemand zu verhalten hat, wenn er die Luft verunreinigt, Lärm erzeugt oder die Umwelt sonst wie belastet. So lautet z. B. USG 11 I: «Luftverunreinigungen ... werden durch Massnahmen bei der Quelle begrenzt (Emissionsbegrenzungen).» Das heisst: Eine (Industrie-)Anlage, die Schadstoffe in die Luft abgibt (Quelle), darf nur bis zu einer bestimmten Grenze (Emissionsgrenze) die Luft verschmutzen. Wie hoch diese Grenze ist, sagt das USG aber nicht; so konkret ist das USG nicht.

Bundesgesetze werden auf **Anstoss** des Parlaments, eines Kantons oder des Bundesrates erlassen oder geändert. Angenommen sind sie, wenn beide Kammern unseres **Parlaments,** der Nationalrat und der Ständerat, ihnen zustimmen. Zur Volksabstimmung kommt es nur, wenn 50 000 Stimmbürger gegen das vom Parlament angenommene Gesetz innert 100 Tagen das **Referendum** ergreifen.

2.2.3 Verordnungen – Konkretisierungen der Gesetze

Die Verordnungen konkretisieren die Gesetze. Sie enthalten detaillierte Regeln. Jede Verordnung hat ihre Grundlage in einem Gesetz, muss also diesem Gesetz und der Verfassung entsprechen.

Beispiel

Das Umweltschutzgesetz hat viele Verordnungen. Eine davon ist die Luftreinhalteverordnung (LRV). Sie schreibt ganz genau vor, wie viel Schadstoffe man in die Luft abgeben darf. Darum finden wir hier, was wir im USG vermisst haben: die Maximalwerte der Luftverunreinigung (Emissionsgrenzwerte). In der LRV wird z. B. der maximale Staubausstoss für Heizungsanlagen festgelegt. Ziffer 41 des Anhangs 1 der LRV sagt dazu: «Beträgt der Massenstrom an Staub 0,2 kg/h, so dürfen die staubförmigen Emissionen gesamthaft 20 mg/m^3 nicht übersteigen.»

Auf Bundesebene ist der **Bundesrat** für den Erlass und die Änderungen von Verordnungen zuständig, aber eben nur dann, wenn er durch das Gesetz dazu ermächtigt wurde. Es gibt keine Abstimmung im Parlament oder durch das Volk.

2.3 Geltungsbereich einer Norm – Eidgenössisches, kantonales und kommunales Recht

Die Schweiz ist ein föderalistischer Staat. Deshalb gibt es **eidgenössisches Recht, kantonales Recht** und **kommunales Recht. Eidgenössisches Recht** gilt in der ganzen Schweiz, **kantonales Recht** gilt nur im Gebiet eines bestimmten Kantons und **kommunales Recht** gilt nur für das Gebiet einer einzigen Gemeinde.

Für die Themen, die uns in diesem Lehrmittel beschäftigen, ist dieser Unterschied allerdings nicht entscheidend, denn sie sind fast ausschliesslich durch eidgenössisches Recht geregelt.

2.4 Beteiligte Personen – Privatrecht und öffentliches Recht

Bei der Unterscheidung Privatrecht und öffentliches Recht geht es darum, wer an der konkreten Situation beteiligt ist:

- Sind **ausschliesslich Privatpersonen** (natürliche und juristische Personen) beteiligt, kommt **Privatrecht** zur Anwendung. Beim Privatrecht geht es um Regeln, die das Verhalten unter Privatpersonen ordnen, also um Regeln für das Zusammenleben. Das Privatrecht bezeichnet man auch als **Zivilrecht** – das Recht, das unter Zivilpersonen gilt.

- Sind **auch Behörden** an der Situation beteiligt, wird **öffentliches Recht** angewendet. Es regelt die Beziehung zwischen verschiedenen Behörden und den Rechtsverkehr zwischen Privatpersonen und Behörden.

Beispiel

- **Privatrecht:** Die verheirateten Herr und Frau K. sind sich uneinig, wer wie viel zum gemeinsamen Haushalt beitragen muss. Der Konflikt zwischen Herrn und Frau K. ist privatrechtlicher Natur, ein Streit zwischen gleichgestellten Bürgern.
- **Öffentliches Recht – Beziehungen zwischen Behörden:** Die Regierung eines Kantons weist das kantonale Labor an, Wasserproben aus einem bestimmten Fluss zu entnehmen und auf Insektizid-Rückstände zu untersuchen. Diese Anweisung erfolgt nach öffentlichem Recht.
- **Öffentliches Recht – Beziehungen zwischen Behörden und Privatpersonen:** Das Steuerrecht gehört zum öffentlichen Recht, denn am Rechtsverhältnis sind die Steuerbehörde und der Bürger (Privatperson) beteiligt. Wer wie viel Steuern zu bezahlen hat, steht also in Gesetzen des öffentlichen Rechts. Und auch ein Streit, wenn etwa ein Bürger mit der Einschätzung durch das Steueramt nicht einverstanden ist, läuft nach öffentlichem Recht.

Im **Privatrecht** sind sich die Beteiligten, rechtlich gesehen, **gleichgestellt.** Im **öffentlichen Recht** sind die Privatpersonen den Behörden **untergeordnet.** Als Vertreter des Staates handeln die Behörden mit Befehlsgewalt.

Der Unterschied zwischen Privatrecht und öffentlichem Recht zeigt sich vor allem in der Art und Weise, wie das Recht angewendet wird.

- Im **öffentlichen Recht** handeln die Behörden von sich aus. Das öffentliche Recht überträgt dem Staat eine Aufgabe, und die Behörden haben diese Aufgabe zu erfüllen. **Das öffentliche Recht wird deshalb automatisch angewendet.**
- Das **Privatrecht** geht dagegen davon aus, dass die Rechtsanwendung unter gleichgestellten Privatpersonen eine Privatsache ist. Der Staat soll sich nicht einmischen, wenn Privatpersonen ihre gegenseitigen Rechte und Pflichten regeln, sondern erst in Aktion treten, wenn eine Privatperson in einem Konflikt mit einer anderen Privatperson ein Gericht anruft. Das angerufene Gericht stellt dann aufgrund des Privatrechts fest, welche Rechte und Pflichten zwischen den Betroffenen bestehen. Privatrecht wird also nicht automatisch angewendet, sondern nur **auf Verlangen einer Privatperson.**

Beispiel

- Andreas Villiger hat mit seiner morgendlichen Spritzfahrt Rechtsnormen des **öffentlichen Rechts** verletzt. Er ist durch eine Strasse mit einem Fahrverbot gefahren und hat das Strassenverkehrsrecht verletzt. Da es sich um öffentliches Recht handelt, werden die Strassenverkehrsbehörden und die Strafbehörden von sich aus tätig. Falls der Mann verletzt wurde, kommen zusätzlich noch Verstösse gegen Normen des Strafrechts in Betracht.
- Andreas Villigers Spritzfahrt hat aber auch einen **privatrechtlichen Aspekt.** Wenn nämlich die Brille des Mannes kaputt ist und wenn dem Mann sonst noch finanzielle Schäden entstanden sind (z. B. Heilungskosten, Verdienstausfall usw.), kann er von Andreas Villiger Schadenersatz verlangen. Da es um Privatrecht geht, handelt der Staat hier nicht automatisch. Der Mann muss selbst handeln und von Andreas Villiger Schadenersatz verlangen. Falls Andreas Villiger die Forderung nicht erfüllt, muss der Mann das Gericht anrufen. Tut er nichts, geschieht auch nichts.

Abb. [2-2] Unterschied zwischen Privatrecht und öffentlichem Recht

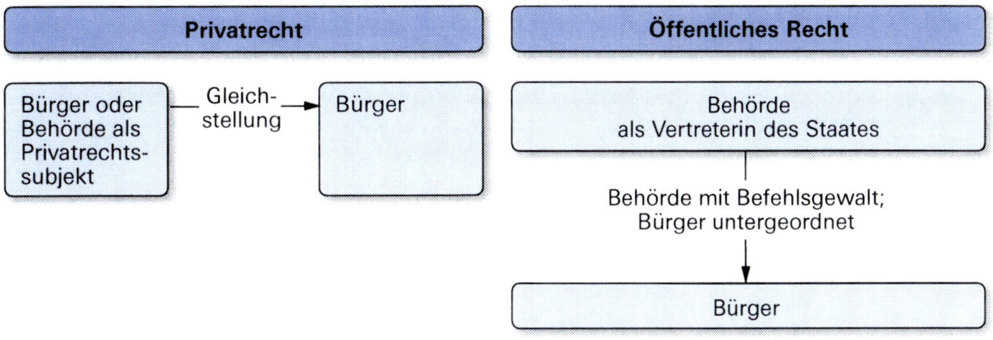

Ausnahmsweise treten auch Behörden im Wirtschaftsleben auf, wie wenn sie Privatpersonen wären. Das heisst: Sie handeln dann nicht mit hoheitlicher Gewalt, sondern nehmen als gleichberechtigte Partner am Geschäftsleben teil. Das ist z. B. der Fall, wenn eine Behörde Büromaterial bestellt oder einer Druckerei einen Druckauftrag unterteilt usw. Für solche Rechtsbeziehungen ist ebenfalls Privatrecht anzuwenden.

2.5 Die wichtigsten Bereiche des öffentlichen Rechts

Das öffentliche Recht besteht v. a. aus dem Verfassungs-, dem Verwaltungs-, dem Straf- und dem Verfahrensrecht.

2.5.1 Das Verfassungsrecht

In der Verfassung sind die **grundlegenden Werte** des schweizerischen Bundesstaates wie Freiheit, Wohlstand, soziale und ökologische Verantwortung festgehalten. Zudem sind in ihr die **Strukturen** der Schweiz verankert, also der **innere Aufbau** in Bund, Kanton und Gemeinde sowie die **Machtverteilung,** die **Aufgaben der Behörden** und ihr **Verhältnis zu den Bürgern.** Die Behörde darf nicht frei schalten und walten, sondern ist an die Gesetze gebunden. Die in der Verfassung verankerten **Grundrechte** wie persönliche Freiheit, Meinungsäusserungsfreiheit, Wirtschaftsfreiheit (freie Berufswahl und Erwerbstätigkeit) oder Glaubensfreiheit schützen die Bürger vor Übergriffen der Behörde. Der Grundsatz der Rechtsgleichheit garantiert gleiche Behandlung der Bürger.

2.5.2 Das Verwaltungsrecht

Das Verwaltungsrecht enthält ganz konkrete Vorschriften, welche Aufgaben die Behörden haben und wie sie diese lösen müssen. Der Staat hat heute sehr viele Aufgaben zu erfüllen – dementsprechend ist das Verwaltungsrecht sehr umfangreich: In Hunderten von Gesetzen und Verordnungen stehen Zehntausende von Artikeln. Die staatlichen Aufgaben werden teils von der Bundesverwaltung, teils von den Behörden der Kantone erfüllt. Darum gibt es **eidgenössisches** und **kantonales** Verwaltungsrecht. Zum Verwaltungsrecht gehören unter anderem:

- Im **Baurecht** sind die Voraussetzungen beschrieben, die erfüllt sein müssen, damit jemand eine Baubewilligung erhält. Auch die «interne Organisation» der Baubehörde ist im Baurecht geregelt.
- Im **Steuerrecht** ist geregelt, wie viel Steuern der Staat verlangen darf.
- Auch das **Strassenverkehrsrecht** ist ein wichtiger Bereich des Verwaltungsrechts.

2.5.3 Das Strafrecht

Das Strafrecht ist ein weiterer Bereich des öffentlichen Rechts. Hier ist ein Gesetz ganz zentral: das **Strafgesetzbuch (StGB,** ausgesprochen: Ste-Ge-Be). Das StGB ist eigentlich ein «Verbotsbuch» – es sagt, wie man sich nicht verhalten darf. Wenn jemand eine Vorschrift des StGB verletzt, ist der Staat verpflichtet, ihn vor Gericht zu stellen. Aus dem StGB ergibt sich dann auch, zu welcher Strafe der Rechtsbrecher zu verurteilen ist. Zwei verbotene Handlungen sind unter anderem:

- **Tötung:** StGB 111 stellt die absichtliche Tötung eines Menschen unter Strafe: «Wer vorsätzlich einen Menschen tötet …, wird mit Freiheitsstrafe nicht unter fünf Jahren bestraft.»
- **Diebstahl:** StGB 139 I verbietet den Diebstahl: «Wer jemandem eine fremde, bewegliche Sache wegnimmt, um sich oder einen andern damit unrechtmässig zu bereichern, wird mit Freiheitsstrafe bis zu fünf Jahren oder mit Geldstrafe bestraft.»

2.5.4 Das Verfahrensrecht

Das Verfahrensrecht schreibt vor, in welchem Verfahren die Gesetze angewandt und nötigenfalls mit Zwang vollstreckt werden:

- Die Anwendung von materiellem Privatrecht erfolgt nach den Regeln des **Zivilverfahrensrechts** (Zivilprozess und Zwangsvollstreckung). Dabei gelten drei eidgenössische Grundsätze: Gerichtsstand ist der Wohnsitz des Beklagten (des Schuldners), «Wo kein Kläger, da kein Richter» und der Grundsatz der Beweisregel (ZGB 8). Typischerweise verläuft ein **Zivilprozess** in folgenden Schritten: Schlichtungsverfahren, Gericht erster Instanz, Gericht zweiter Instanz, Bundesgericht. Sobald ein Gerichtsentscheid rechtskräftig geworden ist, kann der Gläubiger verlangen, dass es vollstreckt wird.
- Die Anwendung von materiellem Verwaltungsrecht wird durch das **Verwaltungsverfahrensrecht** geregelt. Als Instrument dient die **Verfügung,** mit der die Behörden das Recht im Einzelfall anwenden. Wer von einer Verfügung betroffen ist, kann sich dagegen innert der vorgesehenen Frist wehren.
- Die Anwendung von materiellem Strafrecht erfolgt nach den Regeln des **Strafverfahrensrechts** (Strafprozessrecht und Strafvollzug). Ein **Strafverfahren** verläuft typischerweise in folgenden Schritten: Einleitung, Untersuchung, Gericht erster Instanz, Gericht zweiter Instanz, Bundesgericht. Sobald ein Gerichtsurteil rechtskräftig geworden ist, kann es vollstreckt werden (Strafvollzug).

Beispiel

StGB 139 sagt, dass ein Dieb mit Freiheitsstrafe oder Geldstrafe zu bestrafen sei. Ziel von StGB 139 ist also, dass jeder Dieb bestraft wird. Darum ist Art. 139 StGB materielles Recht, da er ein erwünschtes Verhalten vorschreibt. – Wenn nun B wegen eines Diebstahls festgenommen wird, wird er vor Gericht gestellt. Der Prozess, bei dem die Richter beurteilen, ob B den Art. 139 des StGB verletzt hat, verläuft nach Verfahrensrecht. Das Verfahrensrecht sagt z. B., dass B einen Verteidiger beiziehen kann oder dass er Entlastungszeugen nennen darf.

2.6 Die wichtigsten Bereiche des Privatrechts

Die wichtigsten Gesetze des Privatrechts sind das Zivilgesetzbuch und das Obligationenrecht.

2.6.1 Das Zivilgesetzbuch (ZGB)

Das ZGB besteht aus vier Teilen: Personenrecht, Familienrecht, Erbrecht und Sachenrecht. Vorangestellt sind die Einleitungsartikel.

- **Einleitungsartikel** (ZGB 1–10): In der Einleitung stehen allgemeine Regeln, die für das ganze Privatrecht – also nicht nur für das ZGB – gelten (z. B. Handeln nach Treu und Glauben, Beweisregel).
- **Personenrecht** (ZGB 11–89bis): Im ersten Teil des ZGB geht es um die Rechte und Pflichten von natürlichen und juristischen Personen. Stichworte: Rechtsfähigkeit, Handlungsfähigkeit, Wohnsitz, Persönlichkeitsschutz, Name.
- **Familienrecht** (ZGB 90–456): Im zweiten Teil weitet das ZGB seinen Blick von der Einzelperson auf die Familie aus. Es geht vor allem um drei Themenbereiche: Eherecht, Verwandtschaft (insbesondere das Kindesrecht) und Vormundschaft.
- **Erbrecht** (ZGB 457–640): Der dritte Teil des ZGB handelt vom Erbrecht. Im Erbrecht steht, wer erbt und wie der Erbgang nach dem Tod einer Person abläuft.
- **Sachenrecht** (ZGB 641–977): Im vierten und letzten Teil des ZGB geht es um rechtliche Fragen «rund um die Sachen», also um Gegenstände. Im Zentrum steht das Eigentum an Sachen. Daneben geht es um beschränkte dingliche Rechte (z. B. Hypothek) und um den Besitz sowie das Grundbuch.

2.6.2 Obligationenrecht (OR)

Das OR regelt die Verträge und andere Erscheinungen des wirtschaftlichen Verkehrs. Es ist in fünf Abteilungen gegliedert und stellt systematisch den fünften Teil des ZGB dar. Das Obligationenrecht ist das zentrale Thema dieses Lehrmittels. Studieren Sie deshalb die nachfolgende Gliederung besonders genau.

- **Allgemeine Bestimmungen** (OR 1–183): Im OR geht es um **Forderungen** (Obligationen) zwischen Privatpersonen. In dieser ersten Abteilung des OR werden sie ganz allgemein behandelt, wie sie entstehen, welche Wirkungen sie haben, wie sie erfüllt werden und wie sie erlöschen. Diese Abteilung nennt man auch **Allgemeinen Teil des OR (AT).**
- **Die einzelnen Vertragsverhältnisse** (OR 184–551): Die zweite Abteilung des OR beschäftigt sich mit Obligationen, die aufgrund der am häufigsten abgeschlossenen Verträge entstehen. In diesem Teil sind die einzelnen Vertragsarten ausführlich behandelt. Hier erfahren Sie mehr über den Kaufvertrag, den Mietvertrag, den Arbeitsvertrag und andere Vertragsarten. Diese Abteilung des OR bezeichnet man auch als **Besonderen Teil des OR (BT).**
- **Handelsgesellschaften und Genossenschaften** (OR 552–926): Das **Gesellschaftsrecht** beschäftigt sich mit den wirtschaftlich tätigen Gesellschaften, die nach schweizerischem Recht vorkommen, zum Beispiel: Kollektivgesellschaft, Aktiengesellschaft und Gesellschaft mit beschränkter Haftung.
- **Handelsregister, Geschäftsfirmen, kaufmännische Buchführung** (OR 927–964): Das **Handelsregister** ist ein Verzeichnis sämtlicher kaufmännischer Unternehmen. Der Titel über die **Geschäftsfirmen** enthält Vorschriften, die bei der Wahl des Namens einer Unternehmung zu beachten sind. Wer am Wirtschaftsleben teilnimmt, muss über seine Geschäfte Buch führen **(Kaufmännische Buchführung).**
- **Wertpapierrecht** (OR 965–1186): Das Wertpapierrecht beschäftigt sich mit Wertpapieren wie Aktien, Anleihensobligationen, Scheck oder Wechsel.

2.6.3 Nebengesetze

In zahlreichen **Nebengesetzen** sind spezielle Problembereiche des Privatrechts geregelt, z. B.:

- **Produktehaftpflichtgesetz:** Haftung für Schäden, die auf den Markt gebrachte, fehlerhafte Produkte verursachen,
- **Konsumkreditgesetz:** Sonderregeln zum Schutz der Konsumenten bei Konsumkredit-, Leasing- und Abzahlungsverträgen,
- **Versicherungsvertragsgesetz:** Versicherungsverträge,
- **Kartellgesetz und Gesetz gegen den unlauteren Wettbewerb:** faires Verhalten auf dem Markt,
- **Urheberrechtsgesetz, Patentgesetz und Markenschutzgesetz:** Schutz von Erfindungen, Marken und anderen geistigen Werken (Immaterialgüterrecht),
- **Internationales Privatrechtsgesetz:** anwendbares Recht bei grenzüberschreitenden Kontakten zwischen Privatpersonen.

2.7 Vier Rechtsgrundsätze, die im ganzen Privatrecht gelten

In den Einleitungsartikeln des ZGB stehen einige Grundsätze, die für das ganze Privatrecht gelten. Die wichtigsten vier wollen wir Ihnen kurz vorstellen:

Abb. [2-3] Grundsätze des Privatrechts

Gebot, sich nach **Treu und Glauben** zu verhalten	**Verbot des Rechtsmissbrauchs**	**Schutz des guten Glaubens**	**Beweisregel**
ZGB 2 I Fairness bei der Ausübung von Rechten und Pflichten.	ZGB 2 II Verbot der nutzlosen Rechtsausübung.	ZGB 3 Guter Glaube wird grundsätzlich vermutet.	ZGB 8 Wer vor Gericht etwas will, muss es beweisen können.

2.7.1 Das Gebot, sich nach Treu und Glauben zu verhalten (ZGB 2 I)

Der Grundsatz von Treu und Glauben ist in ZGB 2 I geregelt und lautet: «Jedermann hat in der Ausübung seiner Rechte und in der Erfüllung seiner Pflichten nach **Treu und Glauben** zu handeln.» Wenn wir die etwas veraltete Formulierung «Treu und Glauben» durch den moderneren Begriff **«Fairness»** ersetzen, wird der Inhalt von ZGB 2 I klarer: Wer ein Recht ausübt oder eine Pflicht erfüllt, muss sich fair verhalten. Dieser Grundsatz ist für das Privatrecht zentral. Die Gerichte haben eine ganze Reihe von Fairnesspflichten aus ihm abgeleitet. Wir begnügen uns hier mit einem Beispiel:

Beispiel

Norbert Sigrist will wissen, wie teuer der Umbau seines Hauses zu stehen kommt, obwohl er einen Umbau zum jetzigen Zeitpunkt noch nicht vorhat. Er bittet Bauunternehmer B. um eine entsprechende Offerte, verschweigt aber, dass er keineswegs beabsichtigt, das Haus umbauen zu lassen. Mit grossem Aufwand erstellt B. einen Kostenvoranschlag. Norbert Sigrist hat mit seinem Verhalten gegen das Prinzip von Treu und Glauben verstossen. Er versetzte B. in den falschen Glauben, dass es zu einem Umbau kommen könnte. Hätte B. die wahren Absichten von Norbert Sigrist gekannt, hätte er keinen kostspieligen Kostenvoranschlag erstellt. Daher könnte B. seine Aufwendungen in Rechnung stellen, obwohl die Offertkosten normalerweise zu seinen Lasten gehen.

2.7.2 Das Verbot des Rechtsmissbrauchs (ZGB 2 II)

ZGB 2 II sagt: «Der offenbare Missbrauch eines Rechts findet keinen Rechtsschutz.» Jemand hat zwar streng nach Gesetz (oder Vertrag) ein Recht, man empfindet es aber als **ungerecht,** wenn der Betreffende sein **Recht ausübt.** Man wirft ihm vor, er missbrauche sein Recht, was nach ZGB 2 II verboten ist. Der Richter wird dieses Recht nicht schützen.

Beispiel

Irina Sandor wurde die Wohnung gekündigt, weil das Haus von Grund auf renoviert wird. Nun verlangt der Vermieter von Irina Sandor, dass sie die Wohnung so reinigt, wie wenn sie weitervermietet würde. Hier liegt ein Rechtsmissbrauch vor. Zwar hat der Vermieter formal das Recht, diese Reinigungsarbeiten von seiner Mieterin zu verlangen; das ergibt sich aus OR 267. Aber er missbraucht sein Recht, denn die Wohnung wird durch die Renovationsarbeiten ohnehin wieder verschmutzt. Wenn der Vermieter vor Gericht geht, findet dieser «offenbare Missbrauch eines Rechts» keinen Rechtsschutz, d. h., der Vermieter verliert den Prozess.

2.7.3 Der Schutz des guten Glaubens (ZGB 3)

Gemäss ZGB 3 darf man davon ausgehen, dass eine Person gutgläubig gehandelt hat. Dies gilt überall dort, wo eine Gesetzesbestimmung die Rechtsfolge an den guten Glauben anknüpft, wie z. B. ZGB 714 II.

Beispiel

Sara Fischer leiht sich von Manuel Kaderli ein Buch aus. Auch ihre Freundin Andrea ist von diesem Buch begeistert, worauf Sara es ihr schenkt. Andrea wird Eigentümerin des Buchs, denn sie konnte nicht ahnen, dass Sara es gar nicht hätte verschenken dürfen.

2.7.4 Die Beweisregel (ZGB 8)

Wenn ein Richter einen Entscheid fällt, stützt er sich auf das Gesetz **und** auf die Tatsachen, die sich ereignet haben. Für die Kenntnis des Gesetzes ist er allein zuständig. Doch was geschieht, wenn die Tatsachen unsicher sind? Klärt der Richter selbst ab, was sich zwischen zwei Parteien abgespielt hat, oder ist das Sache einer Partei? – Die Beweisregel gibt uns Antwort auf solche Fragen: Wer vor Gericht eine Tatsache behauptet und daraus ein Recht ableitet, muss das Vorhandensein der behaupteten Tatsache beweisen (ZGB 8).

Diese Beweislast trifft nicht nur den Kläger, der einen Prozess einleitet. Auch die Gegenpartei (die Beklagte) muss beweisen, was sie behauptet.

Beispiel

Ibrahim Kuda fordert von M. Schadenersatz, weil er ihm das Auto demoliert hat. Als M. nicht bezahlt, zieht ihn Ibrahim Kuda vor Gericht. Dort bestreitet M., dass er das Auto beschädigt hat. Gemäss der Beweisregel von ZGB 8 muss Ibrahim Kuda beweisen, dass M. sein Auto beschädigt hat. Gelingt ihm der Beweis nicht, wird M. freigesprochen und muss keinen Schadenersatz bezahlen. – Nehmen wir an, dass Ibrahim Kuda der Beweis gelingt. Dann würde er den Prozess gewinnen. Nun bringt M. vor, dass er nicht bezahlen müsse. Er behauptet, dass er Ibrahim Kuda das Geld bereits bezahlt habe; nur habe er keine Quittung dafür. Dies ist eine (neue) Tatsache, und M. muss sie beweisen. Gelingt ihm dies, gewinnt er den Prozess, andernfalls verliert er ihn.

2.8 Dispositives und zwingendes Recht

Die Gesetzesartikel, die zum **dispositiven Recht** gehören, dürfen die **Geschäftspartner abändern.** Das heisst: Sie dürfen etwas anders regeln, als es im Gesetz vorgesehen ist. Das dispositive Recht heisst auch **nachgiebiges Recht** oder **ergänzendes Recht.** Es gilt dann, wenn die Geschäftspartner nicht etwas anderes abgemacht haben.

Das **zwingende Recht** dürfen die Geschäftspartner **nicht abändern.** Zwingendes Recht muss strikt beachtet werden. Zwingendes Recht findet sich vor allem im Miet- und im Arbeitsrecht zum Schutz der wirtschaftlich schwächeren Partei.

Beispiel

- Dispositives Recht: Kurt Gassmann kauft einen Kühlschrank für sein Ferienhaus in den Bergen. Er fragt sich, wer die Transportkosten bezahlen muss. OR 189 bestimmt, dass die Transportkosten der Käufer trägt, sofern nicht etwas anderes vereinbart ist. Kurt Gassmann kann also mit dem Verkäufer vereinbaren, dass dieser die Transportkosten trägt, denn OR 189 ist dispositives Recht.
- Zwingendes Recht: Wenn einem Wohnungsmieter gekündigt wird und ihn die Kündigung hart trifft, kann er verlangen, dass der Mietvertrag um bis zu vier Jahre verlängert wird. Dieses Recht erhält er durch OR 272. In einem Mietvertrag darf nicht vereinbart werden, dass der Artikel 272 des OR nicht zur Anwendung kommen soll, denn es handelt sich hier um zwingendes Recht.

Manche Bestimmungen dürfen dagegen **nur zugunsten einer Partei geändert** werden, nicht aber zu deren Ungunsten. Solche Bestimmungen bezeichnet man als **relativ zwingend.** Beispiele dafür finden Sie in OR 362.

2.9 Absolutes und relatives Recht

Wir sprechen von einem **absoluten Recht,** wenn eine Person ein bestimmtes Verhalten **von allen Menschen** verlangen kann. Zu den absoluten Rechten gehören die dinglichen Rechte (z. B. Eigentum oder Pfandrechte), das Firmenrecht, die Persönlichkeitsrechte (z. B. das Recht auf Leben) und die Immaterialgüterrechte (z. B. Rechte des Urhebers).

Beispiel

Herr B. ist Eigentümer eines kleinen Hauses mit Garten. Als Eigentümer darf er von allen anderen verlangen, dass sie sein Eigentum respektieren, d. h., niemand darf zum Beispiel das Haus ohne sein Einverständnis betreten und schon gar nicht beschädigen oder zerstören.

Von **relativen oder obligatorischen Rechten** sprechen wir hingegen, wenn ein Verhalten **nur von einer bestimmten Person** (oder allenfalls Personengruppe) verlangt werden darf. Zu den relativen Rechten gehören die Forderung und der Anspruch.

Beispiel

Herr B. will ein neues, grösseres Haus kaufen. Deshalb verkauft er sein Haus an die Familie H. Sie schliessen einen Kaufvertrag über den Verkauf des Hauses ab. Den Kaufpreis kann Herr B. nur gegenüber der Familie H. geltend machen: Der Kaufvertrag begründet ein relatives Recht gegenüber der Familie H. Diese wiederum hat ebenfalls ein relatives Recht gegenüber Herrn B.: den Anspruch auf Eigentumsübertragung bzw. Eintragung ins Grundbuch.

Zusammenfassung

Alle rechtlichen Verhaltensvorschriften bilden zusammen die **Rechtsordnung.** Sie lässt sich nach folgenden Kriterien einteilen:

Kriterium	Erklärung
Woher stammt die Norm? (Rechtsquellen)	• **Gesetzesrecht:** geschriebenes Recht in der Verfassung, im Gesetz und in der Verordnung • **Gewohnheitsrecht:** ungeschriebenes Recht, mündlich überliefertes Recht • **Richterrecht:** ungeschriebenes Recht, Rechtsetzung und -anwendung der Richter
Welchen **Rang** hat die Norm?	• **Verfassung:** oberstes Gesetz, Leitlinien • **Gesetze:** Konkretisierung der Verfassung • **Verordnungen:** Konkretisierung der Gesetze
Wer ist **am Rechtsverhältnis beteiligt?**	• **Öffentliches Recht:** Regelt die Rechtsbeziehungen unter Behörden und zwischen Behörden und Privatpersonen. Dazu gehören das Verfassungsrecht, das Verwaltungsrecht (z. B. Strassenverkehrsrecht, Steuerrecht, Baurecht usw.), das Strafrecht und das Verfahrensrecht. • **Privatrecht:** Regelt die Rechtsbeziehungen zwischen Privatpersonen, die aus juristischer Sicht gleichgestellt sind. Die wichtigsten Gesetze des Privatrechts sind das Zivilgesetzbuch (ZGB) und das Obligationenrecht (OR) sowie eine Reihe von Nebengesetzen.

Im Privatrecht sind vier **Grundsätze** als Einleitungsartikel des ZGB festgehalten:

1. Gebot, sich nach Treu und Glauben zu verhalten (ZGB 2 I)
2. Verbot des Rechtsmissbrauchs (ZGB 2 II)
3. Schutz des guten Glaubens (ZGB 3)
4. Beweisregel (ZGB 8)

Man unterscheidet innerhalb der Rechtsnormen:

- **Dispositives Recht:** Nachgiebiges oder ergänzendes Recht, das von den Geschäftspartnern abgeändert werden darf.
- **Zwingendes Recht:** Darf von den Geschäftspartnern nicht abgeändert werden.
- **Absolutes Recht:** Ein bestimmtes Verhalten darf von allen Menschen verlangt werden.
- **Relatives Recht:** Ein bestimmtes Verhalten darf nur von einer bestimmten Person oder Personengruppe verlangt werden.

Repetitionsfragen

3 Verfassung, Gesetze und Verordnungen befassen sich mit Verhaltensregeln, die unser Verhalten im täglichen Leben regeln.

A] Bei welcher dieser drei Arten von Regelwerken können wir immer mitbestimmen, bei welcher können wir unter Umständen mitbestimmen, und bei welcher können wir nie mitbestimmen?

B] Wie wird trotzdem sichergestellt, dass die Regelwerke, die ohne unsere Zustimmung entstanden sind, im Sinn und Geist der Volksmehrheit sind?

4 Handelt es sich bei den folgenden fünf Artikeln um dispositives, relativ zwingendes oder zwingendes Recht?

Art.	Antwort	Art.	Antwort
OR 868		OR 791	
OR 329a I		OR 335	
OR 216b I			

5 Andreas Villiger (vgl. Kap. 1, S. 10) hat gegen öffentliches Recht und gegen Privatrecht verstossen.

A] Zu welchem Bereich gehört der Verstoss gegen das Strassenverkehrsrecht?

B] Zu welchem Bereich gehört die Schadenersatzforderung des Mannes wegen der kaputten Brille?

C] In welchem der beiden Bereiche könnte Andreas Villiger möglicherweise mit einer grossen Entschuldigung die Rechtsfolgen seines Verstosses abwenden?

6 Das ZBG und das OR sind die beiden Schlüsselgesetze des Privatrechts. Dabei ist das OR der fünfte Teil des ZGB. Geben Sie mit fünf Schlagworten an, welche Lebensbereiche das ZGB und welchen Lebensbereich das OR regelt.

3 Von der Arbeit mit Gesetzen

Laien nehmen oft an, Juristen kennen alle Gesetze auswendig. Das ist ein Irrtum. Juristen kennen den Aufbau der Rechtsordnung und der Gesetze, wissen also, welche Regeln sie wo finden. Machen Sie es gleich wie die Juristen, lernen Sie die Gesetze und Gesetzesartikel nicht auswendig, sondern lernen Sie, mit ihnen zu arbeiten.

3.1 Der Aufbau von Gesetzen

Verfassung, Gesetze und Verordnungen bestehen aus (Gesetzes-)**Artikeln.** Diese sind fortlaufend nummeriert. Wenn es wegen einer Gesetzesrevision zu viele Artikel hat, fügt man der Artikelzahl einen Kleinbuchstaben bei. Wenn ein Artikel ersatzlos gestrichen wird, dann bleibt eine Leerstelle.

Gesetze sind wie Bücher in Kapitel und Unterkapitel gegliedert. So entsteht eine Ordnung, die beim Suchen der richtigen Gesetzesstelle hilft. Im Privatrecht gilt folgende Gliederung:

- Das **ZGB** besteht aus **vier Teilen,** dem Personenrecht, dem Familienrecht, dem Erbrecht und dem Sachenrecht. Diese sind in Abteilungen, Titel, Abschnitte usw. gegliedert.
- Das **OR** wird zwar als separates Gesetzbuch veröffentlicht, ist im Prinzip aber der **fünfte Teil** des ZGB. Deshalb ist es «nur» in Abteilungen, Titel, Abschnitte usw. gegliedert.

Abb. [3-1] Der Aufbau von ZGB und OR

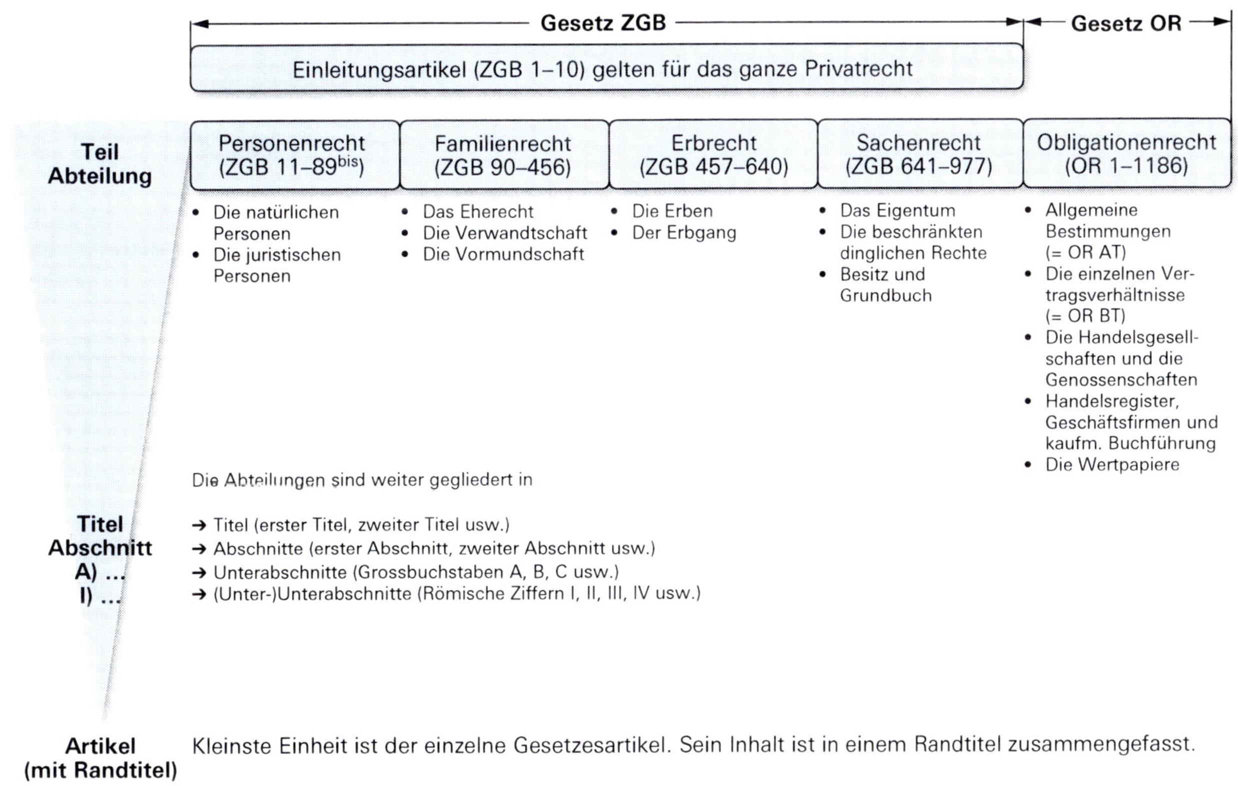

Der Aufbau eines Gesetzesartikels

Die Gesetzesartikel des OR und des ZGB bestehen oft aus mehreren **Absätzen.** Manchmal werden die Absätze zusätzlich durch **Ziffern** oder **Kleinbuchstaben** unterteilt.

Nützlich sind die **Randtitel.** Sie heissen so, weil sie in der offiziellen Gesetzesausgabe des Bundes am linken Rand gesetzt sind. Eigentlich sind sie aber die Unterkapitel mit dem höchsten Detaillierungsgrad. Deshalb sind sie in privaten Gesetzesausgaben manchmal als Überschriften und nicht am Rand gesetzt.

Abb. [3-2] **Der Aufbau eines Gesetzesartikels im OR und im ZGB**

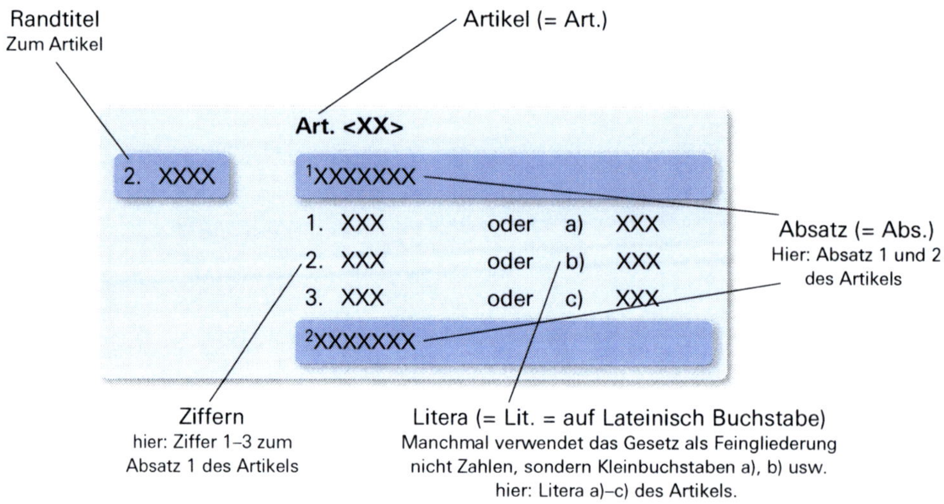

3.2 Gesetzesartikel zitieren

Kurz- und Langform

Es gibt verschiedene Möglichkeiten, Gesetzesartikel zu zitieren. Verbreitet sind die Kurzform und die Langform. Zwei Beispiele:

- Wir möchten auf Ziffer 1 vom ersten Absatz des Artikels 24 des Obligationenrechts verweisen.
- Wir möchten auf die Litera a) vom zweiten Absatz des Artikels 40e des Obligationenrechts verweisen.

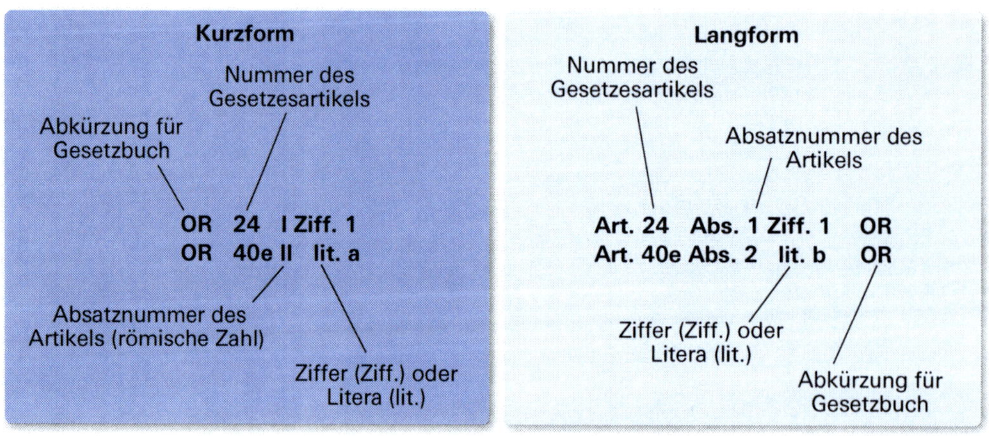

Wir verwenden in diesem Lehrmittel die Kurzform. Viele Juristen verwenden die lange Form. Gesetzesstellen sollte man so genau wie möglich zitieren. Wer schreibt

- OR 24 (bzw. Art. 24 OR), meint damit ganz allgemein den Artikel 24 des OR.
- OR 24 I (bzw. Art. 24 Abs. 1 OR), meint damit den ersten Absatz des Artikels 24 des OR.
- OR 24 I Ziff. 1 (bzw. Art. 24 Abs. 1 Ziff. 1 OR), meint damit ganz genau die Ziffer 1 des ersten Absatzes des Artikels 24 des OR.

Die Abkürzungen «f.» und «ff.»

In juristischen Texten findet man im Zusammenhang mit zitierten Gesetzesartikeln oft auch die beiden Abkürzungen «f.» und «ff.». Sie bedeuten «folgend».

- OR 24 f. heisst: Artikel 24 und den unmittelbar darauf folgenden Artikel 25 des OR.
- OR 24 ff. heisst: Artikel 24 und die daran anschliessenden Artikel des OR. Es kann sich um 2 oder mehr Artikel handeln. «ff.» ist also kein ganz präziser Verweis.

3.3 Gesetzesartikel finden und rechtliche Fragen lösen

Um rechtliche Problemstellungen zu lösen, muss man die Gesetzesbestimmung(en) finden, die sich mit dem betreffenden Problem befassen. Das ist nicht immer ganz einfach. Entscheidend ist, systematisch vorzugehen und zuerst zu klären, welches rechtliche Problem sich hinter einem Sachverhalt (einer Aufgabenstellung) verbirgt. Erst, wenn diese Problemstellung erkannt ist, kann man auch zielgerichtet im Gesetz suchen.

Die Vier-Schritt-Methode

Zum Erfolg führt das folgende Vorgehen in vier Schritten:

Abb. [3-3] Die Vier-Schritt-Methode zum Finden der richtigen Gesetzesbestimmung

1. Schritt: Sachverhalt (Problemstellung) analysieren.

- Wie lautet die Frage genau?
- Welches sind die wichtigsten Stichwörter?
- Zu welchem Rechtsthema (Gesetz) gehört der Sachverhalt?

2. Schritt: Zutreffende Rechtsgrundlage, d.h. Gesetzesbestimmung suchen.

1. Suchstrategie: Stichwortverzeichnis

- Fachbegriff im Stichwortverzeichnis suchen
- Gesetzesbestimmung nachschlagen

2. Suchstrategie: Aufbau des Gesetzes

- Im Inhaltsverzeichnis nach dem Rechtsthema suchen
- Detailsuche über Randtitel

3. Schritt: Gesetzesbestimmung analysieren.

- Gesetzesbestimmung(en) lesen!
- Wie lautet die Gesetzesbestimmung genau?
- Passt die gefundene Gesetzesbestimmung zum Fall?

4. Schritt: Gesetzesbestimmung auf Problemstellung anwenden, daraus die Schlussfolgerung (Rechtsfolge) ziehen und das Resultat begründen.

- Beantwortung der Fragestellung aufgrund der gefundenen Gesetzesbestimmung
- Begründung der Antwort

Anwendung der Vier-Schritt-Methode

Damit Sie eine konkrete Vorstellung erhalten, wie die Vier-Schritt-Methode funktioniert, spielen wir sie an einem konkreten Fall durch. Dabei müssen wir notgedrungen auf Lernstoff vorgreifen, den wir erst später erklären (vgl. Kap. 19, S. 154).

Ausgangslage: Irina möchte im übernächsten Monat 2 Wochen Ferien nehmen. Noch bevor sie die Ferien bei der zuständigen Stelle eingeben kann, erhält sie eine Mitteilung ihres Arbeitgebers. Darin teilt er mit, dass die Mitglieder des Projekts «Einführung der neuen Kundenverwaltungs-Software» in den nächsten drei Monaten keine Ferien beziehen können, weil ein grösserer zeitlicher Rückstand aufgeholt werden muss. Irina ist Mitglied dieses Projektteams. Sie ist verärgert und fragt sich, ob ihr Arbeitgeber einfach einen Ferienstopp anordnen darf.

Abb. [3-4] **Lösungsprozess nach der Vier-Schritt-Methode**

1. Schritt: Sachverhalt (Problemstellung) analysieren.

Wie lautet die Frage genau?	• Darf der Arbeitgeber einen Ferienstopp anordnen?
Welches sind die wichtigen Stichwörter?	• Im Text selbst finden wir: **Arbeitgeber und Ferien.** • Das entscheidende Stichwort fehlt aber oft – so auch hier – es handelt sich um das Stichwort **Arbeitsvertrag.** Folgende Überlegungen führen zu diesem Stichwort: Der Arbeitgeber verlangt etwas von seiner Arbeitnehmerin; also geht es um die Rechte und Pflichten aus dem Arbeitsverhältnis und diese sind im Arbeitsvertrag geregelt.
Zu welchem Thema (Gesetz) gehört der Sachverhalt	• Dank dem gefundenen Stichwort Arbeitsvertrag finden wir auch das relevante Gesetz: Es handelt sich um das **OR,** das ja Bestimmungen zum Arbeitsvertrag enthält.

2. Schritt: Zutrefffende Rechtsgrundlage, d. h. Gesetzesbestimmung suchen.

	• Die Stichworte **Arbeitsvertrag, Arbeitgeber und Ferien** bieten Anhaltspunkte für die Suche.
Suchstrategie 1: Stichwortverzeichnis	Der Erfolg hängt hier zunächst davon ab, ob Sie im 1. Schritt die relevanten Stichworte gefunden haben. Entscheidend ist auch die Qualität des Stichwortverzeichnisses ihrer Gesetzesausgabe. • Wenn Sie nach den allgemeinen Stichworten Arbeitsvertrag oder Arbeitgeber suchen, werden Sie höchstens auf die Bestimmungen von OR 319–362 zum Arbeitsvertragsrecht verwiesen. Damit können Sie noch nicht viel anfangen. • Besser wird das Resultat, wenn Sie nach dem spezielleren Begriff **Ferien** suchen, das ist präziser – als Resultat werden Sie OR 329 ff. erhalten. Nun können Sie OR 329 nachlesen. **Ganz wichtig !!!** Lesen Sie unbedingt auch die anschliessenden Bestimmungen durch (hier OR 329 a–e); es ist nämlich oft so, dass nachfolgende Artikel noch detailliertere Bestimmungen zum gestellten Problem enthalten.
Suchstrategie 2: Inhaltsverzeichnis (= Aufbau des Gesetzes)	Anfänger scheuen sich oft, die Suchstrategie 2 anzuwenden. Wenn Sie über das Stichwortverzeichnis nicht fündig werden, bleibt Ihnen aber keine andere Wahl. Entscheidend ist, dass Sie im Schritt 1 eine saubere Problemanalyse vorgenommen haben. In unserem Fall führen folgende Überlegungen zum Ziel: • Es geht um den Arbeitsvertrag: → Zweite Abteilung «Die einzelnen Vertragsverhältnisse» → Zehnter Titel «Der Arbeitsvertrag» → Erster Abschnitt «Der Einzelarbeitsvertrag» • Es geht um Pflichten des Arbeitgebers: → «C Pflichten des Arbeitgebers» • Es geht um Ferien → «VIII Freizeit, Ferien und Urlaub: OR 329 – OR 329e.

3. Schritt: Gesetzesbestimmung analysieren.

Wie lauten die gefundenen Gesetzesbestimmungen genau?

Es ist entscheidend, dass Sie die gefundenen Gesetzesbestimmungen genau lesen und exakt verstehen. Klären Sie unbekannte Wörter und machen Sie sich bewusst, was die Aussage der Bestimmung genau bedeutet.

Wenn Sie die Bestimmungen von OR 329 ff. durchlesen, werden Sie feststellen, dass sich OR 329c II mit unserem Problem befasst. Die Bestimmung lautet:

«Der Arbeitgeber bestimmt den Zeitpunkt der Ferien und nimmt dabei auf die Wünsche des Arbeitnehmers soweit Rücksicht, als dies mit den Interessen des Betriebs oder Haushalts vereinbar ist.»

Die anderen Bestimmungen zu den Ferien OR 329a, OR 329b, OR 329d und OR 329e haben keinen Bezug zu unserem Fall.

Hinweis: Nicht immer ist die Gesetzessprache so einfach wie hier. Manchmal sind die Aussagen tatsächlich schwerer verständlich. Das ist nicht wegzudiskutieren. Wenn Sie mit Erfolg Aufgaben lösen und eine Rechtskundeprüfung gut bestehen wollen, bleibt Ihnen nichts anderes übrig, als sich mit diesem Problem auseinanderzusetzen. Schlechte Karten haben Sie ganz sicher, wenn Sie an der Prüfung das erste Mal mit dem Gesetz arbeiten. Wir raten Ihnen dringend, schon beim Lernen und beim Lösen von Hausaufgaben die jeweils zitierten Gesetzesartikel konsequent nachzuschlagen. So lernen Sie das Gesetz aufgrund des Lerntexts verstehen.

Passt die gefundene Gesetzesbestimmung zum Fall?

- Mit dieser Frage stellen Sie den Zusammenhang her zwischen Ihrer Recherche im Gesetz und der Fragestellung in der Aufgabe. In unserem Fall können wir die Frage mit Ja beantworten.
- OR 329c II gibt dem Arbeitgeber das Recht, den Zeitpunkt der Ferien festzulegen.
- Daraus können wir umgekehrt schliessen, dass er auch das Recht haben muss, für eine bestimmte Periode einen Ferienstopp zu verhängen.

4. Schritt: Gesetzesbestimmung auf Problemstellung anwenden, daraus die Schlussfolgerung (Rechtsfolge) ziehen und das Resultat begründen.

Beantwortung der Frage aufgrund der gefundenen Gesetzesbestimmungen und Begründung der Antwort

Eine rechtliche Aufgabenstellung beinhaltet immer eine Frage. Anfänger vergessen oft, eine saubere Antwort auf diese Frage zu geben, ihre Antwort zu begründen und die Rechtsgrundlagen (Gesetzesstellen) anzugeben, auf die sie ihre Antwort abstützen.

In unserer Musteraufgabe lautet die Frage: «Darf der Arbeitgeber einen Ferienstopp verfügen?» Eine korrekte und ausführliche Antwort mit Begründung könnte wie folgt lauten:

1. Antwort auf Frage

2. Begründung der Antwort

Antwort: Der verfügte Ferienstopp ist zulässig. Irina wird auf die Ferien während der drei Monate verzichten müssen. **Begründung:** Nach **OR 329c II** darf der Arbeitgeber den Zeitpunkt der Ferien bestimmen. Daraus muss geschlossen werden, dass er auch bestimmte Zeiträume bestimmen kann, in denen keine Ferien genommen werden können. Nach OR 329 c II muss der Arbeitgeber aber auch die Wünsche des Arbeitnehmers berücksichtigen, soweit das mit den Interessen des Betriebs vereinbar ist. Da Irina Mitglied des Projektteams ist, das das Programm einführen muss, ist ihr Wunsch auf Ferien im übernachsten Monat aber nicht mit den Interessen des Betriebs vereinbar.

3. Verweis auf relevante Gesetzesbestimmung(en)

Wann im Allgemeinen, wann im Besonderen Teil des OR suchen?

Das OR hat einen Allgemeinen Teil und einen Besonderen Teil. Die Bestimmungen des Allgemeinen Teils finden sich in OR 1–183. Sie gelten im Prinzip für alle Verträge. Nun kann man aber nicht alles gleich regeln. Deshalb enthält das OR im Besonderen Teil (OR 184–551) Sonderbestimmungen zu bestimmten Verträgen. Sie gelten nur für den betreffenden Vertrag.

Beispiel

Der Kaufvertrag ist einer der häufigsten Verträge. Es gibt im Besonderen Teil des OR spezielle Regeln zum Kaufvertrag (OR 184–236). Sie befassen sich mit möglichen Problemen, die nicht für alle Verträge, sondern eben nur für den Kaufvertrag gelten, z. B. den Fall, dass der Verkäufer beschädigte oder nicht funktionstaugliche Waren liefert (OR 197–210).

Die Aufteilung des OR in einen Allgemeinen und einen Besonderen Teil hat Konsequenzen für die Arbeit mit dem Gesetz. Der massgebliche Gesetzesartikel für ein Problem kann sich nämlich im Besonderen oder im Allgemeinen Teil des OR befinden.

- Im Besonderen Teil werden Sie fündig, wenn es sich um eine der besonderen Vertragsarten handelt und wenn die betreffende Frage in den Bestimmungen zu dieser Vertragsart geregelt ist.
- Im Allgemeinen Teil werden Sie fündig, wenn die Spezialregeln zu einer bestimmten Vertragsart nichts Besonderes vorsehen.

Beispiel

Kunstmaler Sidler von Luzern kauft bei T. Rembrandt Künstlerbedarf in Basel Leinwand für seine Bilder. Die Vertragsparteien haben nichts vereinbart betreffend den Erfüllungsort. Muss Rembrandt die Leinwand nach Luzern liefern oder muss Sidler die Leinwand in Basel abholen? Das Kaufvertragsrecht äussert sich dazu nicht. Fündig wird man in den Allgemeinen Bestimmungen (OR 74).

Zusammenfassung

Gesetzesbestimmungen werden in dieser Veröffentlichung nach der **Kurzform** zitiert (OR 134 I Ziff. 3; 168 II usw.).In konkreten Aufgabenstellungen lässt sich die relevante Gesetzesbestimmung mit der **Vier-Schritt-Methode** finden:

1. Sachverhalt (Problemstellung) analysieren.
2. Zutreffende Rechtsgrundlage, d. h. Gesetzesbestimmung suchen.
3. Gesetzesbestimmung analysieren.
4. Gesetzesbestimmung auf Problemstellung anwenden, daraus die Schlussfolgerung (Rechtsfolge) ziehen und das Resultat begründen.

Repetitionsfragen

7 Schreiben Sie in Kurzform:

A] Der zweite Absatz von Artikel 3 des Obligationenrechts

B] Die vierte Ziffer des ersten Absatzes von Artikel 24 des Obligationenrechts

8 Lesen Sie die folgenden drei Artikel, und versuchen Sie mit eigenen Worten wiederzugeben, was sie bedeuten:

A] OR 1 I B] OR 41 I C] OR 62 I

9 Herr und Frau Böni sind seit 20 Jahren verheiratet. Kurz nach der Heirat hat Frau Böni ihrem Mann 5 000 Franken geliehen. Die beiden haben damals extra einen schriftlichen Darlehensvertrag abgeschlossen. Darin heisst es unter anderem: « … Ich, Max Böni, verpflichte mich, den Betrag von 5 000 Franken spätestens am 31. Dezember 1992 an meine Frau, Maja Böni zurückzuzahlen …»

Im Juni 2007 erinnert sich Maja Böni an diese alte Schuld ihres Mannes. Sie verlangt Rückzahlung der 5 000 Franken. Herr Böni ist der Meinung, dass so alte Schulden nicht mehr eingefordert werden können. Er verweigert die Auszahlung, mit dem Hinweis, dass die Forderung von Frau Böni spätestens seit dem 1 Januar 2003 verjährt sei. Frau Böni besteht auf Bezahlung. Tut sie dies zu Recht?

Versuchen Sie diese Aufgabe allein mithilfe des OR und des ZGB zu lösen, indem Sie die Vier-Schritt-Methode anwenden. (Tipp: Falls Sie nicht weiterkommen, erarbeiten Sie den Lösungsweg mit der Musterlösung Schritt für Schritt.)

4 Das Verfahrensrecht

Lernziele

Nach der Bearbeitung dieses Kapitels können Sie ...

- aufzeigen, was eine Verfügung ist, und allgemein erklären, wie man sich gegen eine unrechtmässige Verfügung zur Wehr setzen kann.
- die vier Phasen eines Strafverfahrens erklären.
- die Grundsätze und den Ablauf eines Zivilverfahrens aufzeigen.
- erklären, was man unter einer Zwangsvollstreckung versteht.

Schlüsselbegriffe

Berufung, Beweisregel, Bundesgericht, eidgenössisches Recht, Einsprache, Entscheid, Gericht, Gerichtsentscheid, Gerichtsstand, Geschäftssitz, kantonales Recht, Polizei, Rechtskraft, Rechtsmittel, Rechtsmittelbelehrung, Richter, Schlichtungsverfahren, Schlichtungsbehörde, Strafprozess, Strafprozessordnung, Strafuntersuchung, Strafverfahren, Strafvollzug, Untersuchungsbehörden, Urteil, Verfügung, Vergleich, Verwaltungsgericht, Verwaltungsverfahren, Wohnsitz, Zivilprozess, Zivilprozessordnung, Zivilverfahren, Zwangsvollstreckung

Materielles Recht legt Rechte und Pflichten fest und regelt die Folgen von Pflichtverletzungen. **Verfahrensrecht** sagt, wie die Regeln des materiellen Rechts angewendet und durchgesetzt werden. Es ist öffentliches Recht, weil es das Vorgehen von Behörden regelt. Im Verwaltungsrecht gilt **Verwaltungsverfahrensrecht,** im Strafrecht **Strafverfahrensrecht** und im Privatrecht **Zivilverfahrensrecht.**

4.1 Ein kurzer Einblick in das Verwaltungsverfahren

Täglich wenden Behörden materielles Recht an. Dabei geht es um viele Fragen z. B. um Baubewilligungen, Fahrausweisentzüge, Steuerbescheide usw. Kantonale Behörden handeln nach kantonalem Verwaltungsverfahrensrecht, während die Bundesbehörden nach dem Verwaltungsverfahrensrecht des Bundes. Das Verwaltungsverfahren ist also teilweise kantonal geregelt, teils schweizweit vereinheitlicht.

Arbeitsinstrument der Behörden ist die Verfügung

Behördenentscheide werden in der Form einer **Verfügung** erlassen. So wenden die Behörden materielles Verwaltungsrecht im Einzelfall an (z. B. Zollrecht, Sozialversicherungsrecht, Steuerrecht, Baurecht usw.). Die Verfügung richtet sich an eine **Person.** Sie ist ein verbindlicher **Entscheid im Einzelfall.** Da die Behörden nur so tätig werden dürfen, wie das materielle Recht es ihnen erlaubt, muss die Verfügung immer auf einer **Gesetzesnorm** (Gesetz oder Verordnung) beruhen. Eigenmächtige Verfügungen der Behörden können angefochten werden.

Entscheidend ist, dass die Verfügung für die betroffene Person nach einer bestimmten Zeit verbindlich wird. Man sagt dann, sie sei **rechtskräftig** geworden. Gegen rechtskräftige Verfügungen kann man sich nur noch in Ausnahmefällen zur Wehr setzen. Wer mit einer Verfügung nicht einverstanden ist, muss handeln, bevor sie rechtskräftig ist. Was man dabei innert welcher Frist zu tun hat, geht aus der Verfügung selbst hervor. Denn Verfügungen enthalten eine **Rechtsmittelbelehrung.** Diese gibt Auskunft darüber, **innert welcher Frist** die Verfügung mit welchen **Rechtsmitteln** angefochten werden kann.

Beispiel

Kurt Dällenbach wird wegen Fahrens in angetrunkenem Zustand für 6 Monate der Fahrausweis entzogen. Die Strassenverkehrsbehörden teilen dies ihm in einer Verfügung mit. Sie enthält eine Rechtsmittelbelehrung, die sagt, innert welcher Frist Herr Dällenbach sich mit welchem Rechtsmittel wehren kann, wenn er z. B. findet, dass der Entzug zu lange dauert.

Wie kann man sich gegen eine Verfügung zur Wehr setzen? – Die Rechtsmittel

Abb. [4-1] Der Ablauf eines Verwaltungsverfahrens

1. Die Einsprache

Mit einer Einsprache wird die **verfügende Behörde** verpflichtet, ihre Verfügung zu überprüfen und nochmals zu entscheiden. Ist der von der Verfügung Betroffene mit diesem erneuten Entscheid immer noch nicht einverstanden, kann er ihn von der **vorgesetzten Behörde** überprüfen lassen.

2. Verwaltungsgericht

Führt der verwaltungsinterne Weg nicht zum gewünschten Erfolg, kann der Betroffene in den meisten Fällen mit der **Verwaltungsgerichtsbeschwerde** eine unabhängige **Gerichtsinstanz** anrufen. In den meisten Kantonen heisst diese Instanz **Verwaltungsgericht**. Der Bürger ist in diesen Gerichtsverfahren Beschwerdeführer und die Verwaltung Beschwerdegegner.

3. Eventuell Bundesgericht

4.2 Ein kurzer Einblick in das Strafverfahren

Das Strafverfahren ist seit dem 1. Januar 2011 in der schweizerischen Strafprozessordnung StPO geregelt und läuft deshalb in allen Kantonen einheitlich ab. Neben der StPO gibt es ein Gesetz, das speziell das Verfahren vor Bundesgericht regelt (Bundesgerichtsgesetz BGG).

Abb. [4-2] Der Ablauf eines Strafverfahrens

1. Phase Einleitung der Strafverfolgung

Wenn eine Straftat begangen wird, nimmt die **Polizei** die erste Untersuchung der Straftat vor, sichert die Spuren und versucht, den Täter zu ergreifen. Sie unterrichtet unverzüglich die Untersuchungsbehörde über die Tat und die getroffenen Massnahmen (StPO 15).

2. Phase Untersuchungsverfahren

Zuständig für die Abklärung einer Tat sind die **Untersuchungsbehörden.** Sie entscheiden, was genau zu tun ist, welche Zeugen zu befragen sind, welche Beweise erhoben werden, gegen wen ein Haftbefehl erlassen werden soll usw. Die Polizei führt die Anweisungen der Untersuchungsbehörden aus (StPO 12 ff.).

3. Phase Strafprozess

- **Die erste Instanz.** Ist der Täter gefunden und findet die Untersuchungsbehörde, dass die Beweislage für ein Urteil reicht, kommt es zur **Anklage** vor dem Strafgericht. Klägerin ist die Anklagebehörde (Staatsanwalt), die stellvertretend für den Staat auftritt, und der Angeklagte verteidigt sich allein oder mit Hilfe eines Anwalts. Die Richter leiten den Prozess, der nach den Regeln des Strafprozessrechts abläuft. Das Urteil enthält eine **Rechtsmittelbelehrung,** in der der Angeklagte darauf hingewiesen wird, innert welcher **Frist** er sich gegen das Urteil **zur Wehr setzen** kann. Sonst wird das Urteil **rechtskräftig** und **vollstreckbar** (StPO 328 ff.).
- **Zweite Instanz.** Wenn der Staatsvertreter (Staatsanwalt) oder der Angeklagte mit dem erstinstanzlichen Urteil nicht einverstanden ist, kann er beim Kantons- oder Obergericht Berufung einlegen (StPO 379 ff.).
- **Dritte Instanz «Bundesgericht».**

4. Phase Vollzug des Urteils

Wenn alle Rechtsmittel ausgeschöpft sind bzw. wenn die Frist zur Ergreifung von Rechtsmitteln abgelaufen ist, wird das Urteil vollstreckt. Die **Geldstrafe oder die Busse wird eingetrieben** oder der Verurteilte wird in den **Strafvollzug** gebracht (StPO 439, 442).

4.3 Das Zivilverfahren

Das materielle Zivilrecht äussert sich zur Frage, wann ein Gläubiger das Recht hat, von einem Schuldner etwas zu verlangen. Dem Gläubiger ist jedoch erst geholfen, wenn er tatsächlich erhalten hat, was ihm zusteht. Genau darum geht es im Zivilverfahrensrecht.

Das Zivilverfahrensrecht ist in **zwei grosse Gruppen** eingeteilt: das **Zivilprozessrecht** und das **Zwangsvollstreckungsrecht.**

- **Das Zivilprozessrecht regelt den Zivilprozess.** In einem Streit zwischen Privatpersonen stellt das Zivilgericht verbindlich fest, ob der behauptete Anspruch tatsächlich besteht. Dabei geht es nach den Vorschriften des Zivilprozesses vor. Das Zivilverfahren ist seit dem 1. Januar 2011 in der **schweizerischen Zivilprozessordnung (ZPO)** geregelt und läuft deshalb in allen Kantonen einheitlich ab. Neben der Zivilprozessordnung gibt es ein Gesetz, das speziell das Verfahren vor Bundesgericht regelt (Bundesgerichtsgesetz BGG).
- Das **Zwangsvollstreckungsrecht** regelt den Vollzug von Ansprüchen. Es kommt dann zum Zug, wenn der Schuldner trotz Gerichtsentscheid seine Leistung nicht erbringt.

Beispiel

Sie sind Inhaberin eines Antiquitätengeschäfts. Herr Fröhlich kauft bei Ihnen eine antike Uhr für CHF 6 500.–. Er macht eine Anzahlung von CHF 2 000.–. Für den Restbetrag vereinbaren Sie Bezahlung innert 10 Tagen. Doch Herr Fröhlich bezahlt trotz Mahnung nicht.

- Wenn Sie gegen Herrn Fröhlich auf Zahlung von CHF 4 500.– klagen, wird das Gericht prüfen, ob Ihr Anspruch tatsächlich besteht. Der Prozess läuft dann nach der schweizerischen Zivilprozessordnung ZPO ab.
- Sie haben den Prozess gegen Herrn Fröhlich gewonnen. Aber er zahlt immer noch nicht. Mit dem Gerichtsentscheid in der Tasche können Sie sich an den Staat wenden. Die Behörde treibt dann die CHF 4 500.– bei Herrn Fröhlich ein. Dafür gelten die Regeln des Zwangsvollstreckungsrechts.

4.3.1 Der Zivilprozess

Das Zivilprozessrecht regelt also das **Verfahren vor einem Zivilgericht** in einem **Streit um zivilrechtliche Ansprüche.**

Drei Grundsätze des schweizerischen Zivilprozessrechts

Wo kein Kläger, da kein Richter. Der Staat will sich in die privaten Belange von Personen so wenig wie möglich einmischen. Darum bringt er das Privatrecht nur zur Anwendung, wenn ein Bürger es verlangt. Das Gericht wird im Privatrecht nur aktiv, wenn eine Klage eingereicht wird – daher der Grundsatz: «Wo kein Kläger, da kein Richter.»

Beispiel

Die Geschäftsführerin des Coiffeursalons Hair Paradise teilt ihrer Mitarbeiterin Villon mit, dass sie in den folgenden Monaten weniger Lohn erhalte, weil sie schwanger sei und weniger leisten könne. Frau Villon ist mit diesem Entscheid nicht einverstanden. Falls ihre Chefin kein Einsehen hat, muss Frau Villon sich ans Gericht wenden. Das Gericht ist nicht verpflichtet, von sich aus einzuschreiten.

Gerichtsstand am Wohnsitz des Schuldners. Wenn ein Schuldner seine Schuld nicht erfüllt, ist das Gericht an seinem Wohn- /Geschäftssitz zuständig. Das sieht die Bundesverfassung vor (BV 30 II). Der Ort, an dem der Gläubiger klagen muss, heisst Gerichtsstand.

Ausnahmsweise gelten aber andere Gerichtsstände. Sie sind in der schweizerischen Zivilprozessordnung ZPO zusammengestellt (ZPO 9 ff.). Und die Parteien können vertraglich einen anderen Gerichtsstand vereinbaren, als es die Gesetze vorschreiben (sogenannte Gerichtsstandsklausel). Eine solche Abmachung ist aber nur gültig, wenn sie im Vertrag deutlich zum Ausdruck kommt: Fettschrift oder eine Einrahmung der Klausel ist nötig. Die Abmachung gilt nicht, wenn sie sich irgendwo im Kleingedruckten der Vertragsurkunde oder in den Allgemeinen Geschäftsbedingungen befindet (ZPO 17, Gerichtspraxis).

Beispiel

Herr Van Gogh wohnt in Genf. Er hat Frau Anderegg, die in Zürich wohnt, ein Ölgemälde verkauft. Doch Frau Anderegg bezahlt nicht. Herr Van Gogh möchte rechtliche Schritte gegen Frau Anderegg einleiten und gegen sie prozessieren. Am liebsten würde er in Genf klagen – hier kennt er die Gesetze und die Sprache. Da Herr Van Gogh mit Frau Anderegg keinen Gerichtsort vereinbarte, muss er an ihrem Wohnsitz in Zürich klagen. Der Gerichtsstand für Van Goghs Klage ist Zürich.

Achtung: Im Miet-, Pacht- und Arbeitsverhältnis sind die Gerichtsstände aber **zwingend.** Die mietende, pachtende oder arbeitnehmende Partei kann nicht zum Voraus auf die gesetzlichen Gerichtsstände verzichten (ZPO 9 und 35).

Die Beweisregel – Wer eine Tatsache behauptet, muss diese vor Gericht beweisen. Wenn ein Richter einen Entscheid fällt, stützt er sich einerseits auf das Gesetz, anderseits auf die Tatsachen, die sich ereignet haben. Für die Kenntnis des Gesetzes ist er allein zuständig. Doch was geschieht, wenn die Tatsachen unsicher sind? Klärt der Richter selbst ab, was sich zwischen den Parteien abgespielt hat, oder ist das Sache einer Partei? Die Beweisregel gibt uns Antwort auf solche Fragen: Wer vor Gericht eine **Tatsache behauptet** und daraus **Rechte ableitet,** muss das Vorhandensein der behaupteten Tatsache **beweisen** (ZGB 8).

Beispiel

Sascha Mekler hat Ihr Auto demoliert, weshalb Sie von ihm Schadenersatz fordern. Doch Mekler bezahlt nicht und Sie ziehen ihn vor Gericht. Vor Gericht bestreitet er, dass er Ihr Auto beschädigt hat. Gemäss der Beweislastregel müssen **Sie** beweisen, dass Herr Mekler Ihr Auto beschädigt hat. Denn aus der Tatsache der Beschädigung leiten Sie das Recht ab, von Mekler Schadenersatz zu verlangen. Gelingt Ihnen der Beweis nicht, wird Herr Mekler freigesprochen – dann muss er nichts bezahlen.

Mithilfe welcher Gerichtsinstanzen setzt der Gläubiger seine Forderung durch?

Das Zivilprozessrecht regelt auch den Ablauf eines Zivilprozesses und die Rechtsmittel, die die Prozessparteien ergreifen können, wenn sie mit einem Entscheid nicht einverstanden sind.

Abb. [4-3] **Der Instanzenzug beim Zivilprozess**

1. Phase Schlichtungsverfahren oder Mediation

Dem Prozess geht meist ein Schlichtungsversuch voraus (ZPO 197 ff.). Die Schlichtungsbehörde versucht, die Parteien zu versöhnen und eine gütliche Einigung zu erreichen (ZPO 202 ff.). So kann mancher Prozess vermieden werden. Auf Antrag sämtlicher Parteien tritt eine Mediation an die Stelle des Schlichtungsverfahrens (ZPO 213 ff.).

2. Phase Gericht erster Instanz

Kommt es nicht zur gütlichen Einigung, kann eine Partei beim zuständigen kantonalen Gericht klagen. Dieses fällt einen Entscheid über das behauptete Recht. Dieser Entscheid wird rechtskräftig, wenn nicht eine der Streitparteien innert Frist ein Rechtsmittel ergreift. Der Entscheid enthält eine Rechtsmittelbelehrung, die sagt, welches Rechtsmittel innert welcher Frist ergriffen werden muss (ZPO 219 ff., 238).

3. Phase Gericht zweiter Instanz

Wenn eine Prozesspartei mit dem Entscheid nicht einverstanden ist, kann sie bei einem höheren kantonalen Gericht **Berufung bzw. Beschwerde** einlegen. Das Gericht der zweiten Instanz prüft den Entscheid der Vorinstanz und entscheidet neu (je nach Kanton heisst die Berufungsinstanz Ober- oder Kantonsgericht).

4. Phase Bundesgericht

Wenn eine Prozesspartei mit dem Entscheid der zweiten Instanz nicht einverstanden ist, kann sie dagegen beim **Bundesgericht Berufung einlegen.** Das Bundesgericht kann jedoch nicht wegen jeder Kleinigkeit angerufen werden. Es befasst sich nur dann mit einem Fall, wenn es bei einem miet-/arbeitsrechtlichen Streit um mindestens 15 000 Franken geht, in allen übrigen Fällen um mindestens 30 000 Franken.

Wie verläuft ein Zivilprozess?

Der Zivilprozess ist ein **ritualisierter Kampf.** Die Parteien heissen Kläger und Beklagter (der Begriff «Angeklagter» gehört ins Strafrecht). Das Gericht ist Schieds- und Kampfgericht.

Als **Schiedsgericht** leitet das Gericht den Prozess und sorgt dafür, dass die Regeln des Zivilprozessrechts eingehalten werden. Sonst verhält es sich **neutral.** Es hilft weder dem Kläger noch dem Beklagten. Es ist grundsätzlich nicht Aufgabe des Richters, dafür zu sorgen, dass der Kläger die bestmöglichen Argumente einsetzt, um anzugreifen, und der Beklagte die bestmöglichen Argumente, um sich zu verteidigen.

Beispiel

Die Klägerin Karin Suter verlangt vom Beklagten Max Dürrenmatt die Bezahlung von CHF 9 000.–, gestützt auf einen Kaufvertrag, den die beiden vor elf Jahren miteinander abgeschlossen haben. Herr Dürrenmatt übersieht, dass die Forderung längst verjährt ist, und bringt dies im Prozess nicht vor. Prinzipiell darf das Gericht den Beklagten Dürrenmatt nicht darauf aufmerksam machen, dass er etwas Wichtiges übersehen hat. Und das Gericht darf die Verjährung in seinem Gerichtsentscheid auch nicht berücksichtigen, weil Max Dürrenmatt dieses Verteidigungsinstrument nicht eingesetzt hat.

Am Schluss des Prozesses wird das Gericht zum **Kampfgericht.** Es macht eine Auslegeordnung dessen, was die Parteien im Prozess behauptet und bewiesen haben, und wendet dann die Rechtsnormen an, die den Fall regeln. So gelangt das Gericht zu seinem Entscheid.

Der Gerichtsentscheid

Der Gerichtsentscheid legt fest, wer in welchen Streitpunkten **Sieger** ist. Zusätzlich legt es fest, wer welchen Anteil der **Gerichtskosten** zahlen muss und ob der Gegenpartei eine **Parteientschädigung** zu bezahlen ist. Dabei gilt: Der Verlierer muss den Prozess bezahlen und dem Gewinner die Prozessauslagen (Anwaltskosten usw.) ersetzen. Wer sich aus finanziellen Gründen keinen Prozess leisten kann, kann beim Gericht um **unentgeltliche Prozessführung** und um einen **unentgeltlichen Prozessbeistand** (Anwalt) nachsuchen.

Der Entscheid wird den Parteien schriftlich mitgeteilt. Jede Partei kann eine Begründung verlangen, wenn sie nicht schon vorher darauf verzichtet hat. Sobald Entscheid und Begründung den Parteien vorliegen, läuft die Rechtsmittelfrist für eine Berufung bzw. Beschwerde an die nächsthöhere Instanz, in der Regel das Kantons- oder Obergericht.

Vergleich anstatt Gerichtsentscheid

Oft kommt es gar nicht zu einem Gerichtsentscheid, weil die klagende und die beklagte Partei unter **Vermittlung des Richters** einen **Vertrag** ab schliessen. Der **Kläger reduziert** seine Forderung, und der **Beklagte** akzeptiert. Einen solchen Vertrag nennt man einen **Vergleich.** Heute werden die **meisten** zivilrechtlichen Streitigkeiten vor Gericht so gelöst. Das ist billiger und schafft schneller den gewünschten Frieden unter den Parteien (ZPO 208, 241).

Beispiel

Frau Walter verlangt von Herrn Burri CHF 30 000.– aus einem Kaufvertrag. Vor Gericht zeigt sich, dass für einen Gerichtsentscheid viele und nicht einfach zu führende Beweise erbracht werden müssten. Der Prozess würde wohl zwei bis drei Jahre dauern. Deshalb versucht das Gericht, die Parteien zu einem Vergleich zu bewegen: Es schlägt der Klägerin vor, ihre Forderung auf z. B. CHF 20 000.– zu reduzieren, und bemüht sich, dass auch Herr Burri, der Beklagte, dem Vergleich zustimmt.

4.3.2 Das Zwangsvollstreckungsrecht

Wenn der Schuldner trotz Gerichtsentscheid nicht leistet, kommt es zur Zwangsvollstreckung.

- Oft geht es um **Geldforderungen.** Der Schuldner müsste zahlen, zahlt aber nicht. Der Gläubiger muss nun die **Betreibungsbehörden** einschalten und Zwangsvollstreckung verlangen. Das genaue Vorgehen ist im **Schuldbetreibungs- und Konkursgesetz** (SchKG – ausgesprochen Sche-Ka-Ge) geregelt. Das SchKG ist eidgenössisches Recht.
- Manchmal geht es bei der Zwangsvollstreckung von zivilrechtlichen Ansprüchen nicht um Geldforderungen, sondern um andere Leistungen (z. B. die Übergabe eines Gegenstands). In solchen Fällen ist nicht das SchKG zuständig, sondern die Zivilprozessordnung (ZPO).

Zusammenfassung

Das materielle Recht regelt die Rechte und Pflichten und die Folgen einer Pflichtverletzung, das Verfahrensrecht, wie materielles Recht angewendet und nötigenfalls vollstreckt wird.

- **Verwaltungsverfahren.** Die Anwendung von **materiellem Verwaltungsrecht** wird durch das **Verwaltungsverfahrensrecht** geregelt. Das Instrument der Behörden ist die **Verfügung.** Mit ihr wenden sie das Recht im Einzelfall an. Wer von einer Verfügung betroffen ist, kann sich dagegen innert der vorgesehenen Frist wehren.
- **Strafverfahren.** Die Anwendung von **materiellem Strafrecht** erfolgt nach den Regeln des **Strafverfahrensrechts** (Strafprozessrecht und Strafvollzug). Ein Strafverfahren verläuft typischerweise in folgenden Schritten: **Einleitung, Untersuchung, Gericht erster Instanz, Gericht zweiter Instanz, Bundesgericht.** Sobald ein Gerichtsentscheid **rechtskräftig** geworden ist, kann es **vollstreckt** werden (Strafvollzug).
- **Zivilverfahren.** Die Anwendung von **materiellem Privatrecht** erfolgt nach den schweizweit einheitlichen Regeln der Zivilprozessordnung und Zwangsvollstreckung.
  - Dabei gelten folgende Verfahrensgrundsätze:
    - **Gerichtsstand ist der Wohnsitz** des Beklagten (des Schuldners),
    - **«Wo kein Kläger, da kein Richter»** und
    - die **Beweisregel.**
  - Typischerweise verläuft ein **Zivilprozess** in folgenden Schritten:
    - Schlichtungsverfahren,
    - Gericht erster Instanz,
    - Gericht zweiter Instanz,
    - Bundesgericht.
  - Sobald ein Gerichtsentscheid rechtskräftig geworden ist, kann der Gläubiger verlangen, dass er **vollstreckt** wird.

Repetitionsfragen

10

A] Kurt Dällenbach fährt in angetrunkenem Zustand die Fahrradfahrerin Monika Meier an. Diese verlangt Schadenersatz gestützt auf die Kausalhaftung des Motorfahrzeughalters. Begründen Sie mit einem Satz, weshalb es sich dabei um materielles Recht handelt.

B] Mit welchem Verfahrensrecht setzt Frau Meier ihren Anspruch gerichtlich durch?

C] Welche drei Verfahrensgrundsätze muss sie dabei beachten?

11

A] Mit welchem Instrument wenden Behörden Verwaltungsrecht an?

B] Wie findet man heraus, wie man sich gegen einen Behördenentscheid wehren kann?

12

A] Rechtskraft ist ein Schlüsselbegriff bei jedem Verfahrensrecht. Was versteht man darunter?

B] Wann ist eine Verfügung rechtskräftig?

C] Wann ist ein Gerichtsentscheid rechtskräftig?

13

Das Strafverfahren verläuft typischerweise in vier Schritten. Welche sind es?

Teil B Die Entstehungsgründe von Obligationen

5 Wie entstehen Obligationen?

Lernziele

Nach der Bearbeitung dieses Kapitels können Sie …

- die Begriffe Obligation, Forderung, Schuld, Gläubiger und Schuldner definieren und ihre Zusammenhänge aufzeigen.
- den Vertrag, die unerlaubte Handlung und die ungerechtfertigte Bereicherung als Entstehungsgründe von Obligationen benennen.

Schlüsselbegriffe

Entstehungsgrund, Forderung, Obligation, Schaden, Schadenersatz, Schuld, Schuldner, unerlaubte Handlung, ungerechtfertigte Bereicherung, Verschuldenshaftung, Vertrag

5.1 Was ist eine Obligation?

Das Wort Obligation kommt aus dem lateinischen «obligatio» und heisst **Verpflichtung**. Eine Person ist verpflichtet, einer anderen Person eine Leistung zu erbringen. An einer Obligation sind zwei Personen beteiligt, ein Gläubiger und ein Schuldner.

- **Gläubiger** ist, wer vom anderen eine Leistung verlangen kann. Der Gläubiger hat also das Recht auf eine Leistung. Von der Gläubigerseite aus betrachtet, heisst die Obligation **Forderung,** weil der Gläubiger berechtigt ist, vom Schuldner eine bestimmte Leistung zu **fordern**. Der Gläubiger sagt: Ich habe eine Forderung gegenüber dem Schuldner.
- **Schuldner** ist, wer einem anderen eine Leistung erbringen muss. Der Schuldner hat also die Pflicht zu einer Leistung. Von der Schuldnerseite aus betrachtet, heisst die Obligation **Schuld,** weil der Schuldner eine bestimmte Leistung schuldet. Der Schuldner sagt: Ich habe eine Schuld beim Gläubiger.

Abb. [5-1] **Die Rechtsbeziehung zwischen Gläubiger und Schuldner**

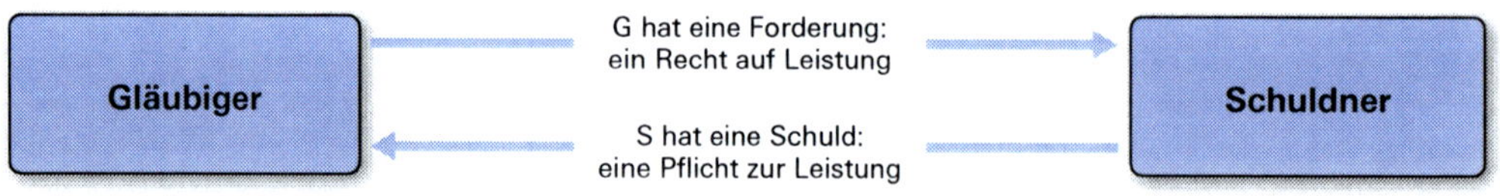

Beispiel

Anlässlich der letzten Projektteamsitzung hatte Lorenzo Arioli kein Bargeld auf sich und deshalb von seiner Kollegin Karin Scheuchzer CHF 50.– ausgeliehen. Wer ist Gläubiger und wer Schuldner?

- **Karin Scheuchzer ist Gläubigerin.** Sie darf von Lorenzo Arioli das Geld verlangen. Sie hat eine Forderung ihm gegenüber auf Zahlung von CHF 50.–. Wäre Karin Scheuchzer Juristin, würde sie zu Lorenzo sagen: «Ich habe eine Forderung gegen dich.»
- **Lorenzo Arioli ist Schuldner.** Er muss seiner Kollegin CHF 50.– bezahlen. Er hat eine Schuld gegenüber Karin Scheuchzer auf Zahlung von CHF 50.–. Lorenzo sagt zu Karin: «Ich habe eine Schuld bei dir.»

5.2 Die drei Entstehungsgründe für Obligationen

Nun fragt sich natürlich, wie es überhaupt zu einer Obligation zwischen zwei Personen kommt. Damit befasst sich das OR ganz am Anfang, nämlich in den Artikeln OR 1–67. Dort werden drei Entstehungsgründe für Obligationen genannt: der Vertrag (OR 1–40), die unerlaubte Handlung (OR 41–61) und die ungerechtfertigte Bereicherung (OR 62–67).

5.2.1 Was ist ein Vertrag?

Viele meinen, dass Verträge komplizierte Schriftstücke sind, die von bedeutenden Persönlichkeiten mit feierlicher Miene unterzeichnet und besiegelt werden. Natürlich gibt es solche Verträge. Für das OR ist ein Vertrag aber etwas viel Einfacheres, Alltäglicheres, nämlich ein **Versprechen zweier Vertragspartner.**

Mit dem Abschluss eines Vertrags versprechen sich zwei (oder mehrere) Personen bestimmte Leistungen (OR 1). Nun müssen sie sich an ihr Versprechen halten. Sie sind aus Vertrag zur Leistung verpflichtet. Meistens beinhaltet ein solches Versprechen **eine Leistung und eine Gegenleistung.** Das heisst, durch einen Vertragsabschluss entstehen meistens zwei oder mehr Obligationen. Denn nur in den seltensten Fällen verspricht jemand eine Leistung, ohne sich dafür auch eine Gegenleistung versprechen zu lassen.

Beispiel

Julian Kamber sucht eine neue Stelle als Sachbearbeiter. Er bewirbt sich bei der Firma Powernet Management. Die Personalchefin Sonja Suter und Julian Kamber werden sich handelseinig und schliessen miteinander einen Arbeitsvertrag ab. Dieser enthält im Wesentlichen zwei Obligationen:

- **Julian Kamber verspricht, bei der Firma Powernet Management zu arbeiten.** Durch dieses Versprechen entsteht eine Obligation auf Arbeitsleistung. Julian Kamber ist Schuldner der Arbeitsleistung und Powernet Gläubigerin. Oder anders formuliert: Powernet hat eine Forderung auf Erbringung der Arbeitsleistung durch Julian Kamber; Julian Kamber hat eine Schuld auf Erbringung der Arbeitsleistung an Powernet.
- **Die Firma Powernet Management verspricht als Gegenleistung Lohnzahlung.** Die Powernet verpflichtet sich, den vereinbarten Lohn zu bezahlen. Sie ist Schuldnerin dieser Obligation und Julian Kamber Gläubiger. Oder anders formuliert: Julian Kamber hat eine Forderung auf die Zahlung des Lohns. Die Powernet hat eine Schuld auf Bezahlung an Julian Kamber.

Was wir am Beispiel des Arbeitsvertrags beschrieben haben, gilt für fast alle Vertragsverhältnisse. Sie enthalten mindestens zwei Obligationen, weil sich die Vertragspartner gegenseitig etwas versprechen. Dazu gibt es nur wenige Ausnahmen wie z. B. die Schenkung. Hier verspricht jemand etwas, ohne dafür eine Gegenleistung zu verlangen und zu erhalten (OR 239).

5.2.2 Was ist eine unerlaubte Handlung?

Wenn jemand einem anderen widerrechtlich einen Schaden zufügt, so hat er diesen Schaden zu ersetzen. Entstehungsgrund für die Obligation ist hier die unerlaubte Schädigung einer anderen Person, eben die unerlaubte Handlung. Sie lässt eine **Obligation auf Schadenersatz entstehen.** Gläubiger ist der Geschädigte, Schuldner der Schädiger. Der Schädiger haftet für den entstandenen Schaden; wir sprechen hier auch von der ausservertraglichen Haftung.

Beispiel

Max Forrer ist bei der Familie Schneebeli zum Nachtessen eingeladen. Aus Unachtsamkeit verschüttet er ein Glas Wein auf den weissen Teppich. Dieser muss für CHF 200.– gereinigt werden. Max Forrer muss den Schaden bezahlen. Er hat fremdes Eigentum beschädigt, und damit ist eine Obligation aus unerlaubter Handlung entstanden, die ihn zur Übernahme der Reinigungskosten verpflichtet.

Möglicherweise hat Max Forrer eine Haftpflichtversicherung. In diesem Fall kann er den Schaden auf die Versicherung abwälzen, soweit der Schaden den vorgesehenen Selbstbehalt übersteigt.

Frage am Rande: Weshalb besteht eigentlich eine Obligation zwischen Max Forrer und der Versicherungsgesellschaft auf Bezahlung des Schadens? Max Forrer und die Gesellschaft haben einen Vertrag abgeschlossen. Max Forrer verpflichtet sich, die Prämien zu bezahlen, und die Versicherungsgesellschaft, Schäden zu bezahlen, für die Max Forrer haftpflichtig wird.

Abb. [5-2] **Rechtsbeziehung zwischen Schädiger und Geschädigtem bei unerlaubter Handlung**

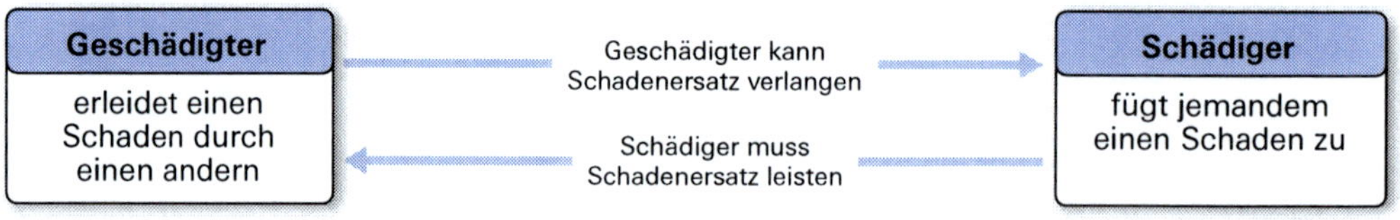

Damit eine Obligation aus unerlaubter Handlung entsteht, müssen **vier Voraussetzungen** erfüllt sein, so will es die Bestimmung von OR 41: «Wer einem anderen **widerrechtlich Schaden zufügt,** sei es mit **Absicht, sei es aus Fahrlässigkeit,** wird ihm zum **Ersatz** verpflichtet.» Die Haftung aus unerlaubter Handlung behandeln wir ausführlich in Kap. 6, S. 44.

5.2.3 Entstehung einer Obligation aus ungerechtfertigter Bereicherung

Die ungerechtfertigte Bereicherung ist die dritte Möglichkeit, wie nach OR eine Obligation entstehen kann. Dabei geht es um Folgendes: Oftmals werden aus Irrtum oder aus einem Vertragsverhältnis, das nie in Kraft getreten ist bzw. rückgängig gemacht wurde, Vermögensverschiebungen (Geld- oder Sachleistungen) gemacht. Derjenige, der die Leistung erhalten hat, ist aus dem Vermögen des anderen grundlos – ungerechtfertigt – **bereichert** (OR 62). Somit ist die Obligation aus ungerechtfertiger Bereicherung entstanden: Der ungerechtfertigt Bereicherte ist der Schuldner. Er muss den erlangten Vermögensvorteil an den «Entreicherten» – den Gläubiger – zurückgeben.

Beispiel

- Adrian Kull zahlt aus Versehen seine Handyrechnung im Betrag von CHF 90.– zweimal. Damit ist die Telefongesellschaft im Betrag von CHF 90.– grundlos bereichert. Adrian Kull kann die zu viel bezahlten CHF 90.– gestützt auf OR 62 zurückverlangen.
- Corina Calanda zahlt in Hinblick auf den Abschluss eines Mietvertrags das vorgesehene Mietdepot ein; der Vertrag wird danach aber nicht abgeschlossen. Daher besteht auch kein Rechtsgrund für ein Mietdepot. Corina Calanda hat eine Forderung aus ungerechtfertigter Bereicherung gegen den Hauseigentümer auf Rückgabe des deponierten Geldes.

Grundsätzlich muss der Bereicherte alles wieder herausgeben, was er ungerechtfertigt erhalten hat. Eine Ausnahme macht aber OR 64: Soweit er gutgläubig war, hat er nur noch das zurückzugeben, um was er noch bereichert ist zum Zeitpunkt, wo der andere die Rückerstattung verlangt. Gutgläubig ist jemand nur in den seltensten Fällen, dann nämlich, wenn er überhaupt nicht wusste oder auch nicht wissen konnte, dass die Vermögenszuwendung ohne Rechtsgrund erfolgte.

Zusammenfassung

Im OR geht es um **Obligationen.** Obligationen haben drei **Entstehungsgründe:**

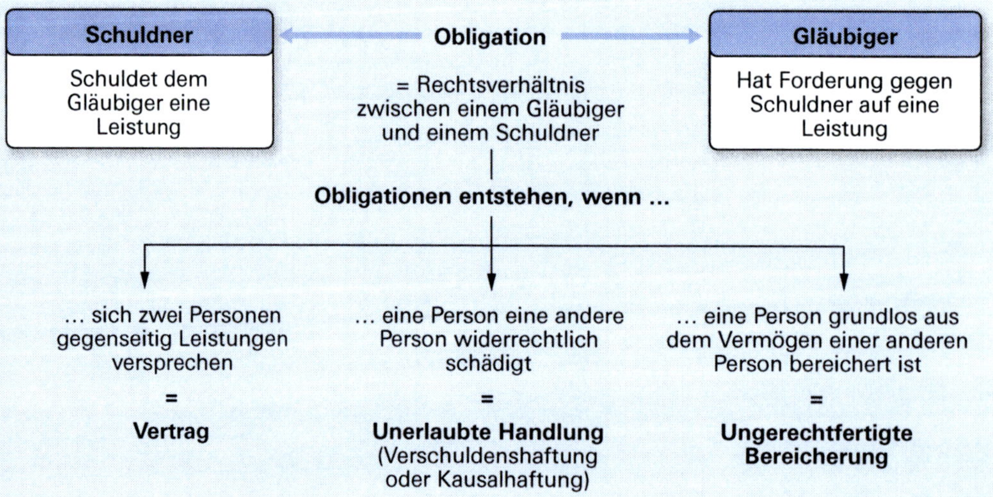

Repetitionsfragen

14 Weil Lorenzo Arioli kein Bargeld auf sich hat, hilft seine Kollegin Karin Scheuchzer ihm mit 50 Franken aus. Nun behauptet Karin Scheuchzer, dass eine Obligation zwischen ihr und Lorenzo Arioli besteht.

A] Worin besteht diese Obligation?

B] Wer ist Gläubiger und wer Schuldner der Obligation?

15 Lorenzo Arioli Seite 43sagt zu Karin: «Warum soll ich dir 50 Franken bezahlen?», und spielt damit auf den Rechtsgrund für seine Leistungspflicht an.

A] Auf welchen Rechtsgrund stützt sich Karin Scheuchzer ab, wenn sie davon ausgeht, dass sie Lorenzo mit 50 Franken ausgeholfen hat, weil er kein Geld dabei hatte?

B] Welcher Rechtsgrund würde vorliegen, wenn Karin Scheuchzer auf Lorenzo Ariolis Frage «Warum soll ich dir 50 Franken bezahlen?» antworten würde: «Du hast, ohne mich zu fragen, meinen Waterman-Kugelschreiber genommen und ihn verloren.»

C] Nennen Sie die vier Voraussetzungen, die im Fall B] erfüllt sein müssen, damit Karin Scheuchzer die geforderten 50 Franken tatsächlich von Lorenzo Arioli verlangen kann.

D] Auf welchen Rechtsgrund würde sich Karin Scheuchzer abstützen, wenn sie Folgendes antworten würde: «Als ich dir das Geld gegeben habe, habe ich dir aus Versehen eine 100er-Note anstatt eine 50er-Note gegeben. Nun will ich auch die zu viel bezahlten 50 Franken zurück.»

16 Ist in den nachfolgenden Fällen eine Obligation entstanden und, falls ja, welche? Kreuzen Sie die zutreffende Spalte an.

	Vertrag	**Unerlaubte Handlung**	**Ungerechtfertigte Bereicherung**
Fredi Flammer borgt sich von Susi Schedler ohne zu fragen das Auto und verbraucht 10 l Benzin.			
Jan Lieberherr hilft dem Bauern Kalbermatten beim Melken der Kühe und erhält dafür 20 l Milch.			
Samuel Schnell verstaucht sich beim Joggen den Knöchel.			
Bruno Bell touchiert mit seinem Fahrrad eine Fussgängerin und verletzt sie.			
Der Onkel verspricht seinem Neffen, ihm ein Auto zu schenken, wenn dieser bis zu seiner Mündigkeit nicht raucht.			
Anton Ruoss verkauft dem 16-jährigen Ahmed ein Mofa. Als Ahmeds Eltern dem Kauf nicht zustimmen wollen, verlangt Anton Ruoss das Mofa zurück.			

6 Das Haftpflichtrecht

Lernziele

Nach der Bearbeitung dieses Kapitels können Sie ...

- erklären, was man unter dem Haftpflichtrecht versteht.
- zwischen vertraglicher und ausservertraglicher Haftung unterscheiden.
- zwischen Verschuldenshaftungen, milden Kausalhaftungen und scharfen Kausalhaftungen unterscheiden.
- anhand einfacher Beispiele entscheiden, ob die Voraussetzungen der Verschuldenshaftung (OR 41) erfüllt sind.
- die milden Kausalhaftungen, Geschäftsherrenhaftung (OR 55), Haftung des Tierhalters (OR 56), Werkeigentümerhaftung (OR 58), Haftung des Familienhauptes (ZGB 333), Produktehaftpflicht (PrHG) beschreiben und an einfachen Beispielen anwenden.

Schlüsselbegriffe

Absicht, adäquater Kausalzusammenhang, ausservertragliche Haftung, Entstehungsgrund, Fahrlässigkeit, Geschäftsherrenhaftung, Haftpflicht, Haftung des Familienhauptes, Haftung des Motorfahrzeughalters, Kausalhaftung, Kausalzusammenhang, milde Kausalhaftung, Produktehaftpflicht, Rechtfertigungsgrund, Schaden, Schadenersatz, scharfe Kausalhaftung, unerlaubte Handlung, Urteilsfähigkeit, Verschulden, Verschuldenshaftung, vertragliche Haftung, Werkeigentümerhaftung, Widerrechtlichkeit

6.1 Haftpflicht bedeutet: für einen Schaden haften müssen

In Kap. 5, S. 40 haben Sie die Entstehungsgründe für Obligationen kennengelernt. Sie spielen auch in diesem Kapitel eine Rolle, denn das Haftpflichtrecht befasst sich mit der Frage, unter welchen Voraussetzungen jemand für Schäden haften muss, die bei einer anderen Person entstanden sind. Dafür kann es zwei Gründe geben:

- **Ausservertragliche Haftpflicht.** Entstehungsgrund für die Forderung auf Schadenersatz ist eine unerlaubte Handlung. Dabei kann es sich um eine **Verschuldenshaftung** nach OR 41 handeln oder um eine **Kausalhaftung** nach einer besonderen Gesetzesbestimmung.
- **Vertragliche Haftpflicht.** Entstehungsgrund für die Schadenersatzforderung ist eine Vertragsbeziehung zwischen dem Schädiger und dem Geschädigten. Der Schädiger verletzt seine Vertragspflichten und verursacht so einen Schaden beim Geschädigten.

Beispiel

Ausservertragliche Haftpflicht

- **Verschuldenshaftung nach OR 41.** Lara Grond ist auf Besuch bei Lisa, ihrer Freundin. Diese zeigt ihr ein Porzellangeschirr, das sie von ihrer Grossmutter geerbt hat. Die beiden Freundinnen beschliessen, ihren Kaffee aus diesem Porzellan zu geniessen. Lara hilft Lisa beim Abräumen des Geschirrs. Als sie die Kaffeekanne in die Küche trägt, stolpert sie über eine Schwelle und lässt die Kanne fallen. Das Erbstück geht zu Bruch. Lisa verlangt, dass Lara ihr den Schaden vergütet.
- **Kausalhaftung – hier des Tierhalters nach OR 56.** Lara Grond fährt mit ihrem Fahrrad zur Arbeit. Plötzlich taucht ein Hund auf. Er rennt dem Fahrrad nach und schnappt nach Laras Bein. Vor lauter Schreck fällt sie vom Fahrrad und verletzt sich. Dabei zerreisst auch ihr Hosenanzug. Lara weiss, dass der Hund Stefan Baumann gehört. Sie stellt ihm den Schaden in Rechnung. Stefan Baumann möchte die Rechnung nicht bezahlen mit folgender Begründung: Er habe nur schnell das Gartentor offen gelassen, da sei ihm der Hund davongelaufen. Er könne nichts dafür. Der Hund habe bestimmt nur mit Lara Grond spielen wollen. Es sei Laras Schuld, wenn sie so unsicher Fahrrad fahre.

Vertragliche Haftpflicht

- Lara Grond zieht in eine neue Wohnung. Sie schliesst mit einer Umzugsfirma einen Vertrag ab. Beim Zerlegen des Schranks beschädigt ein Mitarbeiter eine Schranktür. Die Umzugsfirma muss für diesen Schaden aufkommen. Sie haftet dabei aus Vertrag, weil sie sich verpflichtet hat, den Umzug sorgfältig und ohne Beschädigung von Sachen des Auftraggebers zu erledigen.

Sie werden jetzt vielleicht sagen: «Kein Problem, das zahlt doch alles die Versicherung!» So einfach ist die Sache nicht: Eine Haftpflichtversicherung schliessen wir ab, damit wir vor grossen Schadenszahlungen aus Haftpflicht geschützt sind. Die Haftpflichtversicherung übernimmt an unserer Stelle den Schaden, den wir eigentlich selber bezahlen müssten, weil wir haftpflichtig geworden sind.

6.2 Ohne Vertrag haften: die ausservertragliche Haftung

Wie bereits erwähnt: Dort, wo keine vertragliche Beziehung zwischen schädigender und geschädigter Person besteht, sprechen wir von ausservertraglicher Haftung, und wir unterscheiden die Verschuldenshaftung und die Kausalhaftungen.

6.2.1 Aus Verschulden haften

OR 41 I beschreibt den Grundsatz der Verschuldenshaftung: «Wer einem anderen widerrechtlich Schaden zufügt, sei es mit Absicht, sei es aus Fahrlässigkeit, wird ihm zum Ersatze verpflichtet.» Die Verschuldenshaftung ist die Grundform der ausservertraglichen Haftung. Sie entsteht, wenn durch eine schädigende Handlung oder durch eine Unterlassung einer Person einer anderen Person ein Schaden zugefügt wird.

Damit jemand aus Verschulden haftet, müssen vier Voraussetzungen (Tatbestandsmerkmale) erfüllt sein: Schaden, Widerrechtlichkeit, adäquater Kausalzusammenhang und Verschulden.

Abb. [6-1] Die vier Tatbestandsmerkmale der Verschuldenshaftung

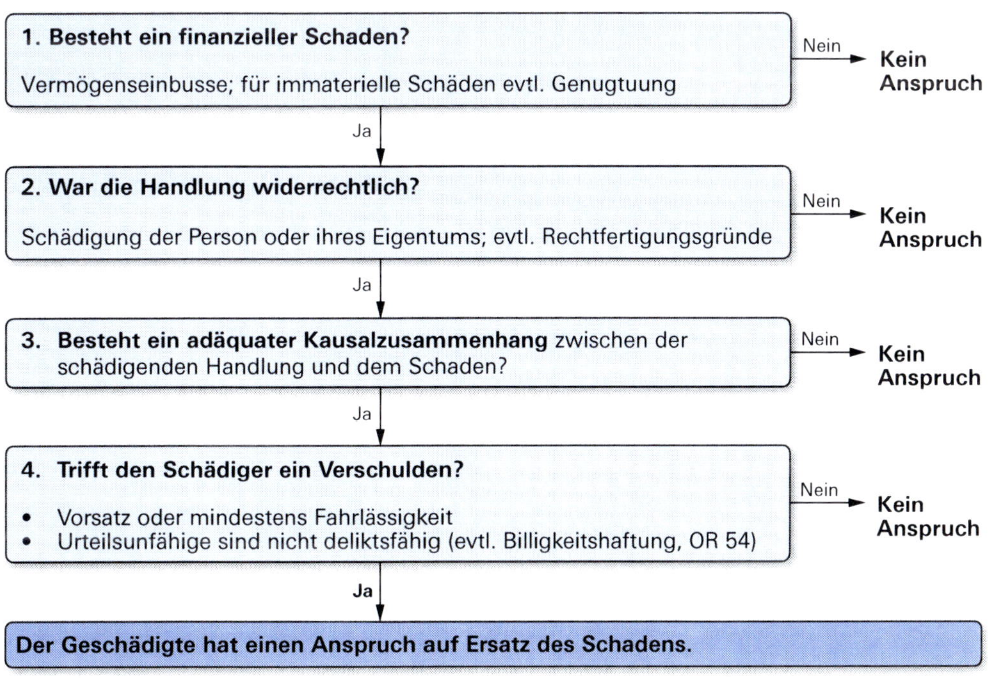

Erste Voraussetzung: finanzieller Schaden

Mit einem finanziellen Schaden ist eine Vermögenseinbusse beim Geschädigten gemeint; meistens handelt es sich um Sachschäden oder andere Vermögensschäden, nicht selten aber auch um Personenschäden (OR 45 f.). Liegt kein solcher Schaden vor, gibt es auch keine Schadenersatzpflicht. Allerdings kann der Geschädigte für nicht finanziell messbare Schäden unter Umständen eine **Genugtuung** (OR 47 und 49) verlangen. Man spricht in diesem Zusammenhang auch von Schmerzensgeld.

Beispiel

- **Schadenersatz bei Sachschaden:** Serge Strasser ist mit dem Fahrrad unterwegs. Aus Unachtsamkeit fährt er in den Marktstand von Hanna Glaser und beschädigt einen grossen Teil von Hanna Glasers angebotener Ware (OR 41). Er muss Hanna Glaser den Gegenwert der beschädigten Ware ersetzen; allerdings nur dann, wenn alle vier Voraussetzungen der unerlaubten Handlung erfüllt sind.
- **Schadenersatz bei Personenschaden:** Tanja Bieri ist morgens wieder einmal spät dran. Der Zug fährt in zwei Minuten ab. Sie rennt, so schnell sie kann, durch die Bahnhofshalle. Aus Versehen rempelt sie Luc Nardon an, der so ungeschickt hinfällt, dass er sich den Arm bricht. Luc Nardon ist selbstständig erwerbend und muss deshalb den Lohnausfall selbst tragen. Sein Schaden umfasst unter anderem sämtliche Arzt-, Spital- und Heilungskosten und den gesamten Lohnausfall (OR 46).
- **Genugtuung** (Schmerzensgeld): Ein Raser fährt mit über 70 km/h durch eine Wohnstrasse. Er übersieht die spielenden Kinder und überfährt die 5-jährige Claudia. Claudia ist sofort tot. Die Eltern und Geschwister von Claudia sind natürlich verzweifelt. Verzweiflung allein ist aber kein finanzieller Schaden. Der einzige finanzielle Schaden, der entsteht, sind die Begräbniskosten. Nun sieht aber OR 47 vor, dass die Angehörigen eine angemessene Geldsumme als Genugtuung verlangen können, wenn dies unter Würdigung der Umstände als angemessen erscheint. In einem Streitfall wird der Richter dabei vor allem berücksichtigen, wie schwer der Verlust die Angehörigen trifft und wie schwer das Verschulden des Schädigers wiegt.

Nicht verwechseln! Eine unerlaubte Handlung kann gleichzeitig auch eine Straftat sein (OR 53). Je nach Situation sind also zwei Rechtsgebiete für ein und dieselbe Tat zuständig. Das Strafrecht entscheidet, ob ein Schädiger mit Busse oder Gefängnis bestraft wird; das OR, ob und wie viel Schadenersatz der Schädiger dem Geschädigten zu leisten hat.

Zweite Voraussetzung: widerrechtliches Verhalten des Schädigers

Widerrechtlich ist jeder unerlaubte Eingriff in die **Persönlichkeit** eines Menschen sowie in sein **Eigentum** und seinen **Besitz.**

Beispiel

- **Verletzung der Persönlichkeit** (Verletzung der Gesundheit, Privatsphäre oder Ehre eines andern): Jemand verletzt oder tötet eine Person; ein Voyeur beobachtet in der Nacht regelmässig das Schlafzimmer der Nachbarwohnung und verletzt damit die Privatsphäre der Nachbarn; jemand verbreitet verleumderische Unwahrheiten über eine andere Person usw.
- **Verletzung des Eigentums:** Jemand bricht die Antenne an einem Auto ab; ein Einbrecher stiehlt den Schmuck und die Barschaft.

Ausnahmsweise sind Eingriffe in geschützte Rechtsgüter zulässig, dann nämlich, wenn es einen **Rechtfertigungsgrund** gibt. Das sind: Einwilligung des Geschädigten, rechtlich zulässige Amtshandlung einer Behörde, Notwehr des Geschädigten (OR 52).

Dritte Voraussetzung: adäquater Kausalzusammenhang zwischen schädigender Handlung und Schaden

Zwischen der schädigenden Handlung und dem Schaden muss ein Verhältnis von **Ursache und Wirkung** bestehen. Dabei prüfen die Gerichte nach der folgenden Formel: Ist eine Handlung nach dem **normalen Lauf der Dinge** geeignet, ein bestimmtes Resultat – eben den Schaden – zu bewirken? Nur wenn diese Frage bejaht werden kann, ist der adäquate Kausalzusammenhang gegeben.

Beispiel

- Sie erinnern sich an Lara, die über die Schwelle stolperte und die Kaffeekanne fallen liess. Weil sie stolperte und die Kanne fallen liess, entstand der Schaden. Zwischen der Ursache (das Stolpern) und der Wirkung (defekte Kaffeekanne) entsteht ein direkter Zusammenhang.
- Marcel Diesbach wird auf dem Weg zum Bahnhof vom Velofahrer Jonas Zähringer angefahren; er zerreisst sich bei dem Unfall die Hose und verletzt sich geringfügig am Knie. Durch den Unfall aufgehalten, versäumt Marcel Diesbach jedoch seinen Zug und nimmt den nächsten. Dieser Zug entgleist und Marcel Diesbach bricht sich bei dem Zugunglück nun auch noch den Arm. Im Spital holt

er sich am zweiten Tag eine Lebensmittelvergiftung. Muss Jonas Zähringer nun für alle Kosten, die Marcel Diesbach aufgrund des Velounfalls entstanden sind (Sachschaden an der Hose, Heilungskosten für den gebrochenen Arm, Schmerzensgeld für die Lebensmittelvergiftung), aufkommen? Vernünftigerweise kann die Antwort nur «Nein» lauten, denn eine solche Haftung würde ins Uferlose führen. Daher verlangen die Gerichte einen sogenannten adäquaten Kausalzusammenhang, d. h. eine minimale Nähe von Ursache und Wirkung. Nach dem normalen Lauf der Dinge muss eine bestimmte Ursache geeignet sein, eine bestimmte Wirkung zu erzielen. Das ist für die zerrissene Hose und das aufgeschürfte Knie zweifellos der Fall, nicht aber für den gebrochenen Arm und die Lebensmittelvergiftung.

Vierte Voraussetzung: Verschulden des Schädigers

Der Schädiger muss die Schädigung **schuldhaft** verursacht haben. Schuld im Sinne von OR 41 hat zwei Komponenten:

- **Der Schädiger muss absichtlich oder zumindest fahrlässig gehandelt haben.** Wer mit Absicht handelt, will einen Schaden bewusst (mit Vorsatz) herbeiführen – oder er nimmt zumindest bewusst in Kauf, dass es zu einem Schaden kommt (Eventualvorsatz). Wer mit Fahrlässigkeit handelt, sieht pflichtwidrig einen Schaden nicht voraus. Man kann zum Schädiger sagen: «Das hätte nicht passieren dürfen, du hättest unbedingt besser aufpassen müssen!» Der Dieb handelt absichtlich. Er will ja stehlen. Wer in Eile jemanden umrempelt, handelt dagegen fahrlässig. Es ist ja nicht sein Ziel, jemanden zu schädigen. Er handelt bloss unvorsichtig.
- **Zudem muss der Schädiger urteilsfähig sein,** d. h. fähig sein, vernunftgemäss zu handeln und das mögliche Resultat einer Handlung abzuschätzen (ZGB 16). Wer urteilsunfähig ist, kann auch keine unerlaubte Handlung begehen (ZGB 17, eventuell Billigkeitshaftung, OR 54).

6.2.2 Auch ohne eigenes Verschulden haften: die Kausalhaftungen

Die Kausalhaftungen sind die Ausnahmen vom Grundsatz der Verschuldenshaftung. Wir können zwischen der milden (oder gewöhnlichen) Kausalhaftung und der scharfen Kausalhaftung (oder Gefährdungshaftung) unterscheiden. Die Kausalhaftungen sind in besonderen Gesetzesbestimmungen geregelt.

Milde Kausalhaftungen

Denken Sie zurück an Stefan Baumann, dessen Hund nach Lara Gronds Bein geschnappt hat. Der Halter eines Hundes ist verantwortlich dafür, dass sein Hund keinen Schaden anrichtet. Das heisst, er muss den Hund erziehen, richtig beaufsichtigen und halten und alle notwendigen Massnahmen treffen, dass nichts passiert. Unterlässt er diese Sorgfaltspflichten, so wird er haftpflichtig, sofern auch die anderen Voraussetzungen für die Haftung erfüllt sind.

Drei der Voraussetzungen, die Sie bereits aus der Verschuldenshaftung kennen, müssen folglich bei der milden Kausalhaftung ebenfalls erfüllt sein: Schaden, Widerrechtlichkeit und adäquater Kausalzusammenhang. Die milde Kausalhaftung unterscheidet sich somit nur in der **vierten Voraussetzung,** nämlich in der Frage, ob die vom Gesetz verlangte **Aufsichts- bzw. Sorgfaltspflicht verletzt** wurde. Bei einem Teil der Kausalhaftungen ist es möglich, sich von der Haftung zu befreien. Dazu muss der Haftpflichtige beweisen, dass er keine Aufsichts- und Sorgfaltspflichten verletzt hat.

Zur milden Kausalhaftung gehören insbesondere die folgenden Fälle:

Abb. [6-2] **Milde Kausalhaftung**

Haftung des Geschäftsherrn (OR 55)	
Voraussetzung	Der Geschäftsherr haftet für die Handlung einer Hilfsperson, wenn diese in Ausübung dienstlicher oder geschäftlicher Verrichtungen einen Schaden anrichtet. Die Geschäftsherrenhaftung setzt ein Unterordnungsverhältnis zwischen der Hilfsperson und dem Geschäftsherrn voraus.
Befreiung von der Haftung	Der Geschäftsherr kann sich von der Haftung befreien, wenn er beweist, dass er seine Sorgfaltspflichten bei Auswahl, Instruktion und Kontrolle der Hilfsperson nicht verletzt hat oder dass der Schaden trotz gehöriger Sorgfalt eingetreten wäre.
Beispiel	Bei der Erfüllung eines Malauftrags in einer Mietwohnung schüttet der Mitarbeiter des Malergeschäfts beim Kunden versehentlich Lösungsmittel auf den Parkettboden.
Haftung des Tierhalters (OR 56)	
Voraussetzung	Der Tierhalter haftet für Schäden, die sein Tier anrichtet. Als Halter eines Tieres gilt, wer z.B. über das Tier verfügen kann, für das Tier sorgt und das Tier nutzt. Ob jemand Halter ist, beurteilt sich nach den konkreten Umständen des Falls. Halter eines Pferdes ist zum Beispiel die Person, der das Pferd gehört und die das Pferd trainiert und reitet, nicht aber die Person, bei der das Pferd untergebracht ist und die es – im Auftrag des Besitzers – allenfalls füttert und den Stall ausmistet.
Befreiung von der Haftung	Auch der Tierhalter kann sich von der Haftung befreien, wenn er beweist, dass er alle gebotene Sorgfalt angewendet hat oder dass der Schaden trotz gehöriger Sorgfalt eingetreten wäre.
Beispiel	Stefan Baumanns Hund greift Lara Grond auf ihrem Weg zur Arbeit an, worauf sie stürzt und sie sich ihren Hosenanzug zerreisst.
Haftung des Werkeigentümers (OR 58)	
Voraussetzung	Der Werkeigentümer haftet für den mangelhaften Unterhalt und die fehlerhafte Anlage. Fehlerhaft ist ein Werk, das keine genügende Sicherheit für den bestimmungsgemässen Gebrauch bietet. Von einem Werk spricht man, wenn eine Sache stabil und mit der Erde direkt oder indirekt verbunden und von Menschenhand geschaffen wurde. Als Werke gelten z. B. Teile von Bauten, Strassen und Plätze, Leitungen usw.
Befreiung von der Haftung	Ob der Mangel durch Unsorgfalt, Zufall oder durch das Verhalten von Drittpersonen entstand, spielt für die Haftung keine Rolle: Der Werkeigentümer kann sich nicht von der Haftung befreien.
Beispiel	Die Kinder spielen beaufsichtigt von ihren Müttern im Garten von Hannes Meyer. In einem kurzen unbeaufsichtigten Moment entfernt sich ein Kind und ertrinkt in dem als Biotop angelegten Teich des Nachbarn, der ungenügend gesichert ist.
Haftung des Familienhauptes (ZGB 333)	
Voraussetzung	Das Familienhaupt haftet für Personen, die aufsichtsbedürftig sind und im gleichen Haushalt leben. Aufsichtsbedürftig sind z.B. Unmündige, Entmündigte, Geisteskranke oder Geistesschwache. Die Aufsichtsbedürftigen stehen in einem Unterordnungsverhältnis zum Familienhaupt.
Befreiung von der Haftung	Das Familienhaupt kann sich befreien, indem es den Sorgfaltsbeweis erbringt: Es muss beweisen, dass es das durch die Umstände gebotene Mass an Sorgfalt in der Beaufsichtigung der aufsichtsbedürftigen Person angewendet hatte oder dass der Schaden trotzdem eingetreten wäre.
Beispiel	Ein 11-jähriger Knabe nimmt das für die Jagd bereitgestellte Gewehr seines Vaters und hantiert damit herum. Als sich ein Schuss löst, wird sein Freund schwer verletzt. Der Vater wird haftpflichtig. Er hat weder verhindert, dass die Kinder auf das Gewehr Zugriff hatten, noch hat er ein Verbot, damit zu spielen, ausgesprochen.

Produkthaftpflicht (PrHG)	
Voraussetzung	Die Produkthaftpflicht ist im Bundesgesetz über die Produktehaftpflicht (PrHG) geregelt. • Der Produkthersteller (Hersteller, Importeur oder Grosshändler) haftet für Sach- oder Personenschäden, die durch ein fehlerhaftes Produkt entstehen. Der Hersteller haftet allerdings nur für die Mangelfolgeschäden, die durch das Produkt entstehen, nicht für Schäden am Produkt selber. Als Produkte gelten bewegliche Sachen. • Der Produkthersteller haftet, wenn das Produkt nicht die Sicherheit bietet, die der Benutzer nach den Umständen erwarten darf.
Befreiung von der Haftung	Der Produkthersteller kann sich in einzelnen vom Gesetz (PrHG 5) genannten Fällen von der Haftung befreien, wenn er zum Beispiel beweist, dass der Fehler nach dem aktuellen Stand der Wissenschaft nicht erkannt werden konnte.
Beispiel	Olga Hirt stellt den Christbaum in einem neuen Christbaumständer auf. Als die Kerzen angezündet sind, fällt der Christbaum plötzlich um. Ein Plastikteil, das den Christbaum hätte halten sollen, hat nachgegeben. Durch den nachfolgenden Wohnungsbrand wird Olga Amherds Mobiliar zerstört.

Scharfe Kausalhaftung (Gefährdungshaftung)

Von Gefährdungshaftungen spricht man, wenn der Halter für eine Vorrichtung oder für eine Sache verantwortlich ist, die eine besondere Gefährdung für die Umwelt darstellt. Die besondere Gefährdung kann im Gefahrenpotenzial liegen, besonders schwere Schäden herbeizuführen.

Beispiel

Typische Gefährdungshaftungen sind die Motorfahrzeughaftung, die Haftung des Luftfahrzeughalters, des Eisenbahnbetreibers oder der Inhaber einer Atomanlage oder einer Rohrleitungsanlage.

Die Voraussetzungen für eine Haftpflicht sind in den einzelnen Spezialgesetzen umschrieben. Eine Entlastung von der Haftpflicht ist i. d. R. nach Gesetz einzig durch folgende Gründe, die den kausalen Zusammenhang unterbrechen, möglich:

- Grobes Drittverschulden
- Höhere Gewalt, namentlich ein Naturereignis
- Grobes Selbstverschulden des Geschädigten

Drei der Voraussetzungen, die Sie bereits aus der Verschuldenshaftung kennen, müssen also auch bei der scharfen Kausalhaftung erfüllt sein: Schaden, Widerrechtlichkeit und adäquater Kausalzusammenhang. Auch die scharfen Kausalhaftungen unterscheiden sich somit nur in der vierten Voraussetzung von der Verschuldenshaftung: im Betreiben einer Vorrichtung oder einer Sache, die als besonders gefährlich gilt.

6.3 Zur Vertiefung: die vertragliche Haftung

Die vertragliche Haftung kommt dann zum Zug, wenn zwischen der geschädigten und der schädigenden Partei eine vertragliche Beziehung besteht. Wir sprechen in zwei Fällen von vertraglicher Haftung, nämlich

- wenn eine Vertragspartei die von ihr versprochene Leistung aus diesem Vertrag nicht oder unvollständig erbringt und daraus ein Schaden entsteht (OR 97 I);
- wenn ein Unternehmen (ein Geschäftsherr) eine Hilfsperson einsetzt und diese eine Vertragsverletzung begeht (OR 101). Die schädigende Partei haftet für die Fehler der Mitarbeitenden.

In diesen Fällen muss der Schuldner der geschädigten Vertragspartei den Schaden ersetzen.

Zusammenfassung

Man unterscheidet die folgenden Haftungsarten:

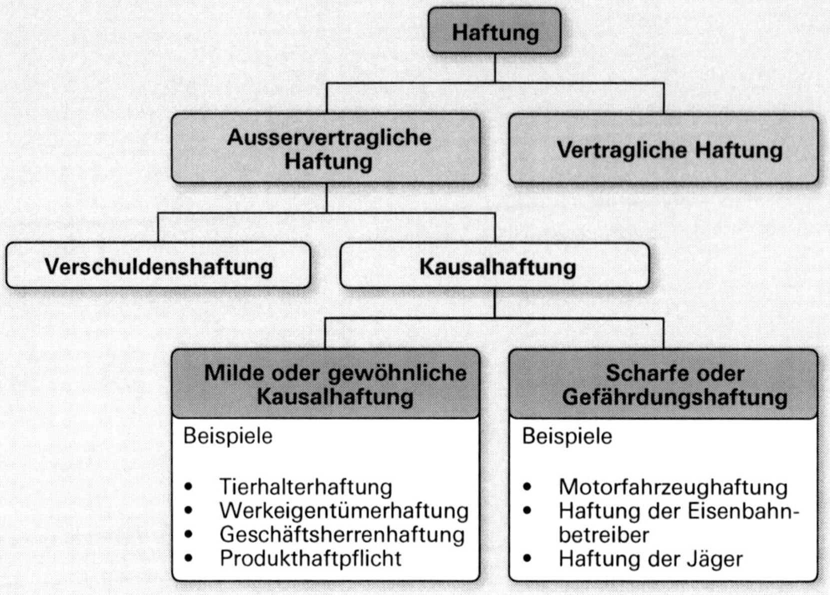

Die **vier Voraussetzungen** der Verschuldenshaftung:

1. **Finanzieller Schaden** (Vermögenseinbusse, evtl. Genugtuung)
2. **Widerrechtliche Handlung** (Eingriff in Persönlichkeit, Eigentum oder Besitz)
3. **Adäquater Kausalzusammenhang** (zwischen schädigender Handlung und Schaden)
4. **Verschulden des Schädigers** (absichtliches, fahrlässiges Handeln und Urteilsfähigkeit des Schädigers)

Die milde und die scharfe Kausalhaftung stellen Ausnahmen vom Grundsatz der Verschuldenshaftung dar; die Regelungen sind zum Teil im OR und zum Teil in Spezialgesetzen festgehalten:

- Bei der **milden Kausalhaftung** lautet die vierte Voraussetzung: «Wurden die vom Gesetz verlangten Aufsichts- und Sorgfaltspflichten verletzt?» Sie kommt insbesondere bei der Haftung des Geschäftsherrn, Tierhalters, Werkeigentümers und des Familienoberhaupts sowie bei der Produkthaftpflicht zur Anwendung.
- Bei der **scharfen Kausalhaftung** lautet die vierte Voraussetzung: «Schuf der Halter durch eine Vorrichtung oder eine Sache eine besondere Gefährdung?» Sie kommt zum Tragen, wenn der Halter für eine Vorrichtung oder eine Sache verantwortlich ist, die ein besonderes Gefährdungspotenzial für die Umwelt darstellt.

Repetitionsfragen

17 Ein Gast muss im Restaurant Sonne auf die Toilette. Dazu muss er eine steile, schlecht beleuchtete Treppe hinabsteigen. Auf dem untersten Treppenabsatz stürzt er so unglücklich, dass er querschnittgelähmt liegen bleibt. Wer haftet aus welchem Grund für den Unfall?

18 Eine Autofahrerin ist sehr in Eile, um zu einer wichtigen Sitzung zu gelangen. An einer Kreuzung übersieht sie das Rotlicht. Es kommt zu einer heftigen Kollision mit einem anderen Fahrzeug.

A] Welche Art von Haftung liegt hier vor?

B] Kann sich die Autofahrerin von der Haftung befreien, wenn sie geltend macht, die Sonne habe sie derart geblendet, dass sie das Rotlicht nicht erkennen konnte?

19 Ein Automobilist versucht während der Fahrt, eine Wespe zu erschlagen, die ihn belästigt. Dabei gerät er auf die Gegenfahrbahn und kollidiert mit einem entgegenkommenden Fahrzeug, dessen Lenker glücklicherweise nur leicht verletzt wird. Als die Mutter des verletzten Lenkers vom Unfall erfährt, erleidet sie einen Herzinfarkt.

A] Ist der unfallverursachende Automobilist am Unfall schuld?

B] Ist der unfallverursachende Automobilist am Herzinfarkt der Mutter des verletzten Lenkers schuld?

20 Der 17-jährige Erwin Kugler fährt mit dem Skateboard auf dem Trottoir. Er verliert die Kontrolle und rast in eine Schaufensterscheibe. Diese zerbricht. Der Ladenbesitzer ist der Meinung, Kugler müsse den Schaden von insgesamt CHF 2 500.– bezahlen. Prüfen Sie, ob die vier Voraussetzungen für eine unerlaubte Handlung erfüllt sind.

21 Für bestimmte Fälle ist die Haftung eines Schädigers schärfer geregelt als nach OR 41.

A] Wie nennt man solche Haftungen?

B] Welcher Unterschied zur Haftung nach OR 41 ist zentral? (Tipp: Denken Sie an die Voraussetzungen für die Haftung.)

C] Nennen Sie zwei Beispiele von solchen Haftungen.

Teil C Entstehung und Erfüllung von Verträgen

7 Wie entstehen Obligationen aus einem Vertrag?

Lernziele

Nach der Bearbeitung dieses Kapitels können Sie …

- die vier Voraussetzungen für die Entstehung von Obligationen aus Vertrag aufzeigen und ihre Bedeutung an Beispielen beschreiben.
- den Einigungsprozess der Vertragspartner anhand der Begriffe Antrag, Annahme, Offerte und Gegenofferte umschreiben und an Beispielen aufzeigen, ob es zu einer Einigung gekommen ist.
- anhand der Kriterien Handlungsfähigkeit, Handlungsunfähigkeit und beschränkte Handlungsunfähigkeit beurteilen, ob eine Person fähig ist, gültig einen Vertrag abzuschliessen.
- ermitteln, wann welche Art von Formvorschrift Voraussetzung für einen gültigen Vertragsabschluss ist.
- erklären, unter welchen Voraussetzungen ein Vertragsinhalt unzulässig ist und welche Folgen das für die Vertragsentstehung hat.

Schlüsselbegriffe

Allgemeine Geschäftsbedingungen (AGB), Annahme, Antrag, beschränkte Handlungsunfähigkeit, einfache Schriftlichkeit, Einigung, Entstehung, Form, Gegenofferte, Geschäftsfähigkeit, Gültigkeitsdauer, Handlungsfähigkeit, Handlungsunfähigkeit, Hauptpunkt, Mündigkeit, Nebenpunkt, Nichtigkeit, öffentliche Beurkundung, Offerte, qualifizierte Schriftform, Schaufensterauslage, unbestellte Waren, Unmöglichkeit, Unsittlichkeit, Urteilsfähigkeit, Urteilsunfähigkeit, Vertragsfähigkeit, Vertragsinhalt, Werbeprospekt, Widerrechtlichkeit, Widerruf

Ein **Vertrag** ist ein gegenseitiges Leistungsversprechen zweier Vertragspartner. Damit ein Vertrag entsteht, müssen **vier Voraussetzungen** erfüllt sein:

1. **Einigung** über den Vertragsinhalt
2. **Vertragsfähigkeit** des Vertragspartners
3. **Richtige Form** des Vertrags
4. **Zulässiger Inhalt** des Vertrags

7.1 Die Einigung über den Vertragsinhalt

Damit ein Vertrag entsteht, müssen sich die beiden Parteien einigen. Einigen heisst: Beide **äussern** den Willen, miteinander einen **Vertrag** mit einem **bestimmten Inhalt** einzugehen.

Beispiel

Mario möchte schon lange einen MP3-Player. Sabrina erzählt ihm, dass sie zum Geburtstag ein neues Modell erhalten habe, obwohl ihr alter MP3-Player noch tadellos funktioniere. Daraufhin spielt sich folgendes Gespräch ab:

Mario: «Du, Sabrina, würdest du mir deinen alten MP3-Player verkaufen?»

Sabrina: «Warum nicht? Ich will 130 Franken dafür.»

Mario: «Das ist zu viel. Für 100 Franken würde ich ihn nehmen.»

Sabrina: «Abgemacht.»

Damit haben sich die beiden über einen Vertrag geeinigt. Sabrina verspricht, Mario den alten MP3-Player zu übergeben. Mario verspricht, Sabrina als Gegenleistung 100 Franken zu bezahlen.

Die Willensäusserungen bestehen im **Antrag** der einen und in der **Annahme** der anderen Partei. Anstatt Antrag sagt man heute Offerte. Wir können deshalb sagen: Eine Partei unterbreitet der anderen eine Offerte und die andere Partei nimmt die Offerte an.

7.1.1 Was ist eine verbindliche Offerte?

Eine verbindliche Offerte liegt dann vor, wenn einer der Verhandlungspartner dem anderen einen ganz konkreten Vorschlag für einen Vertragsabschluss unterbreitet. Sinngemäss sagt er dann zum anderen: «Willst du mit mir einen Vertrag zu den Bedingungen XY abschliessen?» Darauf hat der Angesprochene **drei** Reaktionsmöglichkeiten:

- **«Einverstanden!»** – Resultat: Übereinstimmende Willensäusserung – Offerte und damit **Vertrag angenommen.**
- **«Nein!»** – Resultat: **Keine** übereinstimmende Willensäusserung – Offerte und damit **Vertrag abgelehnt.**
- **«Ja, aber** nicht zu den vorgeschlagenen Bedingungen, sondern ...» – **Gegenofferte,** auf die der Partner nun wieder reagieren kann.

Ob jemand eine verbindliche Offerte unterbreitet, ergibt sich aus den Umständen. Sobald für den Verhandlungspartner erkennbar ist, dass der andere einen ernst gemeinten Vorschlag für einen Vertrag macht, liegt eine verbindliche Offerte vor. Das kann ausdrücklich geschehen, manchmal aber auch stillschweigend durch die konkreten Umstände.

Beispiel

- **Ausdrückliche Offerte:** Der Hausverwalter Willi Kunz hat die Aufgabe, zum bestmöglichen Preis 5 000 Liter Heizöl zu beschaffen. Er nimmt zuerst mit verschiedenen Lieferanten Kontakt auf und erkundigt sich unverbindlich nach den Preisen. Nach einigen Anfragen stellt er fest, dass die Firma Rossi am günstigsten ist. Er ruft deshalb nochmals an und bestellt die 5 000 Liter Heizöl zu CHF –.80 je Liter. Daraus ist eindeutig zu erkennen, dass er nun einen Vertrag abschliessen will. Deshalb handelt es sich um eine verbindliche Offerte, die der Ölhändler Rossi annehmen oder ablehnen bzw. auf die er mit einer Gegenofferte reagieren kann.
- **Stillschweigende Offerte:** Zu einem Vertragsabschluss kann es kommen, ohne dass einer der beiden Partner nur ein Wort sagt: Sylvia Albisser stöbert in der Zeitschriftenauslage eines Kiosks. Plötzlich nimmt sie eine Wochenzeitschrift heraus und legt den Kaufpreis von CHF 5.– hin. Für den Verkäufer ist natürlich klar, was damit gemeint ist. Er nimmt wortlos die CHF 5.– entgegen. Damit ist der Vertrag gültig zustande gekommen und gleichzeitig auch erfüllt worden (Kaufpreis gegen Kaufgegenstand).

7.1.2 Wie lange ist der Offerierende an seine Offerte gebunden?

Am einfachsten ist die Situation natürlich, wenn der Offerierende ausdrücklich sagt, wie lange sein Angebot gültig ist (OR 3 I). Das wird im Geschäftsleben relativ häufig gemacht, z. B. mit dem ausdrücklichen Zusatz: «Verbindlich bis 30. Juni 20..». Oft unterbleibt aber eine solche zeitliche Befristung der Offerte. In solchen Fällen gelten OR 4 und 5.

- In OR 4 regelt das Gesetz den Fall, dass die beiden Vertragspartner **direkt miteinander kommunizieren** – sei es, weil sie gerade am gleichen Ort sind, sei es per Telefon. In diesem Fall ist die Bindungsdauer einer Offerte sehr kurz. Sie muss **sofort,** d. h. im gleichen Gespräch, angenommen werden.
- In OR 5 ist der Fall geregelt, dass die beiden **schriftlich miteinander kommunizieren.** In diesem Fall ist eine Offerte so lange verbindlich, wie ein Briefwechsel im Normalfall dauert. Als Faustregel gehen die Gerichte davon aus, dass dies etwa **fünf Tage** sind (je zwei Tage für die Post und ein Tag für die Entscheidung).
  Ähnliches gilt auch für die Kommunikation per Fax oder E-Mail, obwohl das in OR 5 nicht ausdrücklich geregelt ist. Weil beide Medien sehr viel schneller sind, dauert die Entscheidungsfrist allerdings **einen bis höchstens zwei Tage.**

Abb. [7-1] **Die Gültigkeitsdauer von Offerten**

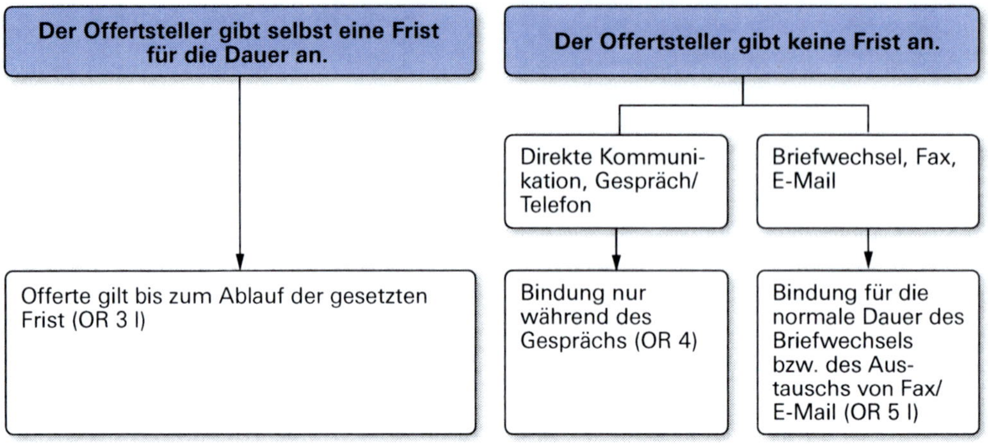

7.1.3 Welchen minimalen Inhalt muss eine Offerte haben?

Die Parteien müssen sich darüber einigen, welche Leistungen sie sich gegenseitig versprechen. Es geht also um das «Was» und das «Wie viel». Das OR spricht in diesem Zusammenhang von den **Hauptpunkten des Vertrags.** Beim Kaufvertrag sind die Hauptpunkte der **Kaufpreis** und der **Kaufgegenstand,** beim Mietvertrag das **Mietobjekt** und der **Mietzins,** beim Arbeitsvertrag die **Arbeitsleistung** und der **Lohn.**

Beispiel

Matthias Meier hat ein gut erhaltenes VW-Käfer-Cabriolet. Sein Freund Kurt Fehr möchte dieses schon lange haben. Bei einem Treffen sagt Fehr unvermittelt: «Ich kaufe dein Cabriolet.» Darauf Matthias Meier sofort: «Einverstanden!» Auf den ersten Blick scheint eine Einigung zustande gekommen zu sein. Der Schein trügt aber, denn ein wesentliches Element fehlt: der Preis. Vielleicht meint Kurt Fehr: «Ich kaufe für CHF 3 500.–», Matthias Meier hingegen: «Ich verkaufe für CHF 10 000.–.» Da sich die beiden über ein wesentliches Element des Handels nicht geäussert haben, besteht auch keine Einigung. Ein Vertrag kommt so nicht zustande.

Alle anderen Vertragspunkte – z. B. Lieferfristen, Zahlungsmodalitäten, Garantieleistungen – sind aus der Optik des OR **Nebenpunkte.** Darüber können sich die Vertragspartner einigen, sie müssen dies aber nicht tun. Fehlt es nämlich an solchen Abmachungen, hält das OR Regeln bereit, die dann gelten.

7.1.4 Zur Vertiefung: Regelung von Nebenpunkten in Allgemeinen Geschäftsbedingungen

Im Geschäftsleben werden Nebenpunkte häufig in **«Allgemeinen Geschäftsbedingungen»** (AGB) geregelt. Allgemeine Geschäftsbedingungen – im allgemeinen Sprachgebrauch spricht man auch vom «Kleingedruckten» – sind also vorformulierte Vertragspunkte, die eine Partei im Voraus aufgestellt hat. Gültig sind AGB aber nur, wenn die andere Partei ihnen **zustimmt.** Nur dann haben sich die Parteien nämlich über die darin enthaltenen Nebenpunkte geeinigt. Fehlt die Zustimmung der anderen Vertragspartei, dann gelten anstelle der AGB einfach die Regeln des OR.

Nun ist es aber so, dass der Vertragspartner seine Zustimmung zu AGB auch geben kann, ohne dass er sie überhaupt gelesen hat. Meistens geschieht das auf folgendem Weg: Die Vertragspartner schliessen einen ganz kurzen schriftlichen Vertrag ab, in dem nur die Hauptpunkte genannt sind. Und ganz zum Schluss dieses Vertrags findet sich ein Vertragspunkt, der sinngemäss lautet: «Die Allgemeinen Geschäftsbedingungen sind **Bestandteil dieses Vertrags.** Der Vertragspartner bestätigt, dass er sie erhalten hat, und erklärt sich mit ihnen einverstanden.»

Wichtig ist, dass Sie für den Geschäftsalltag Folgendes wissen: Es ist möglich, den AGB zuzustimmen, ohne dass man sie gelesen hat. Man muss aber **vor Abschluss des Vertrags** die Möglichkeit gehabt haben, dies zu tun. Fehlt es an dieser Möglichkeit, dann sind die AGB auch nicht gültig und es gelten die Regeln des OR.

Beispiel

Paolo Viscaino kauft eine neue Hi-Fi-Anlage für CHF 2 000.–. Der Verkäufer der «Sound Paradies AG» legt ihm einen Vertrag vor, in dem die einzelnen Teile der Anlage und der Preis aufgelistet sind. Als letzter Punkt steht im Vertrag: «Im Übrigen gelten unsere Allgemeinen Geschäftsbedingungen.»

Paolo Viscaino unterzeichnet diesen Vertrag, ohne nach den AGB zu fragen. Nun kommt es wegen einer darin enthaltenen Regelung über die Garantie für die Geräte zum Streit. Will sich die «Sound Paradies AG» auf diese Regelung berufen, dann muss sie belegen können, dass Paolo Viscaino die Möglichkeit hatte, vor Vertragsabschluss die AGB zu lesen. Gelingt dieser Beweis nicht, dann gelten die Regeln, die das OR beim Kaufvertrag über die Garantie aufstellt.

7.1.5 Sonderfälle von verbindlichen bzw. unverbindlichen Offerten

Unbestellt zugesandte Waren sind keine Offerten (OR 6a). Man kann die betreffende Ware brauchen, aufbewahren oder fortwerfen – den Preis muss man nicht bezahlen.

Beispiel

Ein findiger Unternehmer kommt auf die Idee, an alle Haushalte in der Schweiz Weihnachtskarten mit Rechnung und Einzahlungsschein zu verschicken. Auf der Rechnung steht: «Wenn Sie die Karten benützen, nehmen Sie unsere Offerte an und werden zur Zahlung verpflichtet.» OR 6a verhindert solche Machenschaften.

Zusätze wie «unverbindlich» oder «freibleibend». Mit dem Zusatz «unverbindlich», «freibleibend», «Änderungen vorbehalten» usw. verliert eine an sich vollständige Offerte ihre Bindungskraft (OR 7 I). Der Offertsteller sagt ja ausdrücklich, dass er keine bindende Offerte abgeben will.

Die Versendung von Werbeprospekten, Preislisten usw. sowie die Werbung in Medien (Zeitungen, Fernsehen, Internet usw.) sind **keine verbindlichen Offerten** (OR 7 II). Begründung: Der «Offerent» wäre bei Massenwerbung gar nicht in der Lage, alle seine Ansprechpartner zu beliefern.

Schaufensterauslagen mit Preisangaben sind bindende Offerten (OR 7 III). Wenn ein Gegenstand, mit Preisanschrift versehen, im Schaufenster steht, liegt eine verbindliche Offerte vor. Das heisst: Jeder Passant kann in den Laden gehen und die Offerte annehmen. Das hat folgende Konsequenz: Falls das Geschäft nur noch das Ausstellungsstück hat, muss das Personal es aus dem Fenster nehmen und hergeben.

7.1.6 Kann man eine Offerte oder eine Annahme widerrufen?

Manchmal gibt jemand eine Offerte ab oder er nimmt eine Offerte an, möchte seine Äusserung dann aber wieder rückgängig machen. Hier gilt: Wer eine bindende Offerte gemacht oder seine Annahme erklärt hat, kann nicht widerrufen. OR 9 gewährt aber ein kleines Schlupfloch, das manchmal hilft: Widerrufe sind gültig, wenn sie gleichzeitig oder vor der Offerte bzw. der Annahme beim Adressaten eintreffen.

Beispiel

Viktor Zülle ist Sachbearbeiter bei der Büromöbel AG. Im Auftrag seiner Chefin erarbeitet er eine verbindliche Offerte für einen Restposten Bürotische an das Architekturbüro Kuhn und wirft sie vor dem Mittagessen gleich in den Briefkasten. Am Nachmittag erfährt Viktor Zülle am Telefon, dass ein anderes Unternehmen CHF 200.– mehr pro Tisch gezahlt hätte. Er meldet das seiner Chefin. Die beiden fragen sich, ob die bereits abgesandte Offerte wieder rückgängig gemacht werden kann. Tatsächlich bietet OR 9 in diesem Fall eine Möglichkeit. Viktor Zülle könnte telefonisch, per Fax oder per E-Mail die Offerte widerrufen. Denn die briefliche Offerte wird frühestens am nächsten Morgen beim Architekturbüro Kuhn eintreffen.

7.2 Die Handlungsfähigkeit der Parteien

Nicht alle Personen können gültige Verträge abschliessen. Es braucht dazu die Handlungsfähigkeit. Man spricht im Zusammenhang mit Verträgen auch von der **Geschäftsfähigkeit** oder der **Vertragsfähigkeit** einer Person. Die Regeln der Handlungsfähigkeit finden sich nicht im OR, sondern im Zivilgesetzbuch (ZGB), und zwar im Personenrecht (ZGB 12–19). Sie gelten für alle Rechtsgebiete des Zivilrechts (nur wer handlungsfähig ist, kann beispielsweise ein gültiges Testament errichten oder heiraten).

Abb. [7-2] Handlungsfähigkeit einer Person

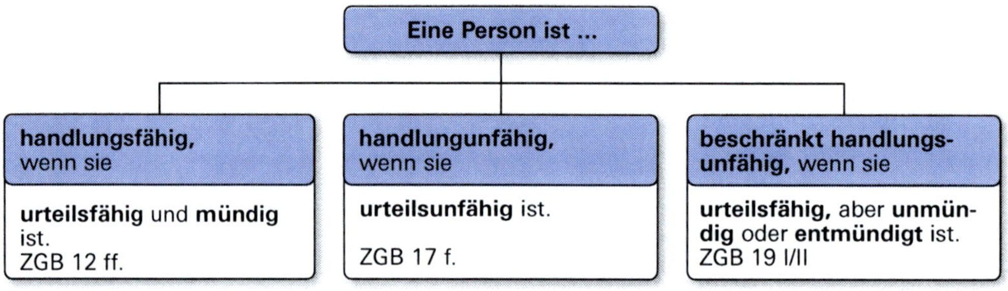

Das Gegenstück zur Handlungsfähigkeit ist die **Handlungsunfähigkeit.** Handlungsunfähige Menschen können überhaupt keine gültigen Verträge abschliessen. Zwischen der Handlungsfähigkeit und Handlungsunfähigkeit gibt es eine Zwischenstufe, die **beschränkte Handlungsunfähigkeit.** Beschränkt handlungsunfähige Personen können in bestimmten vom Gesetz vorgesehenen Ausnahmen gültige Verträge abschliessen.

7.2.1 Wer ist handlungsfähig?

Handlungsfähig ist, wer **urteilsfähig** und **mündig** ist (ZGB 13).

- **Urteilsfähig** ist eine Person, wenn sie in der Lage ist, die Bedeutung und Konsequenz einer bestimmten Handlung zu erkennen und entsprechend dieser Erkenntnis zu handeln (ZGB 16). Die Urteilsfähigkeit ist immer anhand eines konkreten Geschäfts zu beurteilen. Die Person muss in der Lage sein, sich ein eigenes Urteil über den Vertrag und seine Folgen zu machen. Sie muss abschätzen können, was die vertraglichen Pflichten bei diesem konkreten Vertrag für sie bedeuten. Eine Person kann also urteilsfähig sein bei einem einfachen Vertrag, bei einem komplizierten Vertragsabschluss ist sie es vielleicht nicht.
- **Mündig** ist, wer das **18. Lebensjahr** vollendet, d. h., seinen 18. Geburtstag gefeiert hat (ZGB 14).

7.2.2 Wer ist handlungsunfähig?

Eine urteilsunfähige Person ist vollkommen **handlungsunfähig** (ZGB 18). Das Gesetz schützt den urteilsunfähigen Menschen: Wer urteilsunfähig ist, vermag durch seine Handlungen keinerlei rechtliche Wirkungen herbeizuführen, denn es fehlt ihm die erforderliche Vernunft. Dabei ist es egal, ob die urteilsunfähige Person mündig oder unmündig ist.

Beispiel

- Vollkommen urteilsunfähig sind Kleinkinder. Recht schnell können Kinder aber die Konsequenzen einfacher Geschäfte durchschauen. So kann man sannehmen, dass ein 6-jähriges Kind urteilsfähig ist, was den Kauf von Süssigkeiten angeht. Und ein 14-Jähriger kann durchschauen, was es bedeutet, wenn er von seinemSackgeld Rollerblades kauft. Dagegen kann man nicht davon ausgehen, dass ein 14-Jähriger urteilsfähig ist im Hinblick auf den Verkauf einer geerbten Liegenschaft.
- Auch Erwachsene können urteilsunfähig sein, z. B. wegen psychischer Krankheit, wegen Geistesschwäche oder vorübergehend wegen des Genusses von Medikamenten, Alkohol oder Drogen. Solange solche Menschen urteilsunfähig sind, sind von ihnen abgeschlossene Verträge ungültig.

7.2.3 Wer ist beschränkt handlungsunfähig?

Als **beschränkt handlungsunfähig** gilt eine Person, die zwar **urteilsfähig,** aber noch **nicht mündig** oder die **entmündigt** ist. Entmündigung heisst: Entzug der Handlungsfähigkeit durch die Vormundschaftsbehörde. Bei den beschränkt Handlungsunfähigen handelt es sich also um Kinder, Jugendliche oder erwachsene entmündigte Personen.

Beschränkt handlungsunfähige Personen können nur mit **Zustimmung ihres gesetzlichen Vertreters** (Eltern oder Vormund) gültige Verträge abschliessen (ZGB 19 I). Wenn ein beschränkt Handlungsunfähiger alleine einen Vertrag abschliesst, so ist der Vertrag **ungültig,** sofern der gesetzliche Vertreter nicht im Nachhinein seine Zustimmung gibt. Bereits ausgetauschte Güter müssen in diesem Fall zurückgegeben werden (ZGB 305, 411).

In den folgenden zwei Fällen können beschränkt Handlungsunfähige **selbstständig,** d. h. **ohne Zustimmung** ihres gesetzlichen Vertreters, handeln:

- **Eigener Arbeitserwerb oder Taschengeld:** Jugendliche und Kinder können über ihren eigenen Arbeitslohn und ihr Taschengeld frei verfügen. Ebenso ist es mit Geld, das ein Jugendlicher von seinen Eltern zur Ausübung eines Berufs oder eines eigenen Gewerbes aus seinem Vermögen bekommt (ZGB 323).
  Auch eine urteilsfähige entmündigte Person hat die eigene Verwaltung über ihren Arbeitserwerb und den ihr zur freien Verwendung zugewiesenen Betrag (ZGB 414). Das heisst: Im Rahmen der Verwaltung und Nutzung dieser Gelder kann der beschränkt Handlungsunfähige nach Belieben Verträge abschliessen; er ist also bezüglich der Verwendung dieses Geldes vertragsfähig.
- **Unentgeltliche Vorteile:** Wenn eine beschränkt handlungsunfähige Person einen Vertrag eingeht, der ihr nur Vorteile, aber keine Pflichten bringt, so ist dieser Vertrag gültig (ZGB 19 II). Hauptfall ist die Schenkung.

Beispiel

Eigener Arbeitserwerb oder Taschengeld: Der 16-jährige Peter schliesst mit dem Bike-Händler einen Kaufvertrag ab. Bezahlt Peter das Bike aus seinem Lehrlingslohn, dann ist dieser Kaufvertrag gültig. Muss er dagegen auf sein Jugendsparkonto zugreifen, weil der Lohn nicht reicht, dann ist der Kaufvertrag nicht ohne weiteres gültig. Die Eltern können ihre Zustimmung verweigern und damit das Geschäft rückgängig machen. – Der Bike-Händler kann sich nicht damit herausreden, er habe nicht gewusst, dass Peter noch nicht mündig sei oder dass Peter gehandelt habe, ohne die Eltern zu fragen. Wenn er sicher sein will, dass das Geschäft gültig ist, muss er sich über Peters Alter vergewissern und die Zustimmung der Eltern einholen (aus Beweisgründen am besten schriftlich, indem er die Eltern auf dem Vertrag mitunterschreiben lässt). Tut er das nicht, muss er damit rechnen, dass die Eltern das Geschäft wieder rückgängig machen.

Achtung – nicht verwechseln! Urteilsfähige Unmündige oder Entmündigte sind zwar nur beschränkt fähig, Verträge abzuschliessen. Aus unerlaubten Handlungen (OR 41) werden sie aber voll schadenersatzpflichtig, denn ZGB 19 III verlangt dafür nur die Urteilsfähigkeit, nicht auch die Mündigkeit (s. Kap. 6.1, S. 44).

7.3 Die Form eines Vertrags

Dass ein Vertrag in die richtige Form gekleidet ist, ist die dritte Voraussetzung für den gültigen Vertragsabschluss.

7.3.1 Grundsatz: Form frei wählbar

Viele meinen, dass ein Vertrag nur verbindlich ist, wenn er schriftlich abgeschlossen wurde. Richtig ist, dass mündliche Verträge im Normalfall die gleiche Geltungskraft haben wie schriftliche, denn Verträge müssen **nur dann schriftlich** abgeschlossen werden, wenn das **Gesetz es verlangt.** Im OR besteht der Grundsatz der **Formfreiheit** (OR 11). Die Vertragspartner sind im Allgemeinen frei, in welcher Form sie ihren Vertrag abschliessen wollen. Sie können sich **mündlich, schriftlich** oder sogar **stillschweigend (z. B. mit Gesten)** einigen.

Beispiel

- **Stillschweigender Vertragsabschluss:** Sylvia Albisser geht zum Kiosk, nimmt wortlos die Tageszeitung und legt dem Verkäufer das Geld hin, der es wortlos entgegennimmt. Dieser Vertrag ist stillschweigend durch Gesten abgeschlossen worden.
- **Mündlicher Vertragsabschluss:** Willi Kunz und Alberto Rossi schliessen telefonisch einen Vertrag ab. Sein Gegenstand: Lieferung von 5 000 Litern Heizöl durch Alberto Rossi.
- **Schriftlicher Vertragsabschluss:** Tamara Rohrer kauft ein neues Auto. Sobald sie mit dem Garagisten handelseinig ist, setzt der Garagist einen Vertrag auf, den beide unterschreiben.

7.3.2 Ausnahme: Das Gesetz verlangt eine Formvorschrift

Bei besonders wichtigen und folgenschweren Geschäften verlangt das Gesetz die Einhaltung von Formvorschriften.

- Es will damit die Vertragspartner vor **Übereilung schützen** (Warnfunktion der Formvorschrift) und
- gleichzeitig **sichere Verhältnisse** schaffen, denn in einem schriftlichen Vertrag steht «schwarz auf weiss», was die Parteien vereinbart haben. Bei einem allfälligen Streit kann man darum den Vertragsinhalt leicht beweisen (Beweisfunktion der Formvorschrift).

Das OR kennt **drei** Arten der Schriftlichkeit: die **einfache Schriftlichkeit,** die **qualifizierte Schriftlichkeit** und die **öffentliche Beurkundung.** In der folgenden Tabelle ist das Wesentliche zusammengestellt.

Abb. [7-3] **Die gesetzlichen Formvorschriften**

	Was muss man tun, damit die Formvorschrift erfüllt ist?
Einfache Schriftlichkeit	Der Vertrag muss schriftlich abgefasst (mit der Schreibmaschine, dem Computer oder handschriftlich) und eigenhändig unterschrieben sein von allen Personen, die durch ihn verpflichtet werden (OR 13 f.). Beispiele, wo das Gesetz einfache Schriftlichkeit verlangt: • Konkurrenzverbot im Arbeitsvertrag (OR 340 I) • Schenkungsversprechen (OR 243 I) Der eigenhändigen Unterschrift gleichgestellt ist die **elektronische Signatur,** die auf einem qualifizierten **Zertifikat** eines **behördlich anerkannten Zertifizierungsdienstes** beruht (OR 14 IIbis). Mit dieser technischen Möglichkeit soll der elektronische Geschäftsverkehr gefördert werden (vgl. Bundesgesetz über die elektronische Signatur ZertES).
Qualifizierte Schriftlichkeit	Wie bei der einfachen Schriftlichkeit muss der Vertrag schriftlich aufgesetzt und von Hand unterschrieben werden. Zusätzlich wird verlangt, dass im Schriftstück gewisse Vertragspunkte unbedingt enthalten sein müssen oder dass nicht nur die Unterschrift, sondern auch andere Vertragsbestandteile von Hand geschrieben sein müssen. Beispiele: • Lehrvertrag (OR 344a I und II) • Konsumkreditvertrag (gemäss Konsumkreditgesetz) • Bürgschaftsvertrag, wenn der Bürge eine natürliche Person ist und die Bürgschaft weniger als CHF 2 000.– beträgt (OR 493 I und II)
Öffentliche Beurkundung	Der Vertrag muss schriftlich abgefasst und von Hand unterschrieben sein. Zusätzlich wird aber verlangt, dass eine Urkundsperson (Notar) mitwirkt, die den Vertrag mitunterschreibt. Beispiele: • Kaufvertrag über ein Grundstück (OR 216 I) • Bürgschaftsvertrag, wenn der Bürge eine natürliche Person ist und die Bürgschaftssumme mehr als CHF 2 000.– beträgt (OR 493 II)

7.3.3 Was geschieht, wenn die Vertragsparteien sich nicht an die Formvorschriften halten?

Wenn die vorgeschriebenen Formvorschriften bei einem Vertragsabschluss nicht eingehalten werden, ist das ganze **Geschäft nichtig, d. h., der Vertrag ist unwirksam.** Nun gibt es aber auch hier wieder **Ausnahmen:** In bestimmten Fällen verlangt das Gesetz nämlich nicht die

Schriftform für den ganzen Vertrag, sondern nur für einzelne besondere Vertragsklauseln. Wenn man sie vereinbaren will, dann muss man das in der verlangten Form tun. Ist die Form nicht eingehalten, dann ist nicht der ganze Vertrag ungültig, sondern nur die formbedürftige Klausel.

Beispiel

Der Arbeitsvertrag ist auch formlos gültig. Vereinbart ein Arbeitgeber jedoch mit einem Arbeitnehmer ein Konkurrenzverbot, muss dieses schriftlich sein (OR 340 I). Ist die Schriftform nicht erfüllt, dann ist das Konkurrenzverbot ungültig und der Rest des Arbeitsvertrags gültig.

7.3.4 Sicher ist sicher! – Ein schriftlicher Vertrag hat schon manchem zum Recht verholfen

Die meisten Verträge, die im Privat- und Geschäftsleben abgeschlossen werden, können auch mündlich abgeschlossen werden. Leider ist es nun aber so, dass Recht haben und Recht bekommen zwei verschiedene Dinge sind. Wenn Sie nämlich mit jemandem bloss einen mündlichen Vertrag abschliessen, dann haben Sie im Streitfall ein Problem. Sie haben keine Beweise in der Hand, wenn Ihr Partner den ganzen Vertrag oder einzelne Vertragspunkte abstreitet. Vor Gericht steht dann Aussage gegen Aussage und nach der Beweisregel von ZGB 8 wird der Richter Ihre Klage abweisen müssen.

Machen Sie es sich deshalb zur Angewohnheit, in Ihren persönlichen Geschäften schriftliche Verträge abzuschliessen, sobald der Vertragswert das Alltägliche überschreitet. Solche Verträge müssen nicht kompliziert sein. Es genügt, wenn die beiden Leistungen exakt definiert sind. Die einfachste Form eines schriftlichen Vertrags – gleich welchen Inhalts – könnte wie folgt aussehen:

Abb. [7-4] Einfachstes Muster für einen schriftlichen Vertrag

Vertrag

Thomas Muster, Altaustrasse 9, 8000 Zürich
und
Denise Echantillon, Pfarrhausgasse 12, 3000 Bern

vereinbaren Folgendes:

1. Gegenstand

1.1 Thomas Muster verpflichtet sich, [… exakte Umschreibung der Leistung von T. Muster …]

1.2 Denise Echantillon verpflichtet sich, [… exakte Umschreibung der Leistung von D. Echantillon …]

2. Weitere Vereinbarungen

[… sofern abgemacht, können, müssen aber nicht, weitere Punkte aufgeführt werden …]

Ort und Datum,	Ort und Datum
[… eigenhändige Unterschrift …]	[… eigenhändige Unterschrift …]
Thomas Muster	Denise Echantillon

7.4 Der Inhalt eines Vertrags

Im Prinzip gilt die **Vertragsfreiheit,** d. h., man kann einen Vertrag mit **beliebigem Inhalt** abschliessen. Doch ganz ohne Einschränkungen geht es auch hier nicht. OR 19 I sagt, dass die Inhaltsfreiheit nur «innerhalb der Schranken des Gesetzes» gilt. Was das bedeutet, sagt OR 20 I: «Ein Vertrag, der einen **unmöglichen** oder **widerrechtlichen Inhalt** hat oder gegen die **guten Sitten verstösst,** ist nichtig.»

7.4.1 Unzulässig sind Verträge mit unmöglichem Vertragsinhalt

Unmöglich ist der Vertragsinhalt immer dann, wenn schon bei Vertragsabschluss feststeht, dass eine der versprochenen Leistungen überhaupt nicht erbringbar ist. Oder anders formuliert: Die versprochene Leistung gibt es gar nicht und deshalb könnte niemand sie erbringen. Keine Unmöglichkeit liegt dagegen vor, wenn eine Person ein Versprechen abgibt, das sie persönlich nicht einhalten kann. Blosses Unvermögen des Schuldners macht einen Vertrag nicht unmöglich. In der Praxis ist die Unmöglichkeit relativ selten.

Beispiel

- Remo Wild verkauft Lea Fuchsberger das Rennpferd «Arrow». Kurz vor Vertragsabschluss ist das Pferd aber unglücklich gestürzt und gestorben. Bei Vertragsabschluss war Remo Wild darüber noch nicht informiert. Weil man nicht etwas verkaufen kann, das gar nicht mehr existiert, ist dieser Vertragsabschluss ungültig; er hat einen unmöglichen Inhalt.
- Lea Fuchsberger kauft das Rennpferd «Arrow», obwohl sie kein Geld hat. Dieser Vertrag ist nicht ungültig, denn die Zahlungsunfähigkeit ist ein persönliches Unvermögen von Lea Fuchsberger. Deshalb ist der Vertrag rechtsgültig zustande gekommen.

7.4.2 Verträge mit widerrechtlichem oder unsittlichem Inhalt

Ein Vertrag hat dann einen **widerrechtlichen** Inhalt, wenn er **gegen eine zwingende Vorschrift** des Privatrechts und des öffentlichen Rechts verstösst.

Dass Verträge gegen zwingende Vorschriften verstossen, kommt immer wieder vor. Recht selten sind dagegen Verträge, die gegen die **guten Sitten** verstossen. Nach dem Bundesgericht ist ein Vertrag dann sittenwidrig ist, wenn er **krass gegen die herrschende Moral,** d. h. gegen das allgemeine Anstandsgefühl oder gegen die ethischen Vorstellungen der Allgemeinheit, verstösst.

Beispiel

Unsittlich wären Schmiergeldverträge oder Schweigegeldverträge, bei denen sich jemand gegen Entgelt verpflichtet, eine strafbare Handlung nicht anzuzeigen.

7.4.3 Folgen eines unzulässigen Vertragsinhalts

Unmögliche, widerrechtliche oder unsittliche Verträge sind **nichtig** (OR 20 I). Sie haben **keine rechtliche Wirkung;** die Ansprüche der Vertragsparteien werden von keinem Gericht geschützt. Ein nichtiger Vertrag gilt eben als nicht entstanden. Sind nur einzelne Teile eines Vertrags nichtig, kann ein Richter auf **Teilnichtigkeit** entscheiden (OR 20 II).

Beispiel

Der Arbeitsvertrag der Direktorin Katharina Stucki enthält folgende Klausel: «Für allfällige Absenzen wegen Schwangerschaft schuldet der Arbeitgeber keinen Lohn.» Diese Abrede verstösst gegen die zwingende Bestimmung von OR 324a III; hier liegt Teilnichtigkeit des Vertrags vor. Die Klausel ist ungültig, weil rechtswidrig; der Rest des Vertrags bleibt aber bestehen.

Zusammenfassung

Die vier Voraussetzungen der gültigen Vertragsentstehung

1. Einigung der Vertragspartner (OR 1 ff.)

- Stimmen Antrag und Annahme überein?
- War die Offerte bindend oder nicht bindend?

Nein → **Kein Vertrag entstanden**

Ja ↓

2. Handlungsfähigkeit der Vertragspartner (ZGB 12 ff.)

- Sind beide Vertragspartner urteilsfähig und mündig?
- Hat ein unmündiger/entmündigter Vertragspartner mit Zustimmung des gesetzlichen Vertreters (ZGB 19 I) gehandelt oder das Geschäft aus dem eigenen Arbeitserwerb/Taschengeld (ZGB 323) finanziert?

Nein → **Vertrag ist nichtig (ungültig)**

Ja ↓

3. Einhaltung der Formvorschriften (OR 11)

- Gilt für den betreffenden Vertrag eine Formvorschrift und ist diese eingehalten?

Nein → **Vertrag ist nichtig (ungültig)**

Ja ↓

4. Zulässiger Vertragsinhalt (OR 19 und 20)

- Liegt **kein** unmöglicher, widerrechtlicher oder unsittlicher Vertrag vor?

Nein → **Vertrag ist ganz oder teilweise nichtig (ungültig)**

Ja ↓

Vertrag ist rechtsgültig entstanden, die versprochenen Leistungen müssen wie vereinbart erbracht werden.

Repetitionsfragen

22

A] Marianne Schild bucht im Internet eine Reise bei der «Sun + Fun AG». Ist das Angebot der «Sun + Fun AG» im Internet eine verbindliche Offerte?

B] Zwei Tage nach der Buchung hat Marianne Schild ihre Reise annulliert. Weshalb ist das kein Widerruf im Sinne von OR 9?

C] Marianne Schild hat per Internet einen Vertrag abgeschlossen. Begründen Sie, aus welchem Grund dieser Internet-Vertrag das Erfordernis der Schriftform nicht erfüllt.

23

A] Laura Jacobi hat vor drei Wochen ihren 18. Geburtstag gefeiert. Unter welcher Voraussetzung kann sie Verträge gültig abschliessen?

B] Was wäre anders, wenn Laura Jacobi vor drei Wochen den 17. anstatt den 18. Geburtstag gefeiert hätte?

24

Am Telefon spielt sich folgender Wortwechsel ab:

A: «Du, ich hätte dir ein tolles Bike zu verkaufen.» B: «Ach ja? Wie viel willst du denn dafür?» A: «Ich gebe es dir für CHF 1 000.–.» B: «Das ist mir zu viel.» Eine Stunde später ruft B nochmals an. B: «Du, dein Angebot mit dem Bike, ich nehme es doch an.» A: «Ich hab es mir nochmals überlegt: Ich will CHF 1 200.– dafür.» B: «Nein, du musst mir das Bike für CHF 1 000.– geben.»

Ist hier ein Vertrag entstanden? Wenn ja, zu welchem Preis? – Geben Sie den Gesetzesartikel an, auf den Sie sich abstützen.

25 Frau Rossi interessiert sich für einen Perserteppich. Der Händler offeriert ihr diesen zum Preis von CHF 8000.–. Frau Rossi ist unschlüssig, ob sie so viel Geld ausgeben will. Sie sagt: «Mit dem Preis bin ich einverstanden, ich möchte aber eine Nacht darüber schlafen. Morgen erhalten Sie Bescheid.» Der Händler antwortet: «Einverstanden.»

A] Hat Frau Rossi den Antrag des Händlers angenommen?

B] Über Nacht merkt der Händler, dass er zu tief kalkuliert hat. Als Frau Rossi anruft, teilt er ihr mit, der Teppich koste nun CHF 8500.–. Muss Frau Rossi sich das gefallen lassen?

8 Kann man gültig zustande gekommene Verträge wieder auflösen?

Lernziele

Nach der Bearbeitung dieses Kapitels können Sie …

- den Grundsatz «Verträge müssen erfüllt werden» und seine Ausnahmen Aufhebungsvertrag, Kündigung, Rücktritt und Anfechtung erklären.
- zwischen den Anfechtungsgründen Erklärungsirrtum, Grundlagenirrtum, absichtliche Täuschung, Furchterregung und Übervorteilung unterscheiden.
- den Irrtum über die Vertragsart, den Vertragsgegenstand, den Vertragspartner und den Leistungsumfang als wichtige Fälle von Erklärungsirrtümern benennen.

Schlüsselbegriffe

Anfechtung, Aufhebungsvertrag, Dauervertrag, Erklärungsirrtum, Furchterregung, Grundlagenirrtum, Irrtum, Kündigung, Motivirrtum, Rücktritt, Täuschung, Übervorteilung, Widerruf

8.1 Grundsatz: Verträge müssen erfüllt werden

Es kommt vor, dass jemand den Abschluss eines Vertrags bereut. Dann fragt sich, ob dieser unerwünschte Vertrag wieder aufgelöst werden kann.

Das OR gibt eine unmissverständliche Antwort: **Vertrag ist Vertrag, und Verträge müssen erfüllt werden.**

Verträge muss man so einhalten, wie sie geschlossen wurden. Wer einem anderen eine Leistung vertraglich versprochen hat, muss diese Leistung auch erbringen. Doch das Gesetz kennt vier Ausnahmen von diesem Grundsatz:

8.2 Vier Ausnahmen zum Grundsatz der Erfüllungspflicht

8.2.1 Der Aufhebungsvertrag

Die Parteien können jederzeit selber vereinbaren, dass ein Vertrag wieder aufgelöst wird. Dies folgt direkt aus dem Prinzip der Vertragsfreiheit. Eine solche Vereinbarung nennt man Aufhebungsvertrag. Zum Aufhebungsvertrag ist natürlich die **Zustimmung beider Vertragsparteien** notwendig, dies ergibt sich schon aus dem Wort «Vertrag». Nicht nötig ist dagegen, dass der Aufhebungsvertrag in der gleichen Form wie der ursprüngliche Vertrag gehalten ist. Die Parteien sind bei der Aufhebung an keine Form gebunden (OR 115).

8.2.2 Kündigung von Dauerverträgen

Mietverträge und Arbeitsverträge können «auf unbegrenzte Zeit» abgeschlossen werden. Hier sind die Vertragspartner zu einer Dauerleistung verpflichtet, d. h., die Schuld besteht in einer immer wiederkehrenden Leistung (z. B. monatliche Zahlung des Mietzinses gegen Überlassung der Wohnung). Nun kann nichts ewig dauern. Deshalb müssen solche unbefristeten Verträge irgendwie beendet werden können. Das Mittel dazu ist die Kündigung.

Aber Achtung! Kündigen kann man nur Dauerverträge, wie z. B. den Miet-, Pacht-, Darlehens- oder den Arbeitsvertrag. Der Kaufvertrag ist hingegen kein Dauervertrag; ihn kann man nicht kündigen.

8.2.3 Rücktritt vom Vertrag

Bei wichtigen Verträgen vereinbaren die Vertragspartner manchmal ein **Rücktrittsrecht.** Während einer gewissen Frist kann dann jede der Vertragsparteien vom Vertrag zurücktreten, ohne die Zustimmung des Vertragspartners nochmals einholen zu müssen. Oft wird dabei auch eine Entschädigung vereinbart (OR 158 III).

Hinweis

In Reiseverträgen ist häufig ein solches Rücktrittsrecht vorgesehen, und zwar in den Allgemeinen Geschäftsbedingungen. Meistens kann der Bucher einer Reise gegen eine Annullationsgebühr vom Vertrag zurücktreten.

In zwei besonderen Fällen ist das **Rücktrittsrecht** während einer gewissen Zeitspanne sogar **gesetzlich vorgeschrieben:**

Gesetzliches Rücktrittsrecht bei Haustürgeschäften

Gewiefte Verkäufer wissen, dass sie Privatkunden leichter zu einem Geschäftsabschluss verleiten, wenn man sie ausserhalb von Geschäftslokalitäten in einem geschickten Moment erwischt. Geht jemand in ein Geschäft, dann ist er innerlich auf Verhandlungen vorbereitet. Findet aber der Verkäufer jemanden unvorbereitet vor und gelingt es ihm, ihn in Verhandlungen zu verstricken, dann kommt es oft zu übereilten und unüberlegten Vertragsabschlüssen. Die Bestimmungen von OR 40a–g geben Käufern die Möglichkeit, solche übereilten Geschäfte rückgängig zu machen.

- Nach OR 40a geht es um **Verträge über bewegliche Sachen und Dienstleistungen,** die am Arbeitsplatz, in Wohnräumen oder deren unmittelbaren Umgebung, in öffentlichen Verkehrsmitteln oder auf öffentlichen Strassen oder Plätzen sowie auf Ausflugsfahrten abgeschlossen werden.
- Die Bestimmungen kommen nur zur Anwendung,
  - wenn der **Verkäufer beruflich oder gewerbsmässig** tätig ist,
  - der Käufer den Gegenstand für den persönlichen Gebrauch erwirbt und
  - die Leistung des Kunden 100 Franken übersteigt.
- Versicherungsverträge sind keine Haustürgeschäfte (OR 40a II).
- Nach OR 40e muss der **Widerruf schriftlich** (am besten eingeschrieben) und **innert sieben Tagen seit dem Vertragsabschluss** erfolgen. Für die Einhaltung der Frist gilt das Datum des Poststempels. Im Vertrag selbst muss der Käufer auf die Möglichkeit des Widerrufs hingewiesen werden. Sonst beginnt die 7-Tage-Frist erst zu laufen, wenn der Käufer erfährt, dass er den Vertrag widerrufen kann.
- **Kein Widerrufsrecht** besteht sodann für **Vertragsabschlüsse auf Märkten und an Messen** und für den Fall, dass der Käufer die **Vertragsverhandlungen ausdrücklich gewünscht** hat (OR 40c).

Konsumkreditverträge

Konsumkreditverträge, wie Abzahlungsverträge, Leasingverträge für Konsumgüter oder Kleinkreditgeschäfte, sind im Konsumkreditgesetz (KKG) geregelt. In all diesen Verträgen besteht die Gefahr der übermässigen Verschuldung. Das KKG trifft verschiedene Massnahmen, um eine übermässige Verschuldung zu verhindern. Eine davon ist ein gesetzliches **Widerrufsrecht von sieben Tagen.**

8.2.4 Anfechtung eines Vertrags

Unter Umständen ist es auch möglich, einen gültig abgeschlossenen Vertrag anzufechten und damit gegen den Willen des Vertragspartners wieder aufzulösen. Weil die Anfechtung von Verträgen eine beliebte Prüfungsfrage ist, wollen wir sie im nachfolgenden Abschnitt detailliert besprechen.

8.3 Die Anfechtung eines Vertrags

Manchmal schleichen sich bei einer Offerte Fehler ein. Die offerierende Partei kommuniziert dann etwas anderes, als sie tatsächlich will. Zwischen der Willensbildung, dem Willen und der Willensäusserung besteht eine Differenz. Ähnliches kann auch bei der Person passieren, welche die Offerte annimmt.

Das OR lässt bei solchen **Fehlern** einen Vertrag entstehen. Die Person, die den Fehler gemacht hat, hat aber die Möglichkeit den Vertrag **anzufechten** und damit aufzuheben. Die Anfechtung ist eine Erklärung an den Vertragspartner, dass man den Vertrag wegen eines solchen Fehlers nicht einzuhalten gedenkt. Nicht jeder Fehler erlaubt jedoch die Anfechtung. Zulässig sind nur Fehler, für die das OR die Anfechtung auch tatsächlich vorsieht.

- Wichtigster Fall der Anfechtung ist der **Erklärungsirrtum.**
- Daneben ist eine Anfechtung möglich beim **Grundlagenirrtum,** bei einer **absichtlichen Täuschung,** bei **Furchterregung** und bei **Übervorteilung.**

8.3.1 Der Erklärungsirrtum

Beim Erklärungsirrtum täuscht sich der Irrende über den Inhalt seiner Willensäusserung. Er sagt oder schreibt aus Versehen etwas anderes, als er eigentlich will. OR 23 bestimmt, dass nicht jeder Erklärungsirrtum zur Anfechtung ermächtigt. Ein **Irrtum muss wesentlich** sein. OR 24 behandelt die wesentlichen Erklärungsirrtümer; das Wichtigste dazu finden Sie in der folgenden Tabelle zusammengestellt:

Abb. [8-1] **Arten und Beispiele von Erklärungsirrtümern: Irrtum über …**

die Vertragsart (OR 24 I Ziff. 1)	Jemand stimmt irrtümlich einem anderen Vertrag zu, als er abschliessen wollte. **Beispiel:** Rosa Corti möchte einen Fernsehapparat mieten. Aus Versehen sagt sie im Laden aber: «Ich kaufe diesen Fernseher.» Erst als die Rechnung eintrifft, bemerkt Rosa Corti ihr Versehen. Zwar ist der Vertrag gültig zustande gekommen, Rosa Corti kann sich aber auf ihren Erklärungsirrtum berufen und damit den Vertrag nachträglich wieder auflösen.
den Gegenstand (OR 24 I Ziff. 2)	Ein Vertragspartner bezeichnet den Gegenstand, um den es im Vertrag geht, irrtümlich falsch. **Beispiel:** An der Vernissage der Bildhauerin Nina Brem sieht Marc Pfister verschiedene Skulpturen, die ihm gefallen. Er bestellt Tage später telefonisch in der Galerie das Ausstellungsobjekt Nr. 61. Als die Skulptur geliefert wird, stellt er fest, dass er eine ganz andere gemeint hat. Marc Pfister hat sich über den Gegenstand geirrt und kann den Vertrag anfechten.
den Vertragspartner (OR 24 I Ziff.2)	Der Irrende schliesst den Vertrag aus Versehen mit einer anderen Person ab, als er wollte. Allerdings ist die Anfechtung nur möglich, wenn es dem Irrenden tatsächlich auf die Person seines Vertragspartners ankommt. **Beispiel:** Lilo Züst engagiert für ein Konzert Abraham Stein als Sänger. Da sie die Unterlagen verwechselt, engagiert sie einen anderen Sänger, als sie eigentlich wollte. Sie kann den Vertrag anfechten.
den Leistungsumfang (OR 24 I Ziff. 3)	Jemand verschreibt oder verspricht sich. Die **Differenz** zwischen der gewollten und der tatsächlich vereinbarten Leistung muss allerdings **erheblich** sein. Kleinere Abweichungen spielen keine Rolle und rechtfertigen keine Vertragsanfechtung. **Beispiel:** Der Juwelier Josef Hartmann beschriftet einen Ring im Schaufenster irrtümlich mit CHF 1 380.– statt mit CHF 13 800.–. Da Schaufensterauslagen verbindliche Offerten sind (OR 7 III), kann ein Kunde den Vertrag annehmen und damit entstehen lassen. Allerdings kann der Juwelier erklären, er fechte den Vertrag an. Damit ist er wieder aufgelöst. Er muss den Ring nicht zum geringeren Preis hergeben.

Wer den Vertrag anfechten will, teilt dem Vertragspartner mit, dass er ihn wegen wesentlichen Irrtums nicht einhalten werde. Diese Mitteilung ist **formfrei** und muss **innerhalb eines Jahres** erfolgen, nachdem der Irrende seinen Irrtum entdeckt hat (OR 31). Liegt tatsächlich ein wesentlicher Erklärungsirrtum vor, dann wird der Vertrag aufgelöst. Nach OR 25 II muss der Irrende aber den Vertrag so gelten lassen, wie er ihn tatsächlich gemeint hat, wenn ihm der Vertragspartner dies vorschlägt.

Hinweis

Mirjam Hochstrasser bestellt telefonisch Kaffee. Aus Versehen sagt sie «100 kg» statt der gewünschten 10 kg. Weil eine wesentliche Abweichung im Leistungsumfang vorliegt, kann sie den Vertrag gestützt auf OR 24 I Ziff. 3 anfechten und damit aufheben. Erklärt sich der Lieferant, jedoch bereit, ihr anstatt der irrtümlich bestellten 100 kg auch 10 kg liefert, muss Mirjam Hochstrasser auf dieses Angebot eingehen.

Viele Irrtumsfälle entstehen, weil der Irrende zu wenig sorgfältig war, als er den Vertrag abschloss. In einem solchen Fall kann sich der fahrlässig Irrende zwar auf seinen Irrtum berufen und den Vertrag anfechten, aber er wird dem andern Partner schadenersatzpflichtig für die Folgen der Vertragsauflösung (OR 26).

8.3.2 Zur Vertiefung: andere Anfechtungsgründe

Der Erklärungsirrtum ist der häufigste Fall für die Anfechtung eines Vertrags. Wie bereits gesagt, regelt das OR aber auch vier weitere Fälle, den Motivirrtum, die Täuschung, die Furchterregung und die Übervorteilung.

A] Der Motivirrtum

Beim Motivirrtum täuscht sich der Irrende bereits bei der Bildung seines Willens. Er täuscht sich in seinem Beweggrund, seinem Motiv zum Vertragsabschluss. Man unterscheidet zwei Arten von solchen Irrtümern: den **einfachen Motivirrtum** und den **Grundlagenirrtum.** Fast alle Irrtümer im Beweggrund sind einfache Motivirrtümer. Sie berechtigen nicht zur Vertragsanfechtung (OR 24 II). Nur Grundlagenirrtümer berechtigen zur Vertragsanfechtung (OR 24 I Ziff. 4). Sie sind sehr selten.

Beispiel

- **Einfacher Motivirrtum:** Vinzenz Rissi kauft Aktien, weil er auf steigende Aktienkurse hofft. Sein Motiv für den Kauf sind also steigende Aktienkurse. Wenn diese aber fallen, hat er sich geirrt. Er kann den Vertrag nicht anfechten, denn das Spekulationsmotiv ist immer ein einfacher Motivirrtum.
- **Grundlagenirrtum:** Esmeralda Calderon kauft ein Bild, das die Unterschrift von Pablo Picasso trägt. Sie und der Verkäufer sind überzeugt, dass es sich um ein echtes Gemälde handelt. Bald stellt aber ein Experte fest, dass es eine Fälschung ist. Esmeralda Calderon hat sich über die Echtheit des Bildes geirrt. Nach Treu und Glauben ist die Echtheit für jeden Käufer eines Bildes eine entscheidende Grundlage für den Kauf. Deshalb kann Esmeralda Calderon den Vertrag anfechten.

B] Anfechtung eines Vertrags wegen absichtlicher Täuschung (OR 28)

Wenn jemand über eine Tatsache getäuscht und so zum Vertragsabschluss verleitet worden ist, kann er den Vertrag wegen absichtlicher Täuschung nachträglich anfechten.

Beispiel

Ein Teppichverkäufer weiss, dass ein Teppich maschinengefertigt ist. Er behauptet aber, er sei handgeknüpft, und verweist auf das von ihm gefälschte Gütesiegel. Daraufhin kauft der Käufer den Teppich. Etwas später erfährt er von einem Freund, dass es sich um einen maschinengefertigten Teppich handelt. Hier handelt es sich um eine absichtliche Täuschung des Verkäufers. Mit dem gefälschten Gütesiegel und seinen Behauptungen spiegelte er falsche Tatsachen vor und manipulierte so den Entscheid des Käufers. Weil der Verkäufer den Käufer angelogen hat, liegt eine absichtliche Täuschung vor. Der Käufer kann den Vertrag anfechten, den Teppich zurückgeben und den Kaufpreis zurückverlangen.

Wer einen Vertrag wegen absichtlicher Täuschung anfechten will, muss dies **innert Jahresfrist, nachdem er von der Täuschung erfahren hat,** tun (OR 31). Nach der Beweisregel von ZGB 8 muss der Getäuschte jedoch **beweisen, dass er absichtlich getäuscht** worden ist. Gelingt dieser Beweis nicht, wird er den Vertrag bestehen lassen müssen.

C] Anfechtung eines Vertrags wegen Furchterregung (Drohung, OR 29 und 30)

Wer einem Vertrag unter Furchterregung (Drohung) zugestimmt hat, kann ihn nachträglich anfechten. Die **Drohung** kann sich gegen irgendein Rechtsgut des Vertragspartners richten, also sein Leben, seine Ehre, sein Vermögen, seine Freiheit usw. Auch wenn eine dem Vertragspartner nahe stehende Person bedroht wird, ist die Vertragsanfechtung möglich.

Wie bei der Täuschung hat der Bedrohte ein Jahr Zeit, um den Vertrag mit Anfechtung aufzulösen. Die Frist beginnt zu laufen, sobald die Bedrohung weggefallen ist (OR 31 II).

D] Anfechtung eines Vertrags wegen Übervorteilung (OR 21)

Wer bei Vertragsabschluss übervorteilt wurde, kann den Vertrag anfechten. Eine Übervorteilung liegt vor, wenn jemand die **Notlage, Unerfahrenheit oder den Leichtsinn** einer Person **ausnützt,** um mit ihr einen Vertrag mit einem **offenbaren Missverhältnis** zwischen Leistung und Gegenleistung abzuschliessen.

Beispiel

Altwarenhändler Knut Loosli kauft auch gebrauchte Schmuckstücke. Zufällig weiss er, dass Isa Germann in extremen Geldnöten steckt. Sie kommt in seinen Trödlerladen und will ein Schmuckstück verkaufen, das mindestens CHF 5 000.– wert ist, was beide wissen. Knut Loosli bietet CHF 1 000.–, und weil Isa Germann sofort Geld benötigt, geht sie auf den Handel ein. Sie ist übervorteilt worden, kann den Vertrag anfechten und das Schmuckstück zurückverlangen, muss dann aber auch die erhaltenen CHF 1 000.– wieder zurückgeben.

Das Anfechtungsrecht wegen Übervorteilung ist innerhalb eines Jahres ab Vertragsabschluss geltend zu machen (vgl. OR 21 II; also nicht erst ab Entdeckung, dass man übervorteilt wurde!).

Zusammenfassung

Gültig abgeschlossene Verträge müssen **erfüllt** werden. Sie können nur **ausnahmsweise wieder aufgelöst** werden.

Die vier möglichen Auflösungsgründe eines gültigen Vertrags

Aufhebungsvertrag	Kündigung	Rücktrittsrecht	Anfechtung
Vereinbarung mit dem Vertragspartner	Einseitige Auflösung • bei Mietverträgen und • bei Arbeitsverträgen	Recht, einen Vertrag einseitig aufzulösen • im Vertrag vereinbart • gesetzlich vorgesehen bei Haustürgeschäften und Konsumkreditverträgen	Recht, einen Vertrag einseitig aufzulösen • Irrtum • Täuschung • Furchterregung • Übervorteilung

Repetitionsfragen

26 Urs Schaller interessiert sich für ein Secondhandsofa eines dänischen Designers. Der Händler offeriert ihm dieses zum Preis von CHF 2400.–. Urs Schaller ist unschlüssig, ob er so viel Geld ausgeben will, und sagt: «Mit dem Preis bin ich einverstanden, doch möchte ich noch eine Nacht darüber schlafen. Morgen gebe ich Ihnen Bescheid.» Der Händler antwortet: «Einverstanden.»

A] Hat Urs Schaller den Antrag des Händlers angenommen?

B] Über Nacht merkt der Händler, dass er zu tief kalkuliert hat. Als Urs Schaller anruft, teilt er ihm deshalb mit, das Designersofa koste CHF 2800.–. Muss sich Urs Schaller das gefallen lassen?

27 Was kann man in den folgenden Fällen unternehmen?

A] Die 70-jährige Anna Wiesner hat auf einer Werbefahrt für CHF 250.– zwei Wolldecken und ein Heizkissen gekauft. Am nächsten Tag bereut sie diesen Kauf. Hat sie eine Möglichkeit?

B] Alex Bieri hatte den Auftrag 40 Druckerpatronen des Typs CX399.01 zu bestellen. Aus Versehen schreibt er auf die Bestellung 400 Druckerpatronen XC057.12. Da er die Auftragsbestätigung nicht recht anschaut, bemerkt er seinen Fehler erst, als die Patronen geliefert werden. Muss er die falschen Druckerpatronen behalten?

28 Marianne Schild möchte ihre Ferien auf Mallorca verbringen. Im Internet findet sie ein günstiges Angebot beim Anbieter «Sun + Fun AG». Sie bucht die Reise direkt per E-Mail und erhält schon wenige Minuten später ein E-Mail der «Sun + Fun AG» zurück, das die Buchung bestätigt. Zwei Tage später sieht Marianne Schild in der Zeitung das Inserat des Reisebüros «Travel Star», das die gleichen Ferien 100 Franken billiger anbietet. Sie geht in das Reisebüro und bucht kurz entschlossen die billigere Reise. Dafür muss sie im Reisebüro eine Anzahlung von 200 Franken leisten und einen Reisevertrag unterschreiben. Als Marianne Schild einige Tage später je eine Rechnung von der «Sun + Fun AG» und der «Travel Star» erhält, wird ihr bewusst, dass sie zwei Verträge abgeschlossen hat.

A] Marianne Schild hat vier Möglichkeiten. Prüfen Sie alle vier Möglichkeiten, und klären Sie so ab, welche Chancen bestehen, aus einem der Verträge auszusteigen.

B] Stellen Sie eine allgemeine Regel auf, wie Sie vorgehen, wenn Sie ein ähnliches Vertragsproblem wie das von Marianne Schild lösen müssen. (Hinweis: Ihre Regel sollte zwei Schritte enthalten und jeder dieser Schritte vier Punkte, die Sie prüfen würden.)

9 Die Erfüllung des Vertrags

Lernziele

Nach der Bearbeitung dieses Kapitels können Sie ...
- die dispositiven Regeln des OR zur richtigen Erfüllung erklären (wer muss was, wem, wann und wo leisten?).
- bei den Erfüllungsfehlern zwischen Nichterfüllung und Schlechterfüllung unterscheiden.
- das Vorgehen des Gläubigers beim Schuldnerverzug erklären und an einfachen Beispielen anwenden.
- die nachträgliche objektive Unmöglichkeit und den Gläubigerverzug als zwei weitere Fälle der Nichterfüllung beschreiben.
- zeigen, wann Forderungen verjähren und welche Folgen dies hat.
- die Verrechnung in den Grundzügen erklären und ihre Bedeutung für den Untergang der Forderung aufzeigen.

Schlüsselbegriffe

Bringschuld, Dienstleistung, Erfüllungsort, Erfüllungsreihenfolge, Erfüllungszeit, Fälligkeit, Fixgeschäft, Gattungssache, Geldschuld, Gläubigerverzug, Holschuld, Lieferschein, Mahngeschäft, Nachfrist, Nichterfüllung, persönliche Leistungspflicht, Quittung, Rapport, Schlechterfüllung, Schuldnerverzug, Speziessache, Teilleistung, Verfalltagsgeschäft, Verjährung, Verrechnung, Verspätungsschaden, Wahlrecht, Zug-um-Zug-Regel

In der Erfüllungsphase eines Vertrags **lösen die Vertragspartner ihre Versprechen ein**. Es geht also um die korrekte Erbringung von Leistung und Gegenleistung. Wie erfüllt man aber einen Vertrag richtig? Man könnte antworten, jeder leistet so, wie er es versprochen hat. Nur: Oft einigen sich die Vertragspartner bloss über die Leistungen. Die **Erfüllungsmodalitäten** besprechen sie nicht, etwa **wann** die Ware geliefert oder **wohin** sie geschickt werden soll oder **ob** die Zahlung in bar, oder per Banküberweisung erfolgen soll.

Für die Erfüllungsmodalitäten hält das OR in den Artikeln 68–96 dispositive Regeln bereit. Der folgende Merksatz veranschaulicht sie: Wer muss was wem wann und wo leisten?

Abb. [9-1] **Erfüllungsmodalitäten: Wer muss was wem wann und wo leisten?**

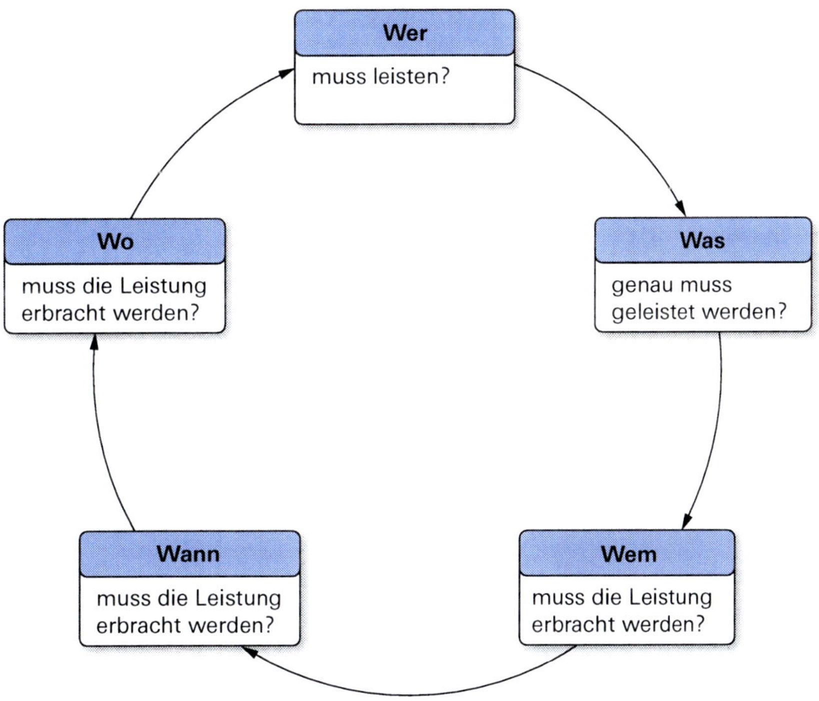

9.1 Wer muss erfüllen?

Diese Frage kommt Ihnen vermutlich eigenartig vor. Sie werden denken: Natürlich der Schuldner! Nun ist es aber in unserem Wirtschaftsalltag oft so, dass jemand eine Leistung verspricht und sie dann durch jemand anderen erfüllen lässt.

Beispiel

Jean Berndorf besitzt eine Villa am Neuenburgersee. Er schliesst mit dem Gärtnermeister Luc Mudry einen Vertrag über die Pflege des Gartens ab. Luc Mudry soll im Frühling und im Herbst im Garten für Ordnung sorgen, gegen einen Festpreis von CHF 3 000.–. Luc Mudry wird wahrscheinlich diese Arbeit nicht selber erfüllen, sondern seine Mitarbeitenden schicken, was wiederum Jean Berndorf kaum stören wird.

In der Regel darf der Schuldner seine Leistungspflicht an eine andere Person übertragen. Etwas anderes gilt nur dann, wenn die Vertragspartner eine persönliche Leistung des Schuldners **vereinbart** haben oder – auch ohne Vereinbarung – wenn es bei der vereinbarten Leistung gerade auf die **persönlichen Fähigkeiten** des Schuldners ankommt (OR 68).

Beispiel

Einer der wichtigsten Anwendungsfälle für die persönliche Leistungspflicht ist der Arbeitsvertrag. Hier schreibt OR 321 sogar ausdrücklich vor, dass der Arbeitnehmer nur persönlich erfüllen darf. Das heisst: Der Arbeitnehmer darf keinen Stellvertreter für seine Arbeitsleistung schicken, wenn er einmal nicht arbeiten möchte.

9.2 Was muss geleistet werden?

Das Gesetz teilt die Leistungen ein in **Dienstleistungen** und **Sachleistungen** und die Sachleistungen wiederum in **Gattungssachen** und **Speziessachen.**

- Bei der **Dienstleistung** werden **körperliche oder geistige Kräfte** eingesetzt, um ein Resultat zu erzielen.
- Bei der **Sachleistung** geht es darum, dem anderen eine **Sache zu übergeben** – entweder zu Eigentum (z. B. beim Kaufvertrag) oder zum Gebrauch (z. B. beim Mietvertrag). Auch die Zahlung von Geldschulden ist eine Sachleistung. Wichtig ist bei den Sachleistungen die Unterscheidung zwischen **Gattungssache** und **Speziessache.**
- Bei **Speziessachen** besteht die Leistung in einem individuell bestimmten Gegenstand. Genau dieser muss geliefert werden und kein anderer, z. B. der von Schreinerin Buchwalder für Kunde Tschopp angefertigte Schrank.
- Bei **Gattungssachen** ist der geschuldete Gegenstand nur der Art, Menge und Qualität nach bestimmt. Der Schuldner kann die Ware aussuchen, muss aber innerhalb der vertraglichen Umschreibung mittlere Qualität liefern, z. B. den «ab Stange» gekauften Schrank, 100 kg Mandarinen der Sorte «Alta» usw. Zu den Gattungssachen gehören auch Geldleistungen. Wenn eine Gattungssache zu liefern ist, hat der Schuldner das Recht, die Ware auszusuchen. Er muss allerdings mindestens Waren von mittlerer Qualität anbieten (OR 71).

Beispiel

- Ein Occasionsfahrrad ist eine Speziessache, weil es das betreffende Fahrrad nur einmal gibt. Bestellt man dagegen ein neues Fahrrad, dann geht es um einen Gattungskauf. Man bestellt z. B. ein Fahrrad der Marke «Power Bike» mit einer ganz bestimmten Ausrüstung. Davon gibt es mehrere, und eines davon will man haben.
- Der Kauf des neuen Fahrrads wird zu einem Spezieskauf, wenn sich die Parteien über ein ganz bestimmtes Stück einigen. Das wäre z. B. der Fall, wenn der Verkäufer fragt: «Wollen Sie das Fahrrad, das wir hier im Showroom ausgestellt haben?», und der Käufer sagt: «O.K., wann kann ich es abholen?» Hier haben sich die Parteien in ihrem Vertrag auf ein ganz bestimmtes Fahrrad geeinigt, das der Verkäufer hergeben muss.

9.2.1 Muss der Gläubiger Teilleistungen des Schuldners annehmen?

Grundsätzlich muss der Empfänger eine Teilleistung nicht akzeptieren (OR 69 I). Der Schuldner ist folglich nicht berechtigt, seine Leistung in «Raten» zu erbringen. Etwas anderes gilt nur, wenn dies vertraglich vereinbart ist oder wenn der Gläubiger es akzeptiert. Diese Regel bezieht sich nicht nur auf Geldzahlungen, wie man beim Durchlesen von OR 69 vielleicht meinen könnte, sondern sie gilt für Leistungen jeder Art.

9.2.2 Quittungen (Lieferscheine, Rapporte) als Beweisstücke

Der Schuldner, der seine Leistung ganz oder teilweise erbracht hat, ist berechtigt, eine Quittung zu verlangen (OR 88). Mit der **Quittung** – bei Sachleistungen spricht man auch vom **Lieferschein** und bei Dienstleistungen vom **Rapport** – bestätigt der Gläubiger mit seiner Unterschrift, dass er die Leistung empfangen hat.

Quittungen, Lieferscheine und Rapporte haben praktisch eine grosse Bedeutung. Denn sie belegen, dass der Schuldner die Leistung tatsächlich erbracht hat. Der Gläubiger kann dann nicht mehr so einfach behaupten, er habe die Leistung überhaupt nicht erhalten. Machen Sie es sich deshalb im Geschäftsleben und in Ihren privaten Angelegenheiten zur Gewohnheit, Ihre Leistungen durch den Gläubiger quittieren zu lassen.

9.2.3 Besonderheiten bei Geldschulden

Geldschulden, die in der Schweiz bezahlt werden müssen, sind in **Schweizer Franken** zu bezahlen. Lautet der Betrag auf eine ausländische Währung, kann der Schuldner wählen, ob er umgerechnet in Franken oder in der ausländischen Währung zahlen will (OR 84 II). Werden Zinsen vereinbart, ohne den Zinssatz zu bestimmen, dann beträgt der Zins 5 % (OR 73).

Grundsätzlich gilt nach OR die **Pflicht zur Barzahlung.** Bargeldlose Zahlungen muss der Gläubiger nur annehmen, wenn es im Vertrag vereinbart ist. Das kann auch stillschweigend geschehen. Die Gerichte nehmen an, dass das Einverständnis zur bargeldlosen Bezahlung erteilt ist, sobald jemand auf seinem Briefpapier oder auf der Rechnung eine Bankverbindung angibt. Dann darf der Schuldner auf das betreffende Konto überweisen. Ebenso kann ein Schuldner auf Bezahlung mit Kreditkarte nur beharren, wenn der Gläubiger damit einverstanden ist. Das Einverständnis liegt vor, wenn ein Aufkleber der betreffenden Kreditkartenorganisation an der Tür oder an der Kasse angebracht ist.

9.3 Wem muss geleistet werden?

Der Vertrag wird nur dann richtig erfüllt, wenn die Leistung **an die richtige Person** geht. Im Normalfall ist das der **Vertragspartner,** also derjenige, dem die Leistung beim Abschluss des Vertrags versprochen worden ist. Manchmal wird im Vertrag aber vereinbart, dass der Schuldner an einen **Dritten** leisten muss.

Beispiel

Rudolf Keller, Möbelschreiner in Bern, bekommt vom Möbelhaus M (Zürich) einen Auftrag für die Einzelanfertigung eines Tischs. Per Zufall erfährt er, dass der Tisch letztlich für einen Kunden in Bern bestimmt ist. Er darf den Tisch aber nicht direkt dem Kunden in Bern abliefern, obwohl er sich damit die Transportkosten sparen könnte. Denn Gläubiger der vertraglichen Forderung ist nicht der Kunde in Bern, sondern das Möbelhaus in Zürich. Allerdings kann im Vertrag vereinbart werden, dass Rudolf Keller den Tisch direkt dem Endabnehmer liefern darf.

9.4 Wann muss die Leistung erbracht werden?

9.4.1 Die Erfüllungsreihenfolge

Wenn die Vertragspartner nichts über die Erfüllungsreihenfolge abgemacht haben, gilt die **«Zug-um-Zug»**-Regel von OR 82. Beide Vertragspartner müssen gleichzeitig erfüllen. Wer die Leistung vom anderen verlangt, muss aber selbst auch seine eigene Leistung anbieten.

Beispiel

Nora Gregori fragt Iwan Niggli: «Willst du mein Fahrrad für CHF 500.– kaufen?» Iwan Niggli zu Nora Gregori: «Ja, abgemacht.» – Die Willensäusserungen stimmen überein, der Vertrag ist entstanden. Da nichts über die Erfüllung abgemacht ist, gilt die Zug-um-Zug-Regel und OR 82. Nora darf die CHF 500.– verlangen, wenn sie das Fahrrad übergibt.

Dass überhaupt nichts über die Erfüllungszeit abgemacht wird, ist relativ selten. Oft verabreden sich die Parteien mindestens über die Reihenfolge der Erfüllung (z. B. «Zahlung nach Lieferung auf Rechnung» oder «Zahlung sofort, Lieferung später»). Mit solchen Vereinbarungen heben die Parteien die Zug-um-Zug-Regel von OR 82 auf. Ein Vertragspartner muss leisten, ohne dass er die Leistung des anderen verlangen könnte. Man sagt dann auch, er sei **vorleistungspflichtig.**

Beispiel

... Iwan Niggli zu Nora Gregori: «Ja, abgemacht, wenn ich es gleich mitnehmen und dann später bezahlen kann.» Nora Gregori sagt zu Iwan Niggli: «Einverstanden.» Nora Gregori wird mit dieser Abmachung vorleistungspflichtig. Die Zug-um-Zug-Regel gilt nicht mehr.

9.4.2 Der genaue Erfüllungszeitpunkt (die Fälligkeit)

Die Erfüllungsreihenfolge sagt noch nichts aus über den Zeitpunkt, in dem die Leistungen erbracht werden müssen.

Ist für eine Leistung kein Erfüllungszeitpunkt abgemacht, dann liegt ein **Mahngeschäft** vor. Der Gläubiger kann sofort nach Vertragsabschluss die Leistung verlangen. Das heisst mit anderen Worten: Der Schuldner muss leisten, wenn ihn der Gläubiger dazu auffordert – daher der Name Mahngeschäft (OR 75)..

Beispiel

... Iwan Niggli nimmt das Fahrrad mit. Damit hat Nora Gregori ihre Schuld erfüllt. Da nichts über den Zeitpunkt der Zahlung abgemacht ist, muss sie die Leistung von Iwan Niggli ausdrücklich verlangen. Daher handelt es sich um ein Mahngeschäft.

Haben die Vertragspartner den Erfüllungszeitpunkt einer Leistung vereinbart, dann handelt es sich um ein **Verfalltagsgeschäft.** Der Schuldner muss bis **spätestens zum vereinbarten Zeitpunkt** geleistet haben. Eine Aufforderung des Gläubigers ist nicht nötig. Die Frist gilt als eingehalten, wenn der Gläubiger die Leistung am letzten Tag erhalten hat; es genügt also nicht, dass der Schuldner die Sache fristgerecht abgesandt hat (OR 77 III). Ist der letzte Tag der Frist ein Samstag, Sonntag oder Feiertag, wird die Frist bis zum nächsten Werktag verlängert (OR 78 I). Die Leistung muss zudem zu den gewöhnlichen Büro- oder Geschäftszeiten erfolgen (OR 79).

Beispiel

... Nora Gregori zu Iwan Niggli: «Einverstanden. Du musst es aber Ende Monat bezahlen.» Iwan Niggli zu Nora Gregori: «Einverstanden.» Damit ist der Zahlungszeitpunkt exakt definiert. Es handelt sich um ein Verfalltagsgeschäft. Iwan Nigglis Zahlung muss bis spätestens Ende des betreffenden Monats eingetroffen sein, ohne dass Nora Gregori ihn speziell zur Leistung auffordern müsste.

Um ein Verfalltagsgeschäft handelt es sich auch, wenn der Zeitpunkt der Erfüllung nur indirekt umschrieben ist wie beispielsweise mit den Worten «Lieferung Anfang Monat» oder «Zahlung innert 30 Tagen». OR 76–78 enthalten genaue Bestimmungen, wie solche Umschreibungen einer Frist zu verstehen sind.

Das Fixgeschäft ist ein besonderes Verfalltagsgeschäft. Hier vereinbaren die Parteien ausdrücklich oder stillschweigend, dass eine bestimmte Leistung nur zu einem ganz bestimmten Zeitpunkt oder bis zu einer bestimmten Zeit erbracht werden kann.

Beispiel

Sonja Ericsson und Tobias Rutschmann engagieren für ihr Hochzeitsfest eine Band, und zwar am 24. Mai, von 20.00 bis 24.00 Uhr. Die Band muss genau zu dieser Zeit spielen (d. h. erfüllen). Es nützt Sonja und Tobias nichts, wenn die Band schon am Samstagmorgen dasteht.

9.5 Wo muss die Leistung erbracht werden?

Haben die Vertragspartner nichts abgemacht und ergibt sich auch nichts aus den Umständen, so kommt die Regelung von OR 74 zum Zuge. Diese unterscheidet, ob es sich bei der geschuldeten Leistung um eine **Gattungssache,** eine **Speziessache** oder um **Geld** handelt.

- **Gattungssachen sind Holschulden** (OR 74 II Ziff. 3). Der Gläubiger muss sie am Wohn- oder Geschäftssitz des Schuldners abholen, oder anders formuliert: Erfüllungsort ist der Sitz des Schuldners.
- **Der Erfüllungsort einer Speziessache** ist dort, wo sich die Sache befunden hat, als der Vertrag abgeschlossen wurde (OR 74 II Ziff. 2). Die Sache muss dort übergeben bzw. abgeholt werden. Eine Speziessache ist also ebenfalls eine Holschuld.
- **Geldschulden sind Bringschulden.** Wer Geld bezahlen muss, muss es demjenigen bringen, der es zugute hat. Der Erfüllungsort für Geldschulden ist also der Wohnort oder Geschäftssitz des Gläubigers (OR 74 II Ziff. 1).

Beispiel

- **Gattungsschuld:** Daniel Kubli bestellt telefonisch ein Handy Typ XY beim Fachhändler. Wenn nichts anderes abgemacht ist, muss er es beim Händler abholen. Es handelt sich um eine Gattungssache.
- **Speziesschuld:** Mara Kosic kauft an einer Vernissage eine Skulptur. Dabei wird vereinbart, dass sie diese erst nach Beendigung der Ausstellung, am 30. März, haben könne. Mara Kosic muss sie in der betreffenden Galerie abholen, es sei denn, sie habe mit dem Galeristen ausdrücklich Lieferung vereinbart.
- **Geldschuld:** Anna Aeppli hat ihrem Vermieter B den monatlichen Mietzins an dessen Wohn- oder Geschäftssitz zu überweisen (bzw. auf dessen Bank- oder Postscheckkonto).

9.6 Fehler bei der Erfüllung eines Vertrags

Im letzten Abschnitt haben wir untersucht, wie ein Schuldner seine Verpflichtung richtig erfüllt. Nun fragt sich natürlich, was der Gläubiger unternehmen kann, wenn sein Schuldner nicht richtig erfüllt. Das Gesetz unterscheidet **zwei Arten** von Erfüllungsfehlern, die **Nichterfüllung** und die **Schlechterfüllung.**

9.6.1 Die Nichterfüllung

Bei der **Nichterfüllung** bleibt die vereinbarte Leistung des Schuldners aus. Der Schuldner verspätet sich, oder er ist zur Leistung nicht in der Lage. Wenn die Erfüllung ausbleibt, handelt es sich – wie in den beiden folgenden Beispielen – fast immer um einen Fall des **Schuldnerverzugs.**

Beispiel

- Ursina Cathomen möchte ein ganz bestimmtes Snowboard kaufen, das nicht an Lager ist. Der Verkäufer erklärt ihr, dass er es bestellen werde und sie es spätestens in drei Wochen abholen könne. Drei Wochen später erklärt der Verkäufer, dass das Board leider noch immer nicht gekommen sei. Kurz: Die versprochene Leistung bleibt aus – ein Fall der Nichterfüllung. Man spricht vom Schuldnerverzug oder auch vom Lieferverzug.
- Naomi Rohr hat ihre Handykosten nicht im Griff. Diesen Monat kann sie die Rechnung von CHF 650.– auch nach Ablauf der 30-tägigen Zahlungsfrist nicht bezahlen. Auch hier liegt ein Fall der Nichterfüllung vor. Und wieder spricht man vom Schuldnerverzug oder – weil es sich um eine Geldschuld handelt – auch vom Zahlungsverzug.

9.6.2 Die Schlechterfüllung

Bei der **Schlechterfüllung** erbringt der Schuldner zwar die geschuldete Leistung, sie hat aber einen Fehler und ist in irgendeiner Form mangelhaft.

Beispiel

Das Snowboard ist endlich da. Als Ursina Cathomen das erste Mal darauf fährt, reisst die Bindung aus dem Board. Es hat einen Fehler – ein typischer Fall von Schlechterfüllung.

Die möglichen Folgen der Schlechterfüllung hängen stark von der Art der geschuldeten Leistung ab. So kann man einen mangelhaften Kaufgegenstand sicher nicht gleich behandeln wie eine mangelhafte Arbeitsleistung. Aus diesem und aus anderen Gründen stellt das OR für die besonderen Verträge spezielle Regeln für die Folgen der Schlechterfüllung auf.

9.7 Der Schuldnerverzug – häufigster Fall der Nichterfüllung

Versetzen wir uns in die Lage des Gläubigers: Er erwartet die versprochene Leistung seines Schuldners, diese bleibt aber aus. Was muss er jetzt tun?

Abb. [9-2] Vorgehen des Gläubigers beim Schuldnerverzug

1. Schritt: Verzug herbeiführen

- Beim Mahngeschäft tritt der **Verzug** mit der Leistungsaufforderung ein.
- Beim Verfalltagsgeschäft tritt der **Verzug** automatisch ein mit Ablauf des vereinbarten Erfüllungstermins.

2. Schritt: Nachfrist ansetzen

- Beim Mahngeschäft und beim Verfalltagsgeschäft muss der Gläubiger dem Schuldner eine **Nachfrist** ansetzen, damit dieser die geschuldete Leistung doch noch erbringen kann.
- Beim Fixgeschäft ist keine Nachfrist nötig.

3. Schritt: Wahlrechte ausüben

Nach unbenütztem Ablauf der Nachfrist kann der Gläubiger entscheiden, ob er **am Vertrag festhalten** will oder ob er den **Vertrag auflösen** will.

9.7.1 Verzug herbeiführen

A] Wann muss der Schuldner überhaupt leisten?

Diese Frage führt uns zu einem neuen Fachbegriff: zur **Fälligkeit** von Forderungen. Darunter versteht man den Zeitpunkt, ab dem ein Schuldner die geschuldete Leistung erbringen muss und – aus der Optik des Gläubigers – an dem der Gläubiger die geschuldete Leistung einfordern darf. Die Fälligkeit einer Forderung hängt von der vertraglichen Abmachung ab.

- Beim **Mahngeschäft** haben die Parteien nichts über den Erfüllungszeitpunkt abgemacht. Sofern sich auch nichts aus dem Wesen des vereinbarten Geschäfts ergibt, kann eine Leistung deshalb jederzeit nach Vertragsabschluss gefordert werden. Das heisst: Die Leistung ist vom **Moment des Vertragsabschlusses** an fällig.
- Beim **Verfalltagsgeschäft** ist für eine Leistung ein bestimmter Termin vereinbart worden. Die Leistung ist deshalb genau an diesem **Termin** fällig. Dasselbe gilt für das Fixgeschäft, das ja nur ein Sonderfall des Verfalltagsgeschäfts ist.

B] Wie kommt der Schuldner in Verzug?

Auch hier ist die Unterscheidung zwischen Mahngeschäft und Verfalltagsgeschäft wichtig.

- Beim **Mahngeschäft** muss der Gläubiger den Schuldner zur Leistung auffordern. Erst mit dieser **Aufforderung** gerät der Schuldner in **Schuldnerverzug** (OR 102 I). Anstatt Aufforderung sagt man auch **Mahnung.**
- Bei einem **Verfalltagsgeschäft** gerät der Schuldner **automatisch** in den Schuldnerverzug, wenn er am festgelegten Erfüllungstermin nicht erfüllt (OR 102 II). Das Gleiche gilt für das **Fixgeschäft.**

C] Die drei Folgen des Schuldnerverzugs

Der Schuldnerverzug bringt dem Gläubiger noch nicht die erwartete Leistung. Allerdings wird seine Stellung gegenüber dem Schuldner wesentlich verbessert. Er bewirkt nämlich dreierlei:

- Der Schuldner **haftet für den Verspätungsschaden** und wird schadenersatzpflichtig, sofern er die Verspätung zu verantworten hat, d. h. verschuldet hat (OR 103 I).
- Der Schuldner **haftet für den zufälligen Untergang der Leistung,** sofern der Schuldner den Verzug zu verantworten, d. h. verschuldet hat (OR 103 I).
- Bei Geldschulden muss der Schuldner unabhängig vom Verschulden **Verzugszinsen** bezahlen (OR 104). Der Zinssatz bei Verzugszinsen beträgt im Allgemeinen 5% (OR 104 I). Wenn der Schuldner schon während der Dauer des Vertrags Zins zahlen musste und dieser Zins mehr als 5 % betragen hat, gilt dieser höhere Zinssatz auch für den Verzugszins (OR 104 II). Unter Kaufleuten kann der Zinssatz höher sein (OR 104 III).

Beispiel

- **Haftung für Verspätungsschaden:** Die Landwirtin Agnes Ambauen mietet sich einen Kleinlaster und fährt zum Schreiner Heinz Bodmer, um die auf heute versprochene Lieferung Baubretter abzuholen. Die Bretter sind aber noch nicht fertig. Agnes Ambauen kann nun von Heinz Bodmer die Kosten für die vergebliche Miete des Kleinlasters und für die Hin- und Rückfahrt verlangen.
- **Haftung für den zufälligen Untergang der Leistung:** Agnes Ambauen bringt dem Schreiner Heinz Bodmer am 15. Mai eine wertvolle antike Truhe zur Restauration. Man vereinbart, dass die Truhe eine Woche später, also am 22. Mai, an Agnes Ambauen geliefert wird. Am 25. Mai ist immer noch keine Lieferung erfolgt, weil Heinz Bodmer überlastet ist. Er befindet sich im Schuldnerverzug und hat diesen selbst zu vertreten. Am 26. Mai wird in seiner Werkstatt eingebrochen und unter anderem die antike Truhe gestohlen. Da Heinz Bodmer jedoch verschuldet in Verzug ist, haftet er für den zufälligen Untergang. Zufall bedeutet hier jeder weder vom Gläubiger noch vom Schuldner zu vertretende Umstand und beinhaltet auch die Fälle der höheren Gewalt, z. B. Erdbeben, Lawinen, aber auch den Diebstahl einer Sache. Wenn der Schuldner nicht beweisen kann, dass der Verzug ohne jedes Verschulden von seiner Seite eingetreten ist, dann haftet er auch für den zufälligen Untergang oder die zufällige Beschädigung der Sache.

9.7.2 Nachfrist ansetzen

A] Grundsatz: Nachfrist beim Mahngeschäft und beim Verfalltagsgeschäft

Beim Mahngeschäft und beim Verfalltagsgeschäft muss der Gläubiger dem Schuldner nochmals eine «Chance» geben und ihm eine letzte Frist für die nachträgliche Erfüllung einräumen. In der Fachsprache sagt man: Der Gläubiger muss dem Schuldner **eine Nachfrist ansetzen** (OR 107 I). Sie muss **zeitlich eindeutig bestimmt** und **angemessen** lang sein. Das heisst, sie muss so bemessen sein, dass der Schuldner die Möglichkeit hat, innerhalb dieser Frist seine Leistung noch zu erbringen.

Die Ansetzung der Nachfrist ist an keine besondere Form gebunden (schriftlich oder mündlich möglich). Sie kann auch zusammen **mit der Mahnung erfolgen** (OR 102 I). Bei einem Mahngeschäft kann also der Gläubiger den Schuldner auffordern zu leisten (Mahnung) und ihm gleichzeitig eine letzte Frist ansetzen (z. B. «Lieferung binnen 2 Wochen»).

Beispiel

Sie haben beim Schreiner ein Regal bestellt, ohne eine genaue Lieferzeit abzumachen. Als nach sechs Wochen keine Lieferung erfolgt, rufen Sie den Schreiner an und fordern ihn auf zu liefern (= Mahnung), und zwar innerhalb der nächsten zwei Wochen (= Nachfristansetzung). Sie können dem Schreiner aber auch zunächst eine Mahnung ohne Nachfrist ansetzen. Dann kommt er in Verzug. Wenn Sie Ihr Wahlrecht ausüben wollen, dann müssen Sie aber auf jeden Fall nochmals mahnen, diesmal mit der Nachfrist.

B] Ausnahme: keine Nachfrist beim Fixgeschäft

Beim Fixgeschäft haben die Parteien ausdrücklich oder aus den Umständen klar ersichtlich abgemacht, dass der Gläubiger die Erfüllung **nur** zum vereinbarten Zeitpunkt bzw. innerhalb der vereinbarten Frist haben will. Eine Nachfrist wäre deshalb vollkommen sinnlos, weshalb das Gesetz beim Fixgeschäft auf die Nachfristsetzung verzichtet (OR 108 Ziff. 3).

Beispiel

«Im Vertrag heisst es: Falls der Verkäufer bis zum 1. März nicht liefert, darf der Käufer ohne weiteres vom Vertrag zurücktreten.» – Hier liegt ein Fixgeschäft vor. Auch Ausdrücke wie «spätestens», «lieferbar per», «genau» usw. lassen auf ein Fixgeschäft schliessen. Nicht immer ist es eindeutig, ob es sich bei einem bestimmten Vertrag um ein Fixgeschäft oder ein Verfalltagsgeschäft handelt. Im Zweifelsfall empfiehlt es sich deshalb, dem Schuldner eine Nachfrist anzusetzen.

9.7.3 Wahlrechte ausüben

Wie bereits erwähnt hat der Gläubiger **Wahlrechte** zur Verfügung, mit denen er das weitere Schicksal des Vertrags beeinflussen kann. Der Gläubiger muss dem Schuldner mitteilen, welches er wählt, und zwar am besten schriftlich. Er kann seine Wahl bereits mit der Nachfristansetzung bekannt geben. Oder er kann damit zuwarten, bis die Nachfrist abgelaufen ist.

Abb. [9-3] **Die drei Wahlrechte**

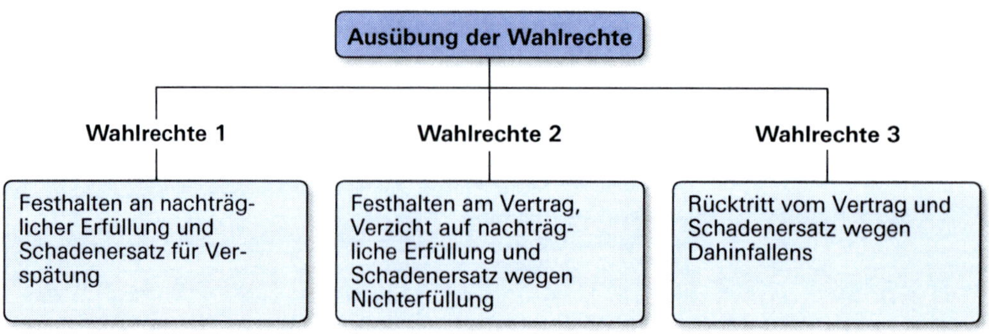

A] Wahlrecht 1: Auf nachträglicher Vertragserfüllung bestehen und den Verspätungsschaden verlangen (OR 107 II erster Satzteil)

Bei dieser Wahl bleibt der Vertrag so bestehen, wie ihn die beiden Vertragspartner abgeschlossen haben. Deshalb bleibt auch die Gegenleistung des Gläubigers bestehen. Diese Möglichkeit scheidet natürlich aus, wenn klar ist, dass der Schuldner nicht erfüllen kann.

Über die geschuldete Leistung hinaus kann der Gläubiger Schadenersatz verlangen, wenn er durch die Verspätung des Schuldners einen finanziellen Schaden erlitten hat **(= Verspätungsschaden)**. Die Schadenersatzpflicht entsteht aber nur, wenn der Schuldner die Verspätung zu verantworten hat (OR 103 II). Am Schluss soll der Gläubiger finanziell so gestellt sein, wie wenn der Schuldner rechtzeitig erfüllt hätte.

Wann ist das Wahlrecht 1 für den Gläubiger sinnvoll? Diese erste Möglichkeit wählt der Gläubiger, wenn er an der Leistung noch interessiert ist. Im Geschäftsleben bedeutet das: Es ist nicht möglich, die Leistung rascher von einem anderen Vertragspartner zu erhalten.

Beispiel

Der Grafiker Marco Galliker bestellte beim Computerhändler X einen neuen Computer samt Zeichnungsprogrammen zum Preis von CHF 8 000.–. X versprach Lieferung am 5. Mai (= Verfalltagsgeschäft). Bis zum 6. Mai erfolgte keine Lieferung, also geriet der Computerhändler mit Ablauf des 5. Mai in Schuldnerverzug. Marco Galliker setzt ihm eine Nachfrist von 10 Tagen. Nach unbenutztem Ablauf der Nachfrist erklärt Marco Galliker, er wolle an der Lieferung festhalten (Wahl), und fordert gleichzeitig den Verspätungsschaden (Miete eines Computers samt entsprechenden Zeichnungsprogrammen für die vergangenen 10 Tage). Er besteht auf der Lieferung, weil es derzeit keinen anderen Lieferanten für den betreffenden Computer gibt.

B] Wahlrecht 2: Festhalten am Vertrag, aber Verzicht auf die nachträgliche Erfüllung und Verlangen von Schadenersatz (OR 107 II zweiter Satzteil)

Damit verzichtet der Gläubiger auf die nachträgliche Leistung des Schuldners. Er verlangt eine finanzielle Ersatzleistung. Der Vertrag bleibt bestehen, wird aber umgewandelt: Anstelle der ursprünglichen Leistung hat der Schuldner nun Schadenersatz zu bezahlen.

Dank dem Schadenersatz wird der Gläubiger finanziell so gestellt, wie wenn der Vertrag erfüllt worden wäre. Man sagt, der Gläubiger könne das **Erfüllungsinteresse** (= positives Vertragsinteresse) verlangen. Er erhält so viel, wie die ursprünglich geschuldete **Leistung objektiv wert** ist, und bekommt zusätzlich den **Verspätungsschaden** ersetzt. Da der Vertrag aufrechterhalten wird, ist der Gläubiger verpflichtet, seine eigene Leistung weiterhin zu erbringen.

Wann ist das Wahlrecht 2 für den Gläubiger sinnvoll? Diese zweite Möglichkeit wird der Gläubiger immer dann wählen, wenn er die ausgebliebene Leistung anderswo beschaffen kann und wenn **diese mehr kostet,** als er mit seinem Schuldner vereinbart hat. In diesem Fall muss der Schuldner nämlich den Aufpreis des Gläubigers bezahlen.

Beispiel

Sofort nach Ablauf der Nachfrist erklärt Marco Galliker, er wolle auf die Lieferung verzichten und Schadenersatz wegen Dahinfallens der Leistung verlangen. Er hat nämlich erfahren, dass ein anderer Lieferant den gleichen Computer sofort liefern kann, allerdings zu einem Mehrpreis von CHF 1 000.–.

- Marco Galliker muss die Rechnung für die Bestellung beim anderen Lieferanten im Betrag von CHF 9 000.– bezahlen.
- Diese CHF 9 000.– sind nun der Schaden von Marco Galliker, den er an den Computerhändler X weitergeben will. CHF 8 000.– verrechnet er mit der Kaufpreisschuld, die er gegenüber X hat. Bleiben CHF 1 000.– Mehrkosten, die Marco Galliker X zusätzlich in Rechnung stellt. Auf diese Weise wird Galliker so gestellt, wie wenn X rechtzeitig geliefert und damit den Vertrag richtig erfüllt hätte. Eventuell hat Marco Galliker weitere Verspätungsschäden, die zu den CHF 1 000.– dazukommen.

C] Wahlrecht 3: Rücktritt vom Vertrag (OR 107 II am Ende und OR 109 II)

Wenn der Schuldner in Verzug ist und die Nachfrist abgelaufen ist, kann der Gläubiger auch vom Vertrag zurücktreten. Wie schon bei der zweiten Wahlmöglichkeit verzichtet er auf die nachträgliche Leistung. Während der Vertrag aber dort nur umgewandelt wird, erlischt er hier vollständig. Alle vertraglichen Pflichten gehen unter. Falls der Gläubiger seine Gegenleistung schon erbracht hat, kann er sie vom Schuldner zurückverlangen (OR 109 I).

Bei diesem Wahlrecht wird der Gläubiger so gestellt, «wie wenn vom Vertrag nie die Rede gewesen wäre». Man vergleicht hier den tatsächlichen Vermögensstand des Gläubigers mit dem, der bestünde, wenn der Vertrag nie abgeschlossen worden wäre. Der Schuldner muss dem Gläubiger den **Vertrauensschaden** oder das **negative Vertragsinteresse** ersetzen, d. h., er muss dem Gläubiger bei Verschulden Schadenersatz leisten (OR 109 II).

Wann ist das Wahlrecht 3 für den Gläubiger sinnvoll? Immer dann, wenn der Gläubiger die **ausgebliebene Leistung anderswo billiger** erhält.

Beispiel

Sofort nach Ablauf der Nachfrist erklärt Marco Galliker, er wolle auf den Vertrag verzichten und Schadenersatz wegen Dahinfallens des Vertrags verlangen. Er hat erfahren, dass ein anderer Lieferant das gleiche Computersystem sofort liefern kann. Dieses kostet sogar CHF 800.– weniger. Deshalb hat Marco Galliker gar kein Interesse mehr am alten Vertrag. Er spart die CHF 800.– ein, wenn er den alten Vertrag auflöst und einen neuen mit dem billigeren Lieferanten eingeht.

9.8 Der Gläubigerverzug (Annahmeverzug des Gläubigers)

Manchmal verhindert der Gläubiger die Vertragsabwicklung, indem er die ihm zustehende Leistung nicht entgegennimmt. Das ist für den Schuldner ein Problem, wenn er vorleistungspflichtig ist. Weil er ja zuerst erfüllen muss, kann er seine eigene Forderung nicht verlangen.

Wenn der Gläubiger die Annahme der richtig angebotenen Leistung verweigert, kommt er in den Gläubigerverzug – man sagt auch Annahmeverzug. Dann hat der Schuldner die Möglichkeit die Ware **zu hinterlegen** (z. B. in einem Lagerhaus). Falls das nicht möglich ist, kann er die Sache **verkaufen** und den **Erlös daraus hinterlegen.** In der Regel ist dazu die Bewilligung des Richters notwendig (vgl. OR 91 f.).

Die Regeln des Annahmeverzugs sind etwas veraltet und unpraktisch. Sie werden deshalb auch selten angewendet. Oft vereinbaren die Vertragspartner nämlich ein Rücktrittsrecht, falls der eine Vertragspartner die ihm angebotene Leistung nicht annimmt. Und in grossen Verträgen wird für den Annahmeverzug oft auch eine Konventionalstrafe vereinbart (OR 160 ff.).

9.9 Erlöschen der Obligation

Mit der **Erfüllung** erlischt eine Obligation. Es gibt aber noch andere Fälle, in denen das Recht auf Einforderung einer Leistung entfällt. Hier sollen nur die wichtigsten genannt werden:

- Das Unmöglichwerden einer Leistung nach OR 119
- Die Verjährung nach OR 127 ff.
- Die Verrechnung nach OR 120 ff.

9.9.1 Die nachträgliche objektive Unmöglichkeit

In seltenen Fällen kommt es dazu, dass die vereinbarte Leistung während des Vertragsabschlusses und der Vertragserfüllung objektiv unmöglich wird, d. h. von niemandem mehr erbracht werden kann. Anschaulich ist dies, wenn eine Speziessache untergeht. Weil diese

Sache nicht mehr besteht, kommen nicht die Regeln des Schuldnerverzugs zur Anwendung. OR 119 stellt für solche Fälle eigene Regeln auf. Geht die Sache durch Zufall, d. h. ohne Verschulden des Schuldners, unter, dann wird der Vertrag ohne weiteres ungültig.

Beispiel

Unverschuldete nachträgliche Unmöglichkeit: Judith Feller fragt ihren Bekannten, ob er ihr und ihrem Freund für CHF 3 000.– sein Kleinflugzeug während drei Stunden vermiete. Er ist einverstanden. Damit haben die beiden einen Mietvertrag abgeschlossen. Vertragsgegenstand ist das Kleinflugzeug, d. h. eine Speziessache. Wenn es nach Vertragsabschluss und vor der Übergabe durch einen Blitzschlag zerstört wird, dann ist die Leistung objektiv und unverschuldet unmöglich geworden. Der Vertragsgegenstand, das verbrannte Kleinflugzeug, kann nicht mehr zur Verfügung gestellt werden. Die Forderung erlischt (OR 119 I). Falls Judith Feller die CHF 3 000.– Miete schon bezahlt hat, kann sie diese wieder zurückverlangen (OR 119 II).

Aber Achtung! – Unmöglichkeitsfälle liegen nur vor, wenn die Leistung objektiv unmöglich wird und von niemandem mehr erbracht werden kann. Das blosse Unvermögen des Schuldners, seine Versprechungen einzuhalten, genügt dafür nicht. So kann sich etwa ein Schuldner, der zahlungsunfähig ist, nicht auf die Unmöglichkeit berufen.

Nun kann es aber auch sein, dass der Schuldner schuld ist am Untergang der Vertragssache. In diesem Fall wird er **schadenersatzpflichtig** (OR 97).

Hinweis

Sonderregel für den Kaufvertrag: Wenn die Sachleistung in einem Kaufvertrag untergeht, dann gilt nach OR 119 III die Sonderregel von OR 185. Der Käufer erwirbt nämlich vor der Übergabe des Gegenstands das Risiko für den zufälligen Untergang der Kaufsache (OR 185). Deshalb muss der Käufer den Kaufpreis bezahlen, wenn der Kaufgegenstand nach Vertragsabschluss und vor der Lieferung untergeht (z. B. verbrennt), ohne dass dem Käufer daraus ein Vorwurf zu machen ist.

9.9.2 Die Verjährung

Forderungen verjähren nach einer bestimmten Zeit. Verjähren bedeutet aber nicht, dass eine Forderung nicht mehr existieren würde, sondern bloss, dass sie nicht mehr gegen den Willen des Schuldners eingetrieben werden kann. Gegen eine verjährte Forderung kann sich der Schuldner zur Wehr setzen, indem er die **Einrede der Verjährung** erhebt.

Die beiden Hauptregeln zur Verjährung finden sich im Allgemeinen Teil des OR, und zwar in den Bestimmungen von OR 127 und OR 128. Daneben finden sich aber über das ganze OR verstreut Verjährungsvorschriften, die nur für bestimmte Forderungen gelten.

Bei **Forderungen aus Vertrag** beginnt die Verjährungsfrist in dem Moment zu laufen, in dem die Forderung fällig ist. Beim Mahngeschäft im Moment des Vertragsabschlusses und beim Verfalltagsgeschäft am Erfüllungstermin (OR 130 I).

- Die Verjährungsfrist dauert bei Verträgen gewöhnlich **zehn Jahre** (OR 127).
- OR 128 sieht jedoch eine kürzere Verjährungsfrist von **5 Jahren** vor für einzelne namentlich aufgezählte Forderungen, so unter anderem die Kaufpreisforderung des Detailverkäufers, die Werklohnforderung des Handwerkers, die Lohnforderung des Arbeitnehmers oder die Mietzinsforderungen.
- Eine Sondervorschrift gilt unter anderem für die **Sachmängelhaftung** des Verkäufers. Sie verjährt bereits nach **einem Jahr** (OR 210).

Forderungen aus **unerlaubter Handlung** verjähren nach **einem Jahr**. Die Verjährung beginnt, sobald der Geschädigte von seinem Schaden weiss und er den Schädiger kennt. Die Verjährung tritt aber **spätestens 10 Jahre** nach der schädigenden Handlung ein (OR 60).

Die Forderung aus **ungerechtfertigter Bereicherung** verjährt mit Ablauf **eines Jahres**, nachdem der Betroffene von seinem Anspruch Kenntnis erhalten hat, in jedem Fall aber mit Ablauf von zehn Jahren seit der Entstehung des Anspruchs (OR 67).

A] Unterbruch der Verjährung

Die Verjährung kann **unterbrochen** werden. Nachher beginnt eine **neue Verjährungsfrist** zu laufen. Dieser Fall tritt ein, wenn der Schuldner durch irgendeine Handlung seine Schuld **anerkennt** (z. B. schriftliche Schuldanerkennung oder Teilleistung) oder wenn der Gläubiger ein **Betreibungsverfahren** oder einen **Prozess** gegen den Schuldner einleitet (OR 135 und 137). Blosse Mahnung durch den Gläubiger unterbricht die Verjährung nicht!

B] Stillstand der Verjährung

Die Verjährung kann stillstehen. Dies ist z. B. der Fall bei Forderungen zwischen Ehepartnern während der Dauer der Ehe (weitere Situationen in OR 134). Stillstand bedeutet, dass die Verjährungsfrist gestoppt wird und dann weiterläuft, wenn der Stillstandsgrund weggefallen ist.

Beispiel

Eine praktische Anwendung zur Berechnung des Verjährungseintritts

Felix Gut hatte bei einem Kollegen einen Kredit aufgenommen. Er sollte das Darlehen vertragsgemäss am 1.1.2005 zurückbezahlen. Da er dies nicht tat, wurde er von seinem Kollegen nach mehreren Mahnungen betrieben. Das Betreibungsamt stellte ihm den Zahlungsbefehl am 15.5.2005 zu. Der Kollege verlangte aber vom Betreibungsamt keine weiteren Schritte, sondern er sandte eine eingeschriebene Mahnung am 6.6.2005. Daraufhin schrieb ihm Felix Gut am 22.6.2005 zurück, dass er das Geld zwar schulde, aber im Moment nicht zurückzahlen könne. Weiter geschah nichts.

Wir wollen nun berechnen, wann diese Schuld verjährt sein wird:

- Die Verjährung beginnt mit Fälligkeit der Schuld. Dies war gemäss Vertrag der 1.1.2005. Die Dauer der Verjährungsfrist beträgt zehn Jahre. Also wäre das Darlehen am 1.1.2015 verjährt.
- Zu prüfen ist aber noch, ob die Verjährung stillgestanden hat oder unterbrochen worden ist. Ein Grund für einen Stillstand nach OR 134 ist nicht ersichtlich.
- Die telefonischen Mahnungen und die eingeschriebene Mahnung haben keine Unterbrechung zur Folge. Zur Unterbrechung der Verjährung führen aber die Betreibung und die Schuldanerkennung von Felix Gutknecht. Dies bedeutet, dass eine Unterbrechung bzw. ein Neubeginn der Verjährungsfrist am 15.5.2005 erfolgte. Die neue Frist (immer noch zehn Jahre) wurde bereits am 22.6.2005 wieder unterbrochen durch die Anerkennung der Schuld durch Felix Gutknecht. Sie läuft also am 22.6.2015 ab. Mit anderen Worten: Die Schuld ist am 23.6.2015 verjährt.

Abb. [9-4] **Unterbrechung der Verjährungsfrist durch Betreibung und Schuldanerkennung**

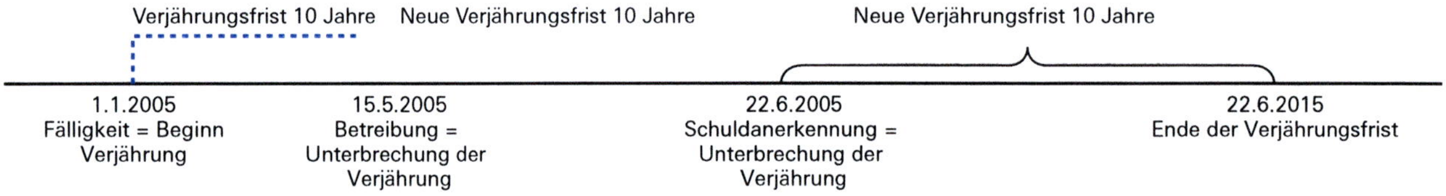

9.9.3 Die Verrechnung

Die Verrechnung ist vor allem im Geschäftsleben wichtig. Oft kommt es dort zur Situation, dass sich zwei Geschäftspartner gegenseitig gleichartige Leistungen schulden. Meistens geht es um Geldguthaben. Anstatt gegenseitig die Schulden zu begleichen, kann nun einer von ihnen erklären, dass er seine Forderung gegenüber dem anderen verrechnet.

Beispiel

Aus Geschäftsbeziehungen hat die X-AG ein Guthaben von CHF 3 500.– bei der Y AG. Die Y AG hat umgekehrt ein Guthaben von CHF 2 750.– bei der X-AG. Die X-AG fordert die Y AG auf, ihre Schuld von CHF 3 500.– zu begleichen. Daraufhin erklärt die Y AG Verrechnung mit ihrer Gegenforderung von CHF 2 750.–. Tatsächlich muss sie der X-AG nun nur noch die Differenz, also CHF 750.–, überweisen.

Geregelt ist die Verrechnung in OR 120–126. Danach können Forderungen nur verrechnet werden, wenn sie **gleichartig** sind (meistensGeld gegen Geld) und wenn sie beide **fällig** sind. Für bestimmte Forderungen gilt ein Verrechnungsverbot. Sie sind in OR 125 aufgezählt. Die Verrechnung kann vertraglich ausgeschlossen werden.

Zusammenfassung

In OR 68 ff. geht es um **dispositive Regeln** zur Frage: Wer muss was wem wann und wo leisten?

- **Wer:** Schuldner bzw. die von ihm beauftragte Drittperson (Ausnahme: vereinbarte Leistung hängt von den persönlichen Fähigkeiten ab).
- **Was:** Dienstleistungen oder Sachleistungen (Speziessache, Gattungssache, Geldleistung).
- **Wem:** Leistung geht i. d. R. an den Vertragspartner.
- **Wann:** Reihenfolge (Zug um Zug oder Vorleistungen), Fälligkeit (Mahngeschäft, Verfalltagsgeschäft)
- **Wo:** Speziessache: Holschuld, Gattungssache: Holschuld, Geldleistungen: Bringschuld

Das Vorgehen des Gläubigers beim Schuldnerverzug:

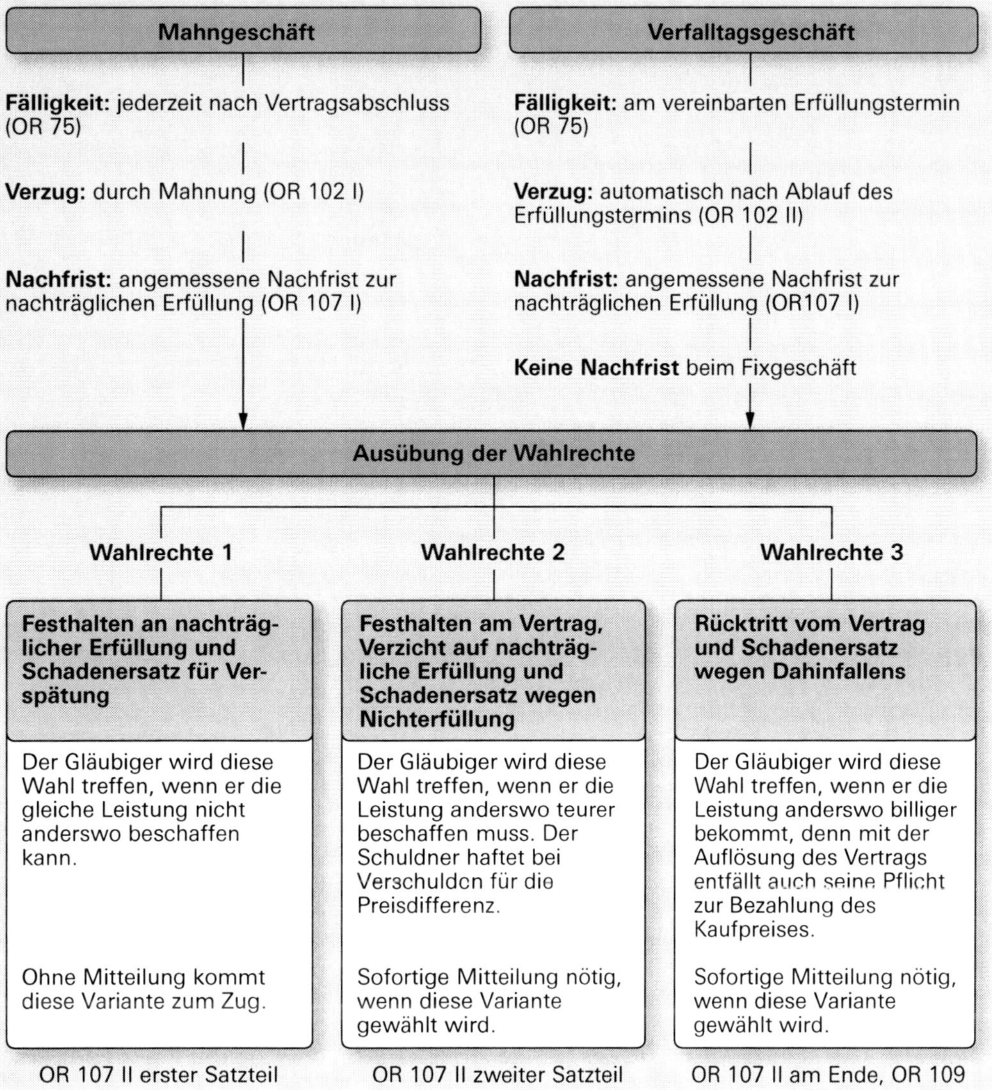

Mit der Erfüllung erlischt die Obligation. Andere Erlöschungsgründe sind die Verjährung und die Verrechnung:

- Eine **verjährte** Forderung ist nicht untergegangen, sie kann aber nicht mehr gegen den Willen des Schuldners eingetrieben werden (Einrede der Verjährung). Laut OR 127 und 128 betragen die Verjährungsfristen zehn Jahre (Normalfall) oder fünf Jahre (für namentlich genannte Fälle) für Verträge. Diverse spezielle Verjährungsfristen finden sich im Besonderen Teil des OR.
- **Verrechnung** ist die Aufrechnung von gleichartigen gegenseitigen Forderungen (meistens Geld) zweier Geschäftspartner.

Repetitionsfragen

29 Die richtige Vertragserfüllung kann man mit den fünf «W-Fragen» umschreiben. Wie lautet der entsprechende Satz?

30 Folgende Begriffe sind im Zusammenhang mit Erfüllungsfehlern zentral. Erklären Sie mit Stichworten, was diese bedeuten.

Begriff	Erklärung
a) Fälligkeit	
b) Verzug	
c) Mahngeschäft	
d) Verfalltagsgeschäft	
e) Fixgeschäft	
f) Nachfrist	

31 Richard Müggler aus Wallisellen hat am 23. März 20.. bei der Toro AG in Zürich-Albisrieden einen neuen Rasenmäher zum Einführungspreis von CHF 320.– bestellt. Der Verkäufer hat ihm versprochen, dass das gewünschte Modell am 30. April 20.. lieferbar sei.

A] Richard Müggler ist der Meinung, eigentlich müsste die Toro AG dafür sorgen, dass der Rasenmäher geliefert wird. Hat er Recht?

B] Richard Müggler fährt am 30. April 20.. nach Zürich-Albisrieden, um den Rasenmäher zu holen. Am Auslieferschalter hängt ein grosses Schild, auf dem es heisst: «Lieferung nur gegen Barzahlung». Richard Müggler ist der Meinung, er könne eine Rechnung verlangen, weil er ja auch mehr als einen Monat habe warten müssen. Hat er Recht?

32 Um welche Art eines Erfüllungsfehlers handelt es sich in den folgenden Fällen?

Am 15. Oktober kauft Klara Bieri ein Ölgemälde in der Galerie G. Gemäss Abmachung soll G das Bild bis Ende Oktober in ihr Haus liefern, und Frau Bieri soll den Kaufpreis bis zu diesem Tag auf ein Konto von G überwiesen haben.

A] Das Bild weist einen Transportschaden auf.

B] Bis zum 31. Oktober hat G das Bild noch nicht geliefert.

C] Am 17. Oktober verreist Klara Bieri für zwei Wochen in die Ferien, weswegen G das Bild nicht fristgemäss ausliefern kann.

D] Am 31. Oktober ist der Kaufpreis noch nicht auf das Konto überwiesen worden.

E] Bei einem Autounfall wird das Bild total zerstört.

33 Der Zeitpunkt, an dem Fälligkeit und Verzug eintreten, hängt davon ab, ob es sich um ein Mahngeschäft, ein Verfalltagsgeschäft oder ein Fixgeschäft handelt. Füllen Sie die folgende Tabelle aus:

	Art des Geschäfts	**Fälligkeit**	**Verzug**
Lieferung von 1 Tonne Heizöl am 12.3.20..		12.3.20..	
Lieferung des Apérogebäcks für das Personalfest am 22.11... um 17.00 Uhr			
Sabrina zu Jonas: «Du kannst meinen MP3-Player haben.»			
Lorenzo zu Sabrina: «Ich zahle dir CHF 100.– für den MP3-Player.»			

34 Sie hätten eine Rechnung über CHF 150.– bis am 30. März bezahlen sollen. Leider haben Sie das vergessen. Deshalb erhalten Sie am 15. April ein Schreiben Ihres Gläubigers. Darin heisst es: «Sicher ist Ihnen entgangen, dass Sie uns noch CHF 150.– schulden. Wir bitten Sie, uns diesen Betrag zu überweisen.»

A] Ist Ihre Schuld ein Mahngeschäft oder ein Verfalltagsgeschäft?

B] Aus juristischer Sicht fehlt in diesem Schreiben ein Element. Worum handelt es sich, und in welcher Gesetzesbestimmung ist es geregelt?

C] Könnte Ihr Gläubiger Sie betreiben, wenn Sie nicht sofort auf sein Schreiben reagieren?

35 Für Ihren privaten Gebrauch bestellen Sie beim Computerhändler C ein Notebook zum Aktionspreis von CHF 1990.– (statt CHF 2490.–). C versichert Ihnen, dass das Gerät bis Ende Mai ausgeliefert sei. Doch am 3. Juni haben Sie noch nichts erhalten.

A] Was müssen Sie unternehmen, um sich alle Möglichkeiten gegen C offen zu halten?

B] Was können Sie von C verlangen? Beschreiben Sie die drei Varianten Ihres Wahlrechts.

C] Welche Variante kommt zur Anwendung, wenn Sie sich nicht ausdrücklich für eine andere Variante entscheiden?

Teil D Der Kaufvertrag

10 Entstehung des Kaufvertrags und Pflichten der Vertragspartner

Lernziele

Nach der Bearbeitung dieses Kapitels können Sie …

- beschreiben, was man unter einem Kaufvertrag versteht.
- die gültige Entstehung des Kaufvertrags anhand der vier Voraussetzungen Einigung, Handlungsfähigkeit, Form und zulässiger Vertragsinhalt beschreiben.
- die Haupt- und Nebenpflichten des Verkäufers beschreiben.
- die Haupt- und Nebenpflichten des Käufers beschreiben.

Schlüsselbegriffe

Besitz, bewegliche Sache, Distanzkauf, Eigentum, Fahrnis, Frankolieferung, Grundbucheintrag, Grundstück, Grundstückkauf, Immobilie, Incoterms, Käufer, Kaufgegenstand, Kaufpreis, Kaufvertrag, Übergabe, Übergabekosten, Übernahmekosten, unbewegliche Sache, Verkäufer, Versendungskauf, Zollfreilieferung

Wie bei jedem anderen Vertrag **versprechen** sich die Vertragspartner beim Kaufvertrag gegenseitig den Austausch von Leistungen. Beim Kaufvertrag versprechen sich die Vertragspartner **Ware gegen Geld** (OR 184).

- Der Verkäufer verspricht dem Käufer den **Kaufgegenstand.** Dieser soll nach Erfüllung des Vertrags dem Käufer gehören. Der Käufer soll **Eigentümer** des Kaufgegenstands werden.
- Der Käufer verspricht, dem Verkäufer den **Kaufpreis** zu bezahlen.

Abb. [10-1] **Die gegenseitigen Leistungsversprechen beim Kaufvertrag**

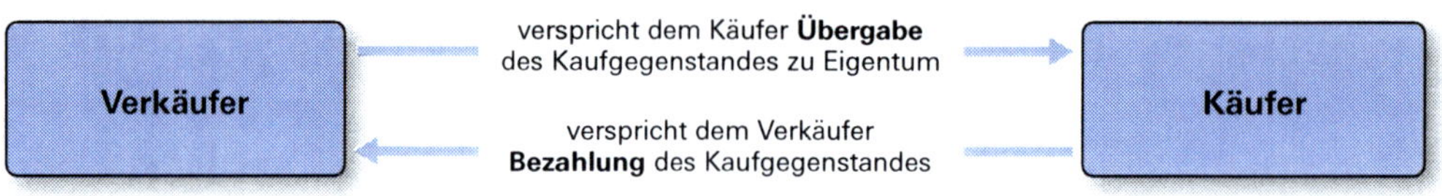

In den meisten Fällen handelt es sich beim Kaufgegenstand um eine **körperliche Sache.** Dabei unterscheidet man: **bewegliche** und **unbewegliche Sachen.**

- **Bewegliche Sachen** werden in der etwas altertümlichen Sprache des Gesetzes auch **Mobilien** oder **Fahrnis** genannt, z. B. Nahrungsmittel, Kleider, Autos usw.
- **Unbewegliche Sachen** nennt man auch **Grundstücke** oder **Immobilien.** Wenn das Gesetz von Grundstücken spricht, meint es nicht nur das **Land,** sondern auch die darauf stehenden **Bauten;** Grundstücke sind auch **Eigentumswohnungen.**

10.1 Der Abschluss des Kaufvertrags

10.1.1 Die vier Voraussetzungen der Vertragsentstehung

Ein Kaufvertrag kommt – wie alle Verträge – gültig zustande, wenn vier Voraussetzungen erfüllt sind: **Einigung** (OR 1 ff.), **Handlungsfähigkeit** (ZGB 12 ff.), Einhaltung der vorgeschriebenen **Form** und **zulässiger Vertragsinhalt** (OR 11 und 19 f.).

Einigung über die Hauptpunkte

Die Hauptpunkte sind die Punkte, die einen Vertrag ausmachen, beim Kaufvertrag sind es der **Kaufgegenstand** und der **Kaufpreis.** Darüber müssen sich Käufer und Verkäufer mindestens einigen, denn sonst entsteht kein Kaufvertrag.

- **Einigung über den Kaufgegenstand:** Wenn der Kaufgegenstand im Kaufvertrag als individualisiertes Einzelstück definiert ist, handelt es sich um eine **Speziessache.** Der Verkäufer schuldet dann genau diesen Gegenstand und keinen anderen. – Ist der Kaufgegenstand im Kaufvertrag nur der Sorte nach bestimmt, dann handelt es sich um eine **Gattungssache.** Der Verkäufer kann innerhalb der definierten Sorte auswählen, welche Sachen er dem Käufer gibt (OR 71).
- **Einigung über den Kaufpreis:** Nach OR 184 III genügt es, wenn der Preis nach den Umständen **«bestimmbar ist».** Das heisst: Anstatt im Vertrag den Preis schon festzuschreiben, können die Parteien auch bloss festlegen, nach welchen Kriterien der Preis berechnet wird. Bei Waren mit einem **Marktpreis** kann man sogar einen Kaufvertrag abschliessen, ohne dass man ein Wort über den Preis verliert. In solchen Fällen ist der Preis über den Marktpreis bestimmbar. Sofern sich nichts anderes aus den Umständen ergibt, gilt der mittlere Marktpreis zur Zeit und am Ort der Erfüllung (OR 212).
- **Nebenpunkte des Kaufvertrags:** Nach der Logik des OR sind – abgesehen von Kaufgegenstand und Kaufpreis – alle möglichen weiteren Vertragspunkte Nebenpunkte. Darüber können sich die Parteien einigen, sie müssen es aber nicht. Wenn sie nichts abmachen, dann gelten ganz einfach die (dispositiven) Regeln des OR.

Beispiel

Einigung über den Kaufpreis bei Waren mit einem Marktpreis: Die Wirtin bestellt beim Fischhändler telefonisch 5 kg Forellen. Über den Kaufpreis spricht man nicht. Trotzdem kommt der Vertrag zustande. Denn für Forellen gibt es einen Marktpreis, den die Wirtin und der Fischhändler zweifellos gemeint haben. Der Fischhändler kann deshalb den mittleren Marktpreis des Liefertages verlangen.

Handlungsfähigkeit beider Vertragspartner

Käufer und Verkäufer müssen **handlungsfähig,** d. h. **urteilsfähig** und **mündig,** sein (ZGB 12 ff.).

- Urteilsfähige **unmündige Personen** (jünger als 18 Jahre) benötigen für den Abschluss eines Kaufvertrags die Zustimmung der Eltern. Ohne Zustimmung der Eltern können sie handeln, wenn sie den Kaufpreis aus ihrem eigenen Erwerbseinkommen bezahlen.
- Urteilsfähige **entmündigte Personen** benötigen für den Abschluss eines Kaufvertrags die Zustimmung des Vormunds.

Formvorschriften im Kaufrecht

Das OR verlangt beim **Grundstückkauf** die öffentliche Beurkundung. Die im Konsumkreditgesetz (KKG) geregelten besonderen Kaufverträge, d. h. die **Konsumkreditverträge** (z. B. Abzahlungsverträge, Konsumgüterleasing), müssen schriftlich abgeschlossen werden.

Alle anderen Kaufverträge können **mündlich oder schriftlich** abgeschlossen werden. Aus Beweisgründen ist es empfehlenswert, bei bedeutenderen Kaufverträgen einen schriftlichen Vertrag aufzusetzen. Das gilt vor allem dann, wenn die Vertragspartner vom OR abweichende Bestimmungen zu den Nebenpunkten aufstellen.

Der zulässige Vertragsinhalt

Der Inhalt des Kaufvertrags darf nicht widerrechtlich, unsittlich oder objektiv unmöglich sein.

10.1.2 Übergang von Nutzen und Gefahr

«Nutzen und Gefahr» ist ein alter Rechtsbegriff. «Nutzen» steht dabei für «Gewinn und Ertrag», «Gefahr» für «Risiko des Untergangs der Kaufsache». Es geht also um die folgenden zwei Fragen:

- Ab welchem Zeitpunkt gehören die **Erträge** (Nutzen) der Kaufsache dem Käufer (z. B. das Preisgeld bei einem Rennpferd oder die Mietzinse bei einem Renditehaus)?
- Ab welchem Zeitpunkt trägt der Käufer das **Risiko** des Untergangs oder der Wertsverminderung (Gefahr) der Kaufsache (z. B. der Tod des Rennpferds oder der Einsturz/Brand des Renditehauses)?

Das Obligationenrecht unterscheidet bei der Frage von Nutzen und Gefahr zwischen Fahrnis- und Grundstückkauf.

Fahrniskauf

Sofern nicht besondere Verhältnisse oder Verabredungen eine Ausnahme begründen, gehen beim Fahrniskauf Nutzen und Gefahr wie folgt auf den Käufer über:

- **Speziessache.** Bei individuell bestimmter Kaufsache gehen Nutzen und Gefahr im Zeitpunkt des Vertragsabschlusses auf den Käufer über (OR 185 I).
- **Gattungssache.** Bei bloss der Gattung nach bestimmter Kaufsache gehen Nutzen und Gefahr wie folgt über (OR 185 II):
  - Beim **Platzkauf**, das heisst, wenn der Käufer die Kaufsache abholt, gehen Nutzen und Gefahr auf den Käufer über, sobald die Kaufsache ausgeschieden ist.
  - Beim **Versendungskauf** (Distanzkauf), das heisst, wenn dem Käufer die Kaufsache zugesandt wird, gehen Nutzen und Gefahr auf diesen über, sobald die Kaufsache zur Versendung abgegeben ist.

Beispiel

Orthopädin Anastasia Ineichen bestellt bei Importeurin Siffert SA zehn Hüftgelenke des Typs Titan C400. Bei einem Brand in der Versandabteilung der Siffert SA werden unter anderem diese künstlichen Hüftgelenke zerstört. Gemäss OR 185 II trägt in diesem Fall die Importeurin das Risiko des Untergangs der Kaufsache (vergleiche in diesem Zusammenhang auch OR 119).

Grundstückkauf

Beim Grundstückkauf gelten folgende Regeln für den Übergang von Nutzen und Gefahr:

- Wenn im Kaufvertrag für die Übernahme des Grundstücks (Schlüsselübergabe) ein **Zeitpunkt** festgelegt wurde, gehen Nutzen und Gefahr mit diesem Zeitpunkt auf den Käufer über (OR 220).
- Wenn im Kaufvertrag für die Übernahme des Grundstücks **kein Zeitpunkt** festgelegt ist, gehen Nutzen und Gefahr mit Vertragsabschluss auf den Käufer über (OR 185 I).

Beispiel

Gregor Samsa kauft ein Ferienhaus im Berner Oberland. Am 14. Februar unterschreibt er den öffentlich beurkundeten Kaufvertrag (Verpflichtungsgeschäft). Der Vertrag nennt für die Übernahme des Grundstücks (Schlüsselübergabe) den 28. Februar und für den Eintrag ins Grundbuch (Übertragung des Eigentums) den 15. März. Eine Lawine zerstört das Ferienhaus am 26. Februar. Die Gefahr, das heisst das Risiko des Untergangs (sogenannte Kaufpreisgefahr), trägt bis zur Schlüsselübergabe am 28. Februar der Verkäufer. Der Kaufvertrag erlischt, Gregor Samsa muss den Kaufpreis nicht bezahlen und erhält eine eventuell bereits geleistete Anzahlung zurück.

10.2 Die Rechte und Pflichten der Vertragspartner

Was müssen die Vertragspartner nun genau tun, wenn sie den Kaufvertrag **richtig erfüllen** sollen?

10.2.1 Die Hauptpflicht des Verkäufers: Übergabe der Kaufsache zu Eigentum

Durch den Kaufvertrag verpflichtet sich der Verkäufer, dem Käufer den **Kaufgegenstand zu übergeben** und ihm das **Eigentum daran zu verschaffen** (OR 184).

A] Was bedeutet «Eigentum übertragen»?

Eigentümer einer Sache ist die Person, der sie gehört. Eigentum übertragen bedeutet deshalb, dass die Sache nach Erfüllung des Kaufvertrags nicht mehr dem Verkäufer, sondern dem **Käufer gehört.** Die Regeln zum Eigentum finden sich im ZGB, und zwar im **Sachenrecht** (ZGB 641 ff.). Wer also wissen will, was es juristisch gesehen genau bedeutet, Eigentum zu haben bzw. zu übertragen, muss im ZGB nachschauen.

Nach ZGB 641 ist Eigentum das umfassende **Herrschafts- und Verfügungsrecht** über eine **körperliche Sache.** Wer Eigentümer ist, kann in den Schranken der Rechtsordnung nach Belieben über seine Sache verfügen (ZGB 641 I). Das heisst: Der Eigentümer kann bestimmen, wer die Sache benützen darf und wer nicht, ob sie entsorgt werden soll, und eben auch, ob sie verkauft, getauscht oder verschenkt werden soll. Genau dieses umfassende Herrschafts- und Verfügungsrecht muss der Verkäufer auf den Käufer übertragen. Nach Erfüllung des Kaufvertrags soll der Käufer Eigentümer sein.

B] Eigentum und Besitz – was ist der Unterschied?

Im täglichen Sprachgebrauch werden «Eigentum» und «Besitz» oft gleichbedeutend verwendet. Das ZGB unterscheidet aber ganz scharf:

- **Besitzer** ist, wer eine Sache hat, wer die **tatsächliche und körperliche Herrschaft über sie** hat (ZGB 919).
- **Eigentümer** ist, wer das umfassende **Herrschafts- und Verfügungsrecht über die Sache** hat (ZGB 641).

Beispiel

Richard Huber hat Werner Marxers Einfamilienhaus gemietet. Wer ist hier Eigentümer und wer Besitzer?

- Werner Marxer ist Eigentümer des Einfamilienhauses und hat damit das umfassende Verfügungs- und Herrschaftsrecht uber die Sache. Wenn Werner Marxer selbst im Haus wohnt, ist er gleichzeitig auch Besitzer. Dann übt er nämlich die tatsächliche Herrschaft selbst aus.
- Zum Eigentum gehört, dass Werner Marxer seine Sache einem anderen zur Benützung überlässt, und zwar mit dem Abschluss des Mietvertrags mit Richard Huber. Er räumt Richard Huber den Besitz des Hauses ein, wofür dieser ihm den Mietzins bezahlen muss.

C] Wie wird Eigentum übertragen?

Ziel des Kaufvertrags ist, das **Eigentum am Kaufgegenstand auf den Käufer** zu übertragen. Was muss der Verkäufer aber tun, damit der Käufer Eigentümer wird?

Viele Laien nehmen spontan an, das Eigentum am Kaufgegenstand gehe mit Abschluss des Kaufvertrags vom Verkäufer auf den Käufer über. Dem ist nicht so. Richtig ist zwar, dass es einen Kaufvertrag – oder einen anderen rechtlich anerkannten Grund, z. B. eine Schenkung oder einen Tausch – braucht, damit man Eigentümer werden kann. Das allein genügt aber nicht. Denn mit **Abschluss des Vertrags** übernimmt der Verkäufer erst die Pflicht, dem Käufer zum vereinbarten Zeitpunkt das **Eigentum zu übergeben.** Der tatsächliche **Vollzug dieser Pflicht** ist eine **Frage der Erfüllung.** Dabei unterscheidet das Gesetz zwischen der Eigentumsübertragung von beweglichen Sachen und von Grundstücken.

Abb. [10-2] **Die Eigentumsübertragung vom Verkäufer auf den Käufer**

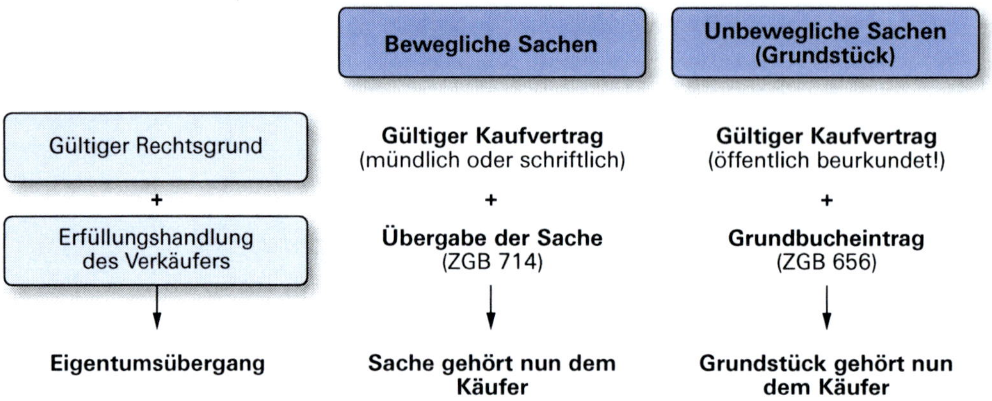

Beispiel

- **Eigentumsübergang bei beweglichen Sachen:** Sie kaufen ein Auto. Wann werden Sie nun Eigentümer – im Moment des Vertragsabschlusses, im Moment der Bezahlung oder im Moment der Übergabe des Autos? Die Antwort ist klar: Eigentümer werden Sie im Moment des Besitzübergangs, also bei der Übergabe. Sobald Ihnen der Verkäufer nach dem gültigen Vertragsabschluss die Schlüssel überreicht, werden Sie Eigentümer, denn mit den Schlüsseln erhalten Sie exklusiven Zugriff auf Ihr neues Auto.
- **Eigentumsübergang bei Grundstücken:** Sie kaufen eine Eigentumswohnung. Sie gehört Ihnen, sobald Sie gestützt auf den öffentlich beurkundeten Kaufvertrag im Grundbuch als Eigentümer eingetragen sind. Vor dem Grundbucheintrag gehört die Wohnung noch immer dem Verkäufer.

D] Exkurs: Wie kann der Eigentümer sein Eigentum, wie der Besitzer seinen Besitz schützen?

Der Eigentümer

Wer **Eigentümer** einer Sache ist, hat das Recht, sie von jedem, der sie ihm vorenthält herauszuverlangen und jede ungerechtfertigte Einwirkung abzuwehren (ZGB 641 II).

Der Besitzer

Auch der Besitzer hat verschiedene Möglichkeiten, um einen unrechtmässigen Angriff auf seinen Besitz abzuwehren. Das ZGB unterscheidet zwischen dem Besitzschutz und dem Rechtsschutz.

Besitzesschutz (ZGB 926–929). Ungerechtfertigte Angriffe auf seinen Besitz darf ein Besitzer mit Gewalt abwehren (ZGB 926). Neben diesem Recht auf Selbsthilfe stehen ihm Besitzesschutzklagen zu: Wer einem andern eine Sache widerrechtlich entzieht, ist verpflichtet, sie zurückzugeben. Überdies hat der Besitzer Anspruch auf Schadenersatz. Und wenn ein Besitzer in seinem Besitz widerrechtlich gestört wird, kann er gegen den Störenden Klage erheben und die Beseitigung und Unterlassung der Störung sowie Schadenersatz verlangen (ZGB 927 ff.).

Rechtsschutz (ZGB 930–937). Neben dem Besitzesschutz geniesst der Besitzer aber auch einen Rechtsschutz. Hier geht es um den Schutz des Erwerbers, der eine Sache von jemanden erworben hat, der gar nicht Eigentümer war. Es stellt sich dann folgende Frage: Kann man von einem Nichteigentümer Eigentum erwerben oder muss man damit rechnen, dass der tatsächliche Eigentümer, dem die Sache gegen seinen Willen abhanden gekommen ist, die Sache zurückverlangen kann?

Abb. [10-3] **Erwerb einer Sache vom Nichteigentümer**

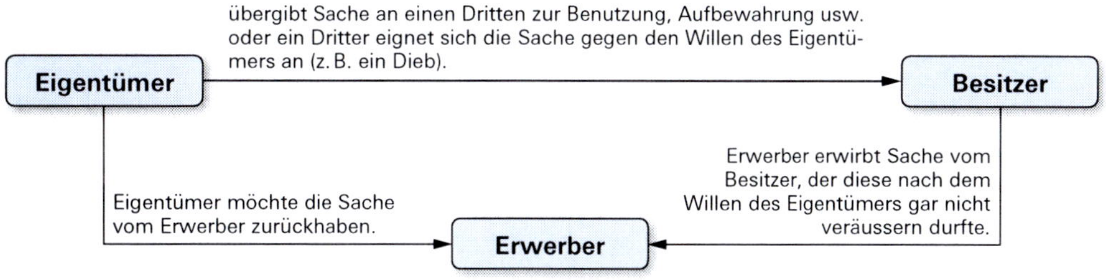

Kann der Erwerber die Sache behalten oder muss er sie dem Eigentümer herausgeben? – Und was geschieht mit dem Besitzer, der den ganzen Konflikt ja verursacht hat?

Der Konflikt zwischen dem Eigentümer und dem Erwerber. Das ZGB beantwortet diesen Konflikt in den Artikeln 714 II sowie 933 und 934. Es gelten folgende Grundsätze:

- **Bösgläubiger Erwerber.** Der eigentliche Eigentümer kann seine Sache von jedem zurückverlangen, der **bösgläubig** ist. Bösgläubig ist jemand, der weiss oder wissen müsste, dass er die Sache von jemandem erworben hat, der gar nicht Eigentümer ist.
- **Gutgläubiger Erwerber.** Schwieriger wird die Sache für den Eigentümer, wenn der Erwerber **gutgläubig** ist. Gutgläubig ist jemand, der nicht weiss, dass er die Sache von jemandem erwirbt, der gar nicht Eigentümer ist, und der dies bei gebotener Aufmerksamkeit auch nicht wissen müsste. In dieser Situation kommt es darauf an, auf welchem Weg die Sache vom Besitzer zum Eigentümer gelangt ist.
  - Wurde die Sache **gestohlen oder ist sie dem Eigentümer auf andere Art abhanden gekommen,** gilt ZGB 934. Der Eigentümer kann die **Sache innert 5 Jahren vom Erwerber zurückverlangen.** Den Kaufpreis muss er dem gutgläubigen Erwerber nur dann zurückerstatten, wenn die Sache öffentlich versteigert bzw. auf einem Markt oder durch den Handel veräussert wurde (ZGB 934 II).
  - Ganz schlecht ist die Position des Eigentümers, wenn er die **Sache einem Dritten anvertraut** (z. B. vermietet, verleast) hat. Veräussert nun der Dritte (Besitzer) die Sache weiter, dann ist der Erwerber in jedem Fall geschützt. Er kann die Sache behalten.

Beispiel

Harald Gämperle kauft auf dem Flohmarkt ein Mischpult. Mit der Übergabe wird Harald glücklicher Eigentümer der Kaufsache, doch leider nicht lange. Denn als er das Gerät am nächsten Wochenende im Übungslokal austestet und dazu einige Musikerkollegen einlädt, erkennt Konzertveranstalter Markus Schneider, der sich unter Haralds Gästen befindet, das Mischpult sofort als eines seiner Geräte.

- **Variante 1 – anvertraute Sachen:** Mark Schneider hatte es Luc Berger ausgeliehen und dieser hat es ohne Schneiders Einverständnis einfach auf dem Flohmarkt verkauft. Wen würden Sie als Richter schützen – Schneider oder Gämperle? Das Gesetz schützt den gutgläubigen Käufer Gämperle, das verlangt die Verkehrssicherheit. Der Gesetzgeber sagt sich, dass der Eigentümer dafür verantwortlich ist, wem er seine Sachen anvertraut. Marc Schneider ist zuzumuten, dass er die Folgen eines Vertrauensbruchs des Entleihers Bergers trägt. Harald Gämperle darf das Mischpult behalten und Marc Schneider muss Luc Berger wegen Vertragsverletzung zur Verantwortung ziehen (ZGB 933).
- **Variante 2 – abhandengekommene Sachen:** Das Mischpult wurde Schneider gestohlen. Nach ZGB 934 setzt sich Schneider als der tatsächliche Eigentümer gegenüber dem gutgläubigen Erwerber durch. Er kann das Gerät während 5 Jahren von Gämperle herausverlangen. Eine Entschädigung muss er nur unter den Voraussetzungen von ZGB 934 II bezahlen (öffentliche Versteigerung, Verkauf durch offizielle Handelskanäle wie Markt oder Geschäft). Da Gämperle das Mischpult gutgläubig auf dem Flohmarkt erwarb, ist ein solcher Fall gegeben. Gämperle kann Vergütung des Kaufpreises verlangen.

Die Rolle des Besitzers, der zu Unrecht eine fremde Sache veräussert. Je nach Konstellation kommt entweder der Erwerber der Sache oder der Eigentümer zu Schaden. Beide können den Schaden auf den fehlbaren Besitzer abwälzen, vorausgesetzt, dieser ist noch greifbar und in der Lage zu zahlen. Dieser Schadenersatzanspruch beruht auf einem Vertragsverhältnis (z. B. dem Kaufvertrag zwischen dem Besitzer und dem Erwerber oder dem Mietvertrag zwischen dem Eigentümer und dem Besitzer) oder er beruht auf einer unerlaubten Handlung im Sinne von OR 41 (Schadenersatz).

10.2.2 Die Hauptpflicht des Käufers: Bezahlung des Kaufpreises

Der Käufer verspricht im Kaufvertrag die Bezahlung des Kaufpreises. Wie muss er bezahlen? Weil das Kaufrecht betreffend der Kaufpreisschuld keine besonderen Bestimmungen aufstellt, kommen die Bestimmungen des Allgemeinen Teils des OR zur Anwendung. OR 84 legt dispositiv fest, dass eine Geldschuld **bar** zu bezahlen ist.

10.2.3 Die Nebenpflichten von Verkäufer und Käufer

Die Übermittlung eines Kaufgegenstands vom Verkäufer auf den Käufer verursacht oft Kosten. Und somit stellt sich die Frage, ob der Verkäufer oder der Käufer diese Kosten zu tragen hat. Damit befassen sich die beiden Bestimmungen von OR 188 und 189.

- OR 188 bestimmt, dass der **Verkäufer die Übergabekosten** zu tragen hat und der **Käufer die Übernahmekosten.**
- OR 189 befasst sich mit der Situation, wenn der Verkäufer verspricht, die **Ware dem Käufer zu senden.**

Beachten Sie! Beide Bestimmungen sind dispositiv und können deshalb von den Vertragspartnern beliebig anders geregelt werden.

A] Welche Übergabekosten hat der Verkäufer zu tragen?

Zu den Übergabekosten gehören alle **Kosten für die Bereitstellung des Kaufgegenstands** durch den Verkäufer – alles, was nötig ist, damit der Verkäufer die Ware an seinem Wohnsitz/Sitz an den Käufer übergeben kann. OR 188 nennt ausdrücklich die Kosten für **Wägen und Messen** und hat damit Waren wie Mehl, Zucker, Erdöl usw. vor Augen, von denen man eine bestimmte Menge bestellt. Ohne andere Abmachung trägt der Verkäufer diese Kosten.

Unklar ist manchmal, wer für die **Verpackung einer Ware** aufzukommen hat. Hier gilt: Der Verkäufer muss die Ware auf seine Kosten so verpacken, wie sie üblicherweise im Handel verpackt ist; denn diese Verpackung ist Teil der Ware und wird mit dem Kaufpreis bezahlt.

B] Welche Übernahmekosten hat der Käufer zu tragen?

- Dazu gehören die Kosten, die anfallen, damit der Käufer den Kaufgegenstand beim Verkäufer übernehmen kann. Bei einem Grundstückkauf muss der Käufer auch die **Kosten für die öffentliche Beurkundung des Vertrags und den Grundbucheintrag** tragen (OR 188).
- Auch die **Transportkosten** trägt der Käufer, sofern nicht etwas anderes abgemacht ist. Das gilt auch, wenn die Vertragspartner vereinbaren, dass der Verkäufer dem Käufer die Ware senden soll. Man spricht in diesem Zusammenhang von einem **Versendungskauf** oder auch **Distanzkauf.**

C] Versendungskauf (Distanzkauf)

Wenn die Partner nichts abgemacht haben, liegen die **Kosten für die Versendung** (Transport und Versicherung) **beim Käufer** (OR 189). Der Verkäufer muss sich jedoch um den Versand der Ware kümmern. Er muss die Ware einem Frachtführer, der Bahn oder der Post übergeben. Im internationalen Handel gehen **auch die Zölle** zulasten des Käufers.

Die Kostenverteilung wird häufig anders geregelt. So haben sich im nationalen und im internationalen Handel Abkürzungen herausgebildet, mit denen kurz und ganz klar definiert wird, wie die Kosten zwischen Käufer und Verkäufer verteilt werden. Zwei gebräuchliche Vereinbarungen sind in OR 189 III definiert, nämlich «Frankolieferung» und «Lieferung zollfrei».

- **Frankolieferung** bedeutet, dass die Transport- und Versicherungskosten vom Verkäufer übernommen werden (auch Franko Domizil).
- **Zollfreilieferung** bedeutet, dass sämtliche Abgaben vom Verkäufer übernommen werden und dass der Käufer nur die Mehrwertsteuer seines Landes zu zahlen hat.

Hinweis

Im internationalen Handel sind die sogenannten **Incoterms** (**in**ternational **co**mmercial **terms**) verbreitet. Sie beinhalten meist auch eine Regelung der Risikoverteilung. Gegenwärtig sind 13 Incoterms in Gebrauch, die Sie unter www.incoterms.ch finden. Ein Beispiel: **cif** (**c**ost, **i**nsurance, **f**reight = Schaden, Versicherung, Frachtkosten) bedeutet, dass der Verkäufer die Ware bis zum Verschiffungshafen zu bringen hat und alle bis dahin anfallenden Kosten deckt, wie Fracht, Versicherung, Hafengebühr. Ab diesem Moment gehen die Kosten zulasten des Käufers.

10.2.4 Der Eigentumsvorbehalt – eine Möglichkeit zur Sicherung der Vertragserfüllung

Bei beweglichen Sachen können die Parteien einen Eigentumsvorbehalt vereinbaren. Der Käufer wird so erst Eigentümer, wenn er den Kaufpreis bezahlt hat. Wirksam ist der Eigentumsvorbehalt aber nur, wenn er im Eigentumsvorbehaltsregister am Wohnsitz des Käufers eingetragen ist (ZGB 715 I). Wechselt der Käufer den Wohnsitz, muss der Eigentumsvorbehalt innert drei Monaten am neuen Wohnort eingetragen werden, sonst erlischt er.

Der Eigentumsvorbehalt hat in der Praxis eine zweifache Bedeutung:

- **Rücktrittsvorbehalt zugunsten des Verkäufers.** Falls der Käufer seinen Kaufpreis schuldig bleibt, kann der Verkäufer den Vertrag auflösen und die Kaufsache zurückverlangen, selbst wenn der Eigentumsvorbehalt nicht in das Eigentumsvorbehaltsregister eingetragen wurde. Der vereinbarte Eigentumsvorbehalt gilt als Rücktrittsvorbehalt im Sinne von OR 214 III.
- **Sonderstellung im Schuldbetreibungsverfahren.** Gerät der Käufer, bevor er den Kaufpreis bezahlt hat, in Konkurs oder wird er gepfändet, kann der Verkäufer die Kaufsache herausverlangen, da die Kaufsache immer noch ihm gehört. Dieses Vorrecht hat er nur, wenn er den Eigentumsvorbehalt im Eigentumsvorbehaltsregister eingetragen hat.

Zusammenfassung

Entstehung des Kaufvertrags:

1. Einigung über Hauptpunkte	• **Kaufgegenstand:** Bewegliche Sache oder Grundstück. • **Kaufpreis:** Der Kaufpreis ist im Vertrag festgeschrieben oder mindestens bestimmbar z.B. über Marktpreis. (Abmachungen über Nebenpunkte freiwillig)
+	
2. Handlungsfähigkeit	• Voll vertragsfähig sind **urteilsfähige Mündige.** • **Urteilsfähige Unmündige/Entmündigte** mit Zustimmung des gesetzlichen Vertreters oder aus dem eigenen Arbeitserwerb/Taschengeld.
+	
3. Richtige Form	• **Abzahlungsvertrag: qualifizierte Schriftform** (schriftlich, Mindestinhalt) • **Grundstückkauf: öffentliche Beurkundung** • Alle **anderen Kaufverträge** kommen auch mündlich zustande.
=	
4. Zulässiger Inhalt	Kein widerrechtlicher, unsittlicher, unmöglicher Inhalt

Gültiger Kaufvertrag entstanden – Auflösung des Kaufvertrags nur durch

Auflösungsvertrag	Rücktritt	Anfechtung
Übereinkunft (OR 115)	Gesetzlich (bei Haustürgeschäft und Abzahlungsvertrag) oder vertraglich	Irrtum (OR 23 ff.), Täuschung (OR 28), Furchterregung (OR 29), Übervorteilung (OR 21)

Die **Pflichten von Verkäufer und Käufer** im Überblick:

Die Pflichten im Kaufvertrag

Verkäufer	Käufer
Hauptpflicht Übergabe des Kaufgegenstands ins Eigentum des Käufers • Bei **beweglichen Sachen durch Übergabe** • Bei **Grundstücken durch Grundbucheintrag**	**Hauptpflicht** Bezahlung des Kaufpreises Pflicht zur Barzahlung. Heute regelmässig bargeldlose Zahlung vereinbart. Käufer ist verantwortlich, dass Zahlung bei Bank des Verkäufers ankommt.
Nebenpflichten • Verkäufer trägt Übergabekosten, sofern nichts anderes vereinbart. • Ist ein Versendungskauf vereinbart, muss der Verkäufer den Gegenstand auf Kosten des Käufers liefern.	**Nebenpflichten** Käufer trägt Übernahmekosten, sofern nichts anderes vereinbart. Daher gehen beim Versendungskauf die Transportkosten zulasten des Käufers, wenn nichts abgemacht ist.

Eigentum, Eigentumsvorbehalt

- Beim **Fahrniskauf** wird der Käufer Eigentümer, wenn er die Sache erhält. Falls Käufer und Verkäufer einen **Eigentumsvorbehalt** vereinbarten, geht das Eigentum an der Kaufsache erst mit der vollständigen Bezahlung auf den Käufer über.
- Beim **Grundstückkauf** wird er Eigentümer, sobald er ins Grundbuch eingetragen ist.

Nutzen und Gefahr

Nutzen und Gefahr gehen wie folgt auf den Käufer über:

- Beim **Spezieskauf** im Moment des Vertragsabschlusses
- Beim **Gattungskauf,** sobald der Verkäufer die Ware aus seinen Beständen ausgeschieden hat (Platzkauf) bzw. sobald der Verkäufer die Ware zum Versand aufgegeben hat
- Beim **Grundstückkauf** gehen Nutzen und Gefahr bei Schlüsselübergabe über, beziehungsweise im Zeitpunkt des Vertragsabschlusses, wenn kein Zeitpunkt der Schlüsselübergabe vereinbart wurde.

Besitzesschutz

Sowohl der Eigentümer als auch der Besitzer einer Sache, hat das Recht, sie von jedem, der sie ihm vorenthält, herauszuverlangen und jede ungerechtfertigte Einwirkung abzuwehren.

Repetitionsfragen

36 Johanna Schnell fährt auf einem Motorrad vor. Ist Frau Schnell Besitzerin oder Eigentümerin des Motorrads?

37 Ist in den folgenden Fällen ein Kaufvertrag entstanden?

A] Tim Suter bestellt per Fax 100 000 Blatt Kopierpapier 80 g «hochweiss» für CHF –.02 pro Blatt. Der Lieferant schickt ihm ein Bestätigungsschreiben, in dem es heisst: «Gerne bestätigen wir Ihre Bestellung. ... Leider müssen wir Ihnen mitteilen, dass die Papierpreise auf dem Weltmarkt stark gestiegen sind. Wir müssen neu CHF –.025 pro Blatt berechnen.»

B] Cornelia, 14-jährig, kauft Rollerblades für CHF 275.– und bezahlt bar. Zwei Tage später spricht der Vater im Sportgeschäft vor und will die Rollerblades zurückgeben mit der Begründung, seine Tochter sei noch nicht volljährig und könne deshalb ohne seine Zustimmung keine Kaufverträge abschliessen.

38 Massimo Rizzo ist Leiter Infrastruktur bei einer grösseren Unternehmensberatung. Er hat von der Geschäftsleitung den Auftrag, die Büroausstattung zu überarbeiten. Massimo Rizzo hat verschiedene Offerten für neue Büromöbel eingeholt. In einem dieser Vertragsentwürfe findet er folgende Regelungen:

- Vertragsabschluss: «Der Besteller akzeptiert mit dem Auftrag die Verkaufs- und Lieferbedingungen.»
- Lieferung: «Büromöbel liefern wir per Spedition bei Ihrer Wunschadresse an. Unsere Möbelspedition setzt sich vor Anlieferung mit Ihnen in Verbindung, um den Liefertermin abzustimmen. Bei einem Kaufpreis über CHF 2000.– verrechnen wir Ihnen keine Transport- und Verpackungskosten. Bei einem Kaufpreis unter CHF 1000.– müssen die Büromöbel beim Lieferant abgeholt werden.»

A] Unter welchen Voraussetzungen werden allgemeine Geschäftsbedingungen ein Vertragsbestandteil?

B] Wie lautet die gesetzliche Regelung betreffend der Transport- und Verpackungskosten?

C] Ist die vom Möbelhaus vorgeschlagene Lösung für die Kostenverteilung zulässig?

39 Stimmen die folgenden Aussagen?

A] Bei einem Gattungskauf müssen Verkäufer ihre Leistungen am gleichen Ort erfüllen, wenn nichts anderes abgemacht ist.

B] Der Käufer wird im Moment der Übergabe der Sache Eigentümer eines Fahrnisgegenstands.

C] Ungerechtfertigte Angriffe auf seinen Besitz darf ein Besitzer mit Gewalt abwehren.

D] Nutzen und Gefahr gehen beim Gattungskauf bei Vertragsabschluss über.

E] Ein Eigentumsvorbehalt kann sowohl an beweglichen als auch an unbeweglichen Sachen begründet werden. Er wird aber nur wirksam, wenn er ins Grundbuch eingetragen ist.

11 Fehler bei der Erfüllung des Kaufvertrags

Lernziele

Nach der Bearbeitung dieses Kapitels können Sie ...

- den Lieferverzug, die Lieferung mangelhafter Ware (Sachgewährleistung), den Zahlungsverzug und den Annahmeverzug (Gläubigerverzug) als die vier wichtigsten Fälle von Erfüllungsfehlern beim Kaufvertrag benennen.
- beim Lieferverzug im kaufmännischen und nichtkaufmännischen Verkehr das Vorgehen des Käufers im Falle eines Mahn-, Verfalltags- und Fixgeschäfts aufzeigen.
- bei Sachmängeln das Vorgehen (Mängelrüge) und die Rechtsansprüche des Käufers (Wandelung, Minderung und Ersatzlieferung) beschreiben und aufzeigen, wann das Produktehaftpflichtrecht die kaufrechtlichen Ansprüche des Käufers ergänzt.
- beim Zahlungsverzug das Vorgehen des Käufers im Falle eines Mahn-, Verfalltags- und Fixgeschäfts aufzeigen und dabei zwischen Kreditkauf sowie Vorauszahlungskauf bzw. Barkauf unterscheiden.

Schlüsselbegriffe

Barkauf, Deckungskauf, Deckungsverkauf, Eigentumsvorbehalt, Ersatzlieferung, Garantie, kaufmännischer Verkehr, Kreditkauf, Lieferverzug, Mangel, Mangelfolgeschaden, Mängelrüge, Minderung, offener Mangel, Produktehaftpflicht, Prüfungspflicht, Reparatur, Rügepflicht, Sachgewährleistung, Sachmangel, Sachmängelhaftung, Unmöglichkeit, versteckter Mangel, Vorauszahlungskauf, Wandelung, Zahlungsverzug

Der Verkäufer kann zwei Arten von Fehlern begehen: Entweder bleibt die Leistung aus (Lieferverzug), oder diese ist mangelhaft (Schlechterfüllung).

Beispiel

Der Garagist Luzi Capaul verspricht seinem Kunden Michael Dreifuss, dass er den neuen Wagen am 3. Juli abholen kann. Als der Kunde den Wagen am 3. Juli abholen will, stellt er zu seinem Schrecken fest, dass der Lack an verschiedenen Stellen zerkratzt ist. Der Lieferzeitpunkt ist zwar eingehalten, der Kaufgegenstand hat aber einen Mangel. Es liegt Schlechterfüllung des Kaufvertrags vor.

Auch der Käufer kann zwei Arten von Fehlern begehen: Entweder zahlt er nicht (Zahlungsverzug), oder er versucht sich der Vertragserfüllung zu entziehen, indem er die Ware nicht annimmt (Annahmeverzug bzw. Gläubigerverzug).

Abb. [11-1] **Erfüllungsfehler beim Kaufvertrag**

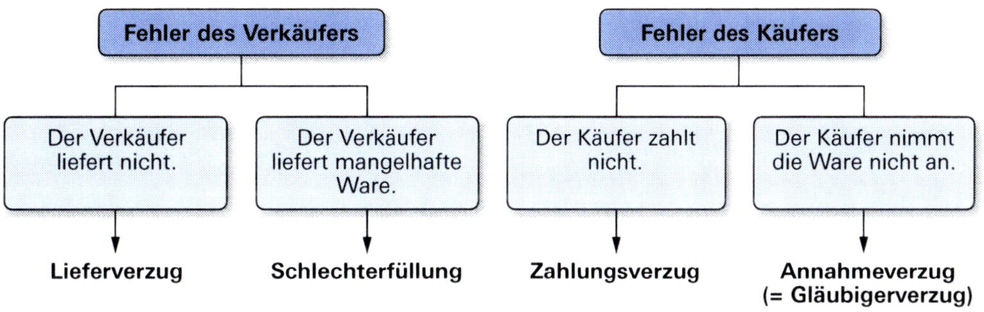

11.1 Lieferverzug – Der Verkäufer liefert nicht termingerecht

Wenn der Verkäufer nicht zum vereinbarten Zeitpunkt liefert, gerät er in **Lieferverzug.** So bezeichnet man den **Schuldnerverzug** des Verkäufers im Kaufrecht. Beim Verfalltagsgeschäft geschieht das automatisch durch den abgelaufenen Verfalltag, beim Mahngeschäft durch eine Mahnung (OR 102). Ist der Verkäufer in Verzug, hängt das weitere Vorgehen des Käufers davon ab, ob es sich um ein «kaufmännisches oder nichtkaufmännisches» Geschäft handelt.

- Ein **kaufmännisches Geschäft** liegt vor, wenn der Käufer Ware kauft, um sie dann weiterzuverkaufen. Oder kurz: Es handelt sich um einen **Kauf zum Zweck des Weiterverkaufs.** Dabei muss die Ware nicht in unverändertem Zustand weiterverkauft werden. Der Käufer kann die Sache durchaus weiterverarbeiten.
- **Nichtkaufmännischer Verkehr** liegt somit vor, wenn jemand etwas zum Eigengebrauch kauft. Dabei kann es sich um Privatgebrauch handeln oder um Eigengebrauch innerhalb eines Unternehmens.

Beispiel

- Ein Computerfachgeschäft bestellt 50 Druckerpatronen für einen bestimmten Druckertyp zum Weiterverkauf an seine Kunden. Hier handelt es sich um kaufmännischen Verkehr – Verkauf zum Weiterverkauf.
- Der Einkäufer der Zentralkredit-Bank kauft dieselben 50 Druckerpatronen für die Drucker seiner Bank. Hier handelt es sich um Eigenverbrauch. Die Bank handelt ja nicht mit Druckerpatronen und benützt die Druckerpatronen auch nicht als Vorfabrikat für ihre Produkte. Daher liegt kein kaufmännischer Verkehr vor.

11.1.1 Variante 1 – Lieferverzug im nichtkaufmännischen Verkehr

Da das Kaufrecht im nichtkaufmännischen Verkehr keine besonderen Regeln aufstellt, finden die allgemeinen Verzugsregeln Anwendung (vgl. OR 102 ff.).

Abb. [11-2] Lieferverzug des Verkäufers im nichtkaufmännischen Verkehr

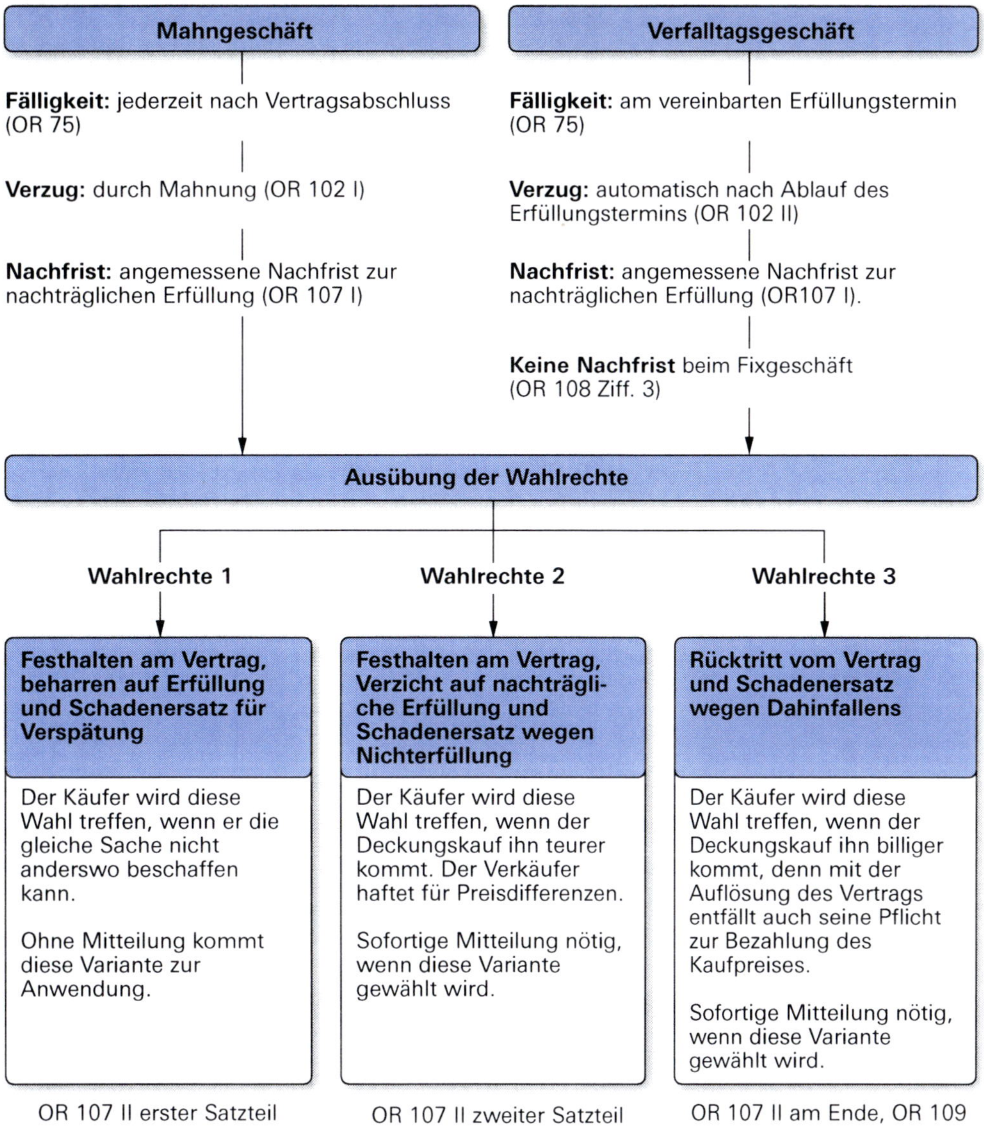

11.1.2 Variante 2 – Lieferverzug im kaufmännischen Verkehr

Für den kaufmännischen Verkehr gelten im Kaufrecht **zwei Spezialregeln.** Sie betreffen die **Nachfristansetzung** und die **Wahlrechte.**

- **Keine Nachfristansetzung, wenn ein Verfalltag abgemacht ist.** Wird im kaufmännischen Verkehr ein bestimmter Liefertermin vereinbart, so geht das Gesetz automatisch von einem **Fixgeschäft** aus (vgl. auch OR 108 Ziff. 3). Daher muss bei Lieferverzug **keine Nachfrist** angesetzt werden. Der Käufer kann also sofort gegen den säumigen Verkäufer vorgehen und von seinem Wahlrecht Gebrauch machen.
- Das OR geht vom **Normalfall des teureren Deckungskaufs aus (Wahlrecht 2).** Sobald der vereinbarte Liefertermin verstrichen ist, **vermutet** das Gesetz, dass der Käufer **auf die nachträgliche Lieferung verzichtet** und stattdessen **Schadenersatz wegen Nichterfül-**

lung verlangt (OR 190 und 191 II). Der Käufer hat die Wahlmöglichkeiten 1 und 3 nur, wenn er dies dem **Verkäufer sofort nach Ablauf des Verfalltags** erklärt (OR 190 II). Will also der Käufer an der Leistung festhalten oder den Vertrag auflösen, muss er sofort handeln.

Der Grund für die beiden Besonderheiten im kaufmännischen Verkehr ist einleuchtend: Ein Kunde, der zum Zweck des Weiterverkaufs oder der Weiterverarbeitung kauft, ist seinerseits meist an feste Liefertermine gebunden. Er muss also die Möglichkeit haben, sich sofort anderswo mit der Ware einzudecken, um seinen eigenen vertraglichen Verpflichtungen nachkommen zu können. Es ist ihm nicht zuzumuten, noch eine Nachfrist abzuwarten. Und wer in Zeitnot kauft, wird in der Regel einen teureren Preis bezahlen müssen.

Beispiel

Der Fahrradhändler Paul Abplanalp hat beim Grosslieferanten Boll AG für das Weihnachtsgeschäft 10 Mountainbikes für insgesamt CHF 12 000.– bestellt. Die Boll AG verspätet sich mit der Lieferung. Dadurch entgeht Paul Abplanalp ein gutes Geschäft, denn er hätte die Bikes für CHF 17 000.– verkaufen können.

Da es sich um **kaufmännischen Verkehr** handelt, muss Paul Abplanalp seinem Lieferanten **keine Nachfrist** ansetzen. Er kann sich ohne weiteres bei einem anderen Lieferanten eindecken (Deckungskauf). Paul Abplanalp tut das, muss aber CHF 14 000.– für 10 Mountainbikes bezahlen. Diesen Mehrpreis kann er von dem vertragsbrüchig gewordenen Boll verlangen (Wahlrecht 2), und zwar wie folgt:

- Paul Abplanalp muss die Rechnung von CHF 14 000.– für die Bestellung beim anderen Händler bezahlen.
- Diese CHF 14 000.– sind nun der Schaden von Paul Abplanalp, den er an die Boll AG weitergeben will. CHF 12 000.– verrechnet er mit der Kaufpreisschuld, die er gegenüber der Boll AG hat. Bleiben CHF 2 000.– Mehrkosten, die er der Boll AG zusätzlich in Rechnung stellt. Auf diese Weise wird Paul Abplanalp so gestellt, wie wenn die Boll AG rechtzeitig geliefert und damit den Kaufvertrag richtig erfüllt hätte.
- Übrigens: Kann Paul Abplanalp beim zweiten Lieferanten die Mountainbikes für CHF 10 000.– anstatt für CHF 12 000.– erhalten, ist es für ihn attraktiver, vom Vertrag mit der Boll AG zurückzutreten (Wahlrecht 3). Das muss er Boll aber unverzüglich nach Ablauf des Verfalltags mitteilen. Sonst verliert er dieses Wahlrecht und behält nur das Wahlrecht 2.

11.2 Sachmängelhaftung – Der Verkäufer liefert mangelhafte Ware

Die Lieferung mangelhafter Ware kommt in der Praxis häufig vor. Wir alle kennen die Situation: Die neue Uhr läuft nicht, das neue Auto hat Lackkratzer usw. Meistens laufen solche ärgerlichen Missgeschicke glimpflich ab: Der Verkäufer ersetzt einfach den defekten Kaufgegenstand. Was aber, wenn sich der Verkäufer weigert, irgendetwas zu unternehmen? In welchen Fällen muss der Verkäufer für den Mangel einstehen? Was kann der Käufer eigentlich verlangen, und wie muss er dabei vorgehen?

Umgangssprachlich gehören diese Fragen zum Thema **«Garantie»**. Das OR spricht in den dispositiven Artikeln 197–210 von der **«Sachgewährleistung»** und meint damit, dass der Verkäufer für die Lieferung des mangelhaften Kaufgegenstands einzustehen hat.

11.2.1 Was ist ein Sachmangel?

Was ein Sachmangel ist, bestimmt das Gesetz in OR 197.

Abb. [11-3] **Die Sachmängel beim Kaufvertrag**

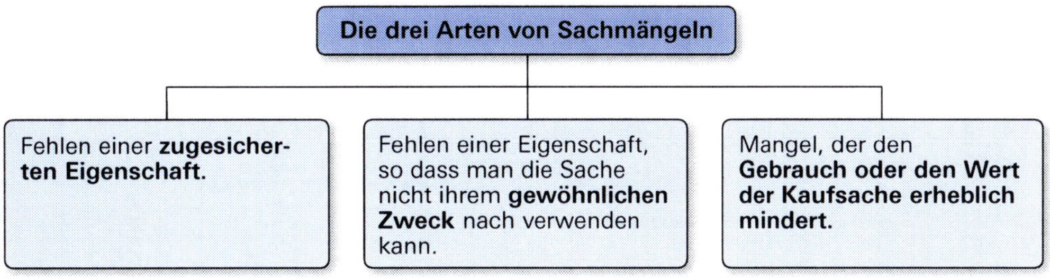

Beispiel

- **Fehlen einer zugesicherten Eigenschaft:** Der Verkäufer erklärt der Käuferin ausdrücklich, dass die gekauften Fensterscheiben absolut bruchsicher sind. Kurze Zeit später trifft ein Fussball von Nachbars Kindern eine der Scheiben, die total zersplittert. Die Fensterscheiben sind mangelhaft: Sie weisen eine ausdrücklich zugesicherte Eigenschaft (Bruchsicherheit) nicht auf.
- **Die Sache kann nicht ihrem Zweck entsprechend verwendet werden:** Wenn Sie einen Haarföhn kaufen, sichert Ihnen der Verkäufer nicht ausdrücklich zu, dass der Föhn auf «warm» eingestellt werden kann. Das ist eine Eigenschaft, die durch den Zweck des Gerätes (Haare trocknen) vorbestimmt ist. Fehlt eine solche zweckbestimmte Eigenschaft und lässt sich der Föhn nur auf «kalt» einstellen, liegt ein Sachmangel vor.
- **Körperlicher Mangel:** Die gekauften Tomaten sind matschig und faulig. – Die frisch erworbene Bluse hat zwei unterschiedliche Ärmellängen. – Die Halterung am Fahrradsattel bricht ab. – Beim neu erstandenen Hemd geht die Farbe beim ersten Mal Waschen aus.
- **Rechtlicher Mangel:** Sie kaufen bei einem Händler in der Schweiz ein Auto. Als Sie es einlösen wollen, stellen Sie fest, dass es sich um einen ausländischen Typ handelt, der in der Schweiz gar nicht zugelassen ist. Wenn Ihnen der Händler dies nicht gesagt hat, handelt es sich um einen Mangel. Sie können erwarten, dass ein Gerät benützt werden darf, wenn Sie es in der Schweiz kaufen.

11.2.2 Wie muss der Käufer bei einem Sachmangel vorgehen?

Der Käufer muss zweimal schnell sein, **beim Prüfen** und **beim Rügen!**

- Der Käufer muss die Kaufsache sofort bei Übernahme auf **offene Mängel** hin **überprüfen.** Stellt er offene Mängel fest, d. h. Mängel, die bei einer Übernahmekontrolle erkennbar sind, muss er unverzüglich Mängelrüge erheben. Eine verspätete **Mängelrüge** bedeutet den Verlust der Sachgewährleistungsansprüche. Die Kaufsache ist dann genehmigt und der Verkäufer kann auch eine an sich berechtigte Mängelrüge ablehnen (OR 201).
- Bei **versteckten Mängeln,** die man nicht bei einer Übernahmeprüfung feststellen kann, muss die Mängelrüge sofort erhoben werden, sobald der Mangel entdeckt wird. Für versteckte Mängel haftet der Verkäufer bei beweglichen Sachen während maximal eines Jahres seit Ablieferung der Kaufsache (OR 210 I). Bei Grundstücken haftet der Verkäufer während maximal fünf Jahren seit dem Eigentumserwerb (OR 219 III). Später auftretende Mängel gehen also in jedem Fall zulasten des Käufers.

11.2.3 Welche Ansprüche kann der Käufer bei einem Sachmangel geltend machen?

Hat die gekaufte Ware einen Sachmangel und hat der Käufer diesen rechtzeitig beanstandet, so kann er aus **folgenden Möglichkeiten** auswählen (OR 205 I, 206 I):

- **Er kann Wandelung verlangen.** Das ist die Auflösung des Vertrags. Der Käufer gibt die mangelhafte Sache dem Verkäufer gegen Rückzahlung des Kaufpreises (inkl. Zinsen) zurück.
- **Er kann Minderung verlangen,** d. h., er kann verlangen, dass der Kaufpreis um so viel herabgesetzt wird, wie die Kaufsache wegen des Fehlers weniger wert ist.
- Bei Gattungssachen (nicht aber bei Speziessachen) kann der Käufer auch **fehlerfreie Ersatzlieferung** verlangen.

Abb. [11-4] Ansprüche des Käufers bei Sachmängeln

Drei Wahlrechte des Käufers bei Sachmängeln

Wandelung (OR 205 I)	Minderung (OR 205 I)	Ersatzlieferung (OR 206)
Folge: Der Vertrag wird aufgelöst. Der Käufer gibt den Kaufgegenstand (evtl. gegen eine Mietgebühr) zurück und erhält den Kaufpreis (inkl. Zins) zurück.	**Folge:** Der Käufer reduziert den Kaufpreis um den Wertverlust der mangelhaften Ware. Falls er schon bezahlt hat, kann er die Differenz zurückverlangen.	**Folge:** Der Käufer verlangt eine andere mängelfreie Kaufsache.

11.2.4 Kann die Sachgewährleistung vertraglich abgeändert oder ausgeschlossen werden?

Die Regeln zur Sachgewährleistung (OR 197–210) sind **dispositives Recht.** Die Vertragspartner können die Haftung des Verkäufers für Sachmängel deshalb abändern, einschränken oder ganz ausschliessen (OR 199). Solche Abmachungen kommen oft vor. Man bezeichnet sie meistens als **Garantie.** Häufig sind folgende Abmachungen:

- **Abänderung der Garantiedauer:** Nach dem OR dauert die Haftung für bewegliche Sachen 1 Jahr und für Liegenschaften 5 Jahre. Sehr häufig wird diese Frist verkürzt, z. B. auf drei oder sechs Monate. Manchmal wird die Frist aber auch verlängert.
- **Reparaturrecht anstelle der gesetzlichen Wahlrechte:** In Garantieabreden wird fast immer abgemacht, dass der Käufer bloss einen **Reparaturanspruch** hat. Das ist eine massive Verschlechterung seiner Position. Denn manchmal können Schäden mit einer Reparatur nur ungenügend behoben werden. Hat man z. B. ein Gerät aus einer schlechten Serie erwischt, dann besteht die Gefahr, dass immer wieder irgendetwas kaputtgeht. Das bedeutet für den Käufer jedes Mal Aufwand, Verzicht auf das Gerät und nach Ablauf der Garantiedauer sogar Reparatur auf eigene Kosten.
- **Ausschluss der Haftung:** Sie haben richtig gelesen: Die Verkäuferhaftung kann im Vertrag ganz ausgeschlossen werden! Das heisst: Der Verkäufer übernimmt in solchen Fällen keinerlei Verantwortung für Mängel an der Kaufsache. Für den Ausschluss der Verkäuferhaftung sind im Handel bestimmte Formeln gebräuchlich, man nennt sie auch **Freizeichnungsklauseln.** Typische Klauseln sind z. B.: «gekauft wie besehen», «gekauft wie gefahren», «gekauft wie besichtigt» oder «jede Nachwährschaft ist ausgeschlossen» (bei Grundstücken üblich). Mit solchen und ähnlichen Abmachungen verzichtet der Käufer auf die Mängelhaftung des Verkäufers. Das ist zulässig, denn die Bestimmungen zur Sachgewährleistung sind dispositives Recht.

11.2.5 Mangelfolgeschäden und Produktehaftpflichtrecht

Der Verkäufer haftet gemäss OR 197 ff. für eine Kaufsache, die einen Fehler hat. Haftet er aber auch für **Mangelfolgeschäden?**

Beispiel

Kathrin Moor kauft sich ein neues Fondue-Gas-Rechaud. Bei einem Abendessen unter Freunden explodiert das neue Rechaud. Kathrin Moor erleidet Verbrennungen an den Armen und muss ins Spital eingeliefert werden. Ausserdem gerät die Wohnung in Brand, und erheblicher Sachschaden entsteht. Wie sich herausstellt, ist der Brand darauf zurückzuführen, dass eine Schweissnaht am Behälter undicht war. Kathrin Moor hat einen mehrfachen Schaden: ein beschädigtes Rechaud, eine zerstörte Wohnungseinrichtung und erhebliche Gesundheitsschäden. Den ersten Nachteil kann sie ausgleichen, indem sie einen der Rechtsbehelfe der Sachgewährleistung geltend macht (Wandelung, Minderung, Ersatzlieferung). Aber was ist mit den anderen Schäden? Müssen die Betroffenen diese Schäden selbst bezahlen?

Das Sachgewährleistungsrecht sieht tatsächlich die Möglichkeit vor, dass der Verkäufer für die Mangelfolgeschäden haftbar wird. Der Käufer kann sich für die Wandelung entscheiden und dann vom Verkäufer Schadenersatz für die weiteren Schäden verlangen (OR 208 II und III). Der Verkäufer kann allerdings seine Haftung abwenden, wenn er beweist, dass ihn kein Verschulden am Mangel trifft.

Zumindest für die Konsumenten sieht das Produktehaftpflichtgesestz (PrHG) eine einfachere Lösung vor. Das PrHG regelt die Haftung für **Mangelfolgeschäden,** die durch das fehlerhafte Produkt angerichtet wurden. Es handelt sich um eine **Kausalhaftung.** Die Haftpflichtigen haben unabhängig von ihrem Verschulden für die Mängelfolgeschäden einzustehen: Wer ein fehlerhaftes Produkt herstellt und in Umlauf setzt, muss für die Schäden aufkommen, die das Produkt anrichtet.

Abb. [11-5] **Steckbrief des Produktehaftpflichtgesetzes**

Wer haftet?	**Alle am Produktions- und Absatzprozess Beteiligten** können vom Geschädigten in Anspruch genommen werden. Das sind Hersteller, Importeur und sogar der Verkäufer des Produkts (Letzterer allerdings nur, wenn auf den Importeur bzw. den Hersteller nicht zugegriffen werden kann; vgl. PrHG 2).
Wofür wird gehaftet?	Produkte im Sinne des PrHG sind **bewegliche Sachen,** nicht aber Dienstleistungen. • **Personenschäden.** Der Hersteller haftet für den Schaden, wenn sein fehlerhaftes Produkt dazu führt, dass eine Person getötet oder verletzt wird, das heisst für sämtliche Arzt-, Spitalkosten, Verdienstausfall usw. (PrHG 1 I lit.a). • **Sachschäden bei Konsumenten.** Der Hersteller haftet auch für den Schaden, wenn sein fehlerhaftes Produkt dazu führt, dass eine Sache beschädigt oder zerstört wird, die nach ihrer Art gewöhnlich zum privaten Gebrauch bestimmt und vom Geschädigten hauptsächlich privat verwendet worden ist (PrHG 1 I lit. b). Der Hersteller haftet aber gemäss Produktehaftpflichtgesetz nicht für zerstörte Drittsachen, die gewerblich genutzt wurden, und auch nicht für den Schaden am fehlerhaften Produkt selbst (PrHG 1 II). Für diese Schäden kann der Geschädigte jedoch eine Schadenersatzpflicht aufgrund unerlaubter Handlung prüfen (OR 41). • **Selbstbehalt bei Sachschäden.** Der Geschädigte muss Sachschäden bis zur Höhe von 900 Franken selber tragen (PrHG 6).
Wie lange wird gehaftet?	Der geschädigte Konsument hat eine Frist von **drei Jahren,** um seinen Anspruch auf Schadenersatz gegen den Hersteller geltend zu machen. Diese Frist beginnt mit dem Tag zu laufen, an dem der Geschädigte den Schaden, den Fehler am Produkt und den Hersteller kennt. Auf jeden Fall erlischt jedoch die Haftung des Herstellers **zehn Jahre** nach dem Tag, an dem der Hersteller das fehlerhafte Erzeugnis in den Verkehr gebracht hat. Die Haftung nach PrHG kann anders als die Sachgewährleistung nach OR **nicht ausgeschlossen** werden.

11.3 Der Zahlungsverzug – häufigster Erfüllungsfehler des Käufers

Dass der Käufer nicht rechtzeitig zahlt, kommt häufig vor. Wann kann der Verkäufer handeln, wie muss er vorgehen und was kann er verlangen? Das Kaufrecht kennt **zwei Varianten** des Vorgehens. Entscheidend ist dabei, ob der Verkäufer den Kaufgegenstand noch hat, wenn er den Kaufpreis einfordert, oder ob er ihn bereits vorher übergeben hat.

- **Variante 1 – Kreditkauf:** Beim Kreditkauf muss der Verkäufer zuerst liefern und darf erst danach Zahlung verlangen (typischer Fall: Lieferung mit Rechnung, die innert 30 Tagen zahlbar ist).
- **Variante 2 – Barkauf und Vorauszahlungskauf:** Ein Barkauf liegt vor, wenn Käufer und Verkäufer gleichzeitig (Zug um Zug) erfüllen müssen. Das ist dann der Fall, wenn sie keine Abrede über die Erfüllungsreihenfolge treffen (OR 75, 184 II und 214 f.). Beim Vorauszahlungskauf vereinbaren die Vertragspartner, dass der Käufer zuerst bezahlt und der Verkäufer erst liefern muss, wenn die Zahlung erfolgt ist. Man sagt dann auch, der Käufer sei **vorleistungspflichtig** (OR 214 f.).

11.3.1 Zahlungsverzug beim Kreditkauf

Im Prinzip gelten hier die Regeln des Schuldnerverzugs. Besonderheiten gibt es aber bei den Wahlrechten. Diese sind beim Kreditkauf eingeschränkt. Das OR gibt dem Gläubiger (Verkäufer) nur die Möglichkeit, am Vertrag festzuhalten und Zahlung zu verlangen. Vom Vertrag zurückzutreten und den bereits gelieferten Kaufgegenstand zurückzuverlangen kann er nur dann, wenn er sich im **Vertrag einen Rücktrittsvorbehalt** gesichert hat.

Beispiel

Ruth Wanner, Geschäftsführerin einer Jeansboutique, bestellt bei einem Jeansimporteur 100 Jeans. Mit der Warenlieferung erhält sie die Rechnung, die innert 30 Tagen bezahlt werden muss. Es handelt sich hier also um einen Kreditkauf. Wenn Ruth Wanner die Rechnung nicht innerhalb von 30 Tagen bezahlt, kann der Jeansimporteur nur mit entsprechender Vereinbarung vom Vertrag zurücktreten und die Jeans zurückverlangen. Ohne Vereinbarung kann er nur Zahlung fordern und diese notfalls gerichtlich oder mittels Betreibung durchsetzen.

Abb. [11-6] **Zahlungsverzug beim Kreditkauf (Käufer zahlt nicht, hat aber die Ware bereits)**

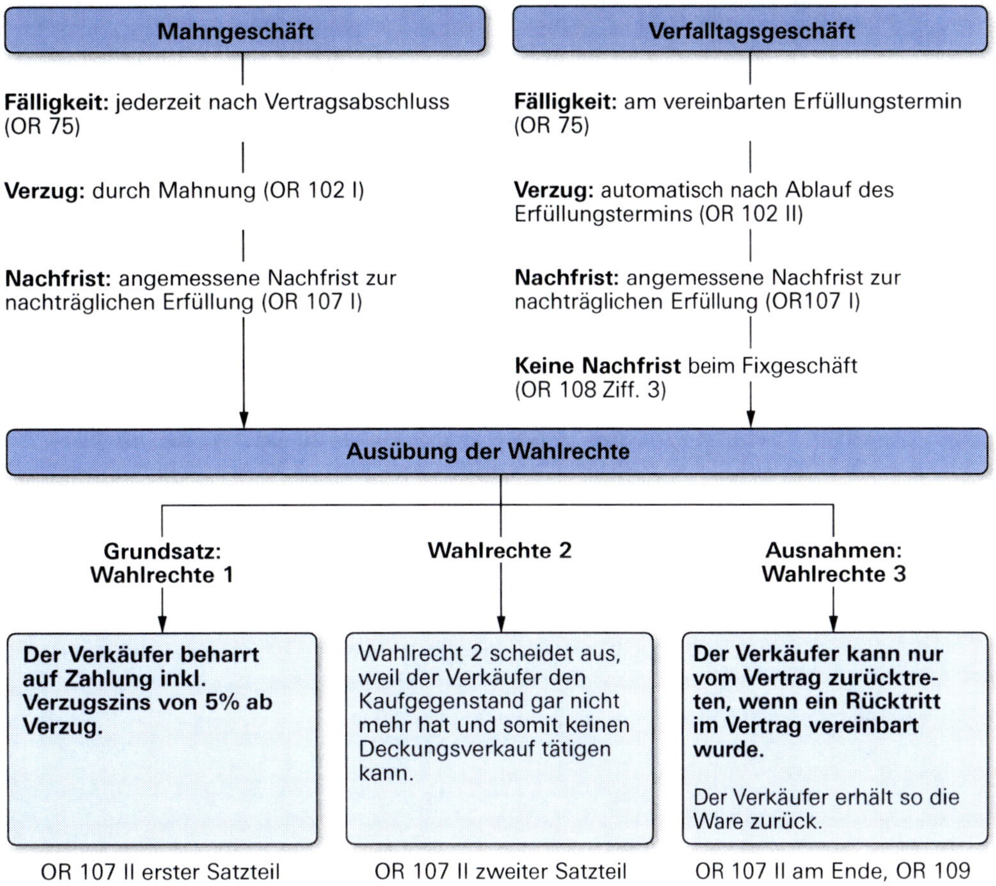

Hinweis

Die Mahngebräuche im Geschäftsalltag

Es ist üblich, den säumigen Käufer in zwei, vielleicht sogar drei Schritten zu mahnen, und zwar bei Mahngeschäften und bei Verfalltagsgeschäften.

- Die erste Mahnung ist in der Regel noch sehr freundlich gehalten, z. B.: «Sicher ist Ihnen entgangen, dass unsere Rechnung Nr. 23945 vom 3. Juli 20.. noch zur Zahlung ansteht. Dürfen wir Sie bitten, diesen Betrag zu begleichen.»
- Die zweite Mahnung ist im Ton dann etwas schärfer: «Unsere Rechnung Nr. 23945 ist offen, wir bitten Sie, diesen Betrag innert 10 Tagen zu begleichen ...»
- Die dritte Mahnung schliesslich enthält dann sogar die Feststellung, dass die Betreibung eingeleitet wird, wenn der Käufer nicht innert der angegebenen Frist von wenigen Tagen bezahlt.

Aus der Optik des Rechts ist dieses gestaffelte Vorgehen nicht notwendig. Wesentlich ist nämlich nur, dass der säumige Käufer in Verzug gerät (beim Mahngeschäft) und eine angemessene Zahlungsfrist erhält (beim Mahngeschäft und beim Verfalltagsgeschäft). Dies kann in einer einzigen Mahnung geschehen, die überdies auch gleichzeitig das gewählte Wahlrecht bestimmt.

Übrigens: Das Recht lässt sogar eine noch schärfere, wenn auch wenig kundenfreundliche Gangart zu: Sobald eine Geldforderung fällig ist, kann direkt die Betreibung eingeleitet werden. Der Zahlungsbefehl, der dem Käufer darauf vom Betreibungsamt zugestellt wird, hat dann einen doppelten Zweck. Das Betreibungsverfahren wird eingeleitet, und der Zahlungsbefehl wirkt als Mahnung mit Nachfrist, weil der Schuldner im Betreibungsverfahren von Gesetzes wegen eine letzte Zahlungsfrist von 20 Tagen hat.

11.3.2 Zahlungsverzug beim Vorauszahlungskauf und beim Barkauf

Zahlt der Käufer bei Fälligkeit nicht, kann der Verkäufer **sofort** – ohne Nachfrist! – vom Vertrag zurücktreten (Wahlrecht 3). Das gilt beim Mahn- und beim Verfalltagsgeschäft. Der Verkäufer muss den **Rücktritt dem Käufer sofort mitteilen** (OR 214 I und II). Will der Verkäufer am Vertrag festhalten (Wahlrecht 1 oder 2), dann gelten die allgemeinen Regeln des Verzugs. Das heisst: Der Verkäufer muss die Nachfrist zur nachträglichen Erfüllung ansetzen (beim Mahngeschäft und beim Verfalltagsgeschäft).

Beispiel

Jürg Reller, Druckereibetreiber, bestellt bei seinem Papierlieferanten zwei Tonnen Spezialpapier für einen bestimmten Druckauftrag. Der Lieferant besteht auf Barzahlung bei Ablieferung des Papiers. Wie vereinbart, teilt der Papierlieferant Jürg Reller einige Wochen später mit, das Papier sei nun bei ihm angekommen und er könne es gegen Barzahlung abholen. Darauf erklärt Jürg Reller, der Druckauftrag sei storniert worden und er wolle deshalb das Papier nicht mehr beziehen. Der Papierhändler hat die drei Möglichkeiten, die wir beschrieben haben:

- Er kann vom **Vertrag zurücktreten** (solange Jürg Reller das Papier noch nicht hat) und gegebenenfalls Schadenersatz für alle unnötigen Aufwendungen verlangen, die im Zusammenhang mit dem Vertragsabschluss entstanden sind (Wahlrecht 3, ohne Nachfrist).
- Er kann auf **Erfüllung des Vertrags** bestehen. Und seine Forderung auf Bezahlung des Kaufpreises notfalls mit Betreibung und Gericht durchsetzen. In diesem Fall bleibt seine Pflicht zur Lieferung des Papiers aber weiterhin bestehen (Wahlrecht 1).
- Er kann einen **Deckungsverkauf** vornehmen und die Preisdifferenz verlangen, wenn er das Papier billiger weiterverkaufen muss, als im Vertrag mit Jürg Reller vereinbart (OR 215). Weil es sich um Spezialpapier handelt, ist es sehr wohl möglich, dass er es nur billiger verkaufen kann. Jürg Reller ist dann verpflichtet für die Preisdifferenz aufzukommen (Wahlrecht 2).

Zusammenfassung

Lieferverzug und Sachgewährleistung – die beiden Fehler des Verkäufers

Lieferverzug (Schuldnerverzug) bei verspäteter Leistung (OR 102 ff. und OR 190 ff.)

Beim nichtkaufmännischen Verkehr gelten die allgemeinen Regeln des Schuldnerverzugs (OR 102 ff.).

Beim kaufmännischen Verkehr gelten folgende Besonderheiten:

- Eine vereinbarte Lieferfrist gilt als Fixgeschäft. Der Käufer muss deshalb keine Nachfrist ansetzen.
- Das Gesetz vermutet, dass der Käufer Wahlrecht 2 wählt und Schadenersatz für den (teureren) Deckungskauf verlangt. Will er vom Vertrag zurücktreten (Wahlrecht 3) oder auf Erfüllung bestehen (Wahlrecht 1), muss er dies dem Verkäufer sofort am Verfalltag mitteilen.

Sachgewährleistung bei Lieferung mangelhafter Ware (OR 197–210 und PrHG)

Vorgehen des Käufers

- Offene Mängel: sofortige Prüfung bei Entgegennahme der Kaufsache und sofortige Mängelrüge
- Versteckte Mängel: sofortige Mängelrüge bei Entdeckung. Maximale Dauer der Haftung 1 Jahr

Ansprüche des Käufers

- Wandelung (Auflösung des Vertrags)
- Minderung (Herabsetzung des Kaufpreises)
- Ersatzlieferung (nur bei Gattungssachen)

Abänderung der Sachgewährleistung

- Möglich, da dispositive Bestimmungen

Haftung für Mangelfolgeschäden nach Produktehaftpflichtrecht (= Kausalhaftung aller an der Herstellung und dem Vertrieb Beteiligten). Es gilt ein Selbstbehalt von Fr. 900.–.

Der **Zahlungsverzug** ist der häufigste Fehler des Käufers. Der Verkäufer muss nach den Regeln des Schuldnerverzugs vorgehen und dabei folgende **Besonderheiten** beachten:

- Beim **Kreditkauf** hat der Verkäufer grundsätzlich **nur ein Wahlrecht.** Er kann auf Erfüllung beharren und den Käufer betreiben, falls er auf die Mahnung mit Nachfristansetzung nicht reagiert hat (Wahlrecht 1). Ausnahmsweise kann er vom Vertrag zurücktreten, wenn er sich im Vertrag ein **Rücktrittsrecht** gesichert hat. Der Eigentumsvorbehalt gilt als Rücktrittsrecht.
- Beim **Barkauf und beim Vorauszahlungskauf** muss der Verkäufer **keine Nachfrist** ansetzen, wenn er vom Vertrag zurücktreten will (OR 214 I und II). Will er auf **Erfüllung** bestehen oder einen **Deckungsverkauf** tätigen (OR 215), dann muss er eine Nachfrist ansetzen.

Repetitionsfragen

---

40 Jasmin Krüger hat einen neuen PC-Drucker gekauft. Im Laden hat sie diesen nicht genau angeschaut und muss nun zu Hause feststellen, dass die Anzeige des Druckers nicht funktioniert.

A] Um welche Art von Erfüllungsfehler geht es hier?

B] Nach den Regeln des OR muss Jasmin Krüger zweimal schnell sein. Was ist mit dieser Aussage gemeint? Und hat Jasmin diese Voraussetzungen erfüllt?

C] Der Verkäufer erklärt, er müsse den Drucker zur Reparatur einschicken. Jasmin Krüger möchte aber nicht so lange warten. Welche Rechtsansprüche hat sie nach OR?

---

41 Aldo Magno handelt mit Computerzubehör. Ein Kunde bestellt Druckerpatronen. Da er nicht genügend Patronen an Lager hat, bestellt Aldo Magno bei seinem Lieferanten sofort 30 Druckerpatronen, lieferbar in fünf Tagen. Der Lieferant bestätigt die Bestellung. Am Liefertag ruft er aber an und teilt Aldo Magno mit, dass er leider erst eine Woche später liefern könne.

A] Um welche Art von Erfüllungsfehler geht es hier?

B] Liegt kaufmännischer oder nichtkaufmännischer Verkehr vor?

C] Was kann Aldo Magno tun, wenn er seinem Kunden 30 Patronen fest versprochen hat?

D] Wie müsste Aldo Magno vorgehen, wenn er die Patronen für den Eigenbedarf bestellt hätte?

---

42 Robert Hug hat 1 000 Präsentationsmappen bestellt, die offenbar schnell zerkratzen und deshalb nicht verwendet werden können. Robert Hug hat darauf telefonisch vom Lieferanten verlangt, dass dieser die Mappen zurücknehme.

A] Welche Art von Erfüllungsfehler steht hier zur Diskussion? Nennen Sie den allgemeinen Begriff und den Spezialbegriff, den das OR bei Kaufverträgen verwendet.

B] Wo finden Sie die entsprechenden Regeln im OR?

C] Finden Sie, dass Robert Hug im Recht ist? Begründen Sie Ihre Meinung mit ein bis zwei Sätzen, und geben Sie den Gesetzesartikel an, auf den Sie sich abstützen.

D] Robert Hug hat beim hier zur Diskussion stehenden Erfüllungsfehler drei Wahlmöglichkeiten. Wie heissen sie, und für welchen hat er sich entschieden?

43 Massimo Rizzo verhandelt mit einem Büromöbelhaus über die Lieferung von Bürotischen und Bürostühlen. Er findet allerdings die nachstehenden Klauseln in den Vertragsentwürfen als nicht besonders vorteilhaft für sein Unternehmen:

- Beanstandungen: «Die Lieferung ist sofort nach Erhalt auf Mängel und fehlende Artikel zu prüfen. Offensichtliche Mängel sind uns umgehend, jedoch spätestens nach Ablauf von 8 Tagen mitzuteilen.»
- Garantie: «Wir garantieren für eine einwandfreie Qualität unserer Artikel und gewähren eine Garantie von 6 Monaten ab Lieferdatum. Als Beleg für die Geltendmachung gilt die Rechnung. Unsere Gewährleistung bezieht sich nur auf den Ersatz des Warenwerts.»

A] Wie sieht die gesetzliche Lösung für Beanstandungen und Garantieleistungen aus?

B] Inwiefern unterscheiden sich die Klauseln des Büromöbelhauses von der gesetzlich vorgeschlagenen Lösung?

C] In den Bedingungen steht nichts über die Folgen eines Lieferverzugs. Was bedeutet dies?

Teil E Der Mietvertrag

12 Was ist ein Mietvertrag und wie entsteht er?

Lernziele

Nach der Bearbeitung dieses Kapitels können Sie ...

- beschreiben, was man unter einem Mietvertrag versteht.
- die gültige Entstehung des Mietvertrags anhand der vier Voraussetzungen Einigung, Handlungsfähigkeit, Form und zulässiger Vertragsinhalt beschreiben.

Schlüsselbegriffe

Befristeter Mietvertrag, gebrauchstauglicher Zustand, Geschäftsraum, Instandhaltung, Mieter, Mietobjekt, Mietvertrag, Mietzins, Rückgabe der Mietsache, unbefristeter Mietvertrag, Vermieter

12.1 Was ist ein Mietvertrag?

Beim Mietvertrag verspricht der Vermieter dem Mieter, eine Sache zum Gebrauch zu überlassen und diese während der ganzen Mietdauer in gebrauchstauglichem Zustand zu erhalten. Der Mieter verspricht als Gegenleistung die Zahlung des Mietzinses und ist verpflichtet, den Mietgegenstand nach Ablauf der Mietdauer zurückzugeben (OR 253).

Abb. [12-1] Die gegenseitigen Leistungsversprechen beim Mietvertrag

Das Mietobjekt

Mieten und vermieten kann man **bewegliche** und **unbewegliche** Sachen. Bewegliche Sachen sind z. B. ein Auto, eine Skiausrüstung, eine Stereoanlage. Unbewegliche Sachen sind vor allem **Wohn- oder Geschäftsräume.**

Die Unterscheidung zwischen beweglichen und unbeweglichen Mietobjekten ist wichtig, weil es zahlreiche Spezialbestimmungen zum **Schutz des Mieters von Wohn- und Geschäftsräumen** gibt (Mieterschutz); die wichtigsten sind das Verbot missbräuchlicher Mietzinse, der Schutz vor missbräuchlicher Kündigung durch den Vermieter und die Möglichkeit der Mieterstreckung (siehe Kap. S. 131).

Befristete und unbefristete Mietverträge

Beim **befristeten Mietvertrag** haben die Parteien im Voraus einen Zeitpunkt bestimmt, an dem ihr Mietvertrag endet. Die Vertragspartner sind bis zum Ablauf der Mietdauer gebunden. Beim **unbefristeten Mietvertrag** haben die Parteien dagegen nicht im Voraus bestimmt, wann der Mietvertrag enden soll. Ein unbefristeter Mietvertrag gilt so lange, bis einer der Vertragspartner ihn **kündigt.**

Beispiel

Befristeter Mietvertrag: Frau Gross vereinbart mit Herrn Hämmerli von der Garage Hammer Übergabe des Mietautos am 15. März um 08.00 Uhr, Rückgabe am 20. März um 20.00 Uhr. Dieser Mietvertrag ist befristet. Frau Gross muss das Auto spätestens am 20. März um 20.00 Uhr zurückgeben.

Unbefristeter Mietvertrag: Frau Gross möchte das Auto für einen unbestimmten Zeitraum mieten. Herr Hämmerli ist damit einverstanden. Der Mietvertrag ist unbefristet und endet, wenn Herr Hämmerli oder Frau Gross ihn kündigen.

12.2 Die vier Voraussetzungen der Vertragsentstehung beim Mietvertrag

Wie alle Verträge entsteht ein Mietvertrag, wenn die vier Voraussetzungen der Vertragsentstehung erfüllt sind: **Einigung, Handlungsfähigkeit,** richtige **Form,** zulässiger **Vertragsinhalt** (vgl. auch Kap. S. 54).

- **Einigung über den Vertragsinhalt.** Vermieter und Mieter müssen sich über die beiden **Hauptpunkte** einig sein. Diese sind der **Mietgegenstand** und der **Mietzins.** Das genügt. Der minimale Inhalt eines Mietvertrags kann also äusserst kurz sein. In der Praxis sind Mietverträge aber oft mehrseitige Vertragswerke mit ganz detaillierten Bestimmungen. Das hängt damit zusammen, dass die Vertragspartner meist auch die **Nebenpunkte** des Mietvertrags regeln, z. B. den Zeitpunkt der Mietzinszahlung, besondere Vorschriften über den Umgang mit dem Mietobjekt oder die Zahlung eines Mietdepots usw. (OR 1 ff.).
- **Die Handlungsfähigkeit beider Vertragspartner.** Mieter und Vermieter müssen **handlungsfähig** (**mündig** und **urteilsfähig**) sein. Urteilsfähige Unmündige/Entmündigte können einen Mietvertrag nur mit Zustimmung der Eltern/des Vormunds abschliessen, ausser sie bezahlen die Miete aus dem eigenen Erwerbseinkommen (ZGB 12 ff.).
- **Form des Mietvertrags.** Für den **Abschluss** des Mietvertrags gibt es **keine Formvorschriften.** Der Mietvertrag kann also mündlich oder schriftlich abgeschlossen werden (OR 11). Aus Beweisgründen wird in der Praxis aber fast immer die Schriftform gewählt. Zudem werden oft vorgedruckte Vertragsformulare – sogenannte Formularmietverträge – verwendet, die in erster Linie die Interessen des Vermieters berücksichtigen (OR 11).
- **Der zulässige Vertragsinhalt.** Der Inhalt des Mietvertrags muss zulässig sein. Das heisst, er darf nicht widerrechtlich, unsittlich oder objektiv unmöglich sein.

Da das Gesetz die Mieter als schwächere Vertragspartner schützen will, enthält es für Wohn- und Geschäftsräume zahlreiche zwingende Bestimmungen zugunsten des Mieters. So darf unter anderem der **Mietzins** nicht missbräuchlich hoch sein. Die Vertragsfreiheit ist zum Schutz des Mieters stark eingeschränkt.

Kann man einen gültig abgeschlossenen Mietvertrag wieder auflösen?

Gültig abgeschlossene Verträge müssen erfüllt werden! – Das gilt für den Mietvertrag genauso wie für jeden anderen Vertrag. Auflösen kann man einen Mietvertrag nur, wenn eine der bereits bekannten vier Auflösungsmöglichkeiten gegeben ist: Kündigung, Aufhebungsvertrag, Anfechtung oder Rücktritt. Die meisten Mietverträge enden durch Kündigung einer Vertragspartei.

Zusammenfassung

Beim Mietvertrag verspricht der Vermieter, ein Mietobjekt in gebrauchstauglichem Zustand zu überlassen und zu erhalten. Der Mieter verspricht als Gegenleistung die Zahlung des vereinbarten Mietzinses und die Rückgabe der Sache nach Ende der Mietdauer.

Für die **Entstehung** des Mietvertrags stellt das OR **keine besonderen Bestimmungen** auf. Der Mietvertrag kann deshalb auch mündlich abgeschlossen werden. Freiwillige Schriftlichkeit ist aber die Regel.

Ein Mietvertrag **endet** nach Ablauf der vereinbarten Mietdauer (befristeter Mietvertrag) oder durch Kündigung einer Vertragspartei (unbefristetes Mietverhältnis). Es ist aber möglich, einen Mietvertrag durch Aufhebungsvertrag aufzulösen oder wegen Willensmängeln anzufechten. Ein gesetzliches Rücktrittsrecht gibt es nicht.

Repetitionsfrage

44 A] Was ist der Unterschied zwischen einem befristeten und einem unbefristeten Mietvertrag?

B] Die Mieter von Wohn- und Geschäftsräumen sind in dreifacher Hinsicht besser gestellt als die Mieter anderer Mietobjekte (z. B. eines Autos). Nennen Sie die drei Vorteile.

45 Herr Dobler ist Wohnungsvermieter. Frau Eigenmann ist 17-jährig und interessiert sich für eine seiner Wohnungen. Sie kostet CHF 750.– im Monat.

A] Unter welchen Voraussetzungen kann Herr Dobler einen gültigen Mietvertrag mit Frau Eigenmann abschliessen?

B] Herr Dobler setzt bei seinen Rechtsgeschäften auf gegenseitiges Vertrauen. Er misst deshalb dem Handschlag mehr Gewicht bei, als einem grossen Schriftstück. Was meint das Mietrecht zu seiner Philosophie?

C] Frau Eigenmann möchte etwas Schriftliches in den Händen haben. Herr Dobler ist bereit, einen entsprechenden Vertrag aufzusetzen. Formulieren Sie einen Vertragstext, der nur das enthält, was für die Vertragsentstehung unbedingt nötig ist.

13 Welche Rechte und Pflichten haben die Vertragsparteien beim Mietvertrag?

Lernziele

Nach der Bearbeitung dieses Kapitels können Sie …

- die Übergabe und den Erhalt der Mietsache in gebrauchstauglichem Zustand als Hauptpflicht des Vermieters beschreiben.
- die Bekanntgabe des Vormietzinses, die Einsicht in das Rückgabeprotokoll sowie die Tragung von Lasten und Abgaben als Nebenpflichten des Vermieters beschreiben.
- die Zahlung des Mietzinses sowie die Rückgabe der Mietsache in mängelfreiem Zustand als die beiden Hauptpflichten des Mieters beschreiben sowie aufzeigen, was Nebenkosten sind und unter welchen Voraussetzungen der Mieter sie zu tragen hat.
- die Sorgfaltspflicht, die Pflicht zur Rücksichtnahme, die Meldepflicht von schweren und mittleren Mängeln, die Pflicht zur Behebung kleinerer Mängel auf eigene Kosten sowie die Duldungspflicht von Reparaturen und Besichtigungen durch den Vermieter als Nebenpflichten des Mieters beschreiben.
- die Rechtgrundsätze im Zusammenhang mit der Untervermietung, der Mieterkaution und dem Verkauf des Mietobjekts aufzeigen.

Schlüsselbegriffe

Abgaben, Abnützung der Mietsache, Bekanntgabe des Vormietzinses, Besichtigung, Duldungspflicht, Hausordnung, Hauptpflicht, Indexmiete, Lasten, leichter Mangel, Mangel, Meldepflicht, Mietantritt, Mieterkaution, Mietzinserhöhung, mittlerer Mangel, Nebenkosten, Nebenpflicht, Reinigung der Mietsache, Reparatur, Rücksichtnahme, schwerer Mangel, Sorgfaltspflicht, Staffelmiete, Übergabeprotokoll, Übernahmeprotokoll, Untervermietung, Veränderungen an der Mietsache, Verkauf des Mietobjekts

Abb. [13-1] Haupt- und Nebenpflichten im Überblick

Die Die Pflichten der Vertragspartner im Mietvertrag

Pflichten des Vermieters

Zwei Hauptpflichten

- **Übergabe** der Mietsache in gebrauchstauglichem Zustand (OR 256/258)
- **Instandhaltung** der Mietsache (OR 259a ff.)

Drei Nebenpflichten

- **Bekanntgabe des Mietzinses** des Vormieters (OR 256a II)
- **Einsicht in das Rückgabeprotokoll** des Vormieters (OR 256a I)
- **Tragung von Lasten und Abgaben** (OR 256b)

Pflichten des Mieters

Zwei Hauptpflichten

- **Bezahlung** des Mietzinses (OR 257) und, sofern vereinbart, der Nebenkosten (OR 257a und b)
- **Rückgabe** der Mietsache und deren Reinigung nach Gebrauch (geht aus OR 253 hervor)

Fünf Nebenpflichten

- **Sorgfaltspflicht** im Umgang mit der Mietsache (OR 257f I)
- **Rücksichtnahme** auf Mitmieter (OR 257f II)
- **Meldepflicht** für mittlere/schwere Mängel (OR 257g)
- **Reinigung/Behebung von leichten Mängeln** auf eigene Kosten (OR 259)
- **Duldung von Reparaturen sowie der Besichtigung** der Mietsache (OR 257h)

13.1 Die Pflichten des Vermieters

13.1.1 Die Hauptpflicht: Übergabe und Erhalt der Mietsache in gebrauchstauglichem Zustand

Der Vermieter muss die Mietsache zum vereinbarten Zeitpunkt in gebrauchstauglichem Zustand **übergeben** und während der ganzen Mietdauer in gebrauchstauglichem Zustand **erhalten** (OR 256 I). Im **gebrauchstauglichen Zustand** ist die Mietsache, wenn sie der Mieter zu dem Zweck gebrauchen kann, für den er sie gerade gemietet hat. Ausschlaggebend ist der normale Gebrauch einer solchen Sache. Ist dieser **normale Gebrauch** ausgeschlossen oder erschwert, dann hat die Sache einen **Mangel.**

Beispiel

Wer Geschäftsräume mietet, darf erwarten, dass diese zur Ausübung einer geschäftlichen Tätigkeit taugen. Dazu gehören z. B. Anschlüsse für Telefon und Elektrisch. Wer dagegen einen Lagerkeller mietet, kann wohl elektrische Anschlüsse erwarten, nicht aber einen Telefonanschluss.

Ein **Mangel** im Sinne des Mietrechts liegt also immer vor, wenn die Mietsache vom Mieter nicht oder nur sehr eingeschränkt benutzt werden kann. Dabei unterscheidet man zwischen schweren, mittleren und leichten Mängeln.

Abb. [13-2] **Im Mietrecht unterscheidet man schwere, mittlere und leichte Mängel**

Schwerer Mangel	**Die Benutzung der Mietsache ist ausgeschlossen oder so schwer beeinträchtigt, dass das Mietobjekt fast nicht benützbar ist.**
	• Das Mietauto fährt wegen eines Motorendefekts überhaupt nicht. Es liegt ein schwerer Mangel vor, das Auto kann ja überhaupt nicht benützt werden. • Ein Haus wird umgebaut und die Handwerker belegen fast alle Zimmer, daher ist die Benutzung des Mietobjekts derart erschwert, dass es faktisch nicht mehr benützt werden kann.
Mittlerer Mangel	**Der Gebrauch ist vermindert. Der Mangel ist aber nicht derart gravierend, dass die Mietsache überhaupt nicht mehr benützbar ist.**
	• Die Waschmaschine ist defekt, der Lift funktioniert nicht oder in den Nasszellen blättert die Farbe ab. • Ein mittlerer Mangel kann auch von aussen kommen. Wird z. B. auf dem Nachbargrundstück ein Haus gebaut, so kann die Lärm- und Staubbelastung ein Ausmass annehmen, dass der Gebrauch der Mietwohnung vermindert ist. In ganz extremen Fällen, etwa wenn die Bauarbeiten auch nachts stattfinden, kann sogar ein schwerer Mangel vorliegen.
Leichter Mangel	**Mängel, die durch Ausbessern / Reinigen behoben werden können.**
	• Gerissene oder fast gerissene Rollladengurte, tropfende Wasserhähne, durchgebrannte Sicherungen, verrusste Cheminées.

Bei Mietantritt darf der Mieter eine vollkommen mängelfreie Mietsache verlangen

Bei der Übergabe muss der Mietgegenstand **vollkommen mängelfrei** sein. Der Mieter kann bei Mietantritt verlangen, dass der Vermieter **schwere, mittlere und leichte Mängel** beheben lässt. Blosse Schönheitsfehler muss der Mieter dagegen hinnehmen.

Oft wird bei der Übernahme eines Mietgegenstands ein **Übernahmeprotokoll** angefertigt und bei der Rückgabe ein **Rückgabeprotokoll.** Der Mieter kann verlangen, dass der Vermieter ihm das Rückgabeprotokoll des Vormieters aushändigt (OR 256a I). Damit fällt es ihm leichter, die übernommene Mietsache genau zu prüfen. Diese Protokolle können im Streitfall als Beweismittel dienen und sind deshalb von Bedeutung (ZGB 8).

Beispiel

Frau Rot mietet für eine Woche ein Auto. Der Vermieter übergibt ihr bei der Übernahme ein Protokoll, auf dem keine Mängel vermerkt sind. Da Frau Rot in Eile ist, unterschreibt sie das Protokoll, ohne den Zustand des Wagens zu überprüfen. Sie übersieht deshalb auch, dass die Vordertüre auf der rechten Seite zerkratzt ist. Bei der Rückgabe des Wagens wird der Vermieter ihr diesen Schaden anlasten und die Reparatur auf ihre Kosten vornehmen lassen wollen. Frau Rot muss bezahlen, wenn sie nicht beweisen kann, dass der Mangel schon vorher bestanden hat. Es wäre deshalb ratsam gewesen, den Wagen bei Übernahme genau anzuschauen und bereits bestehende Mängel im Protokoll festzuhalten. Frau Rot hat das aber unterlassen. Sie muss nun darauf hoffen, dass die Kratzer im Rückgabeprotokoll des Vormieters vermerkt sind. Dieses kann sie gestützt auf OR 256a I zur Einsicht verlangen.

Während der Mietdauer muss der Mieter leichte Mängel auf eigene Kosten beheben

Während der Dauer des Mietverhältnisses muss der **Vermieter** nur **schwere und mittlere Mängel beheben. Leichte Mängel** dagegen muss der Mieter auf eigene Kosten selbst beheben (OR 259).

Die Kosten für schwere und mittlere Mängel kann der Vermieter nur auf den Mieter abwälzen, wenn dieser den Mangel durch unsorgfältige Benützung verursacht hat. Diese Kostenverteilung ist zugunsten des Mieters zwingend, das heisst, die Parteien können eine für den Mieter günstigere, nicht aber eine ungünstigere Regelung vereinbaren.

Beispiel

Bei einem Einbruch beschädigen Diebe die Wohnungstüre des Mieters. Die Tür und sämtliche Schlösser im Haus müssen ausgewechselt werden. Da der Schaden nicht durch schuldhaftes Verhalten des Mieters entstanden ist, muss der Vermieter für die Kosten der Reparatur aufkommen.

Anders ist die Situation im folgenden Fall: Der Mieter verliert seine Schlüssel. Seine Wohnungstür kann nur geöffnet werden, indem das Schloss aufgebohrt wird. Ausserdem müssen aus Sicherheitsgründen alle Schlösser im Haus ausgewechselt werden. Da der Mieter unsorgfältig war – man muss auf seine Schlüssel aufpassen –, muss er auch die Kosten für die Reparatur seiner Tür und den Austausch der Schlösser übernehmen.

13.1.2 Die Nebenpflichten des Vermieters

Neben der genannten Hauptpflicht hat der Vermieter **drei Nebenpflichten:**

- Auf Anfrage des Mieters muss der Vermieter den **Mietzins des Vormieters bekannt geben** (OR 256a). Ist die Differenz gross, kann der neue Mieter seinen jetzigen Mietzins anfechten.
- Der Vermieter muss dem neuen Mieter auf Verlangen **Einsicht in das Rückgabeprotokoll** des vorangegangenen Mietverhältnisses geben (OR 256a). Der Mieter darf sich auch Fotokopien davon machen. Auf diese Weise fällt es ihm bei der Übergabe leichter, allfällige Mängel des Mietobjekts festzustellen, im Übernahmeprotokoll einzutragen und zu verlangen, dass sie auf Kosten des Vermieters beseitigt werden.
- Der Vermieter muss alle **Lasten und Abgaben** tragen, die für den Mietgegenstand erhoben werden (OR 256b). Darunter fallen z. B. Gebäudeversicherungsprämien, Grundstücksteuern, Kanalisationsgebühren oder Motorfahrzeugsteuern bei Autos usw.

Achtung: Unterschied zwischen Nebenkosten und Lasten/Abgaben! Lasten und Abgaben «lasten auf dem Grundstück» gleichgültig, ob dieses benutzt wird oder nicht. Sie haben keinen direkten Bezug zur Benutzungsintensität des Mieters und dürfen nicht separat auf den Mieter abgewälzt werden. **Nebenkosten** (OR 257a) hängen dagegen direkt mit der Benutzung der Mietsache durch den Mieter zusammen (z. B. Heizkosten, Stromkosten). Der Vermieter darf sie abwälzen, wenn es im Vertrag abgemacht ist.

13.2 Die Pflichten des Mieters

13.2.1 Die Hauptpflichten: Zahlung des Mietzinses und Rückgabe der Mietsache nach Ende des Mietverhältnisses

A] Zahlung des Mietzinses

Wann hat der Mieter den Mietzins zu bezahlen?

Für **Wohn- und Geschäftsräume** hat sich die Gewohnheit eingebürgert, dass der Mietzins **im Voraus** entrichtet werden muss, und zwar zu Beginn des Monats. Es kann aber auch ein anderer Zahlungstermin vereinbart werden. Ohne entsprechende Abmachung oder Ortsgebrauch muss der Zins am Ende jedes Monats, spätestens am Ende der Mietzeit bezahlt werden (OR 257c).

Wann gehen Nebenkosten zulasten des Mieters?

Nebenkosten sind Kosten, die mit dem **Gebrauch der Sache** zusammenhängen (OR 257a I). Ihre Höhe hängt von der Benutzungsintensität ab. Nebenkosten sind z. B. Heiz- und Warmwasserkosten, Kosten für die Treppenhausreinigung, Kehrrichtabfuhrgebühren oder Gebühren für das Kabelfernsehen.

Sind die Nebenkosten im Vertrag nicht besonders aufgeführt, sind sie im Mietzins inbegriffen. Nur wenn der **Mietvertrag dies ausdrücklich vorsieht,** kann der Vermieter sie dem Mieter pauschal oder a conto in Rechnung stellen (OR 257a II).

Beispiel

Frau Mathäus ist Mieterin einer Drei-Zimmer-Wohnung. In ihrem Mietvertrag fehlt eine ausdrückliche Erwähnung, dass der Mieter für die Treppenhausreinigung oder Schneeräumung separat aufzukommen hat. Deshalb sind diese Kosten in der Miete inbegriffen. Der Vermieter von Frau Mathäus kann also nicht am Ende eines schneereichen Winters noch einen «Beitrag» für die Schneeräumung verlangen.

Darf der Mietzins während der Vertragsdauer angepasst werden?

Bei **unbefristeten Mietverträgen** darf der Vermieter den Mietzins erhöhen und zwar jeweils auf den nächsten Kündigungstermin hin (OR 269d). Für die Mietzinserhöhung muss der Vermieter das amtliche Formular verwenden, das er dem Mieter unter Einhaltung der Kündigungsfrist zustellen muss. Die Mietzinserhöhung darf bei Wohn- und Geschäftsräumen nicht zu missbräuchlichen Mietzinsen führen (vgl. im Detail Kap. 16.1, S. 131).

Bei **befristeten Mietverhältnissen** kann der Vermieter den Mietzins während der ganzen Vertragsdauer **nicht einseitig verändern.** Dazu gibt es nur zwei Ausnahmen, die im befristeten Mietvertrag vereinbart werden können, die **Indexmiete** (OR 269b und 270c) und die **Staffelmiete** (OR 269c). Sie kommen vor allem bei der Miete von Geschäftsräumen vor.

B] Rückgabe des Mietgegenstandes nach Ablauf der Mietdauer

Der Mietgegenstand gehört nicht dem Mieter, sondern dem Vermieter. Deshalb muss der Mieter ihn nach Beendigung des Mietvertrags wieder zurückgeben (OR 267).

Was geschieht, wenn der Mieter Veränderungen vorgenommen hat?

Nach OR 260a darf der Mieter **Erneuerungen oder Änderungen** an der Mietsache **nur mit schriftlicher Zustimmung des Vermieters** vornehmen. Hat er diese Zustimmung nicht eingeholt, muss er beim Auszug den **ursprünglichen Zustand wiederherstellen,** wenn es der Vermieter so will.

Beispiel

Das Ehepaar Kalman bezieht eine Wohnung mit gemusterten Tapeten. Nach einiger Zeit gefällt ihnen die Tapezierung nicht mehr. Sie beauftragen deshalb einen Maler, die Tapeten weiss zu überstreichen. Eine Bewilligung des Vermieters holen sie dafür nicht ein. Bei Rückgabe kann der Vermieter deshalb verlangen, dass der ursprüngliche Zustand auf Kosten der Kalmans wiederhergestellt wird. Das heisst praktisch: Die Kalmans müssen die Wohnung auf eigene Kosten neu tapezieren lassen.

Hat der Vermieter aber seine schriftliche Zustimmung zur Neutapezierung erteilt und hat das Mietobjekt durch die Erneuerung oder Änderung eine erhebliche Wertsteigerung erhalten, so kann der Mieter dafür eine angemessene Entschädigung verlangen (OR 260a III).

Muss der Mieter für Beschädigungen und Abnützungen der Mietsache bezahlen?

Nach OR 267 muss der Mieter die Sache so zurückgeben, wie es dem vertragsgemässen Gebrauch entspricht. Das heisst: Der Vermieter muss die **normale Abnützung** der Mietsache tragen. Der Mieter muss nur für Schäden aufkommen, die aus übermässiger oder unsorgfältiger Benützung entstanden sind. Allgemein gilt folgende Formel:

Zustand der Mietsache bei Übernahme	–	Normale Abnützung durch Gebrauch	=	Zustand der Mietsache bei Rückgabe

Der **Mieter** muss also für jede Beschädigung oder Abnützung bezahlen, die über das normale Mass der Nutzung hinausgeht. Allerdings muss er nur den **Minderwert bezahlen,** den er zu verantworten hat.

Mit der Frage der normalen oder übermässigen Abnützung müssen sich die Mietgerichte oft auseinandersetzen. Es wurden deshalb Erfahrungswerte entwickelt, auf die die Vertragsparteien abstellen können. Detaillierte Zusammenstellungen erhält jeder Interessierte bei den Mieterverbänden.

Beispiel

Einige Beispiele aus der Praxis der Mietgerichte für die durchschnittliche Lebensdauer: Farbanstrich 8 Jahre, Tapete 10 Jahre, Parkettböden 25 Jahre, Spannteppiche 8–10 Jahre.

Familie Schweizer hat wenig Sorge zum Spannteppich getragen; Hund und Katze haben ihre Spuren hinterlassen. Beim Auszug von Familie Schweizer muss der Teppich für CHF 1 000.– ersetzt werden. Wenn der Teppich 10 Jahre alt gewesen ist, kann der Vermieter nichts mehr von Familie Schweizer verlangen. Denn der Handelswert des alten Teppichs ist praktisch auf null gesunken, auch wenn man ihn noch einige weitere Jahre hätte gebrauchen können. Ist der Teppich aber erst vor 6 Jahren neu verlegt worden, darf der Vermieter ca. CHF 300.– verlangen; etwa so viel wäre ein guter Teppich bei **normaler Abnutzung** noch wert gewesen.

Der Vermieter muss den Mietgegenstand sofort nach Rückgabe prüfen und seine Ansprüche an den Mieter sofort geltend machen (OR 267a).

13.2.2 Die Nebenpflichten des Mieters

Sorgfaltspflicht

Der Mieter muss mit der gemieteten Sache **sorgfältig** umgehen (OR 257f I). Er muss vermeiden, dass am Mietobjekt ein Schaden entsteht. Ein Anwendungsfall der Sorgfaltspflichtsverletzung ist die übermässige Abnutzung.

Beispiel

Der Mieter lässt aus Unachtsamkeit einen schweren Kerzenständer in die Badewanne fallen. Wenn der Emaillack der Badewanne dadurch springt, hat der Mieter für die Reparatur bzw. den Ersatz aufzukommen.

Pflicht zur Rücksichtnahme

Der Mieter von Wohn- oder Geschäftsräumen ist zur **Rücksichtnahme** auf seine Hausbewohner und Nachbarn verpflichtet (OR 257f II). Er muss ihr Privatleben und Ruhebedürfnis respektieren und sich so verhalten, wie das für eine Hausgemeinschaft erforderlich ist. Wie der Mieter sich genau zu verhalten hat, wird oft in einer **Hausordnung** festgelegt.

Beispiel

Im Treppenhaus eines Mehrfamilienhauses hängt eine **Hausordnung,** welche die Pflicht zur Rücksichtnahme näher umschreibt: Musizieren ist nur zwischen 10.00 und 12.00 Uhr bzw. 15.00 und 18.00 Uhr erlaubt. Der Kinderspielplatz darf nach 20.00 Uhr nicht mehr benutzt werden usw. Für den Mieter ist die Hausordnung verbindlich, wenn im Mietvertrag darauf verwiesen wird und wenn sie keine vollkommen ungewöhnlichen Bestimmungen enthält.

Meldepflicht bei schweren und mittleren Mängeln

Wie bereits gesagt, muss der Vermieter die mittleren und grösseren Mängel an der Mietsache beheben. Der Mieter ist verpflichtet, die Mängel zu melden. Unterlässt er die Meldung, kann er schadenersatzpflichtig werden, dann nämlich, wenn mit der Meldung ein weiterer Schaden hätte verhindert werden können (OR 257g).

Beispiel

Mieter Gianuzzo entdeckt in der Wand seines Wohnzimmers einen Riss, aus dem Wasser sickert. Da ihn dies nicht weiter stört, sagt er seinem Vermieter nichts davon. Der Fleck entpuppt sich jedoch als Zeichen eines noch kleinen Risses im Wasserrohr, aus dem zwei Wochen später ein Rohrbruch entsteht, der die gesamte Wohnung unter Wasser setzt. Da Gianuzzo den Schaden nicht rechtzeitig gemeldet hat, wird er schadenersatzpflichtig.

Reinigung und Behebung leichter Mängel auf eigene Kosten

Wie wir schon besprochen haben, ist der Mieter während der Mietdauer für die Reinigung und für die Behebung von **kleinen Mängeln** zuständig (OR 259). Nach der Gerichtspraxis gelten als kleine Mängel die Storengurten, die Filter im Küchenabzug, defekte Glühbirnen im Bad oder im WC usw.

Die **Reinigung** der Mietsache gehört sowohl während der Mietdauer als auch bei der Rückgabe zu den Pflichten des Mieters. Der Mieter muss die Mietsache komplett gereinigt zurückgeben.

Duldungspflicht von Reparaturen und Wohnungsbesichtigungen

Der Mieter muss **zulassen,** dass der Vermieter die nötigen Arbeiten zur Beseitigung von Mängeln oder zum Unterhalt am Mietgegenstand vornimmt (OR 257h I). Er muss dem Vermieter oder den beauftragten Handwerkern den **Zutritt** zur Wohnung **erlauben.** Wenn der Vermieter das Mietobjekt verkaufen oder jemand anderem vermieten möchte, muss der Mieter die **Besichtigung** des Mietobjekts durch Interessenten dulden (OR 257h II). Der Vermieter muss sich jedoch **rechtzeitig ankündigen** und auch sonst auf die Interessen des Mieters Rücksicht nehmen (OR 257h III).

13.3 Untervermietung, Mieterkaution und Verkauf der Mietsache

Untervermietung mit Zustimmung des Vermieters zulässig

Untermiete liegt vor, wenn der (Haupt-)Mieter die Sache an einen Dritten weitervermietet. Der Dritte heisst **Untermieter,** und der Mieter des «Hauptvertrags» wird zum **Untervermieter.** Die Untervermietung erfordert die **Zustimmung des Vermieters.** Dieser kann seine Zustimmung aber nur aus drei Gründen verweigern (OR 262 II):

- Der Mieter weigert sich, die Bedingung der Untermiete bekannt zu geben; das heisst, er sagt nicht, wie hoch der Untermietzins ist, wie der Untermieter heisst oder wie viele Zimmer untervermietet werden.
- Die Bedingungen der Untermiete sind im Vergleich zur Hauptmiete missbräuchlich; das ist z. B. der Fall, wenn der Untermietzins wesentlich höher als der Hauptzins ist und der Mieter aus der Untervermietung einen übermässigen Gewinn erzielt.
- Dem Vermieter entstehen aus der Untermiete wesentliche Nachteile; das kann z. B. sein, wenn die Sache durch die Untervermietung erheblich intensiver genutzt wird oder wenn die Wohnung durch Aufnahme von Untermietern überbelegt wird.

Beispiel

Der geschäftstüchtige Roger Fisch will die sechs Zimmer seiner grossen Altstadtwohnung einzeln untervermieten. Der Vermieter kann Herrn Fisch die Zustimmung verweigern, wenn Mieter Fisch aus der Untervermietung einen übermässigen Gewinn erzielt.

Die Mieterkaution (Mietdepot)

Für den Fall, dass der Mieter die Miete nicht bezahlt oder dass er Schäden anrichtet, verlangt der Vermieter vom Mieter oft eine Sicherheit. Man spricht in diesem Zusammenhang von einer Mieterkaution bzw. vom Mietdepot.

Der Mieter muss nur dann ein Mietdepot stellen, wenn das im Mietvertrag abgemacht ist. Ein Mietdepot darf bei **Wohnräumen höchstens drei Monatsmieten** betragen, bei Geschäftsräumen ist die Höhe Sache der Abmachung. Das Geld muss auf ein Sperrkonto einbezahlt werden, das auf den Namen des Mieters lautet. Die Kaution gehört also dem Mieter, dem auch die **Zinserträge** des hinterlegten Geldes zustehen. Nach der Einzahlung auf das Depot haben weder der Mieter noch der Vermieter uneingeschränkten Zugriff auf das Konto. Die **Bank darf** das Geld nur **in drei Fällen herausgeben** (OR 257e III):

- Mit **Zustimmung** von Mieter und Vermieter.
- Der Vermieter weist betreffend einer Forderung gegen den Mieter einen **rechtskräftigen Gerichtsentscheid** oder einen **rechtskräftigen Zahlungsbefehl** vor.
- Das Mietverhältnis ist seit **mehr als einem Jahr beendet** und der Vermieter hat weder einen Prozess noch eine Betreibung gegen den Mieter eingeleitet. Der Mieter kann das Geld herausverlangen.

Muss der Mieter ausziehen, wenn der Vermieter das Haus verkauft?

Wenn der Vermieter den Mietgegenstand verkauft (oder verschenkt), so geht der **Mietvertrag unverändert auf den Käufer** über (OR 261 I). Dieser kann allerdings den Mietvertrag «ganz normal» **kündigen;** das hätte ja auch der alte Vermieter tun dürfen.

Beispiel

Frau Obrist hat mit ihrem im gleichen Haus wohnenden Vermieter vertraglich vereinbart, dass sie den Garten mitbenützen darf. Wenn nun der Vermieter das Haus verkauft, so muss es sich der Käufer gefallen lassen, dass Frau Obrist den Garten weiterhin benützt. Denn der Mietvertrag mit Frau Obrist ist mit allen Rechten und Pflichten auf den neuen Hauseigentümer übergegangen.

Zusammenfassung

Rechte und Pflichten im Mietvertrag

Die Pflichten der Vertragspartner im Mietvertrag

Pflichten des Vermieters	Pflichten des Mieters
Zwei Hauptpflichten	**Zwei Hauptpflichten**
• **Übergabe** der Mietsache in gebrauchstauglichem Zustand (OR 256/258) • **Instandhaltung** der Mietsache (OR 259a ff.)	• **Bezahlung** des Mietzinses (OR 257) und, sofern vereinbart, der Nebenkosten (OR 257a) • **Rückgabe** der Mietsache und deren Reinigung nach Gebrauch (geht aus OR 253 hervor)
Drei Nebenpflichten	**Fünf Nebenpflichten**
• **Bekanntgabe des Mietzinses** des Vormieters (OR 256a II) • **Einsicht in das Rückgabeprotokoll** des Vormieters (OR 256a I) • **Tragung von Lasten und Abgaben** (OR 256b)	• **Sorgfaltspflicht** im Umgang mit der Mietsache (OR 257f I) • **Rücksichtnahme** auf Mitmieter (OR 257f II) • **Meldepflicht** für mittlere/schwere Mängel (OR 257g) • **Reinigung/Behebung von leichten Mängeln** auf eigene Kosten (OR 259) • **Duldung von Reparaturen sowie der Besichtigung** der Mietsache (OR 257h)

Darüber hinaus gelten folgende Grundsätze:

- **Untervermietung** (OR 262) ist mit Zustimmung des Vermieters zulässig. Er darf die Zustimmung nur verweigern, wenn er gute Gründe dafür anbringen kann.
- Eine **Mieterkaution** (OR 257e) ist nur geschuldet, wenn es im Vertrag ausdrücklich abgemacht ist (max. 3 Monatszinsen, Einzahlung auf ein Sperrkonto, das auf den Mieter lautet).
- Beim **Verkauf des Mietobjekts** geht der Mietvertrag auf den Käufer über (OR 261).

Repetitionsfragen

46 Man unterscheidet im Mietrecht schwere, mittlere und leichte Mängel des Mietobjekts. Was ist der Unterschied? Geben Sie je ein Beispiel.

47 Welche Mängel gehen zulasten des Vermieters und welche zulasten des Mieters?

A] Bei Mietantritt.

B] Während der Mietdauer.

48 Ob der Mieter das Mietobjekt sorgfältig benützt hat, zeigt sich vor allem bei der Rückgabe der Mietsache nach Ende des Mietvertrags.

A] Nach welcher Regel wird beurteilt, ob der Mieter bei der Rückgabe seine Sorgfaltspflicht erfüllt oder verletzt hat?

B] Wie viel muss der Mieter bei unsorgfältiger Benützung im Maximum bezahlen?

49 A] Lana möchte zwei der vier Zimmer der Mietwohnung ihrer Kollegin mieten. Wie nennt man ein solches Mietverhältnis?

B] Was muss Lana von ihrer Kollegin verlangen, wenn sie sicher sein will, dass sie nicht in wenigen Tagen wieder ausziehen muss?

14 Die Verletzung des Mietvertrags

Lernziele

Nach der Bearbeitung dieses Kapitels können Sie …

- die Rechtsansprüche und das Vorgehen des Mieters beschreiben, wenn der Vermieter den Mietgegenstand nicht rechtzeitig bzw. mit Mängeln übergibt.
- die Rechtsansprüche und das Vorgehen des Mieters beschreiben, wenn der Vermieter seine Instandhaltungspflicht während der Mietdauer verletzt.
- die Rechtsansprüche und das Vorgehen des Vermieters beschreiben, wenn der Mieter den Mietzins nicht bezahlt oder seine Sorgfalts- und Rücksichtnahmepflicht verletzt.

Schlüsselbegriffe

Ausweisung, Kündigungsandrohung, Mängel bei der Übergabe, Mängel während Mietdauer, Nichtbezahlung des Mietzinses, Verletzung der Rücksichtnahmepflicht, Verletzung der Sorgfaltspflicht, verspätete Übergabe, Zwangswegnahme

14.1 Die häufigsten Erfüllungsfehler des Vermieters

Der Vermieter verspätet sich mit der Übergabe des Mietgegenstands

Manchmal kann der Vermieter einen versprochenen Übergabetermin nicht einhalten, z. B. weil die Wohnungen in einem Neubau noch nicht bezugsbereit sind . Das ist ein typischer Schuldnerverzug. OR 258 erklärt dafür die Bestimmungen von OR 97–109 für anwendbar.

Abb. [14-1] Vorgehen des Mieters bei verspäteter Übergabe des Mietobjekts

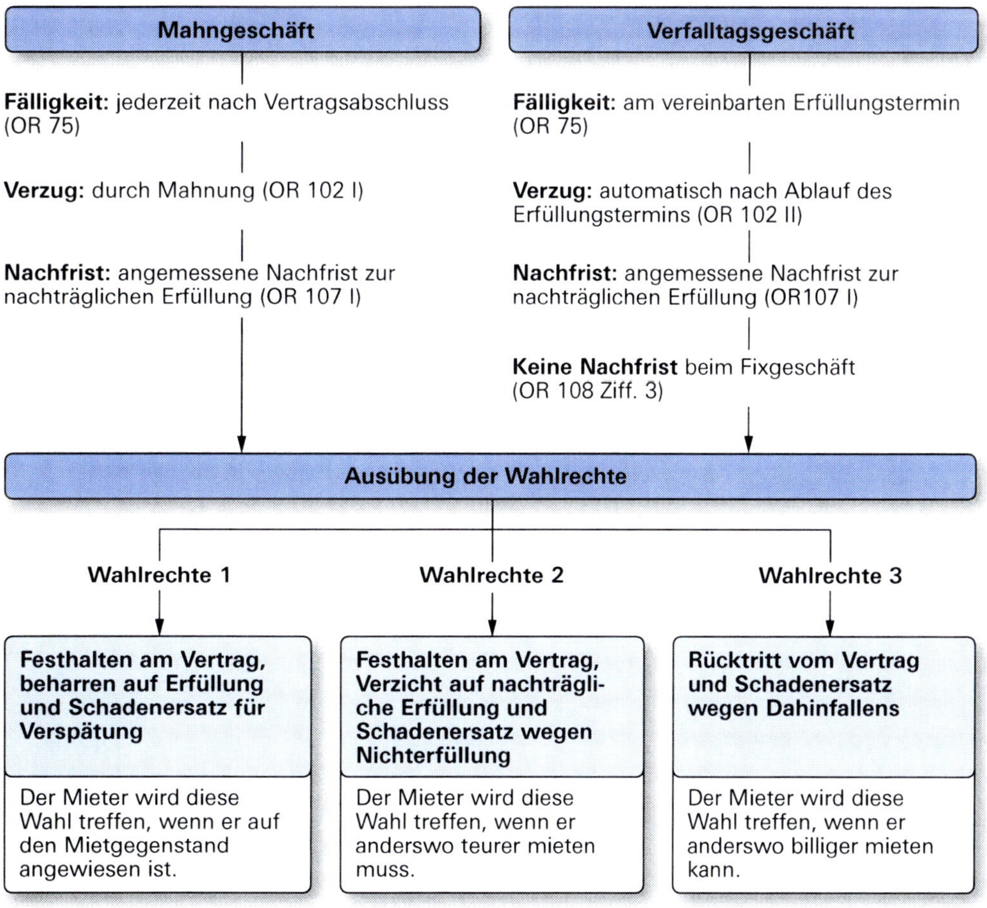

Beispiel

Frau Chiesa mietet am 10. Juli in einem alten Fabrikgebäude zwei Räume für ihr Töpferatelier. Als sie am 1. Oktober, dem vereinbarten Übergabetermin, erscheint, muss sie feststellen, dass die Räume noch nicht bezugsbereit sind. In den Räumen stehen noch immer die Maschinen des Vormieters. Nun fragt sie sich, wie sie vorgehen soll. Helfen wir ihr:

Offensichtlich handelt es sich um ein **Verfalltagsgeschäft**. Die Forderung auf Überlassung der Räume wird am 1. Oktober fällig und der Vermieter kommt automatisch in Verzug (OR 102 II). Nun muss Frau Chiesa dem Vermieter eine angemessene **Nachfrist** ansetzen (OR 107 II, am besten schriftlich mit eingeschriebenem Brief). Die Nachfrist muss so lange sein, dass der Vermieter in höchster Dringlichkeit die notwendigen Arbeiten erledigen kann. Nehmen wir an, dass diese Frist hier 20 Tage betragen würde. Damit müsste der Vermieter die Räume am 21. Oktober bereithalten.

Variante 1: Frau Chiesa kommt am 21. Oktober vorbei und kann in die Räume einziehen. Für die Wartezeit von 20 Tagen kann sie vom Vermieter Schadenersatz verlangen (OR 103 I), es sei denn, der Vermieter kann belegen, dass ihn keinerlei Verschulden an der Verspätung trifft. Das wird ihm aber kaum gelingen, weil er offensichtlich nicht dafür gesorgt hat, dass der Vormieter seine Maschinen entfernt.

Variante 2: Am 21. Oktober sind die Räume noch immer nicht bezugsbereit. Nun kann Frau Chiesa sofort ihre Wahlrechte ausüben (wenn sie das nicht schon mit der Mahnung getan hat).

Die Mietsache hat bei der Übergabe Mängel

- **Schwere Mängel bei der Übergabe.** Ist die vertragsgemässe Benützung der Mietsache aufgrund schwerer Mängel ausgeschlossen oder erheblich beeinträchtigt, kann der Mieter gemäss OR 258 I die Annahme der Mietsache verweigern und nach den Regeln des Schuldnerverzugs vorgehen oder gemäss OR 258 II die Sache annehmen und verlangen, dass die Mängel behoben werden.
- **Mittlere und leichte Mängel bei der Übergabe.** Bei mittleren und leichten Mängeln kann der Mieter die Annahme der Mietsache nicht verweigern. Er kann aber nach den Regeln der Instandhaltungspflicht verlangen, dass sie behoben werden (OR 258 III mit Verweis auf OR 259–259i).

Abb. [14-2] **Vorgehen des Mieters, wenn bei Übergabe der Mietsache Mängel vorliegen**

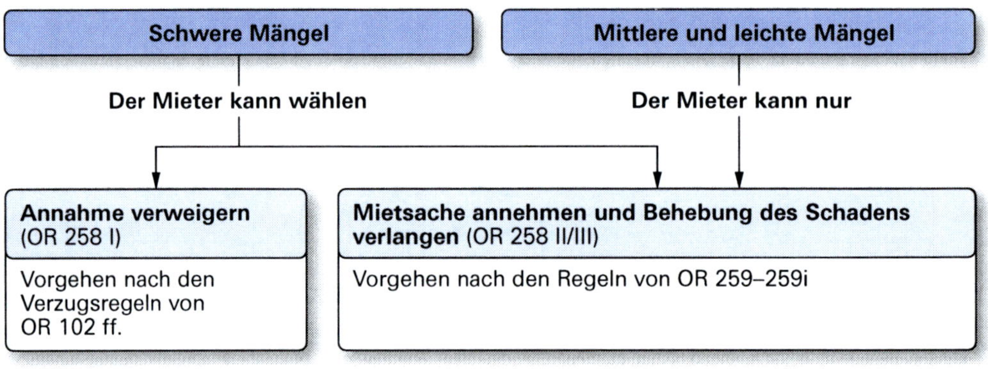

Der Vermieter verletzt seine Instandhaltungspflicht

Die Instandhaltungspflicht verpflichtet den Vermieter, Mängel, die während der Mietdauer auftreten, beheben zu lassen. Das Vorgehen und die Rechtsansprüche des Mieters sind in OR 259–259i detailliert geregelt.

Der Mieter muss dem Vermieter den Mangel melden und dessen Beseitigung verlangen. Diese Meldung sollte er aus Beweisgründen schriftlich abfassen und gleich auch eine **angemessene Reparaturfrist** ansetzen. Angemessen ist die Frist, wenn sie dem Vermieter die Möglichkeit bietet, den Mangel beheben zu lassen. Lässt der Vermieter die Reparaturfrist ungenützt verstreichen, gibt OR 259a I dem Mieter folgende Ansprüche:

- **Beseitigung des Mangels** (OR 259b lit. b). Der Mieter kann nach unbenütztem Ablauf der Reparaturfrist zur **«Selbsthilfe»** greifen und den Mietgegenstand auf Kosten des Vermieters von einem Dritten reparieren lassen, jedoch nur, wenn es sich um einen nicht sehr kostspieligen, d. h. einen mittleren Mangel handelt. **Achtung:** Ein Mieter, der ohne Grund und Einwilligung auf eigene Faust handelt, riskiert, dass der Vermieter die Bezahlung der Rechnung ganz oder teilweise verweigert.

- **Fristlose Kündigung** (OR 259b lit. a). Anstelle der Mangelbehebung kann der Mieter das Mietverhältnis auch fristlos kündigen (Wohn- und Geschäftsräume, nur schwere Mängel; andere Mietobjekte auch mittlere Mängel).
- **Reduktion des Mietzinses** (OR 259d). Das Recht auf Mietzinsreduktion besteht vom Moment der Anzeige des Mangels an den Vermieter bis zu seiner Behebung bzw. bis zur Kündigung. Damit wird der verminderte Gebrauchswert der mangelhaften Sache kompensiert (z. B. defekter Ventilator in einer fensterlosen Küche berechtigt gemäss Gerichtspraxis zu einer Reduktion von 15 %). Allerdings darf der **Mieter den Mietzins nicht einfach von sich aus reduzieren!** Er muss dem Vermieter vielmehr die Herabsetzung mitteilen. Können sich im Falle einer Wohnungsmiete der Mieter und Vermieter über die Herabsetzung nicht einigen, muss der Mieter an die kantonale Schlichtungsbehörde in Mietsachen gelangen und Mietzinsreduktion verlangen (Zivilprozessordnung ZPO 197 ff.). Falls sich die Parteien vor der Schlichtungsbehörde nicht einigen, kommt es danach unter Umständen zu einem Gerichtsverfahren (ZPO 243 ff.).
- **Schadenersatz bei Verschulden des Vermieters** (OR 259e). Die drei bisher besprochenen Möglichkeiten Mangelbeseitigung, fristlose Kündigung und Mietzinsreduktion hat der Mieter unabhängig davon, ob der Vermieter am Mangel schuld ist oder nicht. Daneben kann der Mieter Schadenersatz verlangen. Hier braucht es aber das Verschulden des Vermieters.
- **Hinterlegung des Mietzinses** (OR 259g ff.). Neben all diesen Rechten hat der Mieter zudem die Möglichkeit nach unbenutztem Ablauf der schriftlich angesetzten Reparaturfrist die künftig fälligen Mietzinse bei einer vom Kanton bezeichneten Stelle zu hinterlegen. Die Hinterlegung ist oft ein gutes Druckmittel, weil der Vermieter dann nicht über den Mietzins verfügen kann.

Abb. [14-3] Vorgehen des Mieters bei mangelhafter Mietsache

Mangel der Mietsache, der durch den Vermieter behoben werden muss

- **Während der Mietdauer:** Mieter verlangt Beseitigung eines schweren oder mittleren Mangels.
- **Bei Mietantritt:** Mieter nimmt Mietsache an, verlangt aber Beseitigung eines schweren, mittleren oder leichten Mangels.

1. Schritt: Mangel melden, Beseitigung verlangen, Frist ansetzen und Reduktion des Mietzinses für die Zeit bis zur Beseitigung verlangen. (Bei Uneinigkeit über Reduktion entscheidet die Schlichtungsbehörde.)

2. Schritt nach unbenütztem Ablauf der Reparaturfrist

1. Möglichkeit

Mangelbeseitigung durchsetzen

- Bei mittleren Mängeln Möglichkeit der **Selbsthilfe** durch Beauftragung eines Handwerkers auf Kosten des Vermieters.
- **Mietzinsreduktion** verlangen (falls nicht schon bei Schritt 1 gemacht).
- Bei Schaden **Schadenersatz** verlangen (bei Verschulden des Vermieters).
- Eventuell **Mietzinshinterlegung** als Druckmittel.

2. Möglichkeit

Fristlos kündigen

(Wohn- und Geschäftsräume nur schwere Mängel; andere Mietsachen schwere und mittlere Mängel)

- **Mietzinsreduktion** verlangen (falls nicht schon bei Schritt 1 gemacht).
- Eventuell **Schadenersatz** (bei Verschulden des Vermieters).

Beispiel

Am Kochherd sind ohne Verschulden des Mieters zwei von vier Herdplatten ausgebrannt. Dabei handelt es sich um einen mittleren Mangel. Der Mieter muss diesen dem Vermieter melden und ihm eine Frist zur Reparatur ansetzen. Gleichzeitig kann er vom Vermieter schon Reduktion des Mietzinses verlangen (ohne Einigung: Weg über Schlichtungsstelle). Zur Selbsthilfe darf der Mieter erst greifen, wenn der Vermieter die Frist unbenützt hat verstreichen lassen. Als Druckmittel kommt auch die Hinterlegung des Mietzinses in Betracht.

In der Nachbarschaft wurde eine neue Diskothek eröffnet. Dadurch wird die zuvor ungestörte Nachtruhe empfindlich gestört. Wer nicht einen besonders tiefen Schlaf hat, kann nachts nicht mehr ruhig schlafen. An sich wäre das ein Grund zur fristlosen Kündigung (die Behebung dieses Zustands ist ja nicht möglich). Nur wird ein Mieter kaum sofort eine andere Wohnung finden. Deshalb kann er wenigstens verlangen, dass der Mietzins reduziert wird.

14.2 Die häufigsten Erfüllungsfehler des Mieters

Der Mieter zahlt nicht rechtzeitig

Wenn der Mieter den Mietzins nicht rechtzeitig bezahlt, liegt ein Fall des Schuldnerverzugs vor. Der Vermieter kann den ausstehenden Mietzins einfordern (notfalls mit Betreibung). Gleichzeitig hat der Vermieter aber die Möglichkeit, den Mietvertrag aufzulösen. Dabei muss er nach den Regeln von OR 257d gegen den Mieter vorgehen.

Abb. [14-4] Vorgehen des Vermieters bei Ausbleiben der Zahlung

Der Mieter zahlt nicht, obwohl die Mietzinsforderung fällig ist

1. Schritt: Schriftliche Mahnung mit Zahlungsfrist und Kündigungsandrohung

Der Vermieter muss dem Mieter eine **letzte Chance** zur Bezahlung geben. Dies geschieht durch **Mahnung mit Nachfristansetzung.** Damit der Vermieter gültig kündigen kann, muss er drei Punkte beachten (OR 257d I):

- Der Vermieter muss dem Mieter die Zahlungsfrist **schriftlich** ansetzen.
- Die Nachfrist hat eine **gesetzliche Mindestdauer,** nämlich **30 Tage** bei Wohn- und Geschäftsräumen und **10 Tage** bei allen anderen Mietsachen.
- Die Nachfrist muss die **Androhung** enthalten, dass der Vermieter kündigen werde, falls der Mieter nicht rechtzeitig zahlt.

2. Schritt: Ausserordentliche Kündigung und Betreibung für fälligen Mietzins

Wenn der Mieter die Nachfrist unbenutzt verstreichen lässt, kann der Vermieter den Mietvertrag kündigen (OR 257d II).

- Bei **Wohn- und Geschäftsräumen** gilt eine **Kündigungsfrist von 30 Tagen** auf das folgende Monatsende.
- Bei den **anderen Mietsachen** ist eine **fristlose** Kündigung zulässig.

Für den fälligen Mietzins kann der Vermieter auch die Betreibung einleiten.

3. Schritt: Ausweisung/Zwangswegnahme

- Bei **Wohn- und Geschäftsräumen** kann der Vermieter den Mieter mit Hilfe der zuständigen Behörden **ausweisen** lassen, wenn dieser nach Ablauf der Kündigungsfrist nicht freiwillig auszieht.
- Bei **beweglichen Sachen** kann der Vermieter dem Mieter die Sache mit Hilfe der zuständigen Behörden **wegnehmen** lassen, wenn dieser sie nicht freiwillig sofort zurückgibt.

Der Mieter verletzt seine Sorgfalts- und Rücksichtnahmepflicht

Der Vermieter kann nach OR 257f. III vorgehen:

Abb. [14-5] **Vorgehen des Vermieters bei Sorgfalts-/Rücksichtnahmepflichtverletzung**

Der Mieter verstösst gegen seine Sorgfalts- und Rücksichtnahmepflicht
z.B. übermässige Lärmbelästigung, Missbrauch des Mietobjekts, unerlaubte Untervermietung usw.

1. Schritt: Schriftliche Aufforderung des Vermieters, die Verstösse zu unterlassen

Nachfristansetzung bzw. **Kündigungsandrohung** sind in diesen Fällen **nicht notwendig.**

2. Schritt: Ausserordentliche Kündigung des Mietverhältnisses

Wenn der Mieter seine Pflichten weiterhin verletzt, kann der Vermieter den Mietvertrag kündigen. Bei **Wohn- und Geschäftsräumen** muss der Vermieter eine **Kündigungsfrist von 30 Tagen** auf das folgende Monatsende einhalten. Bei den anderen Mietsachen ist sogar eine fristlose (sofortige) Kündigung zulässig.

3. Schritt: Ausweisung/Zwangswegnahme

- Bei **Wohn- und Geschäftsräumen** kann der Vermieter den Mieter mit Hilfe der zuständigen Behörden **ausweisen** lassen, wenn dieser nach Ablauf der Kündigungsfrist nicht freiwillig auszieht.
- Bei **beweglichen Sachen** kann der Vermieter dem Mieter die Sache mit Hilfe der zuständigen Behörden **wegnehmen** lassen, wenn dieser sie nicht freiwillig sofort zurückgibt.

Zusammenfassung

Die wichtigsten Erfüllungsfehler von Vermieter und Mieter und ihre Folgen

Vorgehen des Mieters bei Fehlern des Vermieters	
Verspätete Übergabe:	Nach OR 258 gelten die Regeln des Schuldnerverzugs (OR 97–109).
Mängel bei der Übergabe:	Schwere Mängel (OR 258): Der Mieter kann die Annahme verweigern und nach den Regeln des Schuldnerverzugs vorgehen oder annehmen und nach den Regeln von 259–259i Behebung verlangen. Mittlere und leichte Mängel (OR 258 II und III). Der Mieter muss die Sache annehmen und nach den Regeln von OR 259–259i Behebung verlangen.
Mängel während Miete:	Schwere und mittlere Mängel: fristlos kündigen oder Behebung der Mängel verlangen (OR 259–259i).
Vorgehen des Vermieters bei Fehlern des Mieters	
Zahlungsrückstand des Mieters:	Der Vermieter kann den Mieter betreiben. Er kann zudem die gesetzlich vorgesehene Nachfrist ansetzen und Kündigung androhen. Falls die Nachfrist unbenützt verstreicht, kann der Vermieter dem Mieter ausserordentlich kündigen (OR 257d).
Verstoss gegen Sorgfalts- bzw. Rücksichtnahmepflicht:	Schriftliche Aufforderung des Vermieters, die Verletzungen in Zukunft zu unterlassen. Bei erneutem Verstoss ist eine ausserordentliche Kündigung zulässig (OR 257f).

Repetitionsfragen

50 Lana konnte die Wohnung erst drei Tage später als geplant beziehen.

A] Um welchen Fehler des Vermieters handelt es sich?

B] Wie kann sie vorgehen?

51 Wie kann Lana vorgehen, wenn sie die undichte WC-Spülung (alter Dichtungsring – Kosten CHF 3.–) ersetzen lassen will?

A] Bei Mietantritt.

B] Während der Mietdauer.

52 Lana hat in ihrer Mietwohnung eine laute Party gefeiert. Die Mitmieter haben sich beim Vermieter beschwert und dieser hat Lana schriftlich eine Verwarnung mit Kündigungsandrohung erteilt.

A] Gegen welche Pflicht hat sie verstossen?

B] Darf der Vermieter eine Verwarnung mit Kündigungsandrohung aussprechen?

C] Womit muss Lana rechnen, wenn sie die nächste Party veranstaltet?

53 In Lanas Mietvertrag steht, dass der Mietzins im Voraus auf den 1. des Monats fällig wird.

A] Wann müsste Lana den Mietzins zahlen, wenn nichts im Vertrag steht?

B] Handelt es sich bei der Vereinbarung im Mietvertrag um ein Mahngeschäft oder ein Verfalltagsgeschäft?

C] Es ist der 10. Mai, und Lana hat die Miete noch nicht bezahlt. Skizzieren Sie das Vorgehen des Vermieters, wenn er sofort handeln will. Nehmen Sie dabei an, Lana sei nicht in der Lage, den Mietzins zu bezahlen.

54 Vor Ihrem Haus findet eine Strassensanierung statt. Sie dauert drei Monate und manchmal wird auch nachts gearbeitet. Die Lärm- und Staubbelastung ist enorm. Weil Sie sich gerade auf eine Abschlussprüfung vorbereiten, ist die Wohnung für Sie unbenützbar. Sie entscheiden sich, vorübergehend auszuziehen, und fragen sich, ob Sie einen Teil der Kosten auf den Vermieter abwälzen können.

A] Aus Sicht des Mietrechts liegt hier ein Mangel vor, für den der Vermieter einzustehen hat. Nach OR 259–259i hat der Mieter insgesamt fünf Möglichkeiten. Ermitteln Sie aus den genannten Artikeln die fünf möglichen Ansprüche.

B] Welche der fünf Möglichkeiten stehen Ihnen im vorliegenden Fall zur Verfügung?

C] Wie müssen Sie korrekt vorgehen, wenn Sie Ihre Rechte wahrnehmen wollen?

15 Die Kündigung des Mietverhältnisses

Lernziele

Nach der Bearbeitung dieses Kapitels können Sie ...

- erklären, wie sich die ordentliche, die ausserterminliche und die ausserordentliche Kündigung des Mietverhältnisses unterscheiden.
- aufzeigen, welche Kündigungsfristen und Kündigungstermine bei der ordentlichen Kündigung gelten.
- erklären, was der Mieter unternehmen muss, wenn er den Mietvertrag ohne Kostenfolgen ausserterminlich kündigen will.
- drei Hauptgründe nennen, wie es zur ausserordentlichen Kündigung kommen kann.

Schlüsselbegriffe

Ausserordentliche Kündigung, ausserterminliche Kündigung, Ersatzmieter, Kündigungsfrist, Kündigungstermin, ordentliche Kündigung

15.1 Die ordentliche Kündigung

Bei der ordentlichen Kündigung muss der Kündigende die gesetzlich vorgesehenen Kündigungsfristen und -termine einhalten. Die ordentliche Kündigung ist nur beim unbefristeten Mietverhältnis möglich. Befristete Mietverhältnisse enden ja automatisch.

Die Kündigungsfrist ist die minimale Zeitdauer, die zwischen dem Zugang der Kündigung und dem Vertragsende eingehalten werden muss. Das Gesetz stellt unterschiedliche Fristen für die verschiedenen Mietgegenstände auf (vgl. OR 266a–f). Die im Gesetz angegebenen Fristen dürfen verlängert, nicht aber verkürzt werden. Der Kündigungstermin ist der Tag, auf den die Kündigung wirksam wird, d. h. an dem das Mietverhältnis definitiv endet und die Mietsache zurückgegeben werden muss. Bei Wohn- und Geschäftsräumen richtet sich der Kündigungstermin nach dem Ortsgebrauch. Hier handelt es sich um einige fest übers Jahr verteilte Tage, auf die hin eine Kündigung ausgesprochen werden kann.

Abb. [15-1] Kündigungsfristen und Kündigungstermine bei der ordentlichen Kündigung

Mietsache	Kündigungsfrist	Kündigungstermin
Geschäftsräume (OR 266d)	6 Monate	Ortsüblicher Termin*
Wohnungen (OR 266c)	3 Monate	Ortsüblicher Termin*
Bewegliche Sachen (OR 266f)	3 Tage	Beliebiger Termin

* Die ortsüblichen Termine sind recht unterschiedlich, z. B.: in der Stadt Zürich 31.3. und 30.9.

Beispiel

Frau Heller wohnt in Zürich. Sie möchte ihre Wohnung auf den ortsüblichen Termin am 30. September kündigen. Da für Wohnungen eine Kündigungsfrist von 3 Monaten gilt, muss sie die Kündigung vor dem 1. Juli aussprechen. Diesen Termin hat sie nur eingehalten, wenn die Kündigung spätestens am 30. Juni beim Vermieter eingeht. Kommt die Kündigung zu spät beim Vermieter an, dann endet das Mietverhältnis zum nächstmöglichen Termin. Das wäre in Zürich der 30. März des folgenden Jahres.

Form der Kündigung. Hat jemand eine bewegliche Sache gemietet (z. B. ein Auto, Skier, ein Fernsehgerät), so kann die Kündigung mündlich erfolgen. Aus Beweisgründen empfiehlt es sich jedoch, immer schriftlich mit eingeschriebenem Brief zu kündigen.

Bei **Wohn- und Geschäftsräumen** muss der **Vermieter schriftlich** kündigen mit einem vom Kanton anerkannten **speziellen Formular.** Bei Familienwohnungen muss die Kündigung **getrennt an jeden Ehepartner** gehen (OR 266l und n). Auch der **Mieter** muss Wohn- und Geschäftsräume **schriftlich** kündigen (OR 266l I). Bei der Kündigung der ehelichen Wohnung muss zudem der Ehepartner ausdrücklich der Kündigung zustimmen (OR 266m).

15.2 Die ausserterminliche Kündigung

Der Mieter kann ein Mietverhältnis **jederzeit ausserterminlich** auflösen, wenn er dem Vermieter **einen** zumutbaren, zahlungsfähigen **Ersatzmieter** vorschlägt, der bereit ist, den Vertrag **zu den gleichen Bedingungen** zu übernehmen. Ob der Vermieter diesen vorgeschlagenen Mieter auch annimmt, ist gleichgültig. Die ausserterminliche Kündigung steht nur dem Mieter zu (OR 264).

15.3 Die ausserordentliche Kündigung

Befristete und unbefristete Mietverträge können rasch aufgelöst werden, wenn der Mieter oder der Vermieter seine Pflichten in schwer wiegender Weise verletzt; zur Erinnerung nochmals die wichtigsten Gründe für eine ausserordentliche Kündigung.

- **Zahlungsverzug des Mieters** (OR 257d). Zahlt der Mieter seinen Mietzins nicht pünktlich und hat er auch die Frist der Zahlungsaufforderung verstreichen lassen, kann ihm der Vermieter ausserordentlich kündigen.
- **Verletzung der Sorgfalts- und Rücksichtnahmepflicht** (OR 257f III). Verletzt der Mieter trotz schriftlicher Mahnung seine Sorgfalts- und Rücksichtnahmepflicht, kann ihm der Vermieter ausserordentlich kündigen.
- **Schwere Mängel der Mietsache** (OR 259b). Repariert der Vermieter trotz Aufforderung den schweren Mangel an einer Wohnung oder an einem Geschäftsraum nicht, kann der Mieter den Vertrag fristlos kündigen.

Zusammenfassung

Im **Mietrecht** unterscheiden wir drei Arten von Kündigungen:

Ordentliche Kündigung	Ausserterminliche Kündigung	Ausserordentliche Kündigung
• Nur bei **unbefristetem** Mietverhältnis • Einhaltung der gesetzlichen **Kündigungsfristen** und **Kündigungstermine** (OR 266a ff.)	• Bei **befristetem** und **unbefristetem** Mietverhältnis • Der Mieter kann das Mietverhältnis jederzeit beenden, wenn er einen **zumutbaren Nachmieter** findet (OR 264)	• Bei **befristetem** und **unbefristetem** Mietverhältnis • Bei **Pflichtverletzungen** durch eine Partei (OR 257d, 257f III, 259b)

Repetitionsfrage

55 Lana möchte ihre Wohnung so rasch wie möglich kündigen. Was muss sie tun, wenn sie ausserterminlich ausziehen will?

16 Der Mieterschutz

Lernziele

Nach der Bearbeitung dieses Kapitels können Sie ...

- das korrekte Vorgehen des Vermieters zur Durchführung einer Mietzinserhöhung aufzeigen.
- die Rechtsansprüche und das Vorgehen des Mieters bei überhöhten Mietzinsen erklären.
- beschreiben, unter welchen Voraussetzungen eine Kündigung des Vermieters rechtsmissbräuchlich ist und was der Mieter in solchen Fällen zu tun hat.
- beschreiben, wann der Mieter nach einer Kündigung durch den Vermieter Erstreckung des Mietverhältnisses verlangen kann.

Schlüsselbegriffe

Kündigungsschutz, Mieterstreckung, Mieterschutz, missbräuchlicher Mietzins, rechtsmissbräuchliche Kündigung, Schlichtungsbehörden

16.1 Der Schutz vor missbräuchlichen Mietzinsen

Wohn- und Geschäftsräume sind vor allem in Ballungszentren knapp. Es besteht die Gefahr, dass Vermieter die Situation ausnützen und zu hohe Mietzinsen verlangen. Das Gesetz gibt dem Mieter eine Möglichkeit, gegen missbräuchliche Mietzinsen und Mietzinserhöhungen einzuschreiten. Luxusobjekte und Ferienwohnungen sind von diesem Schutz ausgenommen (OR 253a II, 253b II).

Wann ist ein Mietzins missbräuchlich?

Ein Mietzins ist missbräuchlich, wenn der Vermieter aus seiner Liegenschaft einen übersetzten Ertrag erzielt, d. h., wenn die Mietzinseinnahmen seine Ausgaben und eine angemessene Verzinsung des Kapitals weit übersteigen (OR 269).

Will der Vermieter den Mietzins erhöhen, muss er dies mit sachlichen Gründen rechtfertigen können. Fehlen solche Gründe, ist der Mietzins missbräuchlich. OR 269a nennt die Kriterien, auf die es dabei ankommt.

- **Orts-/Quartierüblichkeit.** Der Mietzins muss orts-/quartierüblich sein. Entscheidend ist der Mietzins für ein vergleichbares Objekt in der Nachbarschaft.
- **Mehrkomfort durch Umbauten/Renovationen.** Eine Mietzinserhöhung wegen Umbau oder Renovation ist nur erlaubt, wenn der Umbau oder die Renovation dem Mieter mehr Komfort bieten (z. B. Geschirrspüler, Tumbler, grösserer Balkon usw.).
- **Fremdkapitalkosten (Hypothekarzinsen).** Die Fremdkapitalkosten werden mit dem **Referenzzinssatz** gemessen, den die Nationalbank jedes Quartal berechnet. Steigt dieser Zinssatz kann der Vermieter den Mietzins erhöhen, sinkt er, muss er den Mietzins senken.
- **Kostensteigerungen auf Unterhalts- und Betriebskosten.** Steigende Gebühren, Steuern, Versicherungsprämien, Unterhaltskosten kann der Vermieter bis zu einem gewissen Grad auf die Mieter abwälzen.
- **Teuerungsausgleich für das Eigenkapital.** Die Teuerung entwertet das Eigenkapital, das der Vermieter in die Liegenschaft investiert hat. Diesen Wertverlust darf der Vermieter in bestimmtem Umfang durch Mietzinserhöhung ausgleichen. Messgrösse ist der **Landesindex der Konsumentenpreise** (LIK).

Wie erfolgt eine Mietzinserhöhung?

Gemäss OR 269d müssen **vier** Voraussetzungen erfüllt sein:

- **Amtliches Formular.** Die Mietzinserhöhung muss schriftlich erfolgen, und zwar auf einem amtlich genehmigten Formular.
- **Begründung.** Der Vermieter muss die Mietzinserhöhung detailliert begründen. Der pauschale Hinweis auf einen «allgemeinen Kostenanstieg» genügt nicht, denn so kann der Mieter nicht prüfen, ob der Mietzins missbräuchlich ist.
- **Kündigungsverbot.** Der Vermieter darf im Zusammenhang mit einer Mietzinserhöhung keine Kündigung aussprechen oder auch nur androhen.
- **Fristen.** Die Mietzinserhöhung wirkt nicht sofort, sondern frühestens auf den nächstmöglichen Kündigungstermin. Zudem muss der Mieter die Erhöhung mindestens 10 Tage vor Beginn der Kündigungsfrist erhalten haben. Damit erhält er eine Bedenkzeit, um selbst zu kündigen.

Ist eine Voraussetzung nicht erfüllt, so ist die Mietzinserhöhung **nichtig** und es gilt weiterhin der alte Zins (OR 269d II). **Ausnahme:** Trifft die Mietzinserhöhung **verspätet** ein, gilt sie einfach ab dem **nächstmöglichen Kündigungstermin.**

In welchen Fällen kann ein missbräuchlicher Mietzins angefochten werden?

Der Mieter kann missbräuchliche Mietzinse in drei Fällen **anfechten:**

- **Überhöhter Anfangsmietzins** innert 30 Tagen seit Einzug in die Wohnung (OR 270).
- **Ausbleibende Mietzinssenkungen.** Gibt der Vermieter Senkungen des Hypothekarzinses nicht an den Mieter weiter, kann der Mieter beim Vermieter schriftlich Herabsetzung verlangen und bei abschlägigem Bescheid des Vermieters innert 30 Tagen den bestehenden Mietzins anfechten (OR 270a).
- **Mietzinserhöhungen während der Mietdauer** innert 30 Tagen seit Eingang der Ankündigung des höheren Mietzinses (OR 270b).

Die Schlichtungsbehörde für Mietsachen als zuständiges Organ

Die Schlichtungsbehörde besteht aus einem unabhängigen Vorsitzenden und gleich vielen Vertretern der Mieter- und Vermieterseite. Allgemein ist sie erste Anlaufstelle bei einem mietrechtlichen Streit mit dem Ziel, zeitraubende und teure Prozesse vor den Gerichten zu verhindern. So versucht die Schlichtungsbehörde bei Streitigkeiten über die Mietzinshöhe eine Einigung (Vergleich) zu erwirken. Kommt es zu keiner Einigung, erteilt die Schlichtungsbehörde die Klagebewilligung. Die Klagebewilligung berechtigt während 30 Tagen zur Einreichung der Klage beim Gericht (ZPO 209). In mietrechtlichen Angelegenheiten ist die Schlichtungsbehörde auch Rechtsberatungsstelle (ZPO 201).

Der Kündigungsschutz nach einer Mietzinsanfechtung

Sie können sich leicht vorstellen, dass ein Vermieter nicht gerade erfreut ist, wenn ein Mieter seine Mietzinserhöhung anficht. Deshalb darf der Vermieter dem Mieter während des ganzen Verfahrens und – sofern der Mieter bei der Schlichtungsbehörde gesiegt hat – bis drei Jahre danach nicht ordentlich kündigen (OR 271a I lit.d und e).

16.2 Der Kündigungsschutz

Die Anfechtung einer rechtsmissbräuchlichen Kündigung

Jede Kündigung, die gegen den **Grundsatz von Treu und Glauben** verstösst, ist anfechtbar (OR 271). Das ist immer dann der Fall, wenn der Vermieter **keine achtenswerten Gründe** für die Kündigung hat.

Beispiel

Der Vermieter kündigt wegen der **Ethnie** des Mieters oder wegen dessen **politischen** oder **religiösen** Ansichten. Der Vermieter kündigt, weil der Mieter **auf seinen Rechten** aus dem Mietvertrag **beharrt** (OR 271a I lit. a).

Der Mieter muss **beweisen,** dass die Kündigung **gegen Treu und Glauben** verstösst. Das ist meistens schwierig! Immerhin kann der Mieter verlangen, dass der Vermieter eine **Begründung** für die Kündigung abgibt. Wer eine Kündigung anfechten will, muss wie folgt vorgehen: sofort beim Vermieter gegen die Kündigung **protestieren** und eine **Begründung** verlangen; danach die **Schlichtungsbehörde** anrufen.

Erstreckung des Mietverhältnisses

Selbst wenn die Kündigung rechtmässig ist, heisst das nicht unbedingt, dass der Mieter auch sofort ausziehen muss. Er kann bei der Schlichtungsbehörde eine Verlängerung des Vertrags verlangen, wenn die Kündigung für ihn oder seine Familie eine **Härte** bedeutet. Das ist der Fall, wenn er keine **vergleichbare** und für ihn **finanziell tragbare Wohnung** finden kann. Berücksichtigt werden aber auch die Bedürfnisse des Vermieters. Macht er dringenden **Eigenbedarf** für sich oder eine ihm nahe stehende Person geltend, dann ist es möglich, dass die Mieterstreckung abgelehnt oder auf eine kurze Dauer beschränkt wird (OR 272). Die Mieterstreckung ist ausgeschlossen, wenn der Mieter mit seinen Mietzinsen im Zahlungsrückstand ist (vgl. OR 272a, wo weitere Ausschlussgründe genannt sind).

Die **maximale** Erstreckungsdauer beträgt für **Wohnungen vier,** für **Geschäftsräume sechs** Jahre. Diese Maximalfristen gewährt die Schlichtungsbehörde aber nur selten; vielmehr wägt sie die **Interessen des Mieters** und des **Vermieters** gegeneinander ab. Der Mieter kann eine **zweite** Mieterstreckung verlangen, falls er noch immer keine Wohnung gefunden hat (OR 272 III und 272b).

Zusammenfassung

Der **Mieterschutz** hat in der Schweiz drei Komponenten:

1. Schutz vor missbräuchlichen Mietzinsen

Gründe: Anfechtung eines überhöhten Anfangsmietzinses, Anfechtung ausbleibender Mietzinssenkungen, Anfechtung von Mietzinserhöhungen.

Vorgehen: 1. Schritt: sofort beim Vermieter protestieren und Reduktion verlangen; 2. Schritt: einen abschlägigen Bescheid des Vermieters innert 30 Tagen bei der Schlichtungsbehörde anfechten.

2. Schutz vor missbräuchlichen Kündigungen

Gründe: Der Mieter kann eine Kündigung anfechten, wenn der Vermieter keinen achtenswerten Grund für die Kündigung hat (Verstoss gegen Treu und Glauben).

Vorgehen: Sofort nach Eingang der Kündigung beim Vermieter protestieren, eine Begründung verlangen und innert 30 Tagen bei der Schlichtungsbehörde die Kündigung anfechten.

3. Mieterstreckung

Gründe: Der Mieter kann eine Erstreckung des Mietvertrags beantragen, wenn die Kündigung für ihn eine Härte bedeutet. Die maximale Erstreckungsdauer beträgt 4 Jahre für Wohnungen und 6 Jahre für Geschäftsräume.

Vorgehen: Der Mieter muss innert 30 Tagen seit Eingang der Kündigung bei der Schlichtungsbehörde Mieterstreckung verlangen. Die Schlichtungsbehörde fällt einen Entscheid, den der Mieter oder der Vermieter ans Gericht weiterziehen kann. Mieterstreckung ist auch bei befristeten Mietverhältnissen möglich. Der Mieter muss in diesem Fall 60 Tage vor Ablauf der Vertragsdauer bei der Schlichtungsbehörde die Mieterstreckung verlangen (OR 273 II).

Repetitionsfrage

56 Der Mieterschutz hat in der Schweiz drei Komponenten. Welche sind es?

57 Kunstmalerin Hannah hat ihr Wohnatelier seit drei Jahren in der idyllischen Altbauliegenschaft Krämerstein. Der Vermieter vereinbarte mit ihr einen unbefristeten Mietvertrag. Hannah erhielt vor vierzehn Tagen die Kündigung. Sie ist verzweifelt, denn sie hängt sehr an ihrer Dachwohnung und möchte auf keinen Fall ausziehen. Sie bittet Sie um Rat.

A] Welche zwei Möglichkeiten hat Hannah?

B] Wie schätzen Sie die Erfolgsaussichten der beiden Möglichkeiten ein?

C] Wie muss Hannah vorgehen?

Teil F Der Arbeitsvertrag

17 Was ist ein Arbeitsvertrag und wie entsteht er?

Lernziele

Nach der Bearbeitung dieses Kapitels können Sie …

- beschreiben, was man unter einem Arbeitsvertrag versteht.
- die verschiedenen für das Arbeitsverhältnis bedeutenden Normen (Gesetze, Gesamtarbeitsvertrag, Einzelarbeitsvertrag und Firmenreglement) und ihre Hauptziele nennen.
- zwischen dispositiven, relativ zwingenden und absolut zwingenden Bestimmungen unterscheiden.
- die Voraussetzungen für das Entstehen eines Arbeitsvertrags erklären.

Schlüsselbegriffe

Absolut zwingende Bestimmung, Arbeit, Arbeitgeber, Arbeitgeberverband, Arbeitnehmer, Arbeitnehmerverband, Arbeitsgesetz (ArG), Arbeitsvertrag, befristeter Arbeitsvertrag, Berufsbildungsgesetz (BBG), Datenschutzgesetz (DSG), Dienst, Einzelarbeitsvertrag (EAV), Firmenreglement, Gesamtarbeitsvertrag (GAV), Gleichstellungsgesetz (GIG), Lohn, relativ zwingende Bestimmung, Sozialversicherungsrecht, Teilzeitarbeit, unbefristeter Arbeitsvertrag

17.1 Einzelarbeitsvertrag, Gesamtarbeitsvertrag und Normalarbeitsvertrag

Die Titelbegriffe kennen Sie zweifellos. Sie haben alle etwas mit dem Arbeitsverhältnis zu tun. Allerdings erfüllen die drei Verträge verschiedene Funktionen:

- **Der Einzelarbeitsvertrag (EAV):** Vertragspartner eines Einzelarbeitsvertrags (EAV) sind der Arbeitgeber und der Arbeitnehmer, die miteinander ein Arbeitsverhältnis eingehen. Man unterscheidet den **gewöhnlichen** Einzelarbeitsvertrag (OR 319–343) und die **besonderen** Einzelarbeitsverträge Lehrvertrag, Handelsreisendenvertrag und Heimarbeitsvertrag (OR 344–355), weil das OR für die besonderen EAV zusätzliche Bestimmungen aufstellt, die neben den Regelungen des gewöhnlichen EAV gelten.
- **Der Gesamtarbeitsvertrag (GAV):** Vertragspartner eines GAV sind Gewerkschaften und Arbeitgeberverbände (manchmal auch einzelne Arbeitgeber). Die Gewerkschaften versuchen, in den GAV möglichst **günstige Mindestarbeitsbedingungen** für ihre Mitglieder auszuhandeln (z. B. Mindestlohnsätze, verlängerte Ferien usw.). Geregelt sind die GAV in OR 356–358.
- **Der Normalarbeitsvertrag (NAV):** Der NAV ist in OR 359–OR 360f geregelt. Er hat ein ähnliches Ziel wie der GAV, nämlich den Arbeitnehmern einen minimalen Schutz zu bieten. Im Unterschied zum GAV wird der NAV aber **von den Behörden erlassen.** Zuständig sind der Bund oder die Kantone. Der NAV ist eine Art **Mustervertrag.** Er gilt dann, wenn die Parteien im EAV nichts anderes vereinbart haben. In der Praxis ist die Bedeutung der NAV gering.

Abb. [17-1] Arten von Arbeitsverträgen

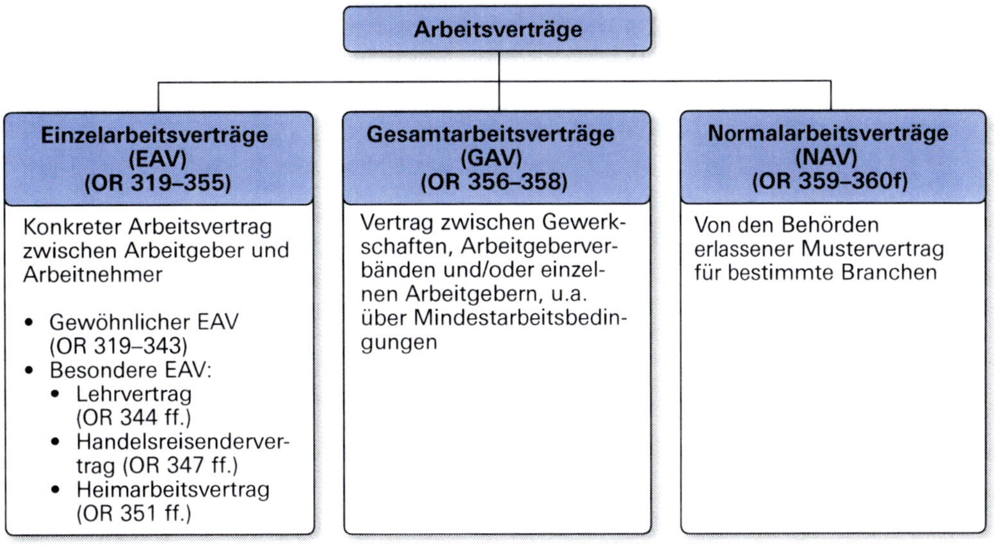

17.2 Die Rechtsquellen des Arbeitsrechts

Wenn man vor einer Rechtsfrage steht, stellt sich zunächst die Frage, wo man überhaupt eine Antwort finden kann. Das ist im Kaufrecht oder im Mietrecht nicht anders als im Arbeitsrecht. Nur haben wir dort kaum je Schwierigkeiten gehabt, weil als Rechtsquellen meist nur der Vertrag und das OR relevant waren. Im Arbeitsrecht ist das nun etwas komplizierter; ein konkretes Problem kann an verschiedenen Orten geregelt sein. Insgesamt sind **fünf Rechtsquellen** zu berücksichtigen, die sich spezifisch mit dem Arbeitsverhältnis befassen, nämlich: Einzelarbeitsvertrag, Gesetze, Gesamtarbeitsvertrag, Firmenreglement und Betriebsordnung. Wir wollen sie hier kurz vorstellen:

17.2.1 Der Einzelarbeitsvertrag (EAV)

Mit dem EAV begründen die Parteien ihr Arbeitsverhältnis und vereinbaren dessen konkrete Bedingungen wie Arbeitsinhalt und -zeit, Lohn, Ferien, Überstunden, usw. Die Parteien sind in der Ausgestaltung ihres Arbeitsverhältnisses frei, soweit nicht zwingende Bestimmungen des Gesetzes oder eines GAV die Vertragsfreiheit einschränken.

17.2.2 Die Gesetze

Neben dem OR sind im Arbeitsrecht weitere Gesetze von Bedeutung, so etwa das Arbeitsgesetz (ArG), das Berufsbildungsgesetz (BBG), das Datenschutzgesetz (DSG) und auch das Gleichstellungsgesetz (GlG) sowie das Mitwirkungsgesetz.

Das **OR** (OR 319–355 und 361/362) regelt vor allem das **Zustandekommen**, den **Inhalt** und die **Beendigung** des Arbeitsverhältnisses. Das OR kennt im Arbeitsvertrag drei Arten von Bestimmungen, nämlich **dispositive, relativ zwingende** und **absolut zwingende**. Vereinbarungen, die gegen absolut oder relativ zwingende Bestimmungen verstossen, sind nichtig.

Abb. [17-2] **Dispositive, relativ zwingende und absolut zwingende Bestimmungen**

Dispositive Bestimmungen	Relativ zwingende Bestimmungen	Absolut zwingende Bestimmungen
Können durch Abmachung im Vertrag abgeändert werden.	Können durch Abmachung im Vertrag nur zugunsten des Arbeitnehmers abgeändert werden.	Können überhaupt nicht abgeändert werden.
Beispiel: OR 323 I: «Sind nicht kürzere oder andere Termine **verabredet** ..., so ist dem Arbeitnehmer der Lohn Ende jedes Monats auszurichten». OR 323 I kommt also nur zum Zuge, wenn die Parteien nichts anderes geregelt haben.	**Beispiel:** OR 322b befasst sich mit der **Provision,** einem Sonderfall des Lohns. Der Provisionsanspruch entsteht im Moment des Geschäftsabschlusses. Da OR 322b relativ zwingend ist, darf nur ein früherer, nicht aber ein späterer Zeitpunkt vereinbart werden.	**Beispiel:** OR 329d II verbietet die **Abgeltung von Ferien** durch zusätzlichen Lohn während der Dauer des Arbeitsverhältnisses. Da die Bestimmung absolut zwingend ist, darf sie auf keine Weise abgeändert werden.

A] Das Arbeitsgesetz (ArG)

Beim Arbeitsgesetz steht der **Arbeitnehmerschutz** im Vordergrund. Es geht um **Gesundheitsvorsorge** und **Unfallverhütung** am Arbeitsplatz und damit zusammenhängend um Vorschriften über **Höchstarbeitszeiten, Nachtarbeit, Sonntagsarbeit** und minimale **Ruhezeiten.**

Das Arbeitsgesetz gehört zum **öffentlichen Recht.** Es enthält also Rechtsnormen, mit denen der **Staat** ein bestimmtes Verhalten vorschreibt und **von sich aus** für die Einhaltung der Vorschriften sorgt. Zuständig sind auf Bundesebene das Staatssekretariat für Wirtschaft (seco) und auf Kantonsebene die kantonalen Ämter. Das Arbeitsgesetz ist **(relativ) zwingendes Recht** zum Schutz der Arbeitnehmenden. Dieser Schutz darf nicht aufgeweicht werden, auch dann nicht, wenn der Arbeitnehmende damit einverstanden ist. Solche Abmachungen im EAV sind nichtig (rechtswidriger Vertragsinhalt).

Beispiel

ArG 18 verbietet die Sonntagsarbeit. Ausnahmen zu diesem Verbot sind nur mit einer Bewilligung zulässig. Hat der Arbeitgeber keine Bewilligung zur Sonntagsarbeit, ist jede anderslautende Vereinbarung im Arbeitsvertrag ungültig, und zwar selbst dann, wenn der Arbeitnehmer das ausdrücklich wünscht. Wird ohne Bewilligung Sonntagsarbeit geleistet, so muss das zuständige Amt von sich aus einschreiten.

Grundsätzlich gilt das Arbeitsgesetz für **alle Arbeitnehmer;** aber wie meistens im Recht gibt es keine Regel ohne Ausnahme. Die wichtigsten dem ArG **nicht** unterstellten Gruppen von Arbeitnehmern sind Mitarbeitende von öffentlichen Verwaltungen, der Post und der SBB, Mitarbeitende in Landwirtschaftsbetrieben und in reinen Familienbetrieben sowie generell alle höheren leitenden Angestellten. Daneben gibt es Gesetze, die nur für bestimmte Branchen gelten, wie z. B. das Heimarbeits-, das Handelsreisenden- oder das Arbeitsvermittlungsgesetz.

B] Weitere Gesetze des öffentlichen Rechts

Von allgemeiner Bedeutung sind im Arbeitsrecht das **Berufsbildungsgesetz** (BBG), die Gesetze zum **Sozialversicherungsrecht** (AHV/IV, Unfallversicherung, Arbeitslosenversicherung, berufliche Vorsorge), das **Datenschutzgesetz** (DSG) und das **Gleichstellungsgesetz** (GlG) sowie das **Mitwirkungsgesetz,** das die Mitwirkungs- und Informationsrechte der Arbeitnehmenden im Betrieb regelt.

17.2.3 Die Gesamtarbeitsverträge (GAV)

Wie Sie bereits wissen, sind GAV Vereinbarungen zwischen **Arbeitnehmer- und Arbeitgeberverbänden** oder einzelnen Arbeitgebern. Sie sind in OR 356–358 geregelt und enthalten unter anderem Mindestarbeitsbedingungen. In einem Einzelarbeitsvertrag darf nur zugunsten des Arbeitnehmers abgewichen werden. Verstösst eine Vereinbarung im EAV zuungunsten des Arbeitnehmers gegen Mindestarbeitsbedingungen eines GAV, dann ist sie **nichtig** (OR 357). An ihrer Stelle gilt automatisch die Bestimmung des GAV.

Beispiel

Der GAV zwischen dem Verband zürcherischer Handelsfirmen und dem kaufmännischen Verband Zürich für die kaufmännischen und kaufmännisch-technischen Angestellten und das Verkaufspersonal im Detailhandel sieht für die Rekrutenschule folgende Lohnfortzahlungspflichten des Arbeitgebers vor: 80% des Lohns an Lehrlinge, 60% an Ledige ohne Unterstützungspflicht, 80% an Verheiratete oder Ledige mit Unterstützungspflicht. Sobald dieser GAV auf ein Arbeitsverhältnis anwendbar ist, hat der Arbeitnehmer zwingenden Anspruch auf mindestens diesen Lohn.

Ein GAV entfaltet ähnliche Wirkungen wie die relativ zwingenden Vorschriften des OR. Im Unterschied zum OR ist aber ein GAV nicht auf jedes Arbeitsverhältnis anwendbar, sondern nur dann, wenn Arbeitnehmer **und** Arbeitgeber dem GAV tatsächlich unterstellt sind. Dazu gibt es verschiedene Möglichkeiten; zwei davon sind in der Praxis von Bedeutung, nämlich: **Verbandsmitgliedschaft beider Parteien** (beide Parteien sind Mitglied der Verbände, die den GAV abgeschlossen haben) oder **Allgemeinverbindlicherklärung eines GAV durch Bund und Kantone** (die Behörden können die Geltung eines GAV auf eine gesamte Branche ausdehnen).

17.2.4 Das Firmenreglement

Das Firmenreglement (auch «Betriebsreglement» oder «Mitarbeiterhandbuch» genannt) enthält die in einem bestimmten Betrieb geltenden **allgemeinen Arbeitsbedingungen.** Es geht um detaillierte Bestimmungen, etwa über Arbeitszeit, Überstunden, unbezahlten Urlaub, Sorgfalts- und Treuepflicht, Geheimhaltung, Gratifikation, Spesenregelung, Lohnfortzahlung bei Krankheit und Unfall, usw.

Die im Firmenreglement enthaltenen Regeln sind aus rechtlicher Sicht Teil des EAV, nämlich **allgemeine Geschäftsbedingungen** (im Volksmund «Kleingedrucktes»): Der Arbeitgeber legt zum Vornherein fest, zu welchen Bedingungen er bereit ist, einen Vertrag abzuschliessen. Aber nur dann, wenn der Arbeitnehmer die allgemeinen Geschäftsbedingungen annimmt, werden sie zum Bestandteil des Vertrags und damit gültig.

17.2.5 Die Betriebsordnung

Die Betriebsordnung regelt die **Gesundheitsvorsorge** und **Unfallverhütung** sowie die allgemeine **Ordnung im Betrieb** (v.a. die betrieblichen Disziplinarmassnahmen wie Verweise, Bussen etc.). Im Unterschied zum Firmenreglement gilt die Betriebsordnung automatisch, also auch ohne Zustimmung des Arbeitnehmers. Sie spielt in der Schweiz **nur eine kleine Rolle,** nämlich **vor allem in industriellen Betrieben,** für die sie obligatorisch ist.

Hinweis

Rangordnung der Rechtsquellen:

Bei der Vielzahl der Rechtsquellen im Arbeitsrecht kommt es immer wieder vor, dass diese ein konkretes Problem auf unterschiedliche Weise regeln. Dann gilt folgende Rangordnung: Höchste Geltung haben die **zwingenden Bestimmungen der Gesetze.** Sie gehen allen anderen Rechtsquellen vor. An zweiter Stelle kommen die **Gesamtarbeitsverträge.** Sie sind schwächer als die zwingenden Gesetzesnormen, aber stärker als die anderen Fundstellen. An dritter Stelle kommt die **Betriebsordnung,** an vierter Stelle die **Abmachungen des EAV** (allenfalls mit Firmenreglement), und am Schluss steht das **dispositive Gesetzesrecht des OR.** Die **Ausnahme von der Rangordnung ist das Günstigkeitsprinzip:** Die Rechtsquellen des Arbeitsrechts wollen zur Hauptsache die schwächere Partei, d. h.

den Arbeitnehmer, schützen. Deshalb wäre es geradezu widersinnig, wenn die Rangordnung der Rechtsquellen eine für den Arbeitnehmer günstigere Regelung ausschliessen würde. Nach dem **Günstigkeitsprinzip** gehen untergeordnete Rechtsquellen vor, wenn sie für den Arbeitnehmer vorteilhafter sind. Das Günstigkeitsprinzip gilt nicht für absolut zwingende Bestimmungen (vgl. OR 361) und für dispositive Bestimmungen, wenn im Arbeitsvertrag etwas davon Abweichendes abgemacht ist.

17.3 Der Abschluss des Einzelarbeitsvertrags

17.3.1 Die Merkmale des Einzelarbeitsvertrags

OR 319 I umschreibt den EAV mit **vier Merkmalen:**

1. Der Arbeitnehmer verpflichtet sich zur **Leistung von Arbeit.** Diese kann **körperlicher** oder **geistiger** Natur sein. Der Arbeitnehmer schuldet nicht ein konkretes Arbeitsergebnis, sondern nur das **Zurverfügungstellen,** d. h. den Einsatz **seiner Arbeitskraft.**
2. Der Arbeitgeber verpflichtet sich zur **Bezahlung eines Lohns.** Arbeit aufgrund eines Arbeitsvertrags ist immer bezahlt. Dies gilt selbst dann, wenn im Arbeitsvertrag nichts über den Lohn vereinbart ist; in solchen Fällen hat der Arbeitnehmer den Lohn zugute, der für die betreffende Arbeit üblich ist (OR 322 I).
3. Der Arbeitnehmer arbeitet **im Dienst des Arbeitgebers.** Arbeit im Sinne des EAV ist abhängige, **unselbstständige Arbeit.** Der Arbeitnehmer ordnet sich dem Arbeitgeber **unter.** Er muss beim Arbeitgeber zur Arbeit erscheinen, und der Arbeitgeber sagt ihm, wann wo und wie er welche Arbeiten verrichten muss.
4. Der EAV ist ein **Dauerschuldverhältnis.** Er wird wie der Mietvertrag auf bestimmte oder unbestimmte Zeit abgeschlossen.
   - **Bestimmt** ist die Vertragsdauer, wenn sie im Arbeitsvertrag genau vereinbart wurde (z. B. sechs Monate, drei Wochen oder auch nur einen Tag). Man spricht dann von einem **befristeten Arbeitsverhältnis.**
   - **Unbestimmt** ist sie, wenn die Parteien das Ende des Arbeitsverhältnisses nicht vereinbart haben. In diesem Fall endet das Arbeitsverhältnis erst, wenn eine der Parteien es kündigt. Man spricht von einem **unbefristeten Arbeitsverhältnis.**
   - Unerheblich ist dagegen, ob ein Arbeitnehmer Voll- oder nur Teilzeit arbeitet. Auch **Teilzeitarbeitsverhältnisse** werden wie normale Arbeitsverhältnisse behandelt (OR 319 II).

17.3.2 Die Vertragsvoraussetzungen

Wie für alle anderen Verträge gelten für das Zustandekommen des EAV die vier allgemeinen Voraussetzungen: **Einigung** der Parteien, **Vertragsfähigkeit** der Parteien, Einhaltung der **Formvorschriften,** zulässiger **Vertragsinhalt.**

Für den Abschluss eines EAV gelten einige erwähnenswerte Besonderheiten:

A] Einigung der Parteien

Die Hauptpflichten im EAV sind: **Arbeitsleistung** und **Lohnzahlung;** mindestens darüber müssen sich die Parteien einigen. Das kann auch stillschweigend geschehen. Daher genügt es, wenn der Arbeitnehmer die Arbeit beim Arbeitgeber aufnimmt und nach Treu und Glauben davon auszugehen ist, dass diese nur gegen Lohn verrichtet wird (OR 320 II). Fehlt eine Abmachung über den Lohn, dann ist der Lohn geschuldet, der für die betreffende Arbeit üblich ist (OR 322 I).

Alle anderen Pflichten, die im Arbeitsverhältnis bestehen, sind Nebenpflichten, über die sich die Parteien nicht unbedingt einigen müssen. Fehlt eine Einigung, dann gelten die gesetzlichen oder allenfalls gesamtarbeitsvertraglichen Regelungen.

Abb. [17-3] **Pflichten im EAV**

In den bisher besprochenen Vertragsverhältnissen hatten wir es immer mit vergleichsweise wenigen Nebenpflichten zu tun. Das ist im Arbeitsverhältnis anders. Sowohl der Arbeitnehmer als auch der Arbeitgeber haben ein ganzes Bündel von Nebenpflichten. Das Nebenpflichtenbündel des Arbeitnehmers fasst man unter dem Begriff Treuepflicht zusammen, jenes des Arbeitgebers unter dem Begriff der Fürsorgepflicht.

B] Vertragsfähigkeit der Parteien

Es gelten die allgemeinen Grundsätze.

C] Formvorschriften im Arbeitsvertragsrecht

Ein EAV kann formfrei abgeschlossen werden. Es genügt also eine mündliche, ja sogar stillschweigende Abmachung.

In bestimmten Fällen verlangt das Gesetz für den ganzen Vertrag oder für einzelne Vertragsklauseln die Schriftform:

- Schriftform für den ganzen Vertrag verlangt das Gesetz beim Lehrvertrag und beim Handelsreisendenvertrag.
- Schriftform für einzelne besonders bedeutungsvolle Vertragsabreden: Das OR möchte damit sicherstellen, dass sich die Parteien genau überlegen, ob sie sich auf die betreffende Klausel einlassen wollen. Zwei wichtige Beispiele: Ein Konkurrenzverbot des Arbeitnehmers nach Beendigung des Arbeitsverhältnisses kann nur schriftlich abgeschlossen werden (OR 340); eine vom Gesetz abweichende Regelung der Überstundenvergütung ebenfalls (OR 321c III).

Hinweis

Informationspflicht des Arbeitgebers nach OR 330b

OR 330b verlangt eine schriftliche Mitteilung von bestimmten Vertragspunkten durch den Arbeitgeber. Dieser muss den Arbeitnehmer spätestens einen Monat nach Beginn des Arbeitsverhältnisses über die folgenden Punkte schriftlich informieren: Die Namen der Vertragsparteien, das Datum des Beginns des Arbeitsverhältnisses, die Funktion des Arbeitnehmers, den Lohn samt Lohnzuschlägen und die wöchentliche Arbeitszeit. Ebenso müssen Änderungen dieser Vertragselemente während des Arbeitsverhältnisses spätestens einen Monat, nachdem sie wirksam geworden sind, dem Arbeitnehmer wiederum schriftlich mitgeteilt werden.

Die Bestimmung von OR 330b wurde als flankierende Massnahme zum Personenfreizügigkeitsabkommen zwischen der Schweiz und der EU eingeführt. Durch die schriftliche Bestätigung der wesentlichen Vertragspunkte soll Transparenz geschaffen werden, damit ein allfälliges Sozialdumping des Arbeitgebers leichter erkannt und bewiesen werden kann.

D] Zulässiger Vertragsinhalt

Wie für alle anderen Verträge gilt auch für den EAV das Prinzip der **Vertragsfreiheit.** Jeder Vertragsinhalt ist zulässig, solange er nicht widerrechtlich, unsittlich oder (objektiv) unmöglich ist (OR 20).

Zwar ist es denkbar, dass unsittliche oder unmögliche Arbeitsverträge abgeschlossen werden. Das ist aber relativ selten. Deshalb interessiert uns hier nur die **Widerrechtlichkeit,** also der **Verstoss gegen zwingendes Recht.** Denken Sie an die beiden Besonderheiten des Arbeitsrechts: Nicht nur **Gesetzesbestimmungen,** sondern auch **Gesamtarbeitsverträge** können zwingende Bestimmungen enthalten.

Abb. [17-4] **Die Schranken der Vertragsfreiheit im Arbeitsvertragsrecht**

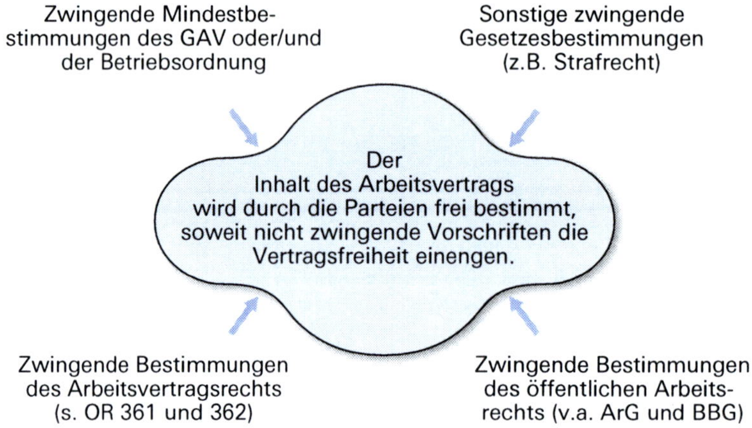

17.3.3 Was geschieht, wenn ein Arbeitnehmer aufgrund eines nichtigen Arbeitsvertrags Arbeit leistet?

Vermutlich werden Sie antworten, der Vertrag sei überhaupt nicht entstanden. Das ist theoretisch richtig. Meistens liegt bei Arbeitsverträgen aber nur **Teilnichtigkeit** vor, weil der überwiegende Teil des Vertrags vollkommen in Ordnung ist. Daher bleibt in solchen Fällen der Vertrag bestehen, und nur die ungültigen Klauseln fallen dahin.

Beispiel

Der EAV der Teamleiterin Ellen Korner enthält folgende Klausel: «Für allfällige Absenzen wegen Schwangerschaft schuldet der Arbeitgeber keinen Lohn.» Diese Abrede verstösst gegen die relativ zwingende Bestimmung von OR 324a III. Hier liegt Teilnichtigkeit des Vertrags vor. Die Klausel ist ungültig, weil rechtswidrig; der Rest des Vertrags bleibt aber bestehen.

Für die (seltenen) Fälle der **vollständigen Nichtigkeit** stellt das OR eine weitere Barriere zugunsten des Arbeitnehmers auf: Hat dieser im Vertrauen auf einen gültigen Arbeitsvertrag Arbeit geleistet, dann kann der Arbeitgeber nicht einfach den Lohn verweigern mit der Begründung, der Vertrag sei nichtig. Nach OR 320 III ist die schon geleistete Arbeit so zu behandeln, wie wenn ein gültiger Arbeitsvertrag vorläge. Man bezeichnet diese Konstruktion als **faktisches Arbeitsverhältnis.** Da überhaupt kein Vertrag besteht, kann dieses allerdings jederzeit und ohne Kündigung aufgehoben werden. Beachten Sie, dass die Regeln des faktischen Vertragsverhältnisses nur gelten, wenn der Arbeitnehmer **nichts** von der Ungültigkeit des Vertrags **gewusst** hat.

Zusammenfassung

Für die Beantwortung eines arbeitsrechtlichen Problems gibt es **fünf Rechtsquellen**:

Rechtsquelle	Beschreibung
Einzelarbeitsvertrag (EAV()	Vertrag zwischen dem Arbeitgeber und dem Arbeitnehmer, die frei vereinbaren, wie ihr Arbeitsverhältnis ausgestaltet sein soll. Gebunden sind sie allerdings durch die zwingenden Bestimmungen der Gesetze und die Mindestarbeitsbedingungen der Gesamtarbeitsverträge.
Gesetze	Das Obligationenrecht/OR (Privatrecht) regelt in Art. 319–362 den Einzelarbeitsvertrag. Seine Bestimmungen sind teils dispositiv, teils relativ zwingend und teils absolut zwingend: • Dispositive Normen können die Vertragsparteien beliebig abändern. Sie gelten nur, wenn nichts anderes vereinbart ist. • Relativ zwingende Normen dürfen nur zugunsten, nicht aber zuungunsten des Arbeitnehmers geändert werden (Katalog von OR 362). • Absolut zwingende Normen dürfen überhaupt nicht geändert werden (Katalog von OR 361). Das Arbeitsgesetz/ArG (öffentliches Arbeitsrecht) stellt zwingende Bestimmungen auf über Höchstarbeits- und Ruhezeit, Nachtarbeit, Sonntagsarbeit, Gesundheitsvorsorge, Sicherheit am Arbeitsplatz usw.
Gesamtarbeitsvertrag (GAV)	Verträge zwischen Arbeitnehmerverbänden (Gewerkschaften) und Arbeitgeberverbänden bzw. Arbeitgebern. Die darin enthaltenen Mindestarbeitsbedingungen sind relativ zwingend.
Firmenreglement	Die vom Arbeitgeber aufgestellten allgemeinen Arbeitsbedingungen werden zum Vertragsbestandteil, wenn der Arbeitnehmer ihnen beim Vertragsabschluss zustimmt.
Betriebsordnung	Die Betriebsordnung regelt normalerweise die Gesundheitsvorsorge, die Unfallverhütung und das Disziplinarwesen (Betriebsbussen und Strafen). im Betrieb; sie gilt auch ohne Zustimmung des Arbeitnehmers.

Der **Einzelarbeitsvertrag** (EAV) zeichnet sich durch **vier** Merkmale aus (OR 319):

1. Der Arbeitnehmer verpflichtet sich zur **Leistung von Arbeit.**
2. Als **Gegenleistung** verpflichtet sich der Arbeitgeber, **Lohn** zu zahlen.
3. Der Arbeitnehmer stellt sich **in den Dienst** des Arbeitgebers.
4. Der Arbeitsvertrag ist ein **Dauerschuldverhältnis.**

Ein gültiger EAV kommt zustande, wenn **vier Voraussetzungen** erfüllt sind:

1. Einigung der Parteien	• Die Parteien müssen sich über die Hauptpflichten **Arbeit und Lohn** einigen. • Die Nebenpflichten fasst man unter der **Treuepflicht** (Arbeitnehmer) und der **Fürsorgepflicht** (Arbeitgeber) zusammen. Die Parteien können darüber Abreden treffen, sie müssen aber nicht.
2. Vertragsfähigkeit	Bedingte Urteilsfähigkeit und Mündigkeit
3. Einhaltung der Formvorschriften	• **Grundsatz:** Der EAV kommt **formfrei** zustande, d. h., die mündliche oder stillschweigende Abrede genügt. • **Ausnahmen:** Lehrvertrag und Handelsreisendenvertrag müssen schriftlich abgeschlossen werden. Für einzelne Abreden ist Schriftlichkeit verlangt (z. B. Konkurrenzverbot).
4. Zulässiger Vertragsinhalt	• **Kein rechtswidriger, unmöglicher oder sittenwidriger** Vertragsinhalt. Rechtswidrig sind Abreden, die gegen absolut zwingende Bestimmungen des OR verstossen oder die zu Ungunsten des Arbeitnehmers gegen zwingende Bestimmungen anderer Gesetze, eines GAV oder relativ zwingende Bestimmungen des OR verstossen. • I. d. R. führen rechtswidrige Vereinbarungen zur **Teilnichtigkeit.** Leistet der Arbeitnehmer gutgläubig Arbeit in einem nichtigen Arbeitsverhältnis, erhält er dennoch Lohn (faktisches Arbeitsverhältnis).

Repetitionsfragen

58	Inwiefern ist die Vertragsfreiheit im Arbeitsrecht eingeschränkt?
59	Was bedeutet es, wenn man sagt, eine Gesetzesnorm sei zwingend oder dispositiv?
60	Nach OR 320 I muss ein Arbeitsvertrag nur dann schriftlich abgeschlossen werden, wenn das Gesetz dies vorschreibt. In den folgenden Artikeln sind für Sie wichtige Formvorschriften enthalten. Geben Sie jeweils mit ein bis zwei Stichworten an, worum es in den genannten Artikeln geht. OR 321c III — OR 340 I — OR 344a I
61	X, selbständiger Softwareentwickler, zu Y, Informatikstudent: «Du, ich hätte einen super Ferienjob für dich als Webdesigner.» Y zu X: «Einverstanden, ich fange morgen an.» Ist hier ein Arbeitsvertrag entstanden? Prüfen Sie die vier Voraussetzungen, die erfüllt sein müssen.

18 Die Pflichten des Arbeitnehmers

Lernziele

Nach der Bearbeitung dieses Kapitels können Sie …

- die Hauptpflichten und die Nebenpflichten des Arbeitnehmers aufzählen.
- zeigen, was, wie lange und wie der Arbeitnehmer arbeiten muss, um seine Arbeitspflicht richtig zu erfüllen.
- die wichtigsten Nebenpflichten des Arbeitnehmers erläutern, d.h. zeigen, unter welchen Voraussetzungen und für welche Vergütung der Arbeitnehmer Überstunden leisten muss, wann Nebenbeschäftigungen zulässig bzw. verboten sind, wann das Wissen des Arbeitnehmers der Geheimhaltungspflicht unterliegt bzw. wann der Arbeitnehmer rechenschafts- und herausgabepflichtig ist.
- erklären, welche Rechtsansprüche der Arbeitgeber bei Pflichtverletzungen des Arbeitnehmers hat.

Schlüsselbegriffe

Arbeitspflicht, Hauptpflicht, Herausgabepflicht, Höchstarbeitszeit, Konkurrenzverbot, Nebenbeschäftigung, Nebenpflicht, Pflichtenheft, Rechenschaftspflicht, Schwarzarbeit, Sorgfaltspflicht, Treuepflicht, Überstunden, Überstundenvergütung, Überzeit, Weisung

18.1 Die Arbeitspflicht – Hauptpflicht des Arbeitnehmers

Was muss ein Arbeitnehmer tun? Auf den ersten Blick scheint die Antwort klar: Er muss arbeiten! Schaut man näher hin, ergeben sich aber schnell knifflige Fragen; die wichtigsten sind: **Welche** Arbeiten muss der Arbeitnehmer überhaupt verrichten? **Wann** und **wie lange** muss er arbeiten? **Wie gut** und **wie sorgfältig** muss er arbeiten?

18.1.1 Inhalt der Arbeitsleistung

Welche Arbeit muss der Arbeitnehmer verrichten? Grundsätzlich gilt Altbekanntes: Der Arbeitnehmer muss die Arbeiten verrichten, zu denen er sich im Arbeitsvertrag verpflichtet hat. Meistens wird die Arbeit im EAV aber nur pauschal umschrieben mit einer Funktionsbezeichnung wie etwa «Sachbearbeiterin Zahlungsverkehr», «Hauswart», «Marketingleiterin», usw. In der Praxis bedeutet das dann, dass der Arbeitnehmer alle Arbeiten verrichten muss, die man in diesem **Beruf,** in dieser **Branche und Stellung normalerweise ausführen** muss.

Um Auseinandersetzungen zu verhindern, kennen viele Unternehmen **Pflichtenhefte** (job description), in denen die Aufgaben jeder Stelle detailliert beschrieben werden. Das Pflichtenheft ist ein typischer Fall von **allgemeinen Arbeitsbedingungen.** Es gilt nicht einfach von sich aus, sondern nur, wenn es zum **Bestandteil des Vertrags** gemacht wird. Dazu muss im EAV zumindest darauf verwiesen werden, z.B. mit der Klausel: «Der Aufgabenbereich des Arbeitnehmers ist in einem Pflichtenheft speziell geregelt. Das Pflichtenheft ist Bestandteil dieses Vertrags».

Innerhalb des Pflichtenkreises kann der Arbeitgeber bestimmen, **wann** der Arbeitnehmer **welche** Arbeiten **wie** zu erledigen hat, und zwar aufgrund seines **Weisungsrechts** (OR 321d).

18.1.2 Arbeitszeit und -dauer

Wann und wie lange muss der Arbeitnehmer arbeiten? Das Problem der Arbeitszeit hat zwei Seiten: **Wie viele Stunden** muss man arbeiten und **wann genau** muss man die geschuldeten Arbeitsstunden erbringen? Die **Arbeitsdauer** hängt von der Abmachung im EAV ab. Wichtig ist hier allerdings das Arbeitsgesetz, das ziemlich komplizierte Bestimmungen über **Höchstarbeitszeiten** enthält, auf die wir hier nicht genauer eingehen.

Auch die Verteilung der Arbeitszeit auf die **Wochentage** können die Parteien im Arbeitsvertrag regeln, wobei das Arbeitsgesetz die Vertragsfreiheit mit Bestimmungen zur **Nacht-** und **Sonntagsarbeit, Freitagen, Überzeitarbeit** usw. beschränkt.

Hinweis

Im Normalfall wird heute die wöchentliche Arbeitszeit **gleichmässig** auf fünf Arbeitstage verteilt (Fünftagewoche). In bestimmten Betrieben, etwa im Verkauf, im Gastgewerbe oder in der Landwirtschaft, kommt aber auch die Sechstagewoche vor. Und noch häufiger sind andere Aufteilungen (z. B. Abendverkauf oder Teilzeitarbeit). Haben die Parteien gar **nichts abgemacht,** so gilt die im Betrieb für die entsprechende Aufgabe übliche Verteilung der Arbeitszeit.

Eine weitere Frage ist die Festlegung des **täglichen Arbeitsbeginns bzw. -endes.** Hier spielen natürlich die betrieblichen Bedürfnisse eine grosse Rolle, weshalb sich der Arbeitgeber meistens das Recht einräumt, Arbeitsbeginn und -ende **einseitig festzulegen.** Das ArG setzt aber Schranken für den frühest zulässigen Arbeitsbeginn bzw. das spätestens zulässige Arbeitsende, wobei diese von Branche zu Branche variieren.

18.1.3 Sorgfaltspflicht

Die Pflicht des Arbeitnehmers, sorgfältig zu arbeiten. Wo gearbeitet wird, passieren Fehler. Nun fragt sich, von welchem Moment an der Arbeitnehmer für diese Fehler verantwortlich gemacht werden kann. Das OR verlangt, dass der Arbeitnehmer **sorgfältig arbeitet** (OR 321a I und II sowie OR 321e). Das bedeutet zweierlei: Der Arbeitnehmer muss **die ihm übertragene Arbeit** unter vollem Einsatz seiner Kräfte, mit bester Anstrengung und Konzentration ausführen; er hat dabei die Weisungen des Arbeitgebers genau zu beachten (OR 321a I erster Halbsatz). Und: Er muss die Arbeitsgeräte des Arbeitgebers fachgerecht bedienen sowie das **Arbeitsmaterial** sorgfältig behandeln (OR 321a II).

Abb. [18-1] **Sorgfaltsmass (OR 321e)**

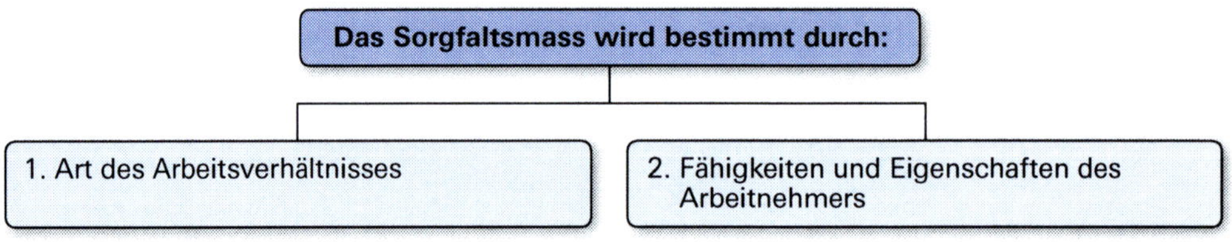

Wie bestimmt man, ob ein Arbeitnehmer sorgfältig gearbeitet hat oder nicht? In OR 321e können Sie zwei Voraussetzungen herausschälen: Es kommt auf die Art des Arbeitsverhältnisses an und auf die Fähigkeiten und Eigenschaften des Arbeitnehmers, soweit sie der Arbeitgeber kennt oder kennen sollte.

1. **Art des Arbeitsverhältnisses:** Ein Arbeitnehmer muss so sorgfältig arbeiten, wie man es von einem Arbeitnehmer für die betreffende Arbeit verlangen kann. Das Gesetz setzt hier also einen **objektiven Massstab** an. Die Frage lautet: Kann man die für die Vermeidung des Fehlers nötige Sorgfalt von einer durchschnittlichen Person in diesem Beruf und in dieser Stellung verlangen?

2. **Fähigkeiten und Eigenschaften des Arbeitnehmers:** Hier geht es nun um einen **subjektiven Massstab.** Die Frage lautet: Kann man die für die Vermeidung eines Fehlers nötige Sorgfalt von gerade diesem Arbeitnehmer verlangen? Allerdings kommt der subjektive Massstab **nur** zur Anwendung, wenn der Arbeitgeber die betreffenden Eigenschaften und Fähigkeiten des Arbeitnehmers **gekannt** hat oder bei genauer Prüfung hätte kennen sollen. Dann nimmt er nämlich in Kauf, einen unterqualifizierten Arbeitnehmer zu beschäftigen, und dafür soll **er** geradestehen und nicht der betroffene Arbeitnehmer.

Beispiel

- Art des Arbeitsverhältnisses: Ein Anlageberater muss so sorgfältig arbeiten, wie man das von einem durchschnittlichen Anlageberater erwarten darf. Der Vorgesetzte des Anlageberaters muss so sorgfältig arbeiten, wie man es von einem durchschnittlichen Vorgesetzten erwarten darf usw. – Ausdrücklich erwähnt wird in OR 321e II das Berufsrisiko, wie z. B. wenn eine Kellnerin in der Eile einmal Geschirr fallen lässt oder ein Chauffeur im Stadtverkehr einen kleineren Unfall mit Blechschaden hat. Für diese typischen Berufsrisiken hat ein Arbeitnehmer nicht einzustehen.
- Fähigkeiten und Eigenschaften des Arbeitnehmers: Weiss der Personalchef aufgrund der Arbeitszeugnisse, dass die Anlageberaterin X ab und zu ausfällig wird, wenn Kunden ihren Rat nicht annehmen wollen, so schränkt das den Umfang der Sorgfaltspflicht ein.

18.2 Die Treuepflicht – ein Bündel von Nebenpflichten

Mit der Arbeitsleistung ist es im Arbeitsverhältnis nicht getan. Der Arbeitnehmer ist dem Arbeitgeber darüber hinaus zu **Solidarität und Loyalität** verpflichtet. Das ergibt sich aus dem Vertrauensverhältnis zwischen den beiden Vertragsparteien. In den meisten Fällen arbeiten sie über längere Zeit zusammen, und erfahren vertrauliche Dinge voneinander (neben beruflichen auch persönliche). Der Arbeitnehmer hat deshalb ein ganzes Bündel weiterer Pflichten, die nicht direkt mit der Arbeitsleistung zusammenhängen.

Die vom Arbeitnehmer geforderte Loyalität und Solidarität hängt stark von den Umständen des Einzelfalls ab. Aus diesem Grund formuliert OR 321a I die **Treuepflicht** ganz allgemein: Der Arbeitnehmer hat die berechtigten Interessen des Arbeitgebers zu wahren, soweit es ihm zumutbar ist. Man spricht hier von der **allgemeinen Treuepflicht.**

Daneben regelt das OR **vier** besonders wichtige Fälle der Treuepflicht ausdrücklich. Man bezeichnet sie als besondere Treuepflichten. Es geht um das **Verbot der Schwarzarbeit** (OR 321a III), die **Geheimhaltungspflicht** (OR 321a IV), die **Rechenschafts- und Herausgabepflicht** (OR 321b) und die **Pflicht zur Leistung von Überstunden** (OR 321c).

18.2.1 Nebenbeschäftigung und Verbot der Schwarzarbeit (OR 321 a III)

Viele Arbeitnehmer haben neben ihrer eigentlichen Arbeit eine Nebenbeschäftigung – oft eine entgeltliche, manchmal auch eine unentgeltliche (z. B. Vereinstätigkeit). Das geht den Arbeitgeber grundsätzlich nichts an. Nebenbeschäftigungen – entgeltliche oder unentgeltliche – sind also grundsätzlich **zulässig.** Der Arbeitnehmer ist nicht verpflichtet, sie dem Arbeitgeber mitzuteilen oder ihn gar um Erlaubnis zu fragen.

Nur **ausnahmsweise** sind **Nebenbeschäftigungen verboten,** und zwar in folgenden **drei** Fällen:

- Im EAV, Firmenreglement oder GAV ist ein Nebenbeschäftigungsverbot vorgesehen.
- Haupt- und Nebenbeschäftigung überschreiten zusammen die Höchstarbeitszeit des ArG (für Arbeitnehmer, die dem ArG unterstehen).
- Die Nebenbeschäftigung berührt berechtigte Interessen des Arbeitgebers, verstösst also gegen die Treuepflicht.

Abb. [18-2] **Zulässigkeit von Nebenbeschäftigung**

Nebenbeschäftigungen sind grundsätzlich erlaubt und in **drei** Fällen **verboten.**

- **Nebenbeschäftigungsverbot** im EAV oder GAV vereinbart.
- Haupt- und Nebenbeschäftigung überschreiten zusammen die **Höchstarbeitszeit.**
- Die Nebenbeschäftigung verletzt berechtigte Interessen des Arbeitgebers, ist also **treuewidrig.**

Wichtigster Anwendungsfall einer treuewidrigen Nebenbeschäftigung ist die **Schwarzarbeit.** Man versteht darunter die **entgeltliche** Nebenbeschäftigung, die den Arbeitgeber **konkurrenziert** (OR 321a III). Konkurrenz liegt vor, wenn der Arbeitnehmer selbstständig oder für einen anderen Arbeitgeber eine gleiche oder ähnliche Leistung an den gleichen Kundenkreis erbringt und wenn dadurch die Möglichkeit besteht, dass der Arbeitgeber finanziell erheblich geschädigt wird.

Beispiel

Eine Coiffeuse bedient an ihren zwei freien Wochentagen Kundinnen in ihrer Privatwohnung, die sich im gleichen Quartier befindet wie der Salon ihrer Arbeitgeberin. Das ist eine treuewidrige Konkurrenzierung. Zulässig ist sie nur mit ausdrücklicher Einwilligung der Arbeitgeberin.

Ein Verstoss gegen die Treuepflicht liegt auch vor, wenn die Nebenbeschäftigung die **Leistungsfähigkeit** des Arbeitnehmers herabsetzt, sodass dieser an seinem Arbeitsplatz nicht mehr die volle Leistung erbringt.

Beispiel

Eine Sekretärin erledigt drei Abende in der Woche bis spät in die Nacht hinein die Korrespondenz ihres Freundes und macht dann am nächsten Tag überdurchschnittlich viele Fehler.

18.2.2 Geheimhaltungspflicht (OR 321a IV)

Durch die tägliche Arbeit in einem Betrieb erlangt ein Arbeitnehmer Kenntnisse über Dinge, die nicht für die Öffentlichkeit bestimmt sind, z. B. über Fabrikations- und Geschäftsgeheimnisse, über den Kundenstamm oder auch über die persönlichen Verhältnisse seines Arbeitgebers. OR 321a IV verlangt, dass der Arbeitnehmer solche Geheimnisse weder **selbst verwertet noch Dritten mitteilt.** Die Geheimhaltungspflicht gilt auch **nach Beendigung des Arbeitsverhältnisses.**

18.2.3 Rechenschafts- und Herausgabepflicht (OR 321b)

Der Arbeitnehmer muss dem Arbeitgeber **Rechenschaft** ablegen über alle Ausgaben und Einnahmen, die im Zusammenhang mit der Arbeit entstehen, und er muss ihm seine **Arbeitserzeugnisse herausgeben** sowie alles, was er **von Dritten** für den Arbeitgeber erhalten hat (vor allem Waren und Geld, aber auch Informationen, die für den Arbeitgeber wichtig sein könnten).

18.2.4 Pflicht zu Überstundenarbeit (OR 321c)

Im EAV verspricht der Arbeitnehmer seine Arbeitskraft für die vereinbarte Stundenzahl. Er hat deshalb seine vertragliche Pflicht erfüllt, wenn er während dieser Stundenzahl gearbeitet hat. Nun sieht aber das OR vor, dass der Arbeitnehmer ausnahmsweise auch mehr arbeiten muss, kurz: In Ausnahmesituationen ist der Arbeitnehmer zu Überstunden verpflichtet. Wann solche Ausnahmesituationen vorliegen, ist in OR 321c I absolut zwingend definiert. Überstunden müssen geleistet werden, wenn sie **betrieblich notwendig** und **zumutbar** sind.

- **Betriebliche Notwendigkeit:** Zulässig sind Überstunden nur in sachlich begründeten Ausnahmesituationen, um den **normalen Betrieb aufrechtzuerhalten** oder Verpflichtungen des Unternehmens **gegenüber Kunden** zu erfüllen. Nicht betriebsnotwendig und unzulässig sind Überstunden dagegen, wenn eine Arbeit ohne grössere Schwierigkeiten während der Normalarbeitszeit der folgenden Tage erledigt werden könnte oder wenn der Arbeitgeber chronisch mit zu geringem Personalbestand arbeitet.
- **Zumutbarkeit von Überstunden:** Selbst notwendige Überstunden kann der Arbeitnehmer ablehnen, wenn sie für ihn unzumutbar sind. Das ist der Fall, wenn sie seine Leistungsfähigkeit übersteigen oder wenn die privaten Interessen des Arbeitnehmers auf Freizeit höher einzuschätzen sind als das Arbeitgeberinteresse an Überstunden.

Für alle Arbeitnehmer, die dem ArG unterstehen, gibt es eine weitere Grenze: die **Höchstarbeitszeit.** Sie beträgt je nach Beruf oder Branche 45 bzw. 50 Stunden pro Woche. Grundsätzlich dürfen Überstunden die Höchstarbeitszeit nicht überschreiten. Allerdings ist auch die Höchstarbeitszeit keine absolute Grenze. Mit recht komplizierten Regeln legt das ArG fest, in welchem Umfang sie überschritten werden darf. Man spricht dann von **Überzeit.** Es besteht also ein Unterschied zwischen **Überstunden** und **Überzeit.**

Abb. [18-3] Überstunden/Überzeit

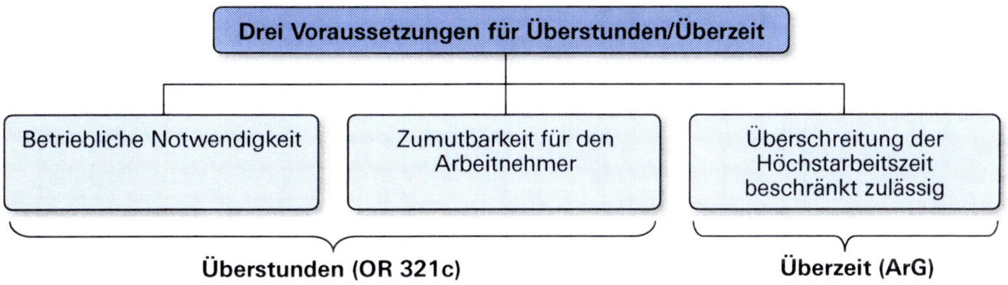

Beispiel

Christine Werlen arbeitet als Sekretärin bei einer Versicherung. In ihrem Arbeitsvertrag wurde die 40-Stunden-Woche vereinbart. Als Büroangestellte untersteht sie dem Arbeitsgesetz, das für sie die 45-Stunden-Woche als Höchstarbeitszeit vorschreibt. **Überstunden im Sinne von OR 321c sind:** Die Differenz zwischen der vertraglich vereinbarten Arbeitszeit (40 Stundenwoche) und der Höchstarbeitszeit (45 Stundenwoche), d. h. also maximal 5 Stunden pro Woche. Darüber hinausgehende «Überstunden» sind **Überzeit.**

A] Entschädigung für Überstunden

Nach OR 321c III hat der Arbeitnehmer für jede geleistete Überstunde Anspruch auf den **gewöhnlichen Lohn mit einem Zuschlag von 25%** (auf Stundenlohn umgerechnet). Eine Variante zur Überstundenvergütung ist die **Überstundenkompensation.** Die Parteien können mündlich oder schriftlich vereinbaren, dass Überstunden mit mindestens gleich langer Freizeit kompensiert werden (OR 321c II).

Durch **schriftliche Abmachung** oder auch durch GAV-Bestimmung kann die Überstundenvergütung **reduziert** oder sogar ganz **ausgeschlossen** werden. Sie haben richtig gelesen! Eine Vereinbarung, dass der Arbeitnehmer für geleistete Überstunden weder Freizeitkompensation noch eine Vergütung erhält, ist zulässig, sofern sie schriftlich erfolgt.

Hinweis

- Die Kompensation kann nur verlangt werden, wenn dies vereinbart ist. Es ist also nicht so, dass der Arbeitnehmer zwischen Auszahlung und Kompensation wählen kann.
- In der Regel sehen die Abmachungen nicht einen vollständigen Ausschluss der Überstundenvergütung vor, sondern bloss eine Reduktion. Häufig sind folgende Abmachungen: genereller Ausschluss des Überstundenzuschlags von 25% oder des Überstundenzuschlags für die ersten 10 Stunden pro Monat.

Leitende Angestellte haben grundsätzlich **keinen Anspruch auf Überstundenvergütung,** und sie unterstehen nicht den Regeln des ArG für Überzeitarbeit. Bei ihnen gehören Überstunden zur verantwortungsvollen Stellung. Dafür können sie ihre Arbeitszeit freier einteilen und erhalten ein höheres Salär.

B] Entschädigung für Überzeitarbeit im Sinne des ArG

Unsere bisherigen Ausführungen gelten für die Überstundenarbeit im Sinne von OR 321c. Untersteht ein Arbeitnehmer dem ArG, so gelten auch die Entschädigungsregeln des ArG, sobald die Höchstarbeitszeit überschritten wird. Das ArG legt fest, dass für Überzeitarbeit der gewöhnliche Lohn und ein Zusatz von 25 % geschuldet ist. Diese Vorschrift ist zwingend, für Büropersonal, technisches Personal und Verkaufspersonal in Grossunternehmen allerdings erst ab 60 Überzeitstunden pro Jahr (vgl. ArG 13 I). Zulässig ist auch die Kompensation mit Freizeit von mindestens gleicher Dauer.

18.3 Die Ansprüche des Arbeitgebers bei Pflichtverletzungen des Arbeitnehmers

18.3.1 Nichterfüllung und Schlechterfüllung – Vertragsverletzungen

Wenn der Arbeitnehmer seine Arbeitspflicht oder eine Treuepflicht verletzt, kann der Arbeitgeber Rechtsansprüche aus Verletzung des Arbeitsvertrags geltend machen. Die Juristen unterscheiden dabei zwei Fallgruppen, die **Nichterfüllung** und die **Schlechterfüllung** des Arbeitsvertrags.

Eine **Nichterfüllung** des Arbeitsvertrags liegt vor, wenn der Arbeitnehmer **überhaupt nicht oder zu wenig lang arbeitet,** d. h., wenn er seine Hauptpflicht, die Arbeitspflicht, nicht im versprochenen Umfang ausübt.

Beispiel

Typische Fälle von Nichterfüllung sind:

- Der Mitarbeiter erscheint nicht zur Arbeit mit der Begründung, er sei krank, ohne tatsächlich krank zu sein.
- Eine Mitarbeiterin tritt ihre neue Stelle gar nicht erst an, weil sie nach Vertragsschluss einen besseren Job gefunden hat.
- Ein Mitarbeiter kommt mehrere Tage hintereinander 2–3 Stunden zu spät zur Arbeit; eine Mitarbeiterin, die keine Gleitzeit arbeiten darf, verlässt ab und zu ihren Arbeitsplatz schon um 15.30 Uhr statt erst um 17.30 Uhr.

Unter die **Schlechterfüllung** des Arbeitsvertrags fallen alle anderen Pflichtverletzungen, sei es die der Arbeitspflicht oder die der Treuepflicht. Eine Schlechterfüllung des Arbeitsvertrags liegt also vor, wenn der Arbeitnehmer zwar arbeitet, die erbrachte Arbeitsleistung aber in irgendeiner Form **mangelhaft** ist.

Beispiel

Typische Fälle von Schlechterfüllung sind:

- Der Mitarbeiter arbeitet unsorgfältig, nicht weisungsgemäss oder zu langsam.
- Die Mitarbeiterin verletzt die Treuepflicht, indem sie samstags Schwarzarbeit leistet.

Bezüglich **Verschulden des Arbeitnehmers** gelten die allgemeinen Voraussetzungen: Der Arbeitnehmer muss eine Vertragsverletzung **absichtlich** oder mindestens **fahrlässig** verursacht haben.

18.3.2 Die Ansprüche des Arbeitgebers bei verschuldeter Nichterfüllung

Arbeitet der Arbeitnehmer nicht oder zu wenig lange, stehen dem Arbeitgeber folgende rechtlichen Möglichkeiten offen:

- **Anspruch auf richtige Erfüllung:** Der Arbeitgeber kann – notfalls gerichtlich – verlangen, dass der Arbeitnehmer seine Arbeitspflicht erfüllt und die fehlende Zeit nachholt. In der Praxis spielt der Erfüllungsanspruch keine grosse Rolle, denn meistens lässt der Arbeitgeber die Arbeit von jemand anderem verrichten.
- **Lohnfortfall:** Anstatt die Fehlzeit nachholen zu lassen, kann der Arbeitgeber den Lohn im entsprechenden Umfang kürzen – es sei denn, der Arbeitnehmer war zur Absenz ausdrücklich berechtigt (z. B. notwendiger Arztbesuch), oder er war unverschuldet verhindert (z. B. Krankheit oder Unfall).
- **Schadenersatz:** Dem Arbeitgeber kann leicht ein **finanzieller Schaden** entstehen, wenn einer seiner Mitarbeiter nicht zur Arbeit erscheint. Diesen finanziellen **Schaden** kann der Arbeitgeber **auf den fehlbaren Mitarbeiter abwälzen,** und zwar aufgrund von OR 97 I und OR 321e I.
- **Kündigung:** Nicht selten möchte der Arbeitgeber auf die Nichterfüllung mit einer **fristlosen Kündigung** reagieren. Doch aufgepasst: Das ist nur ausnahmsweise erlaubt, dann nämlich, wenn dem Arbeitgeber die Fortführung des Arbeitsverhältnisses **nicht mehr zumutbar** ist; dazu muss aber ein Mitarbeiter seine Arbeitspflicht nicht nur einmal unentschuldigt verletzt haben, sondern mehrmals und trotz wiederholter Mahnung. Aber es steht dem Arbeitgeber natürlich frei, **ordentlich** zu **kündigen.**

18.3.3 Die Ansprüche des Arbeitgebers bei verschuldeter Schlechterfüllung

Hat der Arbeitnehmer zwar gearbeitet, aber unsorgfältig, nicht weisungsgemäss oder zu langsam, dann stehen dem Arbeitgeber folgende rechtlichen Möglichkeiten offen:

- **Anspruch auf richtige Erfüllung:** Der Arbeitgeber kann verlangen, dass der Arbeitnehmer seine Pflichten so erfüllt, wie er es aufgrund des Vertrags schuldet (z. B. Unterlassung von rufschädigenden Äusserungen oder von Schwarzarbeit). Eine Schlechterfüllung berechtigt aber nicht zu Lohnfortfall oder Nacharbeit.
- **Schadenersatz:** Aus Schlechterfüllung kann ein **finanzieller Schaden** entstehen.
- **Kündigung:** Es gilt das Gleiche wie bei der Nichterfüllung. Grundsätzlich muss die Arbeitgeberin ordentlich kündigen. Bei ganz krassen Pflichtverletzung, wenn die Fortführung des Arbeitsverhältnisses nicht mehr zumutbar ist, kann sie ausnahmsweise auch fristlos kündigen

Beispiel

Der Bauingenieur A ist bei der X-Bau AG angestellt. Er macht bei der Berechnung einer Stützmauer für das Bauprojekt von Bauherrn K einen gravierenden Fehler. Die Mauer stürzt ein und verursacht bei K einen Schaden in der Höhe von CHF 350 000.-.

K macht seine Vertragspartnerin, die X-Bau AG, wegen Schlechterfüllung des Vertrags haftbar. Sofern die Voraussetzungen von OR 321e erfüllt sind, kann die X-Bau AG mindestens einen Teil des Schadens auf den Mitarbeitenden A abwälzen, der den Schaden durch seine Fehlleistung ja verursacht hat.

Zusammenfassung

Die **Pflichten des Arbeitnehmers** im EAV sind:

Pflichten Arbeitnehmer

Hauptpflicht

Arbeitspflicht

- **Inhalt** der Arbeitsleistung gemäss Arbeitsvertrag und Pflichtenheft
- **Weisungsrecht** des Arbeitgebers bezüglich Arbeitsleistung
- Wöchentliche **Arbeitsdauer** und Verteilung der **Arbeitszeit** auf Wochentage unter Berücksichtigung Höchstarbeitszeiten
- **Sorgfaltspflicht** nach objektivem Massstab (von einer durchschnittlichen Berufsperson zu erwarten) und subjektivem Massstab (gemäss persönlichen Fähigkeiten und Eigenschaften)

Nebenpflicht

Allgemeine Treuepflicht

Berechtigte Interessen des Arbeitgebers wahren, sofern zumutbar (Generalklausel)

Besondere Treuepflichten

- Keine treuewidrige Nebenbeschäftigung
- Geheimhaltungspflicht
- Rechenschafts- und Herausgabepflicht
- Pflicht zu Überstundenarbeit, sofern betriebsnotwendig und zumutbar

Die Ansprüche des Arbeitgebers bei **Pflichtverletzungen des Arbeitnehmers:**

Pflichtverletzung Arbeitnehmer	Ansprüche Arbeitgeber
Nichterfüllung: Verletzung der Arbeitspflicht Der Arbeitnehmer erfüllt den Arbeitsvertrag überhaupt nicht, d. h. • erscheint nicht zur Arbeit, • kommt verspätet zur Arbeit oder • beendet die Arbeit zu früh.	• Anspruch auf **richtige Erfüllung:** Erscheinen am Arbeitsplatz • **Lohnfortfall:** kein Lohn für die fehlende Arbeitszeit • **Schadenersatz:** für finanziellen Schaden, der aus der verschuldeten Nichterfüllung entstanden ist • **Kündigung:** im Normalfall ordentliche Kündigung, fristlose Kündigung nur bei wiederholter Nichterfüllung trotz Ermahnung
Schlechterfüllung: jede andere Pflichtverletzung • Mangelhafte Arbeitsleistung (unsorgfältige Arbeit, Nichtbefolgen von Weisungen, zu langsames Arbeiten) • Verletzung der Treuepflicht	• Anspruch auf **richtige Erfüllung** • **Schadenersatz:** bedeutsam v. a. bei Verletzungen der Sorgfaltspflicht • **Kündigung:** im Normalfall ordentliche Kündigung, fristlose Kündigung nur, wenn Fortführung des Arbeitsverhältnisses unzumutbar

Repetitionsfragen

62 Mauro Principe ist seit ein paar Monaten als Florist in einem trendigen Blumengeschäft in der Innenstadt angestellt. Die Arbeit gefällt ihm recht gut, mit einer Ausnahme: Ihn ärgert sehr, dass ihm seine Chefin jeweils am Samstagabend die Reinigung des Ladenlokals überträgt.

Welche Informationen müsste man einholen, um herauszufinden, ob Mauro Principe zur Reinigung verpflichtet ist?

63 In einem Stammtischgespräch zum Thema Überstundenvergütung stellt sich Folgendes heraus: A erhält bloss den Stundenlohn vergütet, B dagegen den Stundenlohn mit einem Zuschlag von 25 %, C kann Überstunden mit Freizeit kompensieren, und D erhält weder eine Entschädigung noch kann er kompensieren.

Welche der Überstundenregelungen ist unter welchen Voraussetzungen zulässig?

64 Beantworten Sie die folgenden beiden Fragen von Mitarbeitenden.

A] Gaby Zehnder erhält eine attraktive Nebenbeschäftigung angeboten, die sie ca. 20 Stunden pro Monat beschäftigt. Welche Voraussetzungen müssen erfüllt sein, damit sie die Nebenbeschäftigung annehmen darf?

B] Mischa von Arx arbeitet als Goldschmied in einem Atelier. Er wird mit der äusserst heiklen Reparatur eines Ohrrings betraut. Die Reparatur misslingt, und der Ohrring wird dabei zerstört. Kann die Chefin Mischa von Arx dafür zur Verantwortung ziehen?

65 Heinz Blumer arbeitet bei der Bank X als Schalterbeamter. Nach einem durchzechten Wochenende erscheint er am Montagmorgen sehr müde an seinem Arbeitsplatz. Bald unterläuft ihm ein böser Fehler: Er löst einen gefälschten Check im Betrag von 23 000.– Franken ein, ohne die im bankinternen Reglement vorgesehene Prüfung vorzunehmen. Die Bank kürzt ihm daraufhin die nächsten sechs Monatslöhne um je 300.– Franken mit der Begründung, er habe seine Arbeitspflicht nicht erfüllt. Was meinen Sie dazu?

A] Hat Heinz Blumer überhaupt eine Vertragsverletzung begangen?

B] Wenn ja, was für eine: Nicht- oder Schlechterfüllung?

C] Darf der Arbeitgeber den Lohn kürzen?

D] Welche anderen Möglichkeiten stünden dem Arbeitgeber zu?

19 Die Pflichten des Arbeitgebers

Lernziele

Nach der Bearbeitung dieses Kapitels können Sie …

- die Hauptpflichten und die Nebenpflichten des Arbeitgebers aufzählen.
- zeigen, welchen Lohn und welche weiteren Entschädigungen der Arbeitgeber seinen Arbeitnehmern bezahlen muss und wann die Lohnzahlung zu erfolgen hat.
- erklären, in welchen Fällen der Arbeitgeber Lohn zahlen muss, obwohl der Arbeitnehmer wegen Krankheit oder aus anderen Gründen gar keine Arbeitsleistung erbringt.
- die wichtigsten Nebenpflichten des Arbeitgebers erläutern, d. h. zeigen, wie der Arbeitgeber die Persönlichkeit des Arbeitnehmers schützen, wie viel Freizeit und Ferien er gewähren und unter welchen Umständen er ein Arbeitszeugnis ausstellen muss.
- zeigen, welche Rechtsansprüche der Arbeitnehmer bei Pflichtverletzungen des Arbeitgebers hat.

Schlüsselbegriffe

Arbeitszeugnis, dreizehnter Monatslohn, Ferien, Freizeit, Fürsorgepflicht, Geldlohn, Gratifikation, Hauptpflicht, Höchstarbeitszeit, Krankheit, Leistungslohn, Lohnfortzahlungspflicht, Lohnzahlungspflicht, Mindestlohn, Naturallohn, Nebenpflicht, Niederkunft, Persönlichkeitsschutz, Schwangerschaft, Spesen, Unfall, Zeitlohn, Zulagen

Hauptpflicht des Arbeitgebers ist die **Bezahlung des geschuldeten Lohns.** Und wie Sie bereits wissen, hat der Arbeitgeber ebenfalls ein ganzes **Bündel von Nebenpflichten,** die man unter der **Fürsorgepflicht** zusammenfasst.

19.1 Die Lohnzahlung – Hauptpflicht des Arbeitgebers

Der Arbeitgeber schuldet den Lohn, der **vertraglich vereinbart** ist (OR 322). Die Zusammensetzung des Lohns, seine Höhe, die Modalitäten der Lohnzahlung usw. sind Sache der **vertraglichen Ausgestaltung.** Allerdings setzt das Recht auch hier bestimmte Schranken zum Schutz des Arbeitnehmers.

19.1.1 Lohnarten und Lohnkomponenten

A] Lohnarten

Meistens besteht der Lohn aus einer **Geld**zahlung **(Geldlohn).** Anstelle eines Geldlohns oder zusätzlich dazu können die Parteien auch irgendeine andere Leistung als Entschädigung für die Arbeitsleistung vereinbaren. Man spricht dann von einem **Naturallohn.** Die gebräuchlichsten Naturalleistungen sind: Nahrungsmittel, Kleider, Heizmaterial, Kost und Logis, Dienstwohnung oder Dienstwagen.

B] Lohnkomponenten

Normalerweise ist der Lohn **Zeitlohn;** er bemisst sich nach der Zeit, die der Arbeitnehmer dem Arbeitgeber zur Verfügung stellt. Je nach der Zeiteinheit spricht man von Stunden-, Tages-, Wochen-, Monats- oder Jahreslohn.

Anstelle der Zeit kann aber auch die **individuelle Arbeitsleistung** als Bemessungsgrundlage des Lohns vereinbart werden. Man spricht dann von **Leistungslohn.** Es gibt drei Hauptanwendungsfälle:

- Der **Akkordlohn** ist Stücklohn. Bei ihm richtet sich die Höhe des Lohns nach der geleisteten Arbeitsmenge (z. B. bemisst sich der Lohn des Schneiders Y nach der Stückzahl genähter Kleidungsstücke). Die Besonderheiten des Akkordlohns regeln OR 326 und 326a. Dort geht es vor allem um die Pflicht des Arbeitgebers, genügend Arbeit zuzuweisen und jeweils den Akkordsatz bekannt zu geben.
- Die **Provision** wird für die erfolgreiche Vermittlung oder den Abschluss von Geschäften ausbezahlt. Die Lohnhöhe richtet sich nach der Anzahl und dem Wert der getätigten Geschäfte. Der Provisionsanspruch entsteht mit dem **rechtsgültigen Abschluss** des jeweiligen Geschäfts (OR 322b I). Er fällt aber nachträglich wieder dahin, wenn das Geschäft ohne Verschulden des Arbeitgebers nicht ausgeführt wird oder wenn der Geschäftspartner nicht leistet (OR 322b III).
- **Leistungsprämien** werden für die Erreichung von bestimmten **Leistungszielen** ausbezahlt. Sie sind im OR nicht besonders geregelt. Leistungslohn liegt nur vor, wenn auf die **persönliche Leistung** des Arbeitnehmers abgestellt wird. Sobald Lohn aufgrund der Leistung eines Teams, einer Abteilung, eines Betriebs oder gar eines ganzen Unternehmens gemessen wird, liegt kein Leistungslohn vor, denn im Vordergrund steht die Leistung mehrerer und nicht die Leistung eines Einzelnen. Das ist etwa der Fall bei **Erfolgsbeteiligungen** (Umsatz- oder Gewinnbeteiligungen), deren Abrechnung in OR 322a geregelt ist.

Es ist zulässig, reinen Zeitlohn, reinen Leistungslohn oder reine Beteiligung am Geschäftserfolg zu vereinbaren. Moderne Lohnsysteme sind aber fast immer eine Kombination: Oft wird ein **Grundlohn** als Zeitlohn vereinbart; dazu kommen **Leistungskomponenten** (Akkordlohn, Provision oder Leistungsprämien) und/oder **Anteile am Geschäftserfolg** (Umsatz-, Gewinnbeteiligungen). Weit verbreitet ist zudem die **Gratifikation** bzw. der **13. Monatslohn.**

Hinweis

Unter Umständen gibt es weitere Lohnbestandteile, nämlich vor allem **Zulagen**. Zulagen sind z. T. gesetzlich oder in einem GAV vorgesehen, oder sie können im EAV vereinbart werden. **Gesetzlich** vorgesehen sind: Kinder- und Familienzulagen sowie in einigen Kantonen Geburts- und Ausbildungszulagen; Überstunden- bzw. Überzeitzuschläge; Zulagen für Sonntags- und Nachtarbeit. **Vertraglich** vereinbart oder in einem **GAV** vorgesehen sind etwa Teuerungs-, Schmutz-, Gefahren- oder Dienstalterszulagen.

C] Ein Sonderproblem: Gratifikation oder 13. Monatslohn

In den Augen vieler Arbeitnehmer besteht kein Unterschied zwischen einer Gratifikation zu Ende des Dienstjahres und einem 13. Monatslohn. Juristisch gesehen ist das aber falsch, denn eine **Gratifikation** ist eine **freiwillige Sondervergütung,** die der Arbeitgeber nach eigenem Ermessen ausrichtet. Ein 13. Monatslohn ist dagegen eine **fest vereinbarte Zusatzvergütung** in der Höhe eines zusätzlichen Monatsgehalts und wird oft am Ende eines Geschäftsjahrs ausbezahlt.

Hinweis

Obwohl Gratifikationen an sich freiwillig sind, hat der Arbeitnehmer manchmal einen Anspruch darauf. Es gelten folgende Grundsätze: Eine Gratifikation ist geschuldet, sobald sie vertraglich vereinbart wurde. Das kann mündlich oder stillschweigend geschehen. Die Gerichte gehen von einer **stillschweigend vereinbarten Gratifikation** aus, sobald der Arbeitgeber sie mindestens dreimal hintereinander für denselben Grund und ohne Hinweis auf die Freiwilligkeit ausbezahlt hat. Eine andere Frage ist die Höhe. Sie kann an Bedingungen geknüpft sein (z. B. gutes Geschäftsjahr usw.).

19.1.2 Lohnhöhe und Lohnauszahlung

A] Lohnhöhe

Die Parteien können die Lohnhöhe frei vereinbaren, es sei denn, ein GAV sehe Mindestlöhne vor, die nicht unterschritten werden dürfen. Daneben gibt es weitere Einschränkungen der Lohnfreiheit, welche im Bundesgesetz über die in die Schweiz entsandten Arbeitnehmerinnen und Arbeitnehmer, im Gleichstellungsgesetz sowie in den flankierenden Massnahmen zu den Bilateralen Verträgen II geregelt sind (vgl. in diesem Zusammenhang die Bestimmungen von OR 360 a–f).

B] Lohnauszahlung (OR 323 sowie 323b I)

Sofern nichts anderes vereinbart (im EAV bzw. GAV) oder üblich ist, ist der Lohn Ende des Monats auszuzahlen (OR 323 I). Der Arbeitnehmer muss spätestens am letzten Tag des Monats über seinen Lohn verfügen können. Ist das ein Samstag, Sonntag oder Feiertag, dann gilt der nächstfolgende Wochentag als letzter Zahlungstermin (OR 78). Jeder Lohnauszahlung muss eine ausführliche **Lohnabrechnung** beiliegen (OR 323b I).

Besondere Regeln gelten für die Auszahlung von Provisionen (OR 323 II) und Gewinn- bzw. Umsatzbeteiligungen (OR 323 III).

19.1.3 Weitere Regeln im Zusammenhang mit dem Lohn

Neben den bereits beschriebenen Regeln über den Lohn kennt das OR weitere Vorschriften:

- **Recht auf Vorschuss:** Arbeitnehmer in einem finanziellen Engpass haben ein Recht auf Vorschuss, allerdings nur in der Höhe der bereits geleisteten Arbeit (OR 323 IV).
- **Beschränkung der Verrechnung (OR 323b II):** Hat der Arbeitgeber Forderungen gegenüber dem Arbeitnehmer, ist es naheliegend, dass er diese vom Lohn abzieht (verrechnet). Damit wird dem Arbeitnehmer aber unter Umständen die Existenzgrundlage entzogen. Deshalb beschränkt OR 323b II die Verrechnung. Verrechnet werden darf nur der **über dem betreibungsrechtlichen Existenzminimum liegende Lohn:** Hat der Arbeitnehmer **absichtlich** einen Schaden verursacht, dann gilt diese Beschränkung allerdings nicht.
- **Abtretung und Verpfändung von Lohnforderungen (OR 325):** Lohnzessionen sind nur zur Sicherung von familienrechtlichen Unterhalts- und Unterstützungspflichten zulässig.
- **Lohnrückbehalt und Kaution (OR 323a und 330):** Im EAV kann ein **Lohnrückbehalt** vereinbart werden. Der Arbeitgeber behält dann von jeder Lohnauszahlung einen Teil zurück als Sicherung für allfällige Ansprüche von seiner Seite. Der Lohnrückbehalt darf höchstens 1/10 der Lohnauszahlung betragen, und der gesamte Sicherungsbetrag darf höchstens einen Wochenlohn ausmachen. Etwas anderes ist die **Kaution.** Hier zahlt der Arbeitnehmer bei Dienstantritt einen vereinbarten Betrag als Sicherheit ein. OR 330 stellt Bestimmungen auf, die dem Arbeitgeber eine zweckentfremdete Verwendung der Kaution verunmöglichen sollen.
- **Spesen sind kein Lohn:** OR 327a schreibt relativ zwingend vor, dass der Arbeitgeber **sämtliche Spesen** zu übernehmen hat, denn Spesen sind kein Lohn, sondern eine Entschädigung für Aufwendungen, die der Arbeitnehmer bei der Arbeitsausübung hatte. Zwar können **Spesenpauschalen** schriftlich vereinbart werden, diese müssen aber ausreichen, um die notwendigen Auslagen zu decken. Besonders geregelt ist die Abgeltung von Autospesen (OR 327b).

19.1.4 Lohn trotz fehlender Arbeitsleistung

A] Der Grundsatz «Ohne Arbeit kein Lohn» und seine Ausnahmen

Arbeitspflicht und Lohnzahlungspflicht stehen in einem gegenseitigen Austauschverhältnis. Deshalb gilt der Grundsatz **«Ohne Arbeit kein Lohn»**. Leistet der Arbeitnehmer keine Arbeit, dann muss ihm der Arbeitgeber auch keinen Lohn bezahlen. Nun gibt es aber Sonderfälle, in denen der Arbeitnehmer Lohn verlangen kann, obwohl er keine Arbeit geleistet hat. Die Ursache solcher lohnpflichtiger Arbeitsverhinderungen kann beim **Arbeitgeber** oder beim **Arbeitnehmer** liegen.

Beim Arbeitgeber liegende Gründe: Annahmeverzug (OR 324)

Annahmeverzug liegt vor, wenn der Arbeitnehmer seine Arbeitsleistung vertragsgemäss anbietet und der Arbeitgeber ihm keine Arbeit anbieten will oder kann. Dazu beispielhaft die wichtigsten Fälle:

- Der Arbeitgeber **verweigert die Annahme der vertragsgemäss angebotenen Leistung.** Er lässt den Arbeitnehmer die Stelle gar nicht erst antreten, weil er einen anderen Arbeitnehmer eingestellt hat, oder er weist ihm keine Arbeit zu.
- Der Arbeitgeber **unterlässt die nötigen Vorbereitungshandlungen**, damit der Arbeitnehmer seine Arbeit leisten kann. Er stellt die notwendigen Arbeitsgeräte oder das Rohmaterial nicht zur Verfügung.
- Es liegt eine **Betriebsstörung** vor. Betriebsstörungen (z. B. Absturz des Computersystems) gehören ins unternehmerische Risiko des Arbeitgebers. Deshalb muss der Arbeitgeber auch den Lohn für die wegen Betriebsstörungen ausfallende Arbeitszeit bezahlen.

Ist der Arbeitgeber im Annahmeverzug, kann er **keine Nacharbeit** verlangen, wenn das Leistungshindernis beseitigt ist. Er muss also Lohn zahlen, ohne je zur entsprechenden Arbeitsleistung zu kommen.

Beim Arbeitnehmenden liegende Gründe: persönliche Verhinderung

Beim zweiten Fall ist der Mitarbeitende aus persönlichen Gründen an der Arbeit verhindert, z. B. wegen Krankheit, Unfall usw.

- Im **Arbeitsvertragsrecht befasst sich OR 324 a** mit dieser wichtigen Frage. Im Prinzip erfasst diese Regelung der Lohnfortzahlungspflicht sämtliche Fälle von persönlicher Verhinderung eines Mitarbeitenden.
- Zusätzlich gelten für obligatorisch versicherte Unfälle die Regeln des **Unfallversicherungsgesetzes (UVG)** und bei **Mutterschaft** die Bestimmungen zur Mutterschaftsentschädigung. Nach OR 324b ersetzen diese gesetzlich vorgeschriebenen Leistungen die Lohnfortzahlungspflicht des Arbeitgebenden, wenn der Arbeitnehmende mindestens 80 % des Lohns erhält. Erhält er weniger, muss der Arbeitgebende die Differenz zu 80 % bezahlen. Ebenfalls muss der Arbeitgebende 80 % des Lohns während der Wartefrist der Versicherung bezahlen (bezüglich Mutterschaftsentschädigung siehe auch Bundesgesetz über den Erwerbsersatz für Dienstleistende und bei Mutterschaft EOG 16b ff.).

B] Lohnfortzahlung nach OR 324 a

In der folgenden Grafik sind die drei Voraussetzungen dargestellt, unter denen der Mitarbeitende nach OR 324a bei Verhinderung an der Arbeitsleistung einen Lohnanspruch hat.

Abb. [19-1] **Voraussetzungen der Lohnfortzahlung bei Verhinderung an der Arbeitsleistung**

Lohnfortzahlung bei unverschuldeter Verhinderung des Arbeitnehmers (OR 324a)

Drei Voraussetzungen

Persönliches Hindernis	**Kein grobes Selbstverschulden** (keine Absicht oder Grobfahrlässigkeit)	**Minimale Dauer des Arbeitsverhältnisses**
Wichtigste Beispiele: • **Krankheit** • **Unfall** • **Schwangerschaft** Weitere Beispiele: • Gesetzliche Pflichten (wie Militär) • Öffentliches Amt • Familienereignisse (wie Heirat, Geburt, schwere Krankheit oder Tod eines nahen Verwandten) • Dringende persönliche Angelegenheiten	**Beispiel** Wegen eines Selbstunfalls ist Herr Tobler für drei Wochen arbeitsunfähig. • Bei leichter und mittlerer Fahrlässigkeit (z. B. plötzlich vereiste Strasse) besteht ein Lohnfortzahlungsanspruch. • Liegt aber Grobfahrlässigkeit vor (z. B. Herr Tobler war alkoholisiert), dann kann der Arbeitgeber die Lohnfortzahlung verweigern.	• **Ein befristetes Arbeitsverhältnis** muss für mehr als drei Monate eingegangen sein. Bei Kurzeinsätzen besteht also keine Pflicht des Arbeitgebers zur Lohnfortzahlung. • **Ein unbefristetes Arbeitsverhältnis** muss mehr als drei Monate gedauert haben. Nach OR ist der Arbeitgeber also in den ersten drei Monaten nicht zur Lohnfortzahlung verpflichtet.

Wie lange dauert die Lohnfortzahlung bei unverschuldeter Verhinderung?

OR 324a II schreibt vor, dass der Lohn im ersten Dienstjahr während **mindestens drei Wochen** weiterbezahlt werden muss, nachher für eine angemessene längere Zeit. Was angemessen ist, haben die Gerichte in langjähriger Praxis entwickelt. Heute haben sich in der Schweiz drei **gerichtliche Skalensysteme** ausgebildet, die voneinander abweichen:

Abb. [19-2] **Gerichtspraxis zur Lohnfortzahlung**

Dienstjahre	Basel-Stadt Wochen	Bern Wochen	Zürich Wochen
1	3	3	3
2	9	4	8
3	9	9	9
4	13	9	10
5	13	13	11
6	13	13	12
7	13	13	13
8	13	13	14
9	13	13	15
10	13	17	16
11	17	17	17
15	17	22	21
20	22	26	26
21	26	26	27
25	26	30	31
30	26	33	36
35	26	39	41
40	26	39	46

Das «Lohnfortzahlungskonto» beginnt nicht bei jeder Absenz neu zu laufen. **Verschiedene Absenzen innerhalb eines Dienstjahres werden zusammengezählt.**

Praktischer Anwendungsbereiche der Lohnfortzahlung nach OR 324a

In der Praxis kommt die Lohnfortzahlung nach OR 324a vor allem bei **krankheitsbedingten** Absenzen zur Anwendung. Wegen der kurzen Fristen, ist der gesetzliche Lohnschutz aber knapp bemessen. Der Lohn ist bei einer ernsthaften Erkrankung selbst bei einem über zehnjährigen Arbeitsverhältnis kaum für die ganze Genesungsdauer gesichert.

Deshalb schliessen heute viele Arbeitgebende für ihre Mitarbeitenden eine Krankentaggeldversicherung ab, die dann nur einen bestimmten Prozentsatz des Lohns (z.B. 70 % oder 80 %) versichert, dies aber unabhängig vom Dienstalter für einen längeren Zeitraum (z. B. zwei Jahre) tut. Solche Regelungen sind zulässig, wenn sie für den Arbeitnehmenden mindestens gleich gut wie der Schutz von OR 324a sind (OR 324a IV).

Hinweis

Lohn bei Arbeitsverhinderung wegen Unfall bzw. Mutterschaft

Heute sind in der Schweiz fast alle Arbeitnehmenden obligatorisch für Unfälle versichert. Man spricht in diesem Zusammenhang vom UVG-Obligatorium (OR 324b I). Wer ein Wochenpensum von mehr als acht Stunden hat, ist nicht nur für Unfälle während der Arbeit (Berufsunfälle), sondern auch für Unfälle während der Freizeit (Nichtberufsunfälle) versichert.

Ereignet sich ein Unfall, übernimmt die obligatorische Unfallversicherung die Heilungskosten und weitere Kosten und sie richtet ein Taggeld als Lohnersatz aus.

- Das Taggeld beträgt 80 % des versicherten Lohns. Es wird ab dem dritten Tag nach dem Unfall ausbezahlt, bis die verunfallte Person wieder arbeiten kann, oder bis ihre dauernde Erwerbsunfähigkeit feststeht und Invaliditätsleistungen ausbezahlt werden.
- Das UVG kennt ein Lohnmaximum. Versichert sind Löhne bis maximal 126 000 Franken pro Jahr (Stand 2011). Wer mehr verdient, erhält deshalb von der Unfallversicherung bloss 80 % von diesem Maximalbetrag und nicht 80 % vom vollen Lohn. Während der beschränkten Dauer seiner Lohnfortzahlungspflicht ist der Arbeitgeber allerdings verpflichtet, dem Arbeitnehmer die Differenz bis zu 80 % des vollen Lohns zu bezahlen (OR 324b I und II).
- Das Taggeld wird an den Arbeitgeber ausbezahlt. Dieser zahlt es als Lohnfortzahlung an den verunfallten Arbeitnehmer aus. Für die beiden Karenztage muss der Arbeitgeber den Lohn selbst tragen (OR 324b III).

Die Mutterschaftsentschädigung funktioniert im Prinzip ähnlich wie das Unfalltaggeld. Der Anspruch auf die Versicherungsleistung beginnt ab dem Tag der Geburt und dauert, bis die Arbeitnehmerin wieder arbeitet bzw. maximal vierzehn Wochen (OR 329 f).

- Das Taggeld beträgt 80 % des versicherten Lohns ab Geburt.
- Das versicherte Lohnmaximum beträgt 88 200 Franken pro Jahr (Stand 2009).
- Es wird an den Arbeitgeber ausbezahlt. Dieser zahlt es dann als Lohnfortzahlung an die Arbeitnehmerin aus. Sofern der Lohn das Lohnmaximum übersteigt, muss der Arbeitgeber die Differenz zwischen dem ausbezahlten Taggeld und 80 % des Lohns zahlen.

19.2 Die Fürsorgepflicht des Arbeitgebers – ein Bündel von Nebenpflichten

So wie der Arbeitnehmer über seine Arbeitspflicht hinaus zur Treue gegenüber seinem Arbeitgeber verpflichtet ist, schuldet der Arbeitgeber nicht nur Lohn, sondern auch Fürsorge. Man unterscheidet wie bei der Treuepflicht die allgemeinen und die besonderen Fürsorgepflichten. Die besonders wichtigen Fürsorgepflichten hat das Gesetz ausdrücklich geregelt. Es handelt sich um: Schutz der Persönlichkeit des Arbeitnehmers (OR 328), Gewährung von Freizeit und Ferien (OR 329 ff.), Ausstellung von Arbeitszeugnissen (OR 330a).

19.2.1 Der Persönlichkeitsschutz (OR 328)

Die Fürsorgepflicht verlangt vor allem, dass der Arbeitgeber die Persönlichkeit des Arbeitnehmers achtet und schützt. Juristisch gesehen hat der Persönlichkeitsschutz viele Facetten. Er bedeutet zunächst einmal Schutz von Leben und Gesundheit am Arbeitsplatz. Der Arbeitgeber muss alle möglichen und zumutbaren Massnahmen zum Schutz von Leben und Gesundheit treffen. Persönlichkeitsschutz heisst aber auch Schutz der beruflichen Ehre, des Ansehens im Betrieb, der Privatsphäre und der verfassungsmässigen Freiheitsrechte. Der Persönlichkeitsschutz ist nicht absolut, denn häufig stehen ihm die berechtigten Interessen des Arbeitgebers gegenüber. Daher hat der Arbeitnehmer vergleichsweise geringfügige Einschränkungen seiner Persönlichkeit in Kauf zu nehmen, wenn es die Arbeit unbedingt verlangt.

Beispiel

- Die Mitglieder der Berufsfeuerwehr müssen im Brandfall naturgemäss bis zu einem gewissen Grad ihre Gesundheit riskieren. Im einzelnen Einsatz muss der Arbeitgeber die Persönlichkeit des Arbeitnehmers aber so weit wie möglich schützen; den Feuerwehrleuten müssen die notwendigen und möglichen Schutzvorrichtungen (z. B. speziell hitzebeständige Anzüge) zur Verfügung stehen und sie dürfen sich Befehlen widersetzen, die ihre Gesundheit im Vergleich mit dem Arbeitgeberinteresse unverhältnismässig stark gefährden (z. B. «Holen Sie unter Lebensgefahr das teure Picassobild aus dem brennenden Haus»).
- Auch die Anordnung der Bank Y, dass alle Schalterbeamten einen Anzug tragen müssen, ist ein Eingriff in die Persönlichkeit der Arbeitnehmer. Er ist aber relativ geringfügig. Deshalb ist das Interesse der Bank, dass die Schalterbeamten mit ihrem äusseren Erscheinen im täglichen Kundenkontakt den gewünschten Eindruck erwecken, höher zu gewichten.

Zwei weitere wichtige Bereiche des Persönlichkeitsschutzes sind in besonderen Gesetzen geregelt:

- im **Gleichstellungsgesetz** das Verbot der Diskriminierung von Mitarbeitenden sowie
- im **Datenschutzgesetz** der Schutz von Mitarbeiterdaten.

Die Gleichstellung von Mann und Frau im Arbeitsleben

Das Bundesgesetz über die Gleichstellung von Frau und Mann (GlG) will die **Gleichstellung von Frau und Mann** im Erwerbsleben erreichen und generell die **Diskriminierung** von Mitarbeitenden bei der Anstellung, Aufgabenzuteilung, Entlöhnung, Weiterbildung, Beförderung und Entlassung unterbinden (GlG 3 II).

- Bei einer **Diskriminierung** hat die betroffene Arbeitnehmerin oder der betroffene Arbeitnehmer **verschiedene Rechtsansprüche** wie die Beseitigung der Diskriminierung, die Zahlung des geschuldeten Lohns oder die Zahlung einer Entschädigung (bei sexueller Belästigung beispielsweise bis sechs Monatslöhne, GlG 5). Bezüglich der Aufgabenzuteilung, Entlöhnung, Weiterbildung, Beförderung und Entlassung wird eine Diskriminierung vermutet, wenn diese von der betroffene Arbeitnehmerin oder dem betroffenen Arbeitnehmer glaubhaft gemacht wird. Der Gleichstellung fordernde Arbeitnehmer hat also im Streitfall die Diskriminierung nicht umfassend zu beweisen, sondern bloss glaubhaft zu machen (sogenannte Beweislasterleichterung, GlG 6).
- Die **Kündigung des Arbeitsverhältnisses** durch die Arbeitgeber ist anfechtbar, wenn sie ohne begründeten Anlass auf eine innerbetriebliche Beschwerde über eine Diskriminierung oder auf die Anrufung des Gerichts durch die Arbeitnehmerin oder den Arbeitnehmer folgt. Der Kündigungsschutz gilt für die Dauer eines innerbetrieblichen Beschwerdeverfahrens oder eines Gerichtsverfahrens sowie sechs Monate darüber hinaus (GlG 10).
- Für Streitigkeiten über Diskriminierung im Arbeitsleben bezeichnen die Kantone **Schlichtungsstellen,** die die Parteien beraten und die versuchen, eine Einigung herbeizuführen. Das Schlichtungsverfahren ist kostenlos. Erreicht die Schlichtungsstelle keine Einigung, können die Parteien ihre Ansprüche vor dem Arbeitsgericht geltend machen (GlG 11 f., OR 343).

Beispiel

Arbeitnehmerin Z wird von ihrem Arbeitgeber sexuell belästigt. Was für Rechtsansprüche hat Z und wie kann sie vorgehen, um diese einzufordern? Das Gleichstellungsgesetz schützt die sexuelle Integrität von Arbeitnehmerin Z am Arbeitsplatz. Sie kann aufgrund des Gleichstellungsgesetzes eine Entschädigung von bis zu sechs Monatslöhnen geltend machen, zudem wird sie Schadenersatz- und Genugtuungsansprüche aufgrund des Obligationenrechts prüfen (OR 49, 97 sowie 328, der ein konkreter Anwendungsfall des allgemeinen Persönlichkeitsschutzes von ZGB 28 ff. ist). Arbeitnehmerin Z wendet sich an die kantonale Schlichtungsstelle. Erreicht die Schlichtungsstelle keine Einigung zwischen den Parteien, hat Z die Möglichkeit das Arbeitsgericht anzurufen.

Der Datenschutz im Arbeitsleben

Die Bearbeitung von Personendaten im Arbeitsverhältnis ist in OR 328b geregelt. Der Arbeitgeber darf Daten über den Arbeitnehmer nur bearbeiten, soweit sie dessen Eignung für das Arbeitsverhältnis betreffen oder zur Durchführung des Arbeitsvertrages erforderlich sind.

Beispiel

Arbeitgeber Y fragt anlässlich eines Vorstellungsgesprächs nach Vorstrafen. Eine allgemeine Frage nach Vorstrafen ist jedoch nicht zulässig. Bei der Anstellung eines Kassiers kann aber beispielsweise die Frage nach Vermögensdelikten gerechtfertigt sein. Auch die Frage nach einer Schwangerschaft ist nur ausnahmsweise zulässig, wenn nämlich die zukünftige Tätigkeit während der Schwangerschaft nicht ausgeübt werden kann (so zum Beispiel beim Beruf einer Tänzerin, eines Models oder bei körperlich sehr anstrengender Arbeit). Bei unzulässigen Fragen hat die befragte Person ein «Notwehrrecht der Lüge», um nicht schlechter gestellt zu werden als ungeniert lügende Mitkonkurrenten.

Im Übrigen verweist das OR auf die Bestimmungen des **Datenschutzgesetzes** (DSG). Seine wichtigsten Grundsätze sind:

- **Daten dürfen vom Datenerfasser nur rechtmässig beschafft werden.** Ihre Bearbeitung hat nach Treu und Glauben zu erfolgen und muss verhältnismässig sein. Personendaten dürfen nur zu dem Zweck bearbeitet werden, der bei der Beschaffung angegeben wurde, aus den Umständen ersichtlich oder gesetzlich vorgesehen ist (DSG 4).
- **Wer Personendaten bearbeitet, hat sich über deren Richtigkeit zu vergewissern.** Jede betroffene Person kann verlangen, dass unrichtige Daten berichtigt werden (DSG 5).
- Die bearbeiteten Daten sind durch geeignete technische und organisatorische Massnahmen **vor dem unbefugten Zugriff durch Dritte zu schützen.** Der Datenerfasser hat eine Geheimhaltungspflicht bezüglich der bearbeiteten Daten, und der Betroffene kann vom Datenerfasser Auskunft über seine Daten verlangen (DSG 7 ff.).
- **Der frühere Arbeitgeber eines Arbeitnehmers darf ohne dessen Zustimmung keine Auskünfte über ihn erteilen.** Das Datenschutzgesetz sowie darauf Bezug nehmende Gerichts
- urteile untersagen Referenzauskünfte ohne Zustimmung des Arbeitnehmers (DSG 12 II lit. b und c).
- Die **unbefugte Verwertung von Daten** wird auf Antrag mit Haft oder Busse bestraft (DSG 34 f.).
- Nach dem **Ausscheiden eines Arbeitnehmers ist sein Personaldossier** auf jene Daten zu reduzieren, die zur Begründung beziehungsweise zur Abwehr von arbeitsrechtlichen Ansprüchen geeignet und erforderlich sind oder bei denen eine gesetzliche Pflicht zur Aufbewahrung besteht. Die Aufbewahrungsdauer hängt von der Art der Daten ab; normalerweise ist sie auf fünf Jahre begrenzt. Danach müssen die Daten vernichtet werden.

19.2.2 Freizeit (OR 329)

Der Arbeitgeber muss dem Arbeitnehmer Freizeit gewähren. Man unterscheidet normale und ausserordentliche Freizeit:

- **Normale Freizeit:** Der Arbeitnehmer hat gemäss OR 329 I und II mindestens einen freien Tag pro Woche zugute. OR 329 I und II haben aber nur noch geringe Bedeutung, weil das öffentliche Arbeitsrecht weiter geht (das ArG setzt 1 $1/2$ Freitage pro Woche fest), vor allem aber, weil die meisten EAV und GAV die Fünftagewoche vorsehen.
- **Ausserordentliche Freizeit** (OR 329 III): Der Arbeitgeber muss dem Arbeitnehmer während der Arbeitszeit freigeben, damit dieser persönliche Angelegenheiten erledigen (Behördengänge, Arztbesuch etc.), an wichtigen Familienereignissen teilnehmen (Hochzeit, Beerdigung etc.), besondere Pflichten erfüllen (z. B. Fahrprüfung, militärische Inspektion) oder eine neue Arbeitsstelle suchen kann. Diese Freizeit darf weder von den Ferien abgezogen werden, noch muss sie unentgeltlich nachgeholt werden. Allerdings besteht kein Anspruch auf ausserordentliche Freizeit, soweit die persönlichen Angelegenheiten während der normalen Freizeit erledigt werden können, was insbesondere bei Gleitzeit oft möglich ist. In vielen Firmenreglementen und GAV ist die ausserordentliche Freizeit detailliert geregelt.

19.2.3 Ferien (OR 329a–329c)

Jeder Arbeitnehmer hat einen Mindestanspruch auf **vier Wochen** bezahlte Ferien pro Jahr, und zwar auch bei Teilzeit- und Temporärarbeit. Ausnahme: Jugendliche **unter 20 Jahren** haben **fünf Wochen** Ferien (OR 329a I). Zudem gehen manche EAV und GAV über das gesetzliche Minimum hinaus.

Den **Zeitpunkt** der Ferien bestimmt der Arbeitgeber. Er hat dabei die Interessen des Arbeitnehmers zu berücksichtigen (OR 329c II). Nach dem Gesetz müssen **mindestens zwei Wochen zusammenhängen** (OR 329c I). Die Ferien müssen im **Verlauf** des betreffenden **Dienstjahres** gewährt werden (OR 329c I). Davon darf nur ausnahmsweise zugunsten betrieblicher Interessen abgewichen werden. Der Arbeitnehmer kann die Ferien dann innert **zehn Jahren** nachbeziehen (so lange dauert die **Verjährungsfrist** für Ferienansprüche).

Der Arbeitgeber muss dem Arbeitnehmer auch während der Ferien den **üblichen Lohn** zahlen, inklusive durchschnittliche Nebenleistungen wie Zulagen, Provision, Trinkgelder usw. Eine Abgeltung der Ferien durch Geldzahlung ist nur in zwei **Ausnahmefällen** erlaubt: (1) bei unregelmässiger Teilzeit-, Temporär- oder Heimarbeit (Abgeltung über Ferienprozente); (2) bei Beendigung des Arbeitsverhältnisses, wenn während der Kündigungsfrist nicht mehr alle Ferien bezogen werden konnten.

Hinweis

Zur Durchsetzung des Abgeltungsverbots wenden die Gerichte folgende für den Arbeitgeber nachteiligen Regeln an: Selbst wenn der Arbeitnehmer die Abgeltung entgegengenommen hat, kann er nachträglich auf der Erfüllung seines Ferienanspruchs samt Lohnzahlung bestehen. Der Arbeitgeber riskiert also eine Doppelzahlung.

Weitere Fragen im Zusammenhang mit dem Ferienanspruch:

- **Pro-Rata-Temporis-Anspruch:** Beginnt oder endet das Arbeitsverhältnis während des Jahres, müssen die Ferien anteilsmässig gewährt werden (gemäss OR 329a III).
- **Zu viel bezogene Ferien:** Der Arbeitgeber kann verlangen, dass sie der Arbeitnehmer mit Überstunden «abarbeitet». Ist das nicht möglich, dann kann er den zu viel bezahlten Ferienlohn nur zurückfordern, wenn es verabredet oder üblich ist.
- **Krankheit/Unfall während der Ferien:** Kann man sich wegen Krankheit oder Unfall während der Ferien nicht erholen, hat man einen Anspruch auf Nachgewährung der betreffenden Ferientage.
- **Feiertage während der Ferien** werden nicht als Ferientage gezählt.
- Ein Anspruch auf **unbezahlten Urlaub** besteht nur, wenn es verabredet oder in einem GAV vorgeschrieben ist. Mit einer Ausnahme: Nach OR 329e haben Arbeitnehmer bis 30 Anspruch auf maximal eine Woche unbezahlten Urlaub für unentgeltliche Jugendarbeit (Jugendurlaub).

19.2.4 Mutterschaftsurlaub (OR 329f)

Nach der Niederkunft hat die Arbeitnehmerin Anspruch auf einen **Mutterschaftsurlaub** von mindestens **14 Wochen** (OR 329f). Diese Vorschrift ist relativ zwingend (OR 362). Das Bundesgesetz über den Erwerbsersatz für Dienstleistende und bei Mutterschaft (Erwerbsersatzgesetz, EOG) regelt die Details der Mutterschaftsentschädigung.

- **Beginn des Anspruchs.** Der Entschädigungsanspruch entsteht am Tag der Niederkunft (EOG 16c).
- **Ende des Anspruchs.** Der Anspruch endet am 98. Tag nach seinem Beginn. Er endet vorzeitig, wenn die Mutter ihre Erwerbstätigkeit wieder aufnimmt oder wenn sie stirbt (EOG 16d).
- **Höhe der Bemessung.** Die Mutterschaftsentschädigung wird als Taggeld ausgerichtet. Das Taggeld beträgt 80 % des durchschnittlich erzielten Erwerbseinkommens, wobei ein Höchstbetrag gilt (EOG 16e und f).

19.2.5 Das Arbeitszeugnis (OR 330a)

Eine wichtige besondere **Fürsorgepflicht** ist die Pflicht zur Ausstellung eines **Arbeitszeugnisses.** Der Arbeitnehmer darf schon während des Arbeitsverhältnisses ein **Zwischenzeugnis** verlangen. Normalerweise wird aber erst am Ende der Zusammenarbeit ein **Schlusszeugnis** ausgestellt. Ein solches kann auch noch bis zu **zehn Jahre** nach Auflösung des Arbeitsverhältnisses verlangt werden. Es liegt jeweils am Arbeitnehmer zu wählen, ob er ein **einfaches Zeugnis** (nur Arbeitsbestätigung) oder ein **qualifiziertes Zeugnis** (zusätzliche Angaben über Leistungen und Verhalten) wünscht. Das Zeugnis muss **vollständig, genau, wahr** und **wohlwollend** sein. Es darf aber auch negative Qualifikationen enthalten, sofern diese den Tatsachen entsprechen und für die Gesamtbeurteilung des Arbeitnehmers nicht nebensächlich sind. Für ein falsches Zeugnis ist der alte Arbeitgeber dem neuen gegenüber schadenersatzpflichtig. Entspricht das Zeugnis diesen gesetzlichen Anforderungen nicht, dann kann der Arbeitnehmer Ergänzung bzw. Berichtigung fordern und notfalls gerichtlich einklagen.

19.3 Die Ansprüche des Arbeitnehmers bei Pflichtverletzungen des Arbeitgebers

19.3.1 Verletzung der Lohnzahlungspflicht

Zahlt der Arbeitgeber überhaupt keinen oder zu wenig Lohn aus, so verletzt er seine **Hauptpflicht.** Es liegt also **Nichterfüllung des Arbeitsvertrags** vor. Um seine Lohnforderung durchzusetzen, muss der Arbeitnehmer seinen Arbeitgeber **betreiben,** oder sogar – falls dieser die Schuld bestreitet – gegen ihn klagen.

Hinweis

So, wie der Arbeitgeber bei Nichterfüllung des Arbeitnehmers den Lohn verweigern darf, kann theoretisch auch der Arbeitnehmer die Arbeit niederlegen. Nur nützt ihm das nicht viel, denn er ist ja vorleistungspflichtig, d. h., er muss zuerst arbeiten und erhält erst dann den Lohn. Eine Arbeitsniederlegung als Reaktion auf nicht bezahlten Lohn fällt nun aber bereits in die nächste Lohnperiode, in der er ja eigentlich arbeiten müsste, damit er den nächsten Lohn bekommt. Arbeitet er nicht, dann kann ihm der Arbeitgeber den Lohn für die laufende Lohnperiode verweigern. Deswegen bleibt dem Arbeitnehmer nur die **Betreibung** bzw. der Gang zum **Gericht.**

Daneben kann der Arbeitnehmer auch **Schadenersatz** wegen verspäteter Lohnzahlung verlangen. Der Arbeitgeber muss auf jeden Fall Verzugszinsen von mindestens 5 % des Lohnes bezahlen (OR 104). Macht der Arbeitnehmer einen höheren Schaden geltend, – z. B. wenn er zur Bezahlung hoher Zahnarztkosten einen Kleinkredit aufnehmen musste –, dann kann er zusätzlichen Schadenersatz im entsprechenden Umfang verlangen (OR 106).

Zusätzlich kann der Arbeitnehmer auch **kündigen,** wobei die fristlose Kündigung nur möglich ist, wenn die Lohnzahlung trotz Mahnung wiederholt ausgeblieben ist (dazu später).

19.3.2 Verletzung von Fürsorgepflichten

Fürsorgepflichten sind Nebenpflichten des Arbeitgebers. Ihre Verletzung bedeutet also bloss **Schlechterfüllung** des Arbeitsvertrags. Die Möglichkeiten des Arbeitnehmers:

- **Klage auf richtige Erfüllung des Vertrags:** Der Arbeitnehmer kann verlangen, dass der Arbeitgeber seine Fürsorgepflichten erfüllt, bzw. ein ihnen widersprechendes Verhalten aufgibt; z. B.: Klage auf Anbringung der vorgeschriebenen Sicherheitsvorrichtungen an Maschinen oder auf Ausstellen eines Arbeitszeugnisses.
- **Recht auf Schadenersatz:** Immer wenn die Pflichtverletzung den Arbeitnehmer finanziell schädigt, hat er einen Schadenersatzanspruch.

- **Kündigung:** Die ordentliche Kündigung ist natürlich immer möglich, die fristlose dagegen nur ausnahmsweise bei schweren Pflichtverletzungen (z. B. bei einer schweren Persönlichkeitsverletzung).
- **Einstellen der Arbeit:** Ausnahmsweise darf der Arbeitnehmer die Arbeit niederlegen, dann nämlich, wenn die Verletzung der Fürsorgepflicht so bedeutend ist, dass die Arbeitsleistung **nicht mehr möglich** bzw. **unzumutbar** ist (Beispiel: der Arbeitgeber bringt die nötigen Schutzvorrichtungen an einer gefährlichen Maschine nicht an). Der Arbeitgeber gelangt dadurch in **Annahmeverzug** (OR 324 I), weswegen der Arbeitnehmer trotz Arbeitsniederlegung seinen vollen Lohnanspruch behält.

Zusammenfassung

Die **Pflichten des Arbeitgebers** im EAV:

Pflichten Arbeitgeber

Hauptpflicht

Lohnzahlung

- **Zusammensetzung und Höhe** nach vertraglicher Vereinbarung
- **Ohne Arbeit kein Lohn,** ausser bei Annahmeverzug des Arbeitgebers (OR 324) und bei unverschuldeter Verhinderung des Arbeitnehmers (OR 324a/b)

Nebenpflicht

Allgemeine Fürsorgepflicht

Berechtigte Interessen des Arbeitnehmers wahren, sofern zumutbar (Generalklausel)

Besondere Fürsorgepflichten

- Schutz der Persönlichkeit des Arbeitnehmers
- Einräumung der normalen und ausserordentlichen Freizeit
- Mutterschaftsurlaub von 14 Wochen (Entschädigung durch Taggeld nach dem EOG)
- Jährlicher Ferienanspruch bei voller Bezahlung
- Arbeitszeugnis: Zwischenzeugnis und Schlusszeugnis

Im Bereich des Arbeitsrechts basiert der Schutz einer Person, über die Daten gesammelt werden, auf dem **Bundesgesetz über den Datenschutz** (DSG) sowie auf OR 328b. Das **Gleichstellungsgesetz** bezweckt die Förderung der Gleichstellung der Geschlechter und verbietet die Diskriminierung von Arbeitnehmenden aufgrund ihres Geschlechts. Einzelne Mitarbeitende dürfen nicht willkürlich schlechter gestellt werden. Basis bildet das Bundesgesetz über die Gleichstellung von Mann und Frau (GIG).

Je nach Art der Pflichtverletzung des Arbeitgebers stehen dem Arbeitnehmer folgende Rechte zu:

- **Nichterfüllung = Verletzung der Lohnzahlungspflicht**
  - Klage auf Erfüllung/Betreibung
  - Recht auf Schadenersatz (Verzugszinsen und zusätzlicher Schaden)
  - Ordentliche oder (ausnahmsweise bei wiederholter oder beharrlicher Weigerung) fristlose Kündigung
- **Schlechterfüllung = Verletzung der Fürsorgepflicht**
  - Klage auf Erfüllung, Recht auf Schadenersatz
  - Normalerweise nur ordentliche Kündigung; fristlose nur ganz ausnahmsweise bei schwerer Pflichtverletzung
  - Einstellen der Arbeit, wenn die Pflichtverletzung die Arbeit unmöglich oder unzumutbar macht

Repetitionsfragen

66

A] Hanspeter Latour hat seit zwei Wochen nicht mehr gearbeitet. Unter welchen Voraussetzungen hat er trotzdem Anspruch auf den Lohn?

B] Wie lange dauert der Lohnfortzahlungsanspruch?

67

A] Aus betrieblichen Gründen ordnet der Arbeitgeber im November an, dass die ganze Belegschaft im August des nächsten Jahres drei Wochen Ferien nehmen muss. Darf er das?

B] Nicole Ritz hat schon vor längerer Zeit eine dreiwöchige Ferienreise im März gebucht, in der Annahme, sie kriege dann schon frei. Muss sie nun diese Ferienreise verschieben?

68

Welche Art der Vertragsverletzung liegt in den folgenden Fällen vor, und wie müsste der Arbeitnehmer vorgehen?

A] Der Arbeitnehmer erhält ein Zwischenzeugnis, das seinen Leistungen nicht entspricht.

B] Der Arbeitgeber zahlt den Lohn jeweils erst am 6. des Monats aus statt wie abgemacht am 25. des Monats.

C] Der Arbeitgeber weist dem Arbeitnehmer Arbeiten ausserhalb des Pflichtenhefts zu.

D] Der Arbeitgeber stellt dem Arbeitnehmer keinen Arbeitsplatz zur Verfügung.

69

Reto Bonatti bewirbt sich für eine neue Stelle als Kassierer in einem Detailhandelsgeschäft. Der künftige Arbeitgeber stellt ihm einige Fragen, bei denen er nicht sicher ist, ob sie zulässig sind:

A] «Ich sehe, dass Sie ebenfalls in unserer Gemeinde wohnen. Wie nehmen Sie am sozialen Leben in der Gemeinde teil? Sind Sie auch im einen oder anderen Verein Mitglied – das wirkt sich nämlich sehr verkaufsfördernd aus.»

B] «In unserer Gemeinde leben viele Portugiesen und Spanier. Beherrschen Sie eine Sprache, die die Verständigung mit diesen Leuten ermöglicht, oder wären Sie bereit, eine dieser Sprachen zu erlernen?»

C] «Als Kassierer haben Sie eine Vertrauensstellung. Sind Sie vorbestraft?»

70

Der Geschäftsführer eines Kleinunternehmens ist auch Mitglied des Turnvereins. Als solcher ist er angehalten, neue Mitglieder zu werben. Anstatt selber zu werben, gibt er die Daten seiner Mitarbeitenden an den Vorstand des Turnvereins weiter. Ist das erlaubt?

71

Nehmen Sie in einigen Sätzen Stellung zum folgenden Sachverhalt:

«Eine Chemikerin klagt, sie sei wegen der Mutterschaft entlassen worden, obwohl sie immer gute Qualifikationsbeurteilungen erhalten hat und ihr deswegen kurz vor der Schwangerschaft noch der Lohn erhöht wurde. Die Chemikerin erhält nach Ablauf des Kündigungsschutzes während der Mutterschaft die Kündigung. Sie klagt, dass ihr wegen der Schwangerschaft und den damit verbundenen Absenzen gekündigt worden sei.»

A] Welche Ansprüche kann die Klägerin mit der Klage geltend machen?

B] Argumentieren Sie aus der Sicht des Arbeitgebers, der eine Diskriminierung bestreitet, für eine Abweisung der Klage.

20 Die Beendigung des Arbeitsverhältnisses

Lernziele

Nach der Bearbeitung dieses Kapitels können Sie ...

- die fünf Gründe aufzählen, die zur Beendigung des Arbeitsverhältnisses führen können.
- erklären, was man unter einer ordentlichen Kündigung, einer missbräuchlichen Kündigung, einer Kündigung zur Unzeit und unter einer fristlosen Kündigung versteht.
- aufzeigen, welche Kündigungsfristen und Kündigungstermine bei der ordentlichen Kündigung gelten.
- erklären, was eine missbräuchliche Kündigung des Arbeitgebers ist, was sie bewirkt und wie sich der Arbeitnehmer dagegen zur Wehr setzen kann.
- erklären, was eine Kündigung zur Unzeit ist und was sie bewirkt.
- erklären, was eine fristlose Kündigung ist und was der Arbeitnehmer unternehmen kann, wenn sie zu Unrecht ausgesprochen wurde.

Schlüsselbegriffe

Fristlose Kündigung, Kündigungsfrist, Kündigungstermin, Kündigung zur Unzeit, Kündigungsschutz, missbräuchliche Kündigung, ordentliche Kündigung, Probezeit, Tod des Arbeitnehmers

Ein Arbeitsverhältnis kann aus **vier** Gründen enden, nämlich:

Abb. [20-1] **Vier Gründe für eine Beendigung des Arbeitsverhältnisses**

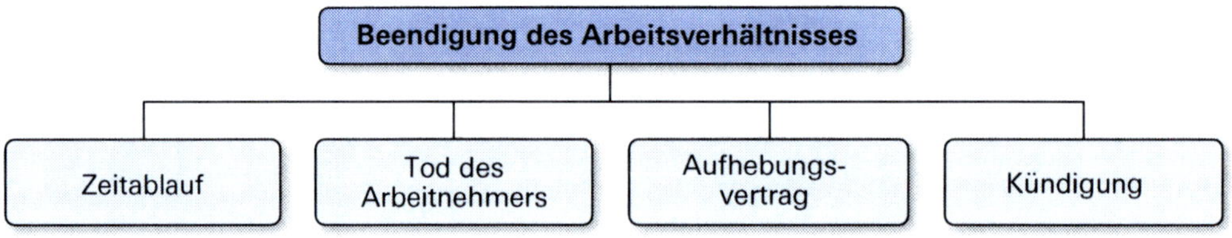

- **Zeitablauf (OR 334):** Befristete Arbeitsverhältnisse enden ohne weiteres Zutun mit Ablauf der vertraglich vereinbarten Dauer. Eine Kündigung ist weder nötig noch möglich!
- **Tod des Arbeitnehmers (OR 338):** Mit dem Tod des Arbeitnehmers geht das Arbeitsverhältnis unter (OR 338 I). Hinterlässt der verstorbene Arbeitnehmer unterstützungsbedürftige Personen (v. a. Ehegatten oder minderjährige Kinder), dann muss der Arbeitgeber ihnen gemeinsam einen vollen Monatslohn (ab fünf Dienstjahren zwei Monatslöhne) auszahlen (**Lohnnachgenuss,** OR 338 II).
- **Aufhebungsvertrag (OR 115):** Wie alle Verträge kann auch der unbefristete und befristete Arbeitsvertrag **jederzeit** mit einem Aufhebungsvertrag beendet werden. Mündlichkeit genügt; aus Beweisgründen empfiehlt sich jedoch die Schriftform.
- **Kündigung:** Mit der Kündigung können beide Parteien das Arbeitsverhältnis **einseitig** auflösen. Es gilt der Grundsatz der **Kündigungsfreiheit:** Beide Parteien können prinzipiell zu beliebiger Zeit und aus beliebigem Grund kündigen. Da aber die Kündigung den Gekündigten in grosse Schwierigkeiten bringen kann, schränkt das OR die Kündigungsfreiheit mit verschiedenen Regeln ein; es gibt zeitliche und sachliche Beschränkungen. Neben der **ordentlichen Kündigung** mit ihren zeitlichen und sachlichen Schranken kennt das Gesetz auch die **fristlose Kündigung.** Letztere kann dann das Arbeitsverhältnis mit sofortiger Wirkung beenden.

Hinweis

- **Ausnahme Zeitablauf:** Wurde das Arbeitsverhältnis für **länger als 10 Jahre** eingegangen, dann können es beide Parteien nach Ablauf von 10 Jahren kündigen (OR 334 III). Recht häufig werden befristete Arbeitsverhältnisse nach Ablauf der Frist einfach kommentarlos weitergeführt. Das Gesetz behandelt sie dann als unbefristete Arbeitsverhältnisse (OR 334 II). Befristet bleiben sie nur, wenn die Parteien eine neue Frist vereinbaren. Wird ein befristetes Arbeitsverhältnis mehrere Male verlängert, dann spricht man von einem **Kettenarbeitsvertrag.** Solche Verträge sind nur zulässig, wenn es dafür einen sachlich gerechtfertigten Grund gibt. Werden sie dagegen abgeschlossen, um den Kündigungsschutz des Arbeitnehmers oder die Sozialleistungen zu umgehen, sind sie ungültig. Sie werden dann wie ein unbefristetes Arbeitsverhältnis behandelt.
- Mit der **Pensionierung** des Arbeitnehmers endet das Arbeitsverhältnis nicht automatisch, sondern erst mit dessen Kündigung. Dasselbe gilt bei **Tod oder Konkurs des Arbeitgebers:** Das Arbeitsverhältnis dauert so lange fort, bis es von den Erben, der Konkursverwaltung oder dem Arbeitnehmer selbst gekündigt wird (siehe dazu auch OR 337a und 338a).

20.1 Die ordentliche Kündigung

Wenn der Arbeitnehmer kündigt, muss der Arbeitgeber seine Stelle neu besetzen, und umgekehrt muss der Arbeitnehmer eine neue Stelle finden, wenn ihm der Arbeitgeber kündigt. Beides geht nicht von einem Tag auf den andern. Deshalb sieht das OR **Kündigungsfristen** vor. Zusätzlich bietet das OR auch einen (minimalen) **Kündigungsschutz.** Unzulässig sind **rechtsmissbräuchliche** Kündigungen und Kündigungen, die während der **Sperrfristen** ausgesprochen werden.

20.1.1 Kündigungsfristen

Unter der Kündigungsfrist versteht man den Zeitraum zwischen Eingang der Kündigung und tatsächlichem Ende des Arbeitsverhältnisses. Die Länge der Kündigungsfrist hängt von der Dauer des Arbeitsverhältnisses ab.

A] Die Kündigung

Die Kündigung ist eine **einseitige** Erklärung des Kündigenden an den Gekündigten. Sie ist **empfangsbedürftig,** d. h., sie wirkt mit Eingang beim Gekündigten.

- Der Kündigende muss dafür sorgen, dass die Kündigung **rechtzeitig** beim Gekündigten eingeht. Wie bei einer Offerte genügt es, dass der Gekündigte die Möglichkeit hatte, die Kündigung einzusehen. Ob er sie tatsächlich zur Kenntnis genomen hat, spielt dann keine Rolle.
- Der Kündigende muss im Streitfall **beweisen,** dass die Kündigung rechtzeitig beim Gekündigten eingegangen ist (ZGB 8). Eine Kündigung sollte deshalb per eingeschriebenem Brief erfolgen. Wird die Kündigung bloss mündlich ausgesprochen, sollte der Gekündigte schriftlich bestätigen, dass er die Kündigung zur Kenntnis genommen hat.

B] Kündigung während der Probezeit

Probezeit ist im Normalfall der **erste Monat** eines Arbeitsverhältnisses (OR 335b I). Sie kann durch schriftliche Abmachung verkürzt oder auf maximal 3 Monate verlängert werden (OR 335b II). Zeiten der Arbeitsverhinderung verlängern die Probezeit entsprechend (OR 335b III).

Während der Probezeit beträgt die Kündigungsfrist **7 Tage** (OR 335b I). Sie kann jedoch durch Abmachung der Parteien **verkürzt** oder sogar ganz **wegbedungen** werden. Die Kündigungsfrist beginnt ab dem Kündigungseingang folgenden Tag zu laufen.

C] Kündigung nach Ablauf der Probezeit

Sobald die Probezeit abgelaufen ist, gelten die Kündigungsfristen von OR 335c. Die Kündigung muss auf das Ende eines Monats erfolgen. Die Kündigungsfristen betragen:

Dauer des Arbeitsverhältnisses	Kündigungsfrist
1. Dienstjahr	1 Monat auf das Ende eines Monats
2. bis und mit 9. Dienstjahr	2 Monate auf das Ende eines Monats
ab 10. Dienstjahr	3 Monate auf das Ende eines Monats

Diese Kündigungsfristen können durch schriftliche Abmachung der Parteien, Normalarbeitsvertrag oder Gesamtarbeitsvertrag verkürzt oder verlängert werden. Eine Verkürzung **unter einen Monat** ist jedoch nur für das erste Dienstjahr und nur durch Gesamtarbeitsvertrag möglich (OR 335c II). Vorausgesetzt ist immer, dass die veränderten Kündigungsfristen für beide Parteien gleich lang sind (OR 335a I).

20.1.2 Der Schutz vor rechtsmissbräuchlichen Kündigungen (OR 336)

Rechtsmissbräuchlich ist eine Kündigung, wenn sie als **sachlich ungerechtfertigt** erscheint. Ausschlaggebend sind also die Motive, die zur Kündigung führen. Nun ist es aber nicht ganz einfach, eine Grenze zwischen sachlich gerechtfertigten und nicht gerechtfertigten Kündigungsgründen zu ziehen. Aus diesem Grund bringt OR 336 eine beispielhafte Aufstellung rechtsmissbräuchlicher Kündigungsgründe; die wichtigsten sind Kündigungen wegen:

- Militärdienst
- Ausübung verfassungsmässiger Rechte
- Geltendmachung von Rechtsansprüchen gegenüber dem Vertragspartner
- Ausübung gewerkschaftlicher Tätigkeit
- Tätigkeit als Arbeitnehmervertreter

Beispiel

- Militärdienst: Der Arbeitgeber kündigt seinem tadellosen Mitarbeiter, weil er den Leutnant abverdienen muss.
- Ausübung verfassungsmässiger Rechte: Der Arbeitgeber kündigt einer Mitarbeiterin, weil sie in einer politischen Frage, die für das Arbeitsverhältnis nicht von Belang ist, anderer Meinung ist und diese öffentlich äussert.
- Ausübung gewerkschaftlicher Tätigkeit: Der Arbeitgeber kündigt einem Mitarbeiter, weil er sich als Mitglied einer Gewerkschaft engagiert.
- Tätigkeit als Arbeitnehmervertreterin: Der Arbeitgeber kündigt einer Mitarbeiterin, die als Arbeitnehmervertreterin in den Stiftungsrat der Personalvorsorgestiftung gewählt wurde.

Nach allgemeinen Rechtsgrundsätzen ist die rechtsmissbräuchliche Kündigung eigentlich nichtig, d. h. wirkungslos. Das OR stellt hier aber eine Spezialregel auf: Auch eine rechtsmissbräuchliche Kündigung führt zur **Auflösung des Arbeitsverhältnisses** (OR 336a). Allerdings wird der Kündigende zu einer **Entschädigung** verpflichtet. Diese wird vom Richter festgesetzt und beträgt maximal sechs Monatslöhne.

Beispiel

Der Arbeitgeber kündigt dem Arbeitnehmer, weil er seiner Meinung nach viel zu viel im Militär ist. Es liegt also eine rechtsmissbräuchliche Kündigung vor. Trotzdem ist sie gültig, und der Arbeitsvertrag wird aufgelöst. Der Arbeitnehmer kann vom Arbeitgeber aber eine Entschädigung von maximal sechs Monatslöhnen verlangen.

Nun fragt sich natürlich, wie man gegen eine rechtsmissbräuchliche Kündigung **vorgehen** soll. Dazu ein Fallbeispiel:

Ausgangslage

Der Arbeitnehmer aus unserem letzten Beispiel erhält also die Kündigung zugestellt. Darin heisst es sinngemäss: «Sehr geehrter Herr X, wir werden in Zukunft auf Ihre Dienste verzichten und kündigen das Arbeitsverhältnis fristgemäss auf den xx.x.20xx.» Einen Kündigungsgrund enthält das Schreiben nicht. X hat das Gefühl, dass die Kündigung nicht zulässig ist, weil sie wegen seiner militärdienstbedingten Abwesenheiten ausgesprochen wurde. Wie soll er vorgehen?

1. Schritt

Eine erste Möglichkeit bietet ihm OR 335 II. Er kann von seinem Arbeitgeber eine **schriftliche Begründung** der Kündigung verlangen. Wenn er Glück hat, wird der Arbeitgeber den wahren Grund, eben den Militärdienst, zugeben. In der Regel wird er sich allerdings davor hüten und einen anderen mehr oder weniger plausiblen Grund vorschieben (z. B. schlechte Auftragslage, Umstrukturierung des Betriebs, usw.). Kurz: X kann nicht damit rechnen, dass ihm die Begründung des Arbeitgebers weiterhilft.

2. Schritt

X muss beim Arbeitgeber **längstens bis zum Ende der Kündigungsfrist** gegen die Kündigung **schriftlich Einsprache** erheben (aus Beweisgründen mit eingeschriebenem Brief). Damit tut er kund, dass er mit der Kündigung nicht einverstanden ist (OR 336b I).

3. Schritt

Falls sich die Parteien nicht über die Fortsetzung des Arbeitsverhältnisses einigen, muss X innert **180 Tagen** nach Ende des Arbeitsverhältnisses den Entschädigungsanspruch wegen missbräuchlicher Kündigung **einklagen** und auch **beweisen,** dass eine missbräuchliche Kündigung vorliegt (OR 336b II).

20.1.3 Die Kündigungssperrfristen (Kündigung zur Unzeit, OR 336c ff.)

Nach Ablauf der Probezeit ist die Kündigung während gewissen Zeiten unzulässig. Der Arbeitgeber darf nicht kündigen, wenn einer der in OR 336c aufgezählten Sachverhalte vorliegt.

- Militärdienst oder ähnliche Tätigkeit (Zivilschutz, Rotkreuzdienst). Sofern die Dienstleistung mehr als elf Tage dauert, darf der Arbeitgeber auch während vier Wochen vor und nach dem Dienst nicht kündigen.
- Krankheit oder Unfall: Der Arbeitgeber darf im ersten Dienstjahr während 30 Tagen, im zweiten bis fünften während 90 Tagen und ab dem sechsten während 180 Tagen seit Eintritt des Verhinderungsgrunds nicht kündigen.
- Schwangerschaft: Der Arbeitgeber darf während der Schwangerschaft und bis 16 Wochen nach der Geburt nicht kündigen.
- Teilnahme des Arbeitnehmers an einer Hilfsaktion des Bundes mit Zustimmung des Arbeitgebers.

Achtung! Die Fristen für die aufgelisteten Absenzen betreffen nur den Schutz vor einer Kündigung! Ob und wie lange ein Arbeitnehmer Lohn erhält, bestimmt sich allein nach den Regeln über die Lohnfortzahlung bei Verhinderung des Arbeitnehmers (OR 324a).

Die Sperrfristen von OR 336c gelten nur, wenn der Arbeitgeber kündigt, und nicht auch, wenn der Arbeitnehmer selbst kündigt.

Die Folgen einer Kündigung zur Unzeit (OR 336c II)

- Die Kündigung während einer Sperrfrist ist nichtig. Sie entfaltet also keinerlei Wirkungen; das Arbeitsverhältnis dauert fort.
- Sofern die Kündigung vor dem Beginn einer Sperrfrist erfolgt ist, aber innerhalb der Kündigungsfrist eine Sperrfrist zu laufen beginnt, bleibt die Kündigungsfrist während der Dauer der Sperrfrist stehen (OR 336c II). Am Tag nach Ablauf der Sperrfrist läuft die Kündigungsfrist weiter. Das Arbeitsverhältnis endet am letzten Tag des Monats, in dem die Sperrfrist abgelaufen ist.

Beispiel

Johann Müller arbeitet seit drei Jahren bei der X-AG. Am 30. Juni kündigt die X-AG das Arbeitsverhältnis ordnungsgemäss auf Ende August. Am 7. Juli wird Johann Müller für zwei Wochen krank. Während dieses Zeitraums bleibt die Kündigungsfrist stehen. An sich würde das Arbeitsverhältnis Mitte September enden. Da aber der Kündigungstermin immer am Ende eines Monats liegt, ist das Arbeitsverhältnis erst am 30. September beendet (OR 336c IV).

Auch zugunsten des Arbeitgebers gilt eine Kündigungssperrfrist. Der Arbeitnehmer darf nicht kündigen, wenn einer seiner Vorgesetzten Militärdienst leistet und er dessen Aufgabe übernehmen muss (OR 336d).

20.2 Die fristlose Kündigung (OR 337–337d)

Die **fristlose Kündigung** ist eine Art Notbremse. Sie wird ausgesprochen, wenn **wichtige Gründe** vorliegen. Das ist dann der Fall, wenn die Fortführung des Arbeitsverhältnisses bis zum Ablauf des ordentlichen Kündigungstermins (unbefristete Arbeitsverhältnisse) bzw. bis zum Ablauf der vereinbarten Dauer (befristete Arbeitsverhältnisse) für den Kündigenden **unzumutbar** wäre. Das setzt einen **krassen Verstoss** des Vertragspartners voraus.

Als **wichtige Gründe** gelten:

- **Straftaten** gegen den Vertragspartner, wie z. B. Diebstahl, das Fälschen von Spesenabrechnungen, Tätlichkeiten oder schwerwiegende Ehrverletzungen.
- **Falsche Angaben** zur eigenen Person bzw. zum Unternehmen bei der Anstellung, soweit sie mit der Arbeit in einem direkten sachlichen Zusammenhang stehen und für das Arbeitsverhältnis wesentlich sind.
- Konkurrenzierung des Arbeitgebers mit **Schwarzarbeit** oder Annahme von **Schmiergeldern.**
- Verraten von **Geschäftsgeheimnissen.**
- **Wiederholtes Fernbleiben vom Arbeitsplatz** trotz Mahnung (ein einmaliges «Blaumachen» genügt jedoch nicht, in der Regel braucht es zunächst eine Verwarnung des Arbeitgebers) oder beharrliche **Arbeitsverweigerung.**
- **Nichtzahlung des Lohns trotz Mahnung:** Die Zahlungsunfähigkeit des Arbeitgebers ist in OR 337a als speziell wichtiger Grund separat geregelt.

Keine wichtigen Gründe sind dagegen **leichtere Pflichtverletzungen,** wie das Nichteinhalten der Arbeitszeit, das Missachten der Hausordnung, das Nichtbeachten von Weisungen usw., oder aufseiten des Arbeitgebers Verzögerungen der Lohnzahlung. Wiederholen sich solche Verfehlungen, so kann man eine Verwarnung (am besten schriftlich) aussprechen mit der Drohung, man werde im Wiederholungsfall fristlos kündigen. In diesem Fall ist dann eine fristlose Kündigung zulässig.

Wer fristlos kündigen will, muss das **sofort** tun (innert 2–3 Tagen). Wartet der Kündigende länger, dann ist das ein Zeichen, dass die Fortführung des Arbeitsverhältnisses eben doch zumutbar ist. Dann bleibt nur noch die ordentliche Kündigung.

Abb. [20-2] **Rechtsfolgen einer fristlosen Kündigung**

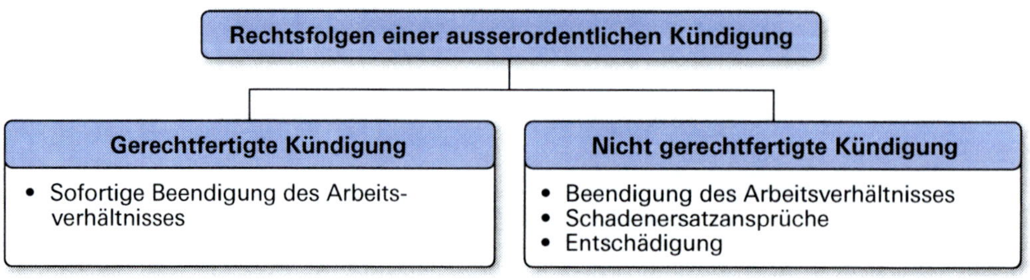

Die **Rechtsfolgen** hängen davon ab, ob die fristlose Kündigung gerechtfertigt ist oder nicht:

- Bei einer **gerechtfertigten** fristlosen Kündigung **endet das Arbeitsverhältnis** mit dem Empfang der Kündigung. Von diesem Moment an muss der Arbeitnehmer keine Arbeit mehr leisten und der Arbeitgeber schuldet keinen Lohn mehr. Sämtliche Ansprüche, die schon vor der Kündigung bestanden haben, bleiben aber erhalten (Lohnzahlung bis zur fristlosen Kündigung, geleistete Überstunden, aufgelaufene Ferienansprüche, anteilsmässiger 13. Monatslohn usw.).
- Wird eine fristlose Kündigung **ungerechtfertigt** ausgesprochen, so ist die Kündigung wirksam und das Arbeitsverhältnis wird ebenfalls sofort aufgelöst. Der Gekündigte kann aber gemäss OR 337c folgende **Schadenersatzansprüche** stellen: Zunächst einmal soll er **finanziell gleichgestellt** werden, wie wenn eine zulässige ordentliche Kündigung ausgesprochen worden wäre. Der Arbeitnehmer kann also den Lohn dieses Zeitraums verlangen (ausgenommen jene Einsparungen, die ihm durch das Nichterscheinen zur Arbeit erwachsen). Zusätzlich kann der Richter dem Arbeitnehmer eine **Entschädigung bis zu maximal sechs Monatslöhnen** zusprechen (OR 337c III).

Für den **Schadenersatzanspruch des Arbeitgebers** bei ungerechtfertigter fristloser Kündigung des Arbeitnehmers (i. d. R. Nichtantritt oder Verlassen der Stelle) sieht das OR 337d eine **Pauschalentschädigung** von einem Viertel eines Monatslohns vor. Ist sein Schaden grösser, kann er diesen ebenfalls einfordern. Er ist dafür allerdings beweispflichtig. Umgekehrt kann der Arbeitnehmer beim Richter Reduktion der Entschädigung verlangen, wenn der effektive Schaden weniger als einen Viertel des Monatslohns beträgt (OR 337d).

Wer sich gegen eine **fristlose Kündigung wehren** will, muss rasch handeln. Er muss beim Kündigenden sofort gegen die Kündigung protestieren, und zwar aus Beweisgründen mit einem eingeschriebenen Brief. Ein Schweigen könnte nämlich als Zustimmung zur Kündigung aufgefasst werden. Ist unklar, ob die Gründe für die fristlose Kündigung zulässig sind, kann der Gekündigte eine schriftliche Begründung verlangen.

Hinweis

Vor allem für den Arbeitgeber ist die fristlose Kündigung eine riskante Sache. Selbst wenn sich der Arbeitnehmer ernste Verfehlungen hat zuschulden kommen lassen, ist nie ganz sicher, ob ein Gericht den Kündigungsgrund als wichtig anerkennen würde. Daher wählen in Zweifelsfällen viele Arbeitgeber folgendes Vorgehen: Sie kündigen ordentlich und stellen den Arbeitnehmer während der Kündigungsfrist von weiterer Arbeitsleistung frei. Damit umgehen sie das Risiko, zusätzlich zum Lohn die Entschädigung von OR 337c III (max. sechs Monatslöhne) zahlen zu müssen.

20.3 Die Folgen der Beendigung (OR 339–341)

20.3.1 Fälligkeit der Forderungen und Rückgabepflichten

Mit der Beendigung des Arbeitsverhältnisses (Ablauf der Kündigungsfrist oder der vereinbarten Vertragsdauer) **erlöschen** die gegenseitigen Rechte und Pflichten der Parteien. Nur einzelne Nebenpflichten wirken weiter, v. a. die Geheimhaltungspflicht aufseiten des Arbeitnehmers sowie die Zeugnis- und Referenzpflicht aufseiten des Arbeitgebers. Sämtliche aus dem Arbeitsvertrag entstandenen Forderungen werden **fällig** (OR 339), und die Parteien haben sich alles **zurückzugeben,** was sie einander für die Zusammenarbeit zur Verfügung gestellt haben (OR 339a).

Die Saldoquittung – ein Problem aus der Praxis: Nicht selten lassen Arbeitgeber ihre Arbeitnehmer beim Austritt Saldoquittungen unterschreiben. Darin wird bestätigt, dass der Arbeitgeber sämtliche geschuldeten Leistungen erbracht hat. Derartige Saldoquittungen sind wirkungslos während der ganzen Dauer und innerhalb eines Monats nach Beendigung des Arbeitsverhältnisses (OR 341 I).

20.3.2 Die Abgangsentschädigung (OR 339b–339d)

Arbeitnehmer, die mindestens 50 Jahre alt sind und mehr als 20 Jahre beim Arbeitgeber beschäftigt waren, haben Anspruch auf eine Abgangsentschädigung. Ihre Höhe kann vereinbart sein, muss aber **mindestens zwei Monatslöhne** betragen. An die Stelle der Abgangsentschädigung können Pensionskassenleistungen treten.

20.3.3 Das Konkurrenzverbot (OR 340–340c)

Wenn der Arbeitgeber nicht möchte, dass ausscheidende Mitarbeiter zur Konkurrenz überlaufen oder selbst ein Konkurrenzunternehmen aufbauen, nimmt er ein Konkurrenzverbot in den Arbeitsvertrag auf. Es kann nur **schriftlich** vereinbart werden.

Ein Konkurrenzverbot kann den Arbeitnehmer sehr stark einschränken. Deshalb lässt das OR Konkurrenzverbote nur unter folgenden Voraussetzungen zu:

- Ein Konkurrenzverbot kann nur mit Mitarbeitenden vereinbart werden, die **Einblick** in den Kundenkreis oder in Fabrikations- und Geschäftsgeheimnisse haben und die durch die Verwendung dieser Kenntnisse den Arbeitgeber **erheblich schädigen** könnten (OR 340 II).
- Ein Konkurrenzverbot muss **örtlich, zeitlich** und **inhaltlich** angemessen beschränkt sein, sodass das wirtschaftliche Fortkommen des Arbeitnehmers nicht vollständig ausgeschlossen ist (OR 340a I).

Hinweis

OR 340a I gibt eine Richtlinie für die zeitliche Schranke: Länger als **drei Jahre** darf ein Konkurrenzverbot im Normalfall nicht dauern. Auch örtlich und inhaltlich können wir eine allgemeine Richtschnur vorgeben: Ein Konkurrenzverbot ist nur zulässig, soweit der Arbeitgeber ein **schützenswertes Interesse** daran hat. Deshalb darf ein nur in der Deutschschweiz tätiges Unternehmen das Konkurrenzverbot nicht auf die ganze Schweiz ausdehnen. Ähnliches gilt für den inhaltlichen Umfang. Einem in der Krebsforschung tätigen Chemiker darf nicht verboten werden, für ein Unternehmen in der Agrochemie tätig zu werden.

Ein übermässiges Konkurrenzverbot ist nicht einfach nichtig. Der Arbeitnehmer kann aber verlangen, dass es vom Richter herabgesetzt wird (OR 340a II). Gar keine Wirkung entfaltet ein Konkurrenzverbot, wenn der **Arbeitgeber** das Arbeitsverhältnis kündigt, ohne dass ihm der Arbeitnehmer dazu begründeten Anlass gegeben hat, bzw. wenn der Arbeitnehmer aus einem Grund kündigt, der beim Arbeitgeber liegt (OR 340c II).

Was geschieht, wenn ein (ehemaliger) Arbeitnehmer gegen das Konkurrenzverbot **verstösst,** beantwortet OR 340b: Er wird schadenersatzpflichtig. Die Höhe des Schadens muss aber vom (alten) Arbeitgeber bewiesen werden, und das ist regelmässig sehr schwierig. Daher wird in Konkurrenzverboten meistens eine **Konventionalstrafe** vereinbart, die der ehemalige Arbeitgeber bei einem Verstoss gegen das Konkurrenzverbot einfordern kann, ohne dass er das Ausmass des Schadens beweisen muss. Die Höhe der Konventionalstrafe kann grundsätzlich beliebig vereinbart werden, doch kann der Arbeitnehmer bei unangemessener Höhe gerichtlich eine Reduktion verlangen. Die Gerichte haben dabei die Tendenz, sie auf zwei bis drei Monatslöhne zu reduzieren.

Die Vereinbarung einer Konventionalstrafe hat aber auch für den Arbeitnehmer Vorteile. OR 340b II sieht nämlich vor, dass sich ein Arbeitnehmer durch **Bezahlung der Konventionalstrafe** vom Konkurrenzverbot **befreien** kann. In der Praxis wird die Konventionalstrafe oft vom neuen Arbeitgeber bezahlt, der an der Zusammenarbeit mit dem betreffenden Arbeitnehmer interessiert ist.

20.4 Streitigkeiten aus dem Arbeitsverhältnis

Das Rechtsverfahren

Im Arbeitsrecht gelten Verfahrensvereinfachungen, die vor allem zugunsten der Arbeitnehmer aufgestellt wurden. Bis zu einem Streitwert von **30 000 Franken** geniessen die Parteien folgende Vorzüge:

- **Vereinfachtes Verfahren.** Das Verfahren verläuft rascher als ein ordentlicher Zivilprozess. Die Parteien müssen aber nach der ZPO ein Schlichtungsverfahren absolvieren, bevor sie vor Gericht klagen können.
- Das Gerichtsverfahren ist **kostenlos.** Es fallen weder Gerichtsgebühren noch Auslagen an.
- Das Gericht hat eine **Fragepflicht** und muss den Sachverhalt von Amtes wegen abklären. Trotzdem haben die Parteien jederzeit das Recht, die Klage zurückzuziehen, anzuerkennen oder einen Vergleich zu schliessen.

Welches Gericht ist zuständig bei arbeitsrechtlichen Streitigkeiten?

Für arbeitsrechtliche Klagen ist wahlweise das Gericht

- am Wohnsitz oder Sitz der beklagten Partei oder
- am Ort, an dem der Arbeitnehmer gewöhnlich die Arbeit verrichtet, zuständig (ZPO 34).

Diese örtliche Gerichtsstandsregel ist zwingend. Die Parteien können von ihr nicht zum Voraus abweichen. Nach Entstehung eines Streits ist die Vereinbarung eines anderen Gerichtsstands jedoch zulässig.

Zusammenfassung

Ein Arbeitsverhältnis kann aus **vier** Gründen enden:

- **Zeitablauf** (Ablauf der Vertragsdauer beim befristeten Arbeitsverhältnis)
- **Tod** des Arbeitnehmers
- **Aufhebungsvertrag**
- Ordentliche **Kündigung** bzw. fristlose Kündigung

Für die **ordentliche Kündigung** von unbefristeten Arbeitsverhältnissen gilt der **Grundsatz der Kündigungsfreiheit:** Unter Beachtung der gesetzlichen **Kündigungsfristen** und des gesetzlichen **Kündigungsschutzes** dürfen beide Parteien das Arbeitsverhältnis jederzeit und aus beliebigen Gründen kündigen.

Ordentliche Kündigung	• **Grundsatz der Kündigungsfreiheit:** Unter Beachtung der gesetzlichen Kündigungsfristen und des gesetzlichen Kündigungsschutzes dürfen beide Parteien das Arbeitsverhältnis **jederzeit und aus beliebigen Gründen** kündigen. • **Missbräuchliche Kündigung** (OR 336): Schadenersatzanspruch des Gekündigten, die Kündigung ist aber wirksam. • **Kündigung zur Unzeit:** Kündigungen während der Sperrfristen (OR 336c und 336d) sind nichtig bzw. Stillstand bei Eintritt der Sperrfrist während einer schon ausgesprochenen Kündigung (OR 336c II und III).
Fristlose (ausserordentliche) Kündigung	• Rechtmässig nur **aus wichtigem Grund** aussprechbar: Wenn eine Partei ihre Vertragspflichten derart krass verletzt hat, dass der anderen Partei die Fortsetzung des Arbeitsverhältnisses bis zur ordentlichen Beendigung nicht zugemutet werden kann. • **Ungerechtfertigte fristlose Kündigung** – durch den Arbeitgeber: Beendigung des Arbeitsverhältnisses; Anspruch des Arbeitnehmers auf Lohnzahlung bis zur ordentlichen Beendigung des Arbeitsverhältnisses und auf zusätzliche Entschädigung von maximal sechs Monatslöhnen. – durch den Arbeitnehmer: Pauschaler Schadenersatzanspruch (ein Viertel eines Monatslohns) des Arbeitgebers.

Mit Beendigung des Arbeitsverhältnisses werden sämtliche Forderungen aus dem Arbeitsvertrag **fällig,** und die Parteien haben sich alles **zurückzugeben,** was sie einander für die Zusammenarbeit gegeben haben.

Arbeitnehmer, die mindestens 50 Jahre alt sind und die mehr als 20 Jahre beim Arbeitgeber gearbeitet haben, haben Anspruch auf eine **Abgangsentschädigung.**

Ein **Konkurrenzverbot** besteht nach Ende des Arbeitsverhältnisses nur, wenn es schriftlich vereinbart wurde und wenn die Voraussetzungen von OR 340 bzw. 340a erfüllt sind.

Wer aus dem Arbeitsverhältnis entstehende Ansprüche auf dem Gerichtsweg geltend machen will, hat besondere Verfahrensvorschriften zu beachten:

- Bis zu einem **Streitwert von Franken 30 000** haben die Parteien Anspruch auf ein **einfaches, rasches und kostenloses Verfahren**.
- Für arbeitsrechtliche Klagen ist das Gericht
  - am **Wohnsitz der beklagten Partei** oder
  - am Ort, an dem der **Arbeitnehmer gewöhnlich die Arbeit** verrichtet, zuständig.

Repetitionsfragen

72 Andreas Herzog wird fristlos gekündigt, weil er gegen das Verbot der Schwarzarbeit und gegen die Geheimhaltungspflicht verstossen hat.

A] Wie müsste Andreas Herzog vorgehen, wenn er mit dieser Kündigung nicht einverstanden ist?

B] Wie beurteilen Sie seine Erfolgsaussichten? Suchen Sie im Gesetz die Formulierung, nach der man beurteilen muss, ob eine fristlose Kündigung gerechtfertigt ist, und argumentieren Sie.

73 Rolf Dobler arbeitet als Direktionsassistent beim Unternehmen F. Seine Chefin ist schon seit einiger Zeit mit seinen Leistungen nicht mehr zufrieden. Rolf Dobler arbeitet ihrer Ansicht nach nicht effizient genug. Als sich herausstellt, dass eine dringende Arbeit liegen geblieben ist, hat die Chefin genug. Sie bestellt Rolf Dobler in ihr Büro und kündigt ihm fristlos.

A] Ist eine fristlose Kündigung in diesem Fall zulässig?

B] Was kann Rolf Dobler erreichen, wenn er sich gegen die fristlose Kündigung zur Wehr setzt?

C] Kann Rolf Dobler eine Aufhebung der fristlosen Kündigung und dadurch eine Weiterbeschäftigung bewirken?

74 Wann enden die folgenden Arbeitsverhältnisse?

A] Stellenantritt am 1.10.2004; Eingang der Kündigung am 7.11.2005.

B] Stellenantritt am 1.2.2005; Eingang der Kündigung 12.2.2005.

75 Valentina Rodao wird im dritten Dienstjahr schwanger. Weil Komplikationen auftreten, darf sie ab dem sechsten Monat nicht mehr arbeiten.

Wann darf ihr der Arbeitgeber frühestens kündigen?

Teil G Weitere Verträge auf Arbeitsleistung

21 Der Werkvertrag

Lernziele

Nach der Bearbeitung dieses Kapitels können Sie ...

- anhand von Beispielen erklären, ob es sich bei einem Rechtsverhältnis um einen Werkvertrag handelt.
- die Rechte und Pflichten von Werkunternehmer und Werkbesteller anhand von Beispielen erklären.

Schlüsselbegriffe

Minderung, Nachbesserung, Rücktritt, Wandelung, Werk, Werkbesteller, Werkmangel, Werklohn, Werkunternehmer, Werkvertrag

21.1 Was ist ein Werkvertrag?

Beim Werkvertrag geht es um die **Herstellung eines Werkes:** Der eine Vertragspartner stellt ein **körperliches** oder **geistiges Werk** her; er heisst (Werk-)**Unternehmer.** Dafür erhält er eine Vergütung vom (Werk-)**Besteller** (OR 363). Wie die folgende Grafik zeigt, einigen sich die Vertragspartner über **zwei Forderungen:**

Abb. [21-1] Werkvertrag

Drei Fragen müssen wir in diesem Abschnitt klären: Was ist ein **Werk?** Wodurch **unterscheidet** sich der Werkvertrag von ähnlichen Verträgen? Welche **besonderen Erscheinungsformen** des Werkvertrages gibt es?

21.1.1 Was ist ein Werk?

Man kann vom allgemeinen Sprachgebrauch ausgehen: Ein Werk liegt einmal dann vor, wenn ein Künstler ein **Kunstwerk** (z. B. eine Bronzeplastik) herstellt. Das OR geht aber noch weiter: Ein Werk ist jede durch ihr Ergebnis definierte **Arbeitsleistung.**

Abb. [21-2] Was ist ein Werk?

Definition	Beispiele
Körperliche und geistige Arbeiten	• Der Künstler stellt eine Bronzeplastik gegen Bezahlung her. • Der Komponist komponiert gegen Bezahlung ein neues Stück. • Der Texter erfindet neue Werbetexte für einen Kunden. • Ein Informatiker entwickelt ein neues Computerprogramm.
Künstlerische und nicht-künstlerische Arbeiten	• Der Zimmermann baut eine Holztreppe. • Der Spengler montiert Dachrinnen.
Herstellung und Bearbeitung	• Ein Restaurator befreit eine Bronzeplastik von Grünspan. • Der Zimmermann repariert die Holztreppe. • Der Autolackierer spritzt den Kotflügel neu.

21.2 Die Pflichten des Unternehmers

Der Unternehmer muss das **Werk** wie vereinbart **herstellen** und es dem Besteller rechtzeitig **abliefern.** Was passiert aber, wenn er **nicht richtig erfüllt?** – Hier muss man unterscheiden, ob der Unternehmer **verspätet** liefert oder ob das Werk **fehlerhaft** ist.

21.2.1 Verspätung

Bei der Verspätung kommen grundsätzlich die **allgemeinen Verzugsregeln** zur Anwendung: Mahnung, Nachfrist und Wahlrecht. Folgende **Besonderheit** besteht beim Werkvertrag: Wenn **voraussehbar** ist, dass das Werk nicht rechtzeitig fertig gestellt wird, kann der Besteller noch vor Ablauf der Lieferfrist gegen den Unternehmer vorgehen (s. Kap. 21.2.3, S. 179).

21.2.2 Der Werkmangel

Wie beim Kaufvertrag gilt auch hier als wichtigste **Grundregel,** dass der Unternehmer **unabhängig** vom eigenen **Verschulden** für allfällige Fehler des Werks einstehen muss.

A] Wann ist ein Werk mangelhaft?

Ein Werk ist mangelhaft, wenn es **nicht** so ist, wie es gemäss Vereinbarung sein **sollte.** Etwas konkreter kann man sagen: Ein Werk ist mangelhaft, wenn es auch als Gegenstand eines **Kaufvertrags** mangelhaft wäre. Ein Werkmangel liegt demnach in **drei** Fällen vor:

Abb. [21-3] **Werkmangel**

Kriterium	Erklärung
Zweckbestimmte Eigenschaft	Dem Werk fehlt eine bestimmte Eigenschaft; deswegen kann es nicht wie vorgesehen verwendet werden. **Beispiel:** Hauseigentümer H lässt das Aussentreppengeländer neu streichen. Doch der Maler verwendet eine Farbe, die nicht wetterfest ist. Schon nach wenigen Monaten blättert sie wieder ab. Das Werk ist mangelhaft.
Wertbestimmende Eigenschaft	Dem Werk fehlt eine bestimmte Eigenschaft; deswegen ist es weniger wert. **Beispiel:** Der Maler trägt die Farbe nicht sorgfältig auf, und es bilden sich Farbtropfen. Die Funktionstauglichkeit des Anstrichs (Rostschutz) ist zwar nicht eingeschränkt, aber das Geländer ist unansehnlich geworden und deswegen weniger wert. Auch hier liegt ein Mangel vor.
Vereinbarte Eigenschaft	Dem Werk fehlt eine Eigenschaft, die der Unternehmer ausdrücklich zugesichert hat. **Beispiel:** Der Maler streicht das Treppengeländer rosa statt, wie vereinbart, gelbgrün an.

Wenn das Werk fehlerhaft ist, hat der Besteller verschiedene Möglichkeiten, um gegen den Unternehmer vorzugehen. Dazu müssen **zwei** Voraussetzungen erfüllt sein:

- **Sofortige Prüfung und sofortige Mängelrüge:** Sofort nach der Ablieferung des Werks muss der Besteller das Werk **prüfen** und Fehler **mitteilen** (OR 367). Unterlässt er das, gilt das Werk als genehmigt. Bei grossen Werken vereinbaren die Parteien meistens einen **Abnahmetermin,** bei dem sie gemeinsam prüfen, ob das Werk Mängel hat.
- **Versteckte Mängel:** Manchmal zeigt sich ein Mangel erst Wochen oder Monate nach der Übergabe. Auch für solche Mängel muss der Unternehmer einstehen, allerdings (wie beim Kaufvertrag) nur während **eines Jahres** nach Ablieferung. Bei **Bauwerken** beträgt die Frist **fünf Jahre** nach der Abnahme (OR 371). Die Mängelrüge muss aber sofort nach Entdeckung des Mangels erfolgen (OR 370 III).

Beispiel

Drei Jahre nach der Bauabnahme zeigen sich Risse in der Fassade des neu erstellten Einfamilienhauses. Der Unternehmer muss dafür einstehen, denn die Fünfjahresfrist ist noch nicht abgelaufen.

B] Die Wahlmöglichkeiten des Bestellers

Weist das Werk einen Mangel auf, hat der Besteller ähnliche Möglichkeiten wie der Käufer: Er kann den Vertrag wandeln, den Werklohn herabsetzen oder eine Nachbesserung verlangen. In speziellen Verschuldensfällen kann er zudem einen Schadenersatz verlangen.

Abb. [21-4]

Wahlmöglichkeiten bei Werkmangel

Möglichkeit	Erklärung
Wandelung	Der Besteller macht den Vertrag rückgängig: Er gibt das Werk zurück und verlangt den Werklohn retour (OR 368 I). Wandelung ist nur bei einem **gravierenden** Fehler möglich. Das ist der Fall, wenn das Werk für den Besteller schlicht **unbrauchbar** ist. Bei einem Werk, das auf dem Boden des Bestellers errichtet worden ist, darf die Entfernung nicht unverhältnismässig aufwendig sein (OR 368 III).
Minderung	Der Besteller kann auch den Werklohn herabsetzen und dem Unternehmer weniger als vereinbart bezahlen. Die Höhe der Minderung entspricht meistens der Höhe der Reparaturkosten.
Nachbesserung	Schliesslich kann der Besteller verlangen, dass der Unternehmer den Fehler behebt. Diese Möglichkeit hat er nur, wenn die Kosten für die Nachbesserung **nicht unverhältnismässig** hoch sind im Vergleich zum Nutzen für den Besteller.
Schadenersatz	Für die Wandelung, Minderung und Nachbesserung ist das Verschulden des Unternehmers **nicht** erforderlich. Schadenersatz kann der Besteller dagegen nur verlangen, wenn der Unternehmer den Werkmangel **absichtlich** oder **fahrlässig** verursacht hat.

C] Ausschluss der Haftung

In **zwei Fällen** haftet der Unternehmer für den Werkmangel **nicht**:

- **Fehler des Bestellers.** Wenn der Besteller dem Unternehmer **falsche Anweisungen** gegeben hat oder ihm einen **fehlerhaften Stoff** zur Verfügung stellt, haftet der Unternehmer nicht. Sobald er erkennt, dass das Werk aus einem solchen Grund fehlerhaft sein wird, muss er den Besteller darauf aufmerksam machen (Abmahnung, OR 365 III, 369).
- **Vertraglicher Haftungsausschluss.** Vertraglich kann die Haftung für leicht **fahrlässig** verursachte Schäden **ausgeschlossen** werden, ein Haftungsausschluss für grobe Fahrlässigkeit und Absicht ist dagegen nicht zulässig (OR 100).

Hinweis

Ganz generell gilt, dass man die gesetzlichen Haftungsregeln durch **vertragliche Vereinbarung** abändern kann. So kann etwa abgemacht werden, dass der Besteller bei einem Werkmangel **nur Nachbesserung** verlangen darf. Auch die **Fristen** bei versteckten Mängeln können verlängert oder verkürzt werden. So wird in den meisten Werkverträgen für grössere Bauwerke auf die Allgemeinen Geschäftsbedingungen des Schweizerischen Ingenieur- und Architektenvereins (SIA) verwiesen. Gemäss der SIA-Norm 118 kann der Besteller innerhalb von zwei Jahren **jederzeit** einen Mangel rügen. Erst nach Ablauf dieser Frist muss er **sofort** rügen.

D] Die Gefahrtragung beim Werkvertrag

Das Problem kennen Sie schon vom Kaufvertrag: Trägt der **Unternehmer** oder der **Besteller** den Schaden, wenn das Werk noch vor Ablieferung **durch Zufall** zerstört wird?

Beispiel

Laurent Jeanneret hat eine Golduhr von seinem Vater geerbt. Er möchte sie revidieren lassen und bringt sie deswegen zum Uhrmacher. Mit viel Aufwand beginnt der Uhrmacher die Revision, aber noch vor dem Abschluss wird die Uhr gestohlen – dies, obwohl er sein Geschäft sehr sorgfältig abgeschlossen hat. – Rechtlich gesehen liegt hier **Zufall** vor. (Sie erinnern sich: Um Zufall handelt es sich nicht nur bei **höherer Gewalt,** sondern auch beim Einwirken einer **Drittperson** ausserhalb des Einflussbereichs der Vertragspartner). **Wer** trägt hier den **Schaden,** der Unternehmer oder der Besteller?

Man muss den **Werklohn** und das zerstörte **Material** gesondert betrachten: Für den **Werklohn** gilt: «Der Unternehmer trägt die Gefahr». Solange er das Werk noch nicht abgeliefert hat, erhält er keinen Lohn für die vergeblichen Arbeiten und Auslagen (OR 376 I). Beim zerstörten **Material** hingegen trägt derjenige den Schaden, der das Material geliefert hat (OR 376 II).

Beispiel

In unserem Beispiel kann der Uhrmacher deswegen **keinen Werklohn** für seine vergebliche Arbeit verlangen. Er muss Laurent Jeanneret aber **keinen Schadenersatz** für die Uhr bezahlen, denn diese hat ja Laurent Jeanneret geliefert, der somit die «Materialgefahr» trägt.

21.2.3 Zur Vertiefung: Erfüllungsfehler vor der Ablieferung des Werkes

Manchmal ist schon **vor Fertigstellung** des Werks absehbar, dass das Werk **fehlerhaft** sein wird. Aber auch eine allfällige **Verspätung** kann sich schon vor dem Ablieferungstermin zeigen, ebenfalls eine **Überschreitung des Kostenvoranschlags.** In all diesen Fällen muss der Besteller nicht erst den Ablieferungstermin abwarten, sondern kann schon **vorher** gegen den Unternehmer vorgehen. Die drei Fälle im Einzelnen:

- **Rücktritt bei Verspätung:** Wenn vorauszusehen ist, dass das Werk nicht rechtzeitig vollendet wird, kann der Besteller eine **Nachfrist** setzen und, wenn der Unternehmer das Werk auch dann noch nicht vollendet hat, vom Vertrag **zurücktreten** (OR 366 I). Die Nachfrist kann **knapp** bemessen sein; der Unternehmer muss alles Zumutbare unternehmen, um sie einzuhalten.
- **Ersatzvornahme bei Mangel:** Wenn voraussehbar ist, dass das Werk mangelhaft sein wird, kann der Besteller die Arbeiten einem Dritten übertragen und die Mehrkosten vom Werklohn abziehen (OR 366 II). Der Besteller muss dem Unternehmer auch hier eine **Nachfrist** setzen. Er muss ihm zudem **androhen,** dass er die Arbeiten einem Dritten übertragen werde.
- **Rücktritt bei Überschreitung des Kostenvoranschlags:** Wie wir sogleich sehen werden, kann der Werklohn auch in einem Kostenvoranschlag festgelegt sein. Wenn in einem solchen Fall vorauszusehen ist, dass der Kostenvoranschlag **unverhältnismässig überschritten** wird, kann der Besteller vom Vertrag zurücktreten (OR 375 I).

Beispiel

- **Verspätung:** Sie lassen eine Garage an Ihr Haus anbauen. Mit dem Bauunternehmer vereinbaren Sie, dass die Arbeiten bis Ende August abgeschlossen sein müssen. Doch bis Mitte August hat der Unternehmer mit dem Bau noch nicht begonnen. – Noch vor dem 31. August können Sie dem Unternehmer eine knapp bemessene Nachfrist von vielleicht 1 1/2 Monaten setzen und nach deren unbenutztem Ablauf vom Vertrag zurücktreten.
- **Mangel:** Bei den Betonarbeiten an der Garage zeigt sich, dass der Bauunternehmer den Beton zu wenig armiert. Sie können ihm eine Nachfrist zur Verbesserung setzen und ihm androhen, andernfalls einen anderen Bauunternehmer mit den Betonarbeiten zu betrauen. Die Mehrkosten trägt ihr ursprünglicher Vertragspartner.
- **Überschreitung des Kostenvoranschlags:** Für die Garage hat der Unternehmer einen Kostenvoranschlag von 32 000.– Franken gemacht. Wenn sich nun schon während des Baus die laufenden Kosten auf über 37 000.– Franken aufsummiert haben, können Sie vom Vertrag zurücktreten.

21.3 Die Pflichten des Bestellers

Auf der Seite des Bestellers geht es um den **Werklohn** und um die Möglichkeit eines **vorzeitigen Vertragsrücktritts.**

21.3.1 Höhe des Werklohns

Der Besteller eines Werkes muss dem Unternehmer eine **Vergütung** bezahlen: den **Werklohn.** Bei seiner Festlegung besteht immer ein gewisses Risiko, denn niemand weiss genau, wie teuer das Werk zu stehen kommt (Einzelanfertigung!). Aus diesem Grund wird die Vergütung nicht immer von vornherein fix festgelegt.

Die **Höhe** des Werklohns kann auf **drei Arten** bestimmt werden:

- **Fix vereinbarter Werklohn:** Die Mehr- oder Minderkosten gehen grundsätzlich zulasten bzw. zugunsten des Unternehmers. Bei ausserordentlichen Umständen wäre es allerdings ungerecht, wenn der Unternehmer zum vereinbarten Preis produzieren müsste. Der Werklohn wird dann den neuen Umständen angepasst bzw. der Vertrag ganz aufgelöst (OR 373 II).
- **Ungefähr vereinbarter Werklohn** (Kostenvoranschlag): Grundsätzlich muss der Besteller die tatsächlich entstandenen Kosten bezahlen, ausser bei einer unverhältnismässigen Überschreitung (mehr als ca. 10%). Er kann dann vom Vertrag zurücktreten (OR 375 I). In der Praxis einigen sich die Vertragspartner meistens auf einen Kompromiss: Was über der Toleranzgrenze liegt, tragen sie je zur Hälfte.
- **Nicht vereinbarter Werklohn:** Der Werklohn wird nach dem Aufwand des Unternehmers berechnet. Der Besteller trägt also das volle Kostenrisiko (OR 374).

Beispiel

Ausserordentliche Umstände bei fix vereinbartem Werklohn: Der Kanton lässt einen neuen Strassentunnel bauen und vergibt die Arbeiten zu einem festen Betrag an ein Bauunternehmen. Entgegen einem anders lautenden geologischen Gutachten stösst man bei den Bohrungen auf wasserführende Gesteinsschichten, was teure Zusatzabdichtungen notwendig macht. Die Mehrkosten aus diesen unvorhersehbaren Umständen darf das Bauunternehmen auf den Kanton überwälzen.

21.3.2 Vorzeitiger Vertragsrücktritt

Der Satz **«Verträge müssen eingehalten werden»** gilt grundsätzlich auch beim Werkvertrag: Der Unternehmer muss das Werk herstellen, und der Besteller muss die Vergütung bezahlen. OR 377 sieht nun eine **Ausnahme** vor: Vor Vollendung des Werkes kann der Besteller **jederzeit** vom Vertrag **zurücktreten.** Allerdings muss er dem Unternehmer den bisherigen Arbeitsaufwand und die andern Auslagen sowie den Gewinn, den dieser mit dem Vertrag gemacht hätte, voll ersetzen.

Zusammenfassung

Gemäss OR kann ein Werk **körperlichen** oder **geistigen** Charakter haben, **künstlerischer** oder **nichtkünstlerischer** Natur sein und die **Neuherstellung** oder die **Bearbeitung** (Reparatur) eines Gegenstands betreffen.

Beim **Werkvertrag** verspricht der Unternehmer, ein bestimmtes **Werk herzustellen.** Der Besteller muss ihm dafür eine **Vergütung** (Werklohn) bezahlen.

- **Pflichten des Unternehmers:** Werk wie vereinbart herstellen und Werk dem Besteller rechtzeitig abliefern.
- **Pflichten des Bestellers:** Werklohn bezahlen.

Möglichkeiten des Bestellers bei **Erfüllungsfehlern:**

Verspätung	Allgemeine Verzugsregeln
Werkmangel	Ein Werk ist mangelhaft, wenn eine zweckbestimmte, eine wertbestimmende oder eine vertraglich vereinbarte Eigenschaft fehlt.
Vorgehen bei Werkmangel	Möglichkeiten des Bestellers: • Wandelung: Vertrag rückgängig machen bei gravierenden Mängeln • Minderung: Werklohn im Verhältnis zum Minderwert herabsetzen • Nachbesserung: Mangel reparieren lassen • Schadenersatz: falls der Unternehmer am Werkmangel Schuld trägt Voraussetzungen: • Sofortige Prüfung • Sofortige Mängelrüge
Gefahrentragung	• Unternehmer: Wird das Werk vor der Ablieferung zerstört, erhält der Unternehmer keinen Ersatz für seine Arbeit und Auslagen. • Besteller oder Unternehmer: Das Risiko für den Materialverlust trägt derjenige, der das Material geliefert hat.

Die **Höhe** des Werklohns kann auf **drei Arten** bestimmt werden:

- Fix vereinbarter Werklohn
- Ungefähr vereinbarter Werklohn (Kostenvoranschlag)
- Nicht vereinbarter Werklohn

Der Unternehmer kann den Werklohn frühestens bei **Ablieferung** des Werks verlangen (Fälligkeit). Der Zahlungsverzug des Bestellers wird nach den **allgemeinen Verzugsregeln** behandelt.

Vor Vollendung des Werks kann der Besteller **jederzeit** vom Vertrag zurücktreten. In diesem Fall muss er dem Unternehmer sämtliche **Auslagen** inklusive des entgangenen **Gewinns** ersetzen.

Repetitionsfragen

76 Werkvertrag oder Kaufvertrag?

A] Florian Keller ist 2.05 m gross und bestellt beim Velohersteller V eine Einzelanfertigung, die seiner Körpergrösse entspricht.

B] Patrizia Hinz bestellt ein Velo des Typs «Superdrive Leichtlauf» mit folgender Ausstattung: Ledersattel und mattschwarze Leichtmetallfelgen. Das Velo muss erst noch hergestellt werden.

77 Flavio Tomma lässt das Dach seines Hauses vom Dachdecker D neu decken. Zwei Wochen später, nach dem ersten Gewitter, zeigt sich, dass das Dach an einigen Stellen rinnt.

A] Liegt hier ein Werkmangel vor? Begründung.

B] Hat Flavio Tomma seine Rechte verloren, weil er den Fehler nicht sogleich nach Beendigung der Arbeiten dem Dachdecker mitgeteilt hat?

C] Welche Möglichkeiten hat Flavio Tomma? Welche Voraussetzungen müssen dafür erfüllt sein?

D] Wegen des undichten Dachs sind einige Gegenstände im Haus von Flavio Tomma beschädigt worden. Kann er vom Dachdecker Schadenersatz verlangen?

22 Der Auftrag

Lernziele

Nach der Bearbeitung dieses Kapitels können Sie ...

- zwischen dem einfachen Auftrag und den besonderen Auftragsverhältnissen Agentur-, Kommissions- und Maklervertrag unterscheiden.
- anhand von Beispielen erklären, ob es sich bei einem Rechtsverhältnis um einen Auftrag handelt.
- die Rechte und Pflichten von Beauftragtem und Auftraggeber anhand von Beispielen erklären.

Schlüsselbegriffe

Agenturvertrag, Auftrag, Auftraggeber, Beauftragter, besondere Aufträge, einfacher Auftrag, Dienst, Honorar, Kommissionsvertrag, Maklervertrag, Mandat, Mandant, Mandatar, Sorgfaltspflicht, Treuepflicht, Weisung, Widerruf

22.1 Was ist ein Auftrag?

22.1.1 Die Definition des Auftrags (OR 394)

Beim Auftrag verpflichtet sich der **Beauftragte,** für den anderen Vertragspartner tätig zu werden und ihm gewisse **Dienste** zu erbringen. Dabei arbeitet der Beauftragte auf ein bestimmtes **Ziel** des Auftraggebers hin; er verspricht ihm aber keinen Arbeitserfolg, sondern nur ein Tätigwerden. Sofern es abgemacht oder üblich ist, erhält er dafür eine Vergütung; man spricht vom **Honorar** (OR 394).

Beispiel

- Der Vertrag zwischen **Arzt** und Patienten: Der Arzt ist verpflichtet, den Patienten zu beraten und ihn zu behandeln, und zwar mit dem Ziel, dessen Gesundheit zu erhalten oder wiederherzustellen.
- Der Vertrag zwischen dem **Anwalt** und dem Klienten: Der Anwalt muss seinen Klienten beraten und ihn vor Gericht vertreten. Ziel des Anwalts ist es, die Rechte seines Klienten gut zu wahren.
- Der Vertrag zwischen dem **Vermögensverwalter** und seinem Kunden: Der Vermögensverwalter legt das Vermögen des Kunden möglichst sicher und gewinnbringend an.
- Der Vertrag zwischen dem Hauseigentümer und dem **Liegenschaftenverwalter:** Der Liegenschaftenverwalter übernimmt alle Arbeiten, die im Zusammenhang mit einer bestimmten Liegenschaft anfallen, also Vermietung, Veranlassung von Reparaturen, Kontakt mit den Behörden, Abrechnung der Nebenkosten usw.

Abb. [22-1] **Der Auftrag**

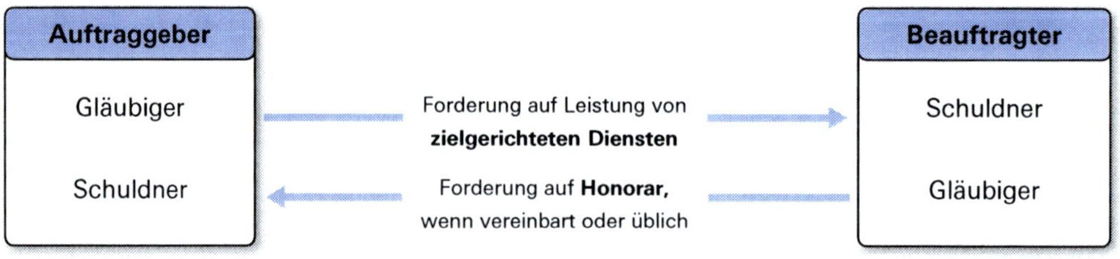

Der Auftrag und seine typischen Forderungen. Anstelle der deutschen Begriffe Auftrag, Auftraggeber und Beauftragter (Auftragnehmer) verwendet man manchmal auch die aus dem Lateinischen stammenden Begriffe **Mandat** (für Auftrag), **Mandant** (für Auftraggeber) und **Mandatar** (für Beauftragter). So würde etwa ein Anwalt sagen: «Ein Mandant hat mir ein lukratives Mandat übergeben.» Und sich selbst würde der Anwalt als Mandatar bezeichnen.

22.1.2 Der einfache Auftrag und die besonderen Aufträge

Wenn Sie im Inhaltsverzeichnis nachschauen, können Sie leicht feststellen, dass das OR unter dem Titel «Der Auftrag» mehrere Vertragsarten aufzählt, den **einfachen Auftrag** (OR 394–406) und die besonderen Aufträge **Auftrag zur Ehe- oder Partnerschaftsvermittlung** (OR 406a–406h), **Kreditbrief/Kreditauftrag** (OR 407–411), **Maklervertrag** (OR 412–418) und **Agenturvertrag** (OR 418a–418v). Eine enge Verwandtschaft besteht ausserdem zur **Kommission** (OR 425–438), zum **Frachtvertrag** (OR 440–457) und zum **Hinterlegungsvertrag** (OR 472–491). Der Grund für diese Unterteilung: Die besonderen Aufträge sind Spezialfälle, die der Gesetzgeber mit zusätzlichen Bestimmungen geregelt hat.

Der Auftrag ist ein «Sammelbecken» für alle **Verträge auf Arbeitsleistung,** die nicht einer anderen Vertragsart zugeordnet werden können (OR 394 II): Wenn der eine Vertragspartner eine Arbeitsleistung schuldet und der Vertrag weder ein Werk- noch ein Arbeitsvertrag noch sonst ein gesetzlich geregelter Vertrag ist, handelt es sich um einen **Auftrag.**

22.1.3 Was unterscheidet den Auftrag vom Arbeitsvertrag und vom Werkvertrag?

Dem Arbeitsvertrag, Werkvertrag und dem Auftrag ist gemeinsam, dass es immer um eine **Arbeitsleistung** geht, die der eine Vertragspartner dem anderen erbringt. Die folgende Grafik fasst die wesentlichen Unterschiede zusammen, auf die wir im Folgenden näher eingehen.

Abb. [22-2] Verträge auf Arbeitsleistung im Vergleich

<table>
<tr><th>Arbeitsvertrag</th><th>Auftrag</th><th>Werkvertrag</th></tr>
<tr><td>Arbeitgeber ↔ Arbeitnehmer
Der Arbeitnehmer arbeitet für den Arbeitgeber und erhält dafür Lohn.</td><td>Auftraggeber ↔ Beauftragter
Der Beauftragte leistet Dienste im Interesse des Auftraggebers und erhält, sofern vereinbart oder üblich, ein Honorar.</td><td>Besteller ↔ Unternehmer
Der Unternehmer erstellt ein Werk für den Besteller und erhält dafür den Werklohn.</td></tr>
<tr><th>Unselbstständig</th><th colspan="2">Selbstständig</th></tr>
<tr><td>Der Arbeitnehmer ist in die Arbeitsorganisation des Arbeitgebers eingegliedert und handelt genau nach Weisung.</td><td colspan="2">Auftragnehmer und Werkunternehmer sind selbstständige Unternehmer und handeln gemäss eigenem Wissen und Können.</td></tr>
<tr><th colspan="2">Tätigwerden, kein Erfolg versprochen</th><th>Erfolg (Werk) versprochen</th></tr>
<tr><td colspan="2">Arbeitnehmer und Beauftragter schulden keinen Erfolg ihrer Bemühungen.
• Der Arbeitnehmer verspricht den Einsatz seiner Arbeitskraft im Dienste des Arbeitgebers.
• Der Beauftragte verspricht, sich um die Erreichung eines bestimmten Ziels zu bemühen.</td><td>Der Werkunternehmer schuldet das versprochene Werk</td></tr>
</table>

A] Auftrag und Arbeitsvertrag

Hier liegt der Unterschied bei der **Selbstständigkeit:** Der Arbeitnehmer handelt unselbstständig und genau nach den Weisungen des Arbeitgebers. Er ist dem Arbeitgeber untergeordnet und wirtschaftlich von ihm abhängig. Anders der **Beauftragte:** Er ist **selbstständig** und handelt frei nach Fachwissen und Erfahrungen auf das vereinbarte Ziel hin. Die Weisungen des Auftraggebers betreffen nur die «allgemeine Marschrichtung» oder wichtige Einzelfragen.

Beispiel

- Fernando Martinez arbeitet als Kundenbetreuer in einem Handelsunternehmen. Seine Chefin beauftragt ihn, anhand eines detaillierten Fragenkatalogs Kundenwünsche in einem bestimmten Bereich abzuklären und die Ergebnisse als Schlussbericht in einer vorgegebenen Form abzuliefern. – Hier liegt ein **Arbeitsvertrag** vor, obwohl man in der Alltagssprache von einem «Auftrag» spricht. Denn Fernando Martinez handelt unselbstständig; er ist in die Befehlshierarchie des Unternehmens eingeordnet.
- Wenn der Chirurg den Patienten operiert, handelt er selbstständig nach eigenem Wissen und Können; deswegen liegt ein **Auftrag** vor. Der Patient wird lediglich entscheiden, ob und wann die Operation durchgeführt werden soll.

B] Auftrag und Werkvertrag

Hier liegt der Unterschied bei der Frage des **Erfolgs:** Beim Werkvertrag verspricht der eine Vertragspartner einen bestimmten Arbeitserfolg; erst wenn er dieses Ziel erreicht hat, hat er den Vertrag erfüllt und den Werklohn verdient. Anders beim **Auftrag:** Hier verspricht der Beauftragte nur, mit allen Kräften auf einen bestimmten Erfolg **hinzuwirken.** Er garantiert aber **nicht,** dass er das Ziel auch tatsächlich erreichen wird.

Beispiel

- Wenn ein Industrieunternehmen für ein ausländisches Elektrizitätswerk zehn Gasturbinen bauen und liefern muss, liegt ein **Werkvertrag** vor: Das Industrieunternehmen hat den Vertrag erst erfüllt, wenn der Arbeitserfolg vorliegt, d. h., wenn die Turbinen ausgeliefert sind. Dennoch spricht man in der Alltagssprache von einem «Auftrag»; in der Zeitung könnte es etwa heissen: «Der X-Konzern hat sich einen Grossauftrag geangelt.»
- Ein **Auftrag** liegt vor, wenn Sie mit einer Chirurgin vereinbaren, dass sie Sie operieren soll. Die Chirurgin wird Ihnen nie das Gelingen der Operation (Arbeitserfolg) versprechen, jedoch, sich mit allem Einsatz um eine erfolgreiche Operation bemühen. Misslingt die Operation trotzdem, so hat die Chirurgin, wenn sie sorgfältig operiert hat, den Vertrag dennoch richtig erfüllt und Anspruch auf das Honorar.

22.2 Der Vertragsabschluss

Es gelten die Regeln des Allgemeinen Vertragsrechts. Das heisst: Ein Auftrag kommt zustande, wenn sich der Auftraggeber und der Beauftragte über die zu leistende **Arbeit** und das **Honorar** geeinigt haben, sei es **mündlich, schriftlich** oder auch nur **stillschweigend.**

Eine Besonderheit gilt für den **«Vertragsschluss durch Passivbleiben».** Reagiert der Beauftragte auf einen Antrag des Auftraggebers nicht, entsteht der Vertrag, falls der Beauftragte **berufsmässig** tätig ist und den Antrag **nicht sofort ablehnt** (OR 395).

Beispiel

In einer bestimmten Geschäftsangelegenheit müssen Sie sehr dringend rechtliche Schritte gegen Ihren Vertragspartner unternehmen. Da Sie Ihren Anwalt im Moment telefonisch nicht erreichen können, senden Sie ihm einen Telefax. Wenn der Anwalt Ihre rechtliche Vertretung nicht übernehmen will, muss er Ihnen das sofort mitteilen, nachdem er vom Fax Kenntnis erhalten hat. Andernfalls gilt der Antrag als angenommen.

22.3 Die Pflichten des Beauftragten

Als Hauptaufgabe muss der Beauftragte **Dienste** im Interesse des Auftraggebers verrichten. Darüber hinaus ist er dem Auftraggeber auch zur **Treue** verpflichtet.

22.3.1 Dienstleistung im Interesse des Auftraggebers

Der Beauftragte muss im Interesse des Auftraggebers handeln. Das heisst: Er muss **tätig werden** und dabei ein **bestimmtes Ziel** des Auftraggebers verfolgen. Welche Handlungen der Beauftragte schuldet und welches Ziel er dabei anstreben muss, hängt vom **konkreten Vertrag** ab. Allgemein kann man aber sagen: Der Beauftragte muss die **Ziele** und **Weisungen** seines Auftraggebers einhalten, **sorgfältig** handeln und die Arbeit **persönlich ausführen.** Diese drei Punkte im Einzelnen:

A] Ziel- und Weisungsgebundenheit

Der Beauftragte erledigt Geschäfte des Auftraggebers. Deshalb darf der Auftraggeber auch bestimmen, welches **Ziel** erreicht werden soll. Grundsätzlich ist das ausreichend; der Beauftragte bestimmt dann frei, auf welchem Weg er das Ziel erreichen will. Der Auftraggeber kann aber auch zusätzliche **Weisungen** über den einzuschlagenden Weg abgeben, an die sich der Beauftragte halten muss.

Falls die Weisung des Auftraggebers **unzweckmässig** ist, muss ihn der Beauftragte **darauf hinweisen.** Man sagt auch: Er muss ihn **abmahnen.** Hält der Auftraggeber an seiner Weisung fest, muss der Beauftragte die unzweckmässige Weisung trotzdem befolgen; seine einzige Alternative ist, das Mandat ganz niederzulegen.

Beispiel Herr Z hat den Anwalt X beauftragt, seine Scheidung durchzuführen. Das Ehepaar Z ist sich unter anderem uneinig über das alleinige Sorgerecht für die Kinder. Herr Z möchte es unbedingt. Der Anwalt klärt die Sachlage ab und kommt zum Schluss, dass ein solcher Antrag im Scheidungsverfahren vollkommen aussichtslos wäre. Das muss er seinem Klienten mitteilen. Beharrt dieser darauf, muss der Anwalt den Antrag bei Gericht trotzdem einreichen oder das Mandat ganz niederlegen.

Nur in einem Fall darf der Beauftragte von den Weisungen abweichen – dann nämlich, wenn sich die äusseren **Umstände geändert** haben und es ihm **unmöglich** ist, rechtzeitig **neue Weisungen** beim Auftraggeber einzuholen.

Beispiel Bei der Operation des Blinddarms entdeckt die Chirurgin zufällig ein kleines Darmgeschwür. Sie darf es auch ohne Zustimmung des Patienten entfernen, weil sie davon ausgehen darf, dass ihr der Patient die Zustimmung erteilt hätte. So kann der Aufwand und das Risiko einer Zweitoperation vermieden werden.

Nicht selten gehört zur Besorgung eines Geschäfts, dass der Beauftragte für den Auftraggeber Verträge abschliesst oder andere rechtlich bindende Handlungen vornimmt. OR 396 II und III beschäftigen sich mit dieser Frage: Mit der Erteilung des Auftrags ist der Beauftragte auch ermächtigt, die nötigen rechtlichen Schritte bei der Erfüllung des Auftrags vorzunehmen. Einzig bei gewissen **wichtigen Rechtshandlungen** braucht es die **ausdrückliche Ermächtigung** (Vollmacht) des Auftraggebers. Dazu zählen etwa: Einleitung eines **Prozesses** für den Beauftragten; Veräusserung eines **Grundstücks** des Auftraggebers; Vornahme einer **Schenkung** aus dem Vermögen des Auftraggebers.

B] Sorgfaltspflicht

Wie bereits gesagt, haftet der Beauftragte nicht dafür, dass er das angestrebte Ziel tatsächlich erreichen wird. Immerhin muss er das aber mit **aller Sorgfalt** versuchen (OR 398). Das bedeutet: Er muss so sorgfältig sein, wie man das von einem **durchschnittlichen Vertreter seines Berufsstandes** erwarten darf. Lässt er es an der nötigen Sorgfalt fehlen und kommt der Auftraggeber zu Schaden, muss er Schadenersatz bezahlen, selbst wenn ihn nur ein leichtes Verschulden trifft. Ob der Beauftragte in einem konkreten Fall seine Sorgfaltspflicht verletzt hat, muss man unter Würdigung aller Umstände beantworten.

Beispiel

Aus der Gerichtspraxis:

- Ein Rechtsanwalt leitet für seine Klientin ein von vornherein aussichtsloses Gerichtsverfahren ein und verliert prompt den Prozess. Seiner Klientin werden deswegen die Gerichtskosten auferlegt. – Der Anwalt muss diese Kosten übernehmen, denn er hat unsorgfältig gehandelt, als er den aussichtslosen Prozess einleitete.
- Bei einer Operation vergisst die Chirurgin einen Tupfer in der Bauchhöhle des Patienten. – Die Kosten für die zweite Operation und die verlängerte Heilung gehen zu ihren Lasten, denn sie hat es an der nötigen Sorgfalt fehlen lassen.
- Ein Hauseigentümer lässt sein Mehrfamilienhaus durch eine Liegenschaftenverwalterin verwalten. Diese unterlässt es aber, die Zahlungsfähigkeit eines neuen Mieters abzuklären. Prompt zeigt es sich, dass der Mieter hoch verschuldet ist, wodurch dem Vermieter einige tausend Franken Mietzins entgehen. – Wegen unsorgfältigen Handelns muss die Liegenschaftenverwalterin diesen Zinsausfall dem Hauseigentümer ersetzen.

C] Persönliche Ausführung

Das OR geht davon aus, dass der Beauftragte die Arbeit **persönlich** ausführen muss (OR 398 III), denn oft ist er ja ein Spezialist (z. B. Anwalt, Arzt, Vermögensverwalter), und der Aufraggeber hat ihn gerade deswegen ausgesucht. «Persönlich ausführen» darf man nicht allzu eng verstehen. Selbstverständlich darf der Beauftragte seine Arbeitsorganisation (seine Arbeitnehmer) beiziehen, solange er die Oberleitung innehat und die wesentlichen Entscheide selbst trifft. Allerdings haftet er für Fehler seiner Hilfspersonen, wie wenn er sie selbst begangen hätte (OR 101).

Interessant ist nun die Frage, unter welchen Voraussetzungen ein Beauftragter berechtigt ist, einen Auftrag zur Erledigung an einen selbstständigen Dritten zu übertragen. Man spricht in diesem Zusammenhang von einer **Substitution.**

Beispiel

Die Anwaltskanzlei X aus Zürich betreut die Rechtsfälle der Z AG. Nun muss gegen einen ehemaligen Kunden der Z AG ein Prozess in Lausanne geführt werden. Dafür wäre es viel einfacher, die Prozessführung einer Anwältin in Lausanne zu übertragen.

Zur Substitution ist ein Beauftragter nur berechtigt, wenn er dazu vom Auftraggeber **ermächtigt** worden ist, wenn das so **üblich** ist oder wenn eine **Notsituation** es erfordert.

Beispiel

Die Patientin A hat sich vom Chirurgen C operieren lassen. Da sie einige Stunden nach der Operation plötzlich ins Koma fällt, ordnet C notfallmässig eine zweite Operation an. Diese kann C aber nicht persönlich durchführen, da er bereits mit einer neuen Operation beschäftigt ist. C überträgt die zweite Notoperation seinem Fachkollegen F. – C durfte so handeln; die aussergewöhnlichen Umstände erlaubten eine Übertragung der Auftragserfüllung auf seinen Kollegen.

Wie **haftet** der Beauftragte, wenn der von ihm beigezogene Dritte den Auftrag schlecht ausführt? Antwort gibt OR 399 II: Bei erlaubter Substitution haftet der Beauftragte nur für **sorgfältige Auswahl** und **Instruktion** des Substituten. Er haftet aber **nicht,** wenn der Dritte unsorgfältig handelt und es deswegen zu einem Schaden kommt. In solchen Fällen kann der Auftraggeber seine Ansprüche direkt beim Substituten geltend machen (OR 399 III).

Beispiel

Auch die zweite Operation misslingt, doch diesmal ist das auf eine Unsorgfalt («Kunstfehler») des beigezogenen F zurückzuführen. Muss C für den Fehler seines Kollegen einstehen? – Nein, sofern er F sorgfältig ausgewählt und gut über den Fall instruiert hat. Gestützt auf OR 399 III kann die Patientin aber direkt gegen F vorgehen.

22.3.2 Die Treuepflichten des Beauftragten

Der Auftrag basiert auf einem **Vertrauensverhältnis,** denn der Beauftragte erledigt fremde Geschäfte und erhält dabei oft Einblick in die geschäftlichen, finanziellen und/oder persönlichen Verhältnisse des Auftraggebers. Aus diesem Grund hat der Beauftragte, ähnlich wie der Arbeitnehmer, eine Treuepflicht gegenüber dem Auftraggeber. Sie umfasst insbesondere die Rechenschafts- und Herausgabepflicht und die Geheimhaltungspflicht.

- **Rechenschaftspflicht:** Der Beauftragte muss von Zeit zu Zeit von sich aus, aber auch **jederzeit** auf Verlangen des Auftraggebers, Rechenschaft über seine Tätigkeit ablegen (OR 400 I). Er muss den Auftraggeber über den Stand der Arbeiten und über die bis dahin entstandenen Kosten und Erträge informieren.
- **Herausgabepflicht:** Der Beauftragte muss alles herausgeben, was er von Dritten für seinen Auftraggeber empfangen hat (OR 400 I). Dazu gehören Geld, Wertpapiere, einzelne Gegenstände, Dokumente oder auch Forderungen. Der Beauftragte muss das Empfangene **sofort nach Erhalt** herausgeben und nicht erst bei Vertragsende. Deswegen muss er Geld **verzinsen,** das er für den Auftraggeber erhalten hat.
- **Geheimhaltungspflicht:** Was der Beauftragte über die **Verhältnisse seines Auftraggebers** erfährt, muss er geheim halten, und zwar auch nach Auflösung des Auftragsverhältnisses.

22.4 Die Pflichten des Auftraggebers

Der Auftraggeber muss dem Beauftragten das vereinbarte **Honorar** bezahlen. Beachten Sie dabei: Der Beauftragte erhält das Honorar auch dann, wenn seine Bemühungen nicht zum gewünschten Erfolg führen; es genügt, wenn er sich sorgfältig darum **bemüht** hat. Denn, wie Sie wissen, verspricht der Beauftragte keinen Erfolg.

Nach Gesetz ist ein Honorar nur dann geschuldet, wenn es **vereinbart** oder **üblich** ist (OR 394 III). Bei den «berufsmässig Beauftragten» (Arzt, Anwalt, Vermögensverwalter usw.) ist das der Normalfall; sie leben ja von den Honorareinnahmen. Bei einem Vertrag zwischen Privatpersonen ist eine entsprechende Abmachung aber unerlässlich.

Beispiel

A bittet seinen Nachbarn, während seiner Ferienabwesenheit für den Garten zu schauen und insbesondere die Kirschen seiner zwei Bäume zu pflücken. Im Normalfall wird hier A dem Nachbarn etwas bezahlen oder ihm einen Teil der Ernte überlassen. Rechtlich gesehen hat der Nachbar aber nur dann einen Anspruch auf Honorar, wenn das so **vereinbart** ist.

Der Auftraggeber muss die **Auslagen** ersetzen, die dem Beauftragten bei der Ausführung seines Auftrags ganz **speziell** entstanden sind (OR 402 I). Dazu gehören z. B. Porto- und Telefonspesen, Auslagen für Material und Geräte, die speziell angeschafft werden mussten, Kosten für ein externes Gutachten. Die **allgemeinen Unkosten** (Miete, Löhne usw.) erhält der Beauftragte dagegen über das **Honorar** vergütet. Er kann sie nur extern verrechnen, wenn dies ausdrücklich abgemacht wurde.

22.5 Beendigung des Auftragsverhältnisses (OR 404–406)

Ein Auftrag endet entweder durch **Widerruf** (OR 404), **Tod, Handlungsunfähigkeit** oder **Konkurs** eines Vertragspartners (OR 405) – und natürlich auch durch **Erfüllung.** Von besonderer Bedeutung ist in der Praxis der Widerruf.

22.5.1 Der Widerruf (OR 404)

Beim Auftrag wird der eiserne Grundsatz «Verträge müssen eingehalten werden» durchbrochen: Der **Auftraggeber** wie auch der **Beauftragte** können den Auftrag **jederzeit** und ohne Angabe eines Grundes wieder auflösen (OR 404 I). Der Grund für das jederzeitige Widerrufsrecht liegt darin, dass der Beauftragte meistens sehr persönliche Angelegenheiten des Auftraggebers vertritt – denken Sie nur an die Tätigkeit der Ärztin oder des Vermögensverwalters. Wenn das Vertrauensverhältnis aus irgendwelchen Gründen gestört ist, kann man weder dem Auftraggeber noch dem Beauftragten die Fortführung des Auftrags zumuten.

Die sofortige Vertragsauflösung hat für den anderen Vertragspartner manchmal grosse **finanzielle Nachteile,** wie folgendes Beispiel zeigt:

Beispiel

Rechtsanwältin R vertritt den Klienten K in einem Rechtsstreit. Kurz vor Ablauf einer gerichtlichen Frist legt R ihr Mandat nieder. Dem Klienten (Auftraggeber) ist es nun nicht mehr möglich, innert so kurzer Zeit einen «Ersatzanwalt» zu finden. Deswegen verpasst K die Frist und verliert prompt den Prozess, den er sonst mit sehr grosser Wahrscheinlichkeit gewonnen hätte.

Zwar ist der Widerruf auch in einem solchen Fall zulässig. Das Gesetz sieht aber eine **Schadenersatzpflicht** vor, falls ein **Widerruf zur Unzeit** vorliegt (OR 404 II). Das ist der Fall, wenn der widerrufende Vertragspartner **keine sachlichen Gründe** für den Widerruf hat. Der betroffene Vertragspartner kann dann **Schadenersatz** (im Umfang des negativen Interesses) verlangen, sodass er am Ende finanziell nicht schlechter steht, als wenn vom Vertrag nie die Rede gewesen wäre.

22.5.2 Folgen der Beendigung eines Auftrags

Oft hat ein Beauftragter schon Arbeit geleistet, wenn ein Auftrag durch Widerruf oder einen anderen Grund beendigt wird. Diese kann er in Rechnung stellen. Umgekehrt muss er natürlich alles herausgeben, was er in Erteilung seines Auftrags für den Auftraggeber erhalten hat.

22.6 Besondere Auftragsverhältnisse: Makler, Agentur und Kommission

Das Auftragsrecht kennt neben dem einfachen Auftrag noch weitere Vertragstypen, die besonders geregelt sind, u. a. den **Maklervertrag (OR 412–418),** den **Agenturvertrag (OR 418a–418v)** und die **Kommission (OR 425–439).** Ihre Besonderheit liegt in der wirtschaftlichen Funktion: Stets bemüht sich der Beauftragte, seinem Auftraggeber zu einem **Geschäftsabschluss mit einem Dritten** zu verhelfen. Deshalb bezeichnet man Makler, Agenten und Kommissionäre auch als **Marktmittler.**

Die Bemühungen der einzelnen Marktmittler gehen unterschiedlich weit. Das OR unterscheidet vier **Stufen** und ordnet sie den drei Vertragstypen zu. Wie Sie der folgenden Grafik entnehmen können, gibt es beim Makler- und beim Agenturvertrag zwei Formen mit je unterschiedlicher Ausprägung.

Abb. [22-3] Marktmittler

Nachweis von Geschäftsmöglichkeiten	Vermittlung von Geschäften	Abschluss von Geschäften	Abschluss und Abwicklung von Geschäften
Suche möglicher Geschäftspartner	Suche möglicher Geschäftspartner + Aktive Beteiligung an den Vertragsverhandlungen	Suche möglicher Geschäftspartner + Abschluss des Vertrags	Suche möglicher Geschäftspartner + Abschluss des Vertrags + Abwicklung des Vertrags
Maklerei: Nachweismakler	Maklerei: Vermittlungsmakler		
	Agentur: Vermittlungsagent	Agentur: Abschlussagent	
			Kommission

22.6.1 Maklervertrag (OR 412–418)

Der Makler bemüht sich, einen Dritten zu finden, mit dem sein Auftraggeber einen Vertrag abschliessen kann. Die Regeln über den Maklervertrag werden auf unterschiedliche Vermittlungsgeschäfte angewendet (z. B. auf Wohnungs- und Liegenschaftsvermittlung).

Je nach Intensität der Vertragsförderung unterscheidet man zwei Arten von Maklerei:

- Bei der Nachweismaklerei sucht der Makler mögliche Vertragspartner für seinen Auftraggeber. Damit ist seine Tätigkeit abgeschlossen. Der Nachweismakler schaltet sich nicht in die Vertragsverhandlungen zwischen seinem Auftraggeber und dem Interessenten ein.
- Bei der Vermittlungsmaklerei geht die Aufgabe des Maklers weiter: Er sucht nicht nur mögliche Vertragspartner, sondern fördert auch die anschliessenden Vertragsverhandlungen aktiv, indem er zwischen ihnen vermittelt. Er ist also an der Gestaltung des Vertrags mitbeteiligt.

Beispiel

- Nachweismaklerei: Monika Huber möchte ihr Haus verkaufen und wendet sich an den Grundstücksmakler G. G wird nun mögliche Interessenten für das Haus suchen und sie Monika Huber nennen.
- Vermittlungsmaklerei: Wenn G Vermittlungsmakler ist, muss er z. B. auch ein Treffen zwischen Monika Huber und den Kaufinteressenten organisieren, den Vertragstext überarbeiten oder einen Termin beim Notar buchen.

Der Auftraggeber bleibt völlig frei, ob und mit wem er einen Vertrag abschliessen will. Konkret bedeutet das: Auch wenn ihm der Makler einen Interessenten nennt, der zum Vertragsabschluss sofort bereit wäre, muss der Auftraggeber keinen Vertrag abschliessen; er kann auch einen anderen Vertragspartner wählen oder ganz auf einen Vertragsabschluss verzichten. Falls es tatsächlich zum Vertrag kommt, erhält der Makler als Vergütung den Maklerlohn bzw. die Provision.

22.6.2 Agenturvertrag (OR 418a–418v)

Der Agent verpflichtet sich, gegen Entgelt **dauernd** für einen oder mehrere Auftraggeber Geschäfte zu vermitteln oder in ihrem Namen und für ihre Rechnung Geschäfte abzuschliessen. Seine Hauptpflicht ist somit die **Vertragsförderung.** Man unterscheidet zwei Förderungsstufen:

- **Vermittlungsagentur:** Der Vermittlungsagent hält die Verbindung zu alten Kunden, und er versucht, neue Kunden zu gewinnen. Mit Interessenten führt er die Vertragsverhandlungen. Sobald ein Geschäft abschlussreif ist, legt er es seinem Geschäftsherrn zum Vertragsabschluss vor.
- **Abschlussagentur:** Der Abschlussagent schliesst zusätzlich das Geschäft selbst ab. Dabei handelt er stellvertretend für den **Auftraggeber,** d. h. in dessen Namen, und ist voll an dessen Vorgaben hinsichtlich Preis, Konditionen usw. gebunden.

Beispiel

Typische Vermittlungsagenten sind Versicherungsagenten. Sie nehmen mit Interessenten Kontakt auf und führen die Vertragsverhandlungen. Versicherungsintern ist aber meist vereinbart, dass die Versicherungsagenten das Geschäft nicht selbst abschliessen dürfen, sondern es an den Hauptsitz zur Unterschrift einreichen müssen.

In der Regel besteht das Honorar aus einer **Provision** auf den Geschäften, die der Agent erfolgreich vermittelt oder abgeschlossen hat (OR 418g I). Der Provisionsanspruch entsteht, sobald der Vertrag mit einem Kunden rechtsgültig abgeschlossen worden ist (OR 418g III). Er fällt aber nachträglich wieder dahin, wenn das Geschäft ohne Verschulden des Auftraggebers nicht ausgeführt wird bzw. wenn der Kunde seine Verpflichtungen nicht erfüllt (OR 418h).

Beispiel

Die Abschlussagentin Jana Kläger wirbt einen neuen Kunden und kann auch gleich eine Bestellung im Wert von CHF 1 000.– aufnehmen. Damit ist ihr Provisionsanspruch auf den Wert der Bestellung entstanden. Kurze Zeit später geht der neue Kunde in Konkurs, was im Moment des Vertragsschlusses nicht vorhersehbar war. Das Geschäft wird nicht ausgeführt, die Provision der Agentin fällt deshalb wieder dahin, d. h., Jana Kläger muss sie wieder zurückzahlen.

Sofern keine wichtigen Gründe vorliegen, kann der Agenturvertrag erst nach Ablauf einer bestimmten **Kündigungsfrist** aufgelöst werden (OR 418q). Der Maklervertrag wie auch der einfache Auftrag können demgegenüber fristlos aufgelöst werden.

22.6.3 Kommissionsvertrag (OR 425-438)

Makler und Agent handeln im Namen ihres Auftraggebers. Besteht das Bedürfnis des Auftraggebers, selber nicht in Erscheinung zu treten, wird ein Kommissionsvertrag abgeschlossen. Bei der Kommission haben die beiden Vertragspartner spezielle Bezeichnungen: Der zum Kauf oder Verkauf Beauftragte heisst **Kommissionär,** und der Auftraggeber ist der **Kommittent.** Der Kommittent beauftragt einen Kommissionär, der nach aussen **selbstständig auftritt,** d. h. in eigenem Namen das Geschäft einfädelt und abwickelt, jedoch **auf fremde Rechnung,** indem er die vertraglichen Rechte und Pflichten gegen den Dritten auf seinen Auftraggeber überträgt. Der Kommissionär erhält für seine Bemühungen eine **Provision.**

Beispiel

Alice Schwertfeger möchte ein wertvolles Bild eines bekannten Künstlers verkaufen. Mit dem Galeristen Gilles Dubois trifft sie die folgende Vereinbarung: Gilles Dubois wird das Bild in seine Galerie hängen und es möglichst teuer verkaufen. Einem Interessenten gegenüber wird er als selbstständiger Verkäufer auftreten, d. h. den Vertrag in eigenem Namen abschliessen. Alice Schwertfeger möchte nämlich nicht als Verkäuferin des Bildes auftreten.

Die Kommission ist nicht für alle Vertragsarten zulässig, sondern nur für **Kaufverträge,** und auch dort nur für den Kauf oder Verkauf von **beweglichen Sachen** und **Wertpapieren.**

Zusammenfassung

Beim Auftrag verpflichtet sich der Beauftragte zur Erbringung bestimmter **Dienstleistungen.** Der Auftraggeber schuldet als Gegenleistung ein **Honorar,** wenn es verabredet oder üblich ist. Der Auftrag ist als Sammelbecken konstruiert für Arbeitsleistungen, die weder als Werk- noch als Arbeitsverträge zu qualifizieren sind.

Für den Vertragsschluss genügt beim Auftrag **Mündlichkeit.** Sofern der Beauftragte seine Dienste **berufsmässig** anbietet und er auf den Antrag des Auftraggebers nicht reagiert (**passiv** bleibt), kommt der Vertrag gültig zustande.

Die **Pflichten** der Vertragsparteien lauten:

Pflichten beim Auftrag

Beauftragter
- Ziel- und Weisungsgebundenheit
- Sorgfaltspflicht
- Persönliche Ausführung
- Treuepflicht: Rechenschaft, Herausgabe, Geheimhaltung

Auftraggeber
- Honorarzahlung
- Spezielle Auslagen ersetzen

Ein Auftrag wird im Allgemeinen dadurch beendet, dass der Beauftragte die **Arbeit geleistet** und der Auftraggeber das **Honorar bezahlt** hat. Ein Auftrag kann aber auch jederzeit vom Auftraggeber oder vom Beauftragten **widerrufen** werden. Wenn dafür kein «guter Grund» besteht (= Widerruf zur Unzeit), muss der zurücktretende Vertragspartner **Schadenersatz** bezahlen.

Neben dem einfachen Auftrag kommen als besondere Auftragsverhältnisse jene mit den Marktmittlern vor:

- **Maklervertrag (OR 412–418):** Der Makler sucht einen Dritten, mit dem der Auftraggeber einen Vertrag abschliesst. Man unterscheidet die Nachweismaklerei (Suche nach möglichen Vertragspartnern) und die Vermittlungsmaklerei (aktive Beteiligung an den Vertragsverhandlungen).
- **Agenturvertrag (OR 418a–418v):** Der Agent verpflichtet sich, dauernd für den Auftraggeber Geschäfte zu vermitteln (Vermittlungsagentur) oder abzuschliessen (Abschlussagentur).
- **Kommissionsvertrag (OR 425–438):** Der Kommissionär verkauft bewegliche Sachen oder Wertpapiere in eigenem Namen, aber auf fremde Rechnung für den Auftraggeber.

Repetitionsfragen

78 Um welche Vertragsarten handelt es sich in den folgenden Fällen?

A] Die Versicherungsgesellschaft V lässt durch einen externen Detektiv Nachforschungen über einen möglichen Versicherungsbetrug anstellen.

B] Sie lassen sich von der Coiffeuse die Haare waschen, schneiden und färben.

C] Theres Inglin überträgt einem Gärtner die Aufgabe, bis zu ihrer Rückkehr aus den Ferien den Garten ihres Hauses neu zu gestalten.

D] Der Kirchenrat beauftragt eine Bauspenglerei mit der Sanierung der Kirchenkuppel.

E] Barbara Bill führt ein kleines Treuhandbüro und erledigt Steuerrechnungen und Buchhaltungen für ihre Kunden. Da sie mit Aufträgen überhäuft wird, stellt sie eine Mitarbeiterin für einen Tag pro Woche ein.

79 Bettina Langmeier ist in einen Streit gegen ihre Vermieterin verwickelt, weswegen sie einen Anwalt beizieht. Trotzdem verliert sie den Prozess. Muss sie dem Anwalt das Honorar dennoch bezahlen? Begründen Sie Ihre Antwort.

80 Hugo Wohlwend schliesst mit dem Wein- und Spirituosengrosshändler «VinoVero» einen Agenturvertrag ab, mit dem Zweck, Restaurants in der Zentralschweiz aufzusuchen und diese für Bestellungen von Wein und Spirituosen zu gewinnen.

A] «VinoVero» stellt fest, dass Hugo Wohlwend kaum Kundenbesuche durchführt. Wie beurteilen Sie dieses Verhalten aufgrund des Agenturvertrags?

B] Falls Hugo Wohlwend bei «VinoVero» angestellt wäre: Welche Konsequenzen könnte sein unter A] beschriebenes Verhalten haben?

C] «VinoVero» teilt Hugo Wohlwend mit, dass 20 Prozent seiner vermittelten Bestellungen «faul» seien. Wie steht es mit Hugo Wohlwends Provisionsanspruch?

Teil H Unternehmensformen und Handelsregister

23 Was ist ein Unternehmen?

Lernziele

Nach der Bearbeitung dieses Kapitels können Sie ...

- den Unterschied zwischen einem Einzelunternehmen und einer Gesellschaft beschreiben.
- die acht Gesellschaftsformen benennen, die das schweizerische Recht kennt.
- die drei häufigsten Gesellschaftsformen Kollektivgesellschaft, AG und GmbH nach den gängigen Kriterien unterscheiden.

Schlüsselbegriffe

AG, Aussenverhältnis, einfache Gesellschaft, Einzelunternehmen, Firma, Genossenschaft, Gesellschaft, GmbH, Haftung, Innenverhältnis, Kapitalgesellschaft, kaufmännisches Unternehmen, Kollektivgesellschaft, Kommanditgesellschaft, Körperschaft, Personengesellschaft, Rechtsgemeinschaft, Verein, Vertretung

23.1 Einzelunternehmen und Gesellschaft

Das kaufmännische Unternehmen

Das OR unterscheidet zwischen kaufmännischen und nicht kaufmännischen Unternehmen:

- Kaufmännische Unternehmen sind **selbstständige,** auf **Dauer** angelegte **wirtschaftliche Tätigkeiten** mit einem **Umsatz** von mehr als 100 000 Franken pro Jahr (OR 934 und Handelsregisterverordnung HRegVO 2 und 36). Kaufmännische Unternehmen müssen sich im **Handelsregister** eintragen lassen. Das hat vier rechtliche Konsequenzen:
  - Sie unterstehen der Betreibung auf **Konkurs,**
  - sind zur kaufmännischen **Buchführung** verpflichtet,
  - unterstehen den Regeln des **Firmenrechts** (die Firma ist der Name des Unternehmens),
  - es gelten für sie die Regeln der **kaufmännischen Stellvertretung.**
- Unternehmen, die diese Voraussetzungen nicht erfüllen, sind **nicht kaufmännische** Unternehmen. Das sind vor allem selbstständige unternehmerische Tätigkeiten mit weniger als 100 000 Franken Umsatz pro Jahr.

Einzelunternehmen und Gesellschaft

Unternehmen sind entweder **Einzelunternehmen** oder **Gesellschaften.** Ein **Einzelunternehmen gehört einer Person.** Sie trägt die ganze unternehmerische Verantwortung allein.

Gesellschaften definiert das Gesetz als «vertragsmässige **Verbindung von zwei oder mehreren Personen** zur Erreichung eines gemeinsamen Zwecks mit gemeinsamen Kräften und Mitteln» (OR 530). Es gibt nach dem schweizerischen Recht **acht** Gesellschaften: einfache Gesellschaft, Kollektivgesellschaft, Kommanditgesellschaft, Aktiengesellschaft (AG), Kommandit-Aktiengesellschaft, Gesellschaft mit beschränkter Haftung (GmbH), Genossenschaft und Verein.

23.2 Die acht Gesellschaftsformen und ihre Einteilung

Die acht Gesellschaftsformen lassen sich nach verschiedenen Kriterien unterscheiden:

- Gesellschaften mit wirtschaftlichem und nicht wirtschaftlichem Zweck
- Rechtsgemeinschaften und Körperschaften
- Personengesellschaften und Kapitalgesellschaften

Abb. [23-1] Die Einteilung der Gesellschaften nach verschiedenen Kriterien

Wirtschaftlicher und nichtwirtschaftlicher Zweck

Oft gründen Personen eine Gesellschaft für einen **wirtschaftlichen Zweck.** Sie wollen mit ihren Aktivitäten Gewinn erzielen.

Für **gewinnstrebige Aktivitäten** stehen die **fünf Handelsgesellschaften** zur Verfügung:

- Kollektivgesellschaft
- Kommanditgesellschaft
- Aktiengesellschaft (AG)
- Gesellschaft mit beschränkter Haftung (GmbH)
- Kommanditaktiengesellschaft

Die **Genossenschaft** dient der **gemeinsamen Selbsthilfe** (z. B. günstiger Wohnraum für die Mitglieder einer Wohnbaugenossenschaft). Hier liegt der wirtschaftliche Zweck also nicht im Gewinn, sondern in anderen Vorteilen.

Einen **Verein** gründen Personen zu einem **nicht wirtschaftlichen Zweck.** Es geht um **ideelle Ziele,** z. B. Freizeit, Sport, Kultur usw. Der Verein ist deshalb nicht geeignet, um ein gewinnstrebiges Unternehmen zu betreiben (ZGB 60 f.).

Die **einfache Gesellschaft** hat keinen bestimmten Zweck. Sie entsteht durch einen Vertrag, dient als Auffangbecken für Gesellschaften, die in keine andere Rechtsform passen (z. B. Bürogemeinschaft). Für ein dauerhaftes Unternehmen ist sie ungeeignet, weil sie nicht als kaufmännisches Unternehmen in das Handelsregister eingetragen werden kann.

Rechtsgemeinschaften und Körperschaften

Bei einer **Rechtsgemeinschaft** schliessen sich mehrere natürliche Personen (Menschen aus Fleisch und Blut) zusammen, um gemeinsam das Risiko eines Unternehmens zu tragen, d. h., sie haften gemeinsam für die Schulden der Gesellschaft, teilen sich den Gewinn usw. Sie schliessen dazu einen **Gesellschaftsvertrag** ab.

Bei den Rechtsgemeinschaften stehen die Gesellschafter im Vordergrund. Jeder von ihnen steht mit seiner Unternehmerpersönlichkeit und seiner Kreditwürdigkeit für die gemeinsamen Ziele ein. Nach aussen tritt eine Rechtsgemeinschaft als Einheit auf, sie ist aber trotzdem keine juristische Person. Das zeigt sich z. B. beim Kauf einer Geschäftsliegenschaft. Die beteiligten Gesellschafter sind gemeinsam Eigentümer der Liegenschaft und nicht die Rechtsgemeinschaft. Rechtsgemeinschaften sind

- die Kollektivgesellschaft,
- die Kommanditgesellschaft und auch
- die einfache Gesellschaft.

Die **Körperschaften** haben eine eigene Rechtspersönlichkeit. Sie sind **juristische Personen** und wie Menschen rechts- und handlungsfähig. Sie können also Rechte und Pflichten haben und Rechtsgeschäfte tätigen (z. B. Verträge abschliessen); kauft eine juristische Person ein Grundstück, dann wird sie die Eigentümerin und nicht die Mitglieder der Gesellschaft.

Um entscheiden und handeln zu können, braucht eine juristische Person **Organe**. Diese werden durch das OR und durch die Statuten festgelegt. Die **Statuten** sind der Gesellschaftsvertrag einer juristischen Person. Körperschaften und damit juristische Personen sind

- die AG,
- die GmbH,
- die Kommandit-AG,
- die Genossenschaft und
- der Verein.

Personen- und Kapitalgesellschaften

Bei den **Personengesellschaften** bringen die Gesellschafter ihr Kapital und vor allem auch ihre Arbeitskraft für den gemeinsamen Zweck ein. Personengesellschaften sind

- die einfache Gesellschaft,
- die Kollektivgesellschaft und
- die Kommanditgesellschaft.

Bei den **Kapitalgesellschaften** besteht die Leistung der Gesellschafter dagegen im Kapitalbeitrag an die Gesellschaft. Auf ihre aktive Mitarbeit kommt es nicht an. Das gilt vor allem für die Aktiengesellschaft (AG).

Die Gesellschaft mit beschränkter Haftung (GmbH) ist eine **Mischform.** Sie weist Elemente beider Gesellschaftsformen auf.

23.3 Die Einzelunternehmung

Gründung

Um Einzelunternehmer zu werden, braucht es nichts anderes als den Mut, sich selbstständig zu machen. Nur wenige Vorschriften sind zu beachten:

- Ein Unternehmer, der **mehr als CHF 100 000.– Bruttoumsatz** im Jahr erzielt, ist verpflichtet, sich im **Handelsregister** eintragen zu lassen. Unternehmen mit weniger als CHF 100 000.– Umsatz können sich freiwillig eintragen lassen (OR 934).
- Bei einem Bruttoumsatz von über CHF 100 000.– besteht die Pflicht zur **kaufmännischen Buchführung** (OR 957).
- Bei der Wahl der **Geschäftsfirma** (Name) sind OR 945 und 946 zu berücksichtigen. Der Familienname des Unternehmers muss im Namen der Unternehmung enthalten sein.

Haftung

Einzelunternehmer **haften** mit ihrem ganzen **Geschäfts- und Privatvermögen** für die Schulden ihres Unternehmens.

Vertretungsverhältnisse

Ansprechpartner für Vertragsabschlüsse ist allein der Einzelunternehmer. Dieser kann aber andere Personen bevollmächtigen.

- Für das im Handelsregister eingetragene Einzelunternehmen gelten bezüglich angestellten Bevollmächtigten die Regeln der kaufmännischen Stellvertretung (Prokura und Handlungsvollmachten, vgl. OR 458 ff.).
- Aufgrund einer speziellen Vollmacht können aber auch andere Personen ermächtigt sein (z. B. ein Treuhänder, vgl. OR 32 ff. und OR 394 ff.).

23.4 Die Kollektivgesellschaft

Die Kollektivgesellschaft ist die vertragliche Verbindung von **Personen** zum Zweck, unter einer gemeinsamen **Firma** ein Unternehmen zu betreiben.

- Das Gesetz verlangt **mindestens zwei Gesellschafter,** die natürliche Personen sein müssen. Eine AG oder GmbH könnte also nicht Mitglied sein.
- Die **Firma** muss so gewählt sein, dass die Gesellschaft für Dritte als Kollektivgesellschaft erkennbar ist. Dafür gibt es zwei Möglichkeiten: Die Firma enthält **die Namen aller Gesellschafter** oder sie nennt einen Gesellschafter bzw. einzelne Gesellschafter und macht das Gesellschaftsverhältnis durch einen **Zusatz** erkennbar (OR 947).

Beispiel

Bär, Maspoli und Zehnder haben für ihre Gesellschaft folgende Wahlmöglichkeiten:

- **Firma mit allen Gesellschafternamen** – also: «Bär, Maspoli und Zehnder».
- **Firma mit nur einem Gesellschafternamen und einem Zusatz** – also z. B. «Bär und Partner», «Bär & Co.» oder «Bär & Cie.». (Co. und Cie. steht für Compagnie). Möglich auch «Bär, Maspoli und Co.» usw.

Gründung

Die Gründung einer Kollektivgesellschaft ist denkbar einfach. Es genügt, dass die Gesellschafter den **Gesellschaftsvertrag** abschliessen, d. h. sich darauf einigen, gemeinsam ein Unternehmen zu betreiben. Meistens wird der Gesellschaftsvertrag schriftlich abgefasst, nach OR genügt aber auch eine mündliche, ja sogar eine stillschweigende Einigung. Der **Handelsregistereintrag** ist gesetzlich vorgeschrieben, die wirtschaftlich tätige Kollektivgesellschaft **entsteht aber auch ohne den Eintrag** (OR 552 f.).

Die Beziehungen der Gesellschafter unter sich – das Innenverhältnis

Unter dem Innenverhältnis versteht man das Verhältnis der Gesellschafter unter sich. Das OR ist in dieser Hinsicht sehr offen und lässt den Gesellschaftern in der Ausgestaltung ihrer Beziehung einen grossen Spielraum. Wissen muss man einfach, dass die Regeln des OR für die Machtverteilung, die Beitragspflicht, und die Beteiligung am Geschäftserfolg ganz strikt auf das Kopfprinzip setzen. Jeder Gesellschafter hat grundsätzlich die gleichen Rechte und Pflichten. Wenn etwas anderes gelten soll, dann müssen die Gesellschafter dies im Gesellschaftsvertrag abmachen.

Hinweis

Gesetzliche Bestimmungen

Wenn Sie OR 557 II nachschlagen, erkennen Sie, dass für das Recht der Kollektivgesellschaft zum Teil die Regeln der einfachen Gesellschaft zur Anwendung kommen (OR 530–551). Das hängt damit zusammen, dass die einfache Gesellschaft das Grundgerüst einer Gesellschaft ist. Seien Sie also nicht erstaunt, wenn wir auf den folgenden Seiten immer wieder auf solche Gesetzesartikel verweisen.

In der folgenden Tabelle sind die wichtigsten Gesichtspunkte der Beziehungen unter den Gesellschaftern zusammengestellt:

Abb. [23-2]

Gegenseitige Rechte und Pflichten der Gesellschafter einer Kollektivgesellschaft

Beiträge	**Kapital** (in Form von Geld oder von Sachen) **und Arbeitsleistung.** Grundsätzlich müssen die Gesellschafter gleiche Beiträge leisten (Kopfprinzip; OR 557 II und 531). Sie können aber im Gesellschaftsvertrag eine andere Aufgabenverteilung abmachen. So ist es z. B. möglich, dass ein Gesellschafter nur Kapital beisteuert und einer nur Arbeit.
Gesellschaftsbeschlüsse	Gesellschaftsbeschlüsse sind Grundsatzentscheide wie Gewinnverteilung, Aufnahme eines neuen Gesellschafters, Auflösung der Gesellschaft, Änderung der Geschäftstätigkeit usw. • Nach OR müssen sie **einstimmig** gefällt werden (OR 557 II, 534 I). • Im **Gesellschaftsvertrag kann das Mehrheitsprinzip** vorgesehen werden (OR 557 I, 534 II).
Geschäftsführung	• Nach OR ist jeder Gesellschafter zur Geschäftsführung berechtigt und verpflichtet (OR 557 II, 535). • Der Gesellschaftsvertrag kann aber andere Regelungen vorsehen, indem er das Geschäftsführungsrecht auf einen oder einzelne Gesellschafter beschränkt (OR 557 I).
Finanzielle Ansprüche	**Anspruch auf Gewinnanteil.** • Nach OR gilt unabhängig vom geleisteten Beitrag das **Kopfprinzip** (OR 557 II, 533 I). Alle haben den gleichen Gewinnanteil. • Nach Gesellschaftsvertrag können andere Verteilungsschlüssel aufgestellt werden (OR 557 I). **Anspruch auf Verzinsung des eingebrachten Kapitals.** • Nach OR kann jeder Gesellschafter für den von ihm geleisteten Kapitalbeitrag 4 % Zins verlangen, und zwar unabhängig von Gewinn und Verlust (OR 558 II). • Andere Regelungen können im Gesellschaftsvertrag vorgesehen werden (OR 557 I). **Honorar für geleistete Arbeit.** • Es besteht **kein Honoraranspruch!** Die Gesellschafter werden für ihre Tätigkeit durch den Gewinnanteil und die Verzinsung des Kapitals entschädigt (OR 558). • Eine andere Regelung muss im Gesellschaftsvertrag vorgesehen sein.
Loyalitätspflicht	Jeder Gesellschafter ist verpflichtet, die Gesellschaftsinteressen wahrzunehmen und alles zu unterlassen, was der Gesellschaft schadet. Kein Gesellschafter darf ohne Einwilligung der anderen in einem Konkurrenzunternehmen tätig sein oder selbst Konkurrenzgeschäfte tätigen (OR 561).

Die Beziehungen der Gesellschaft zu Dritten – das Aussenverhältnis

Unter dem Aussenverhältnis versteht man das Verhältnis der Gesellschaft zu Dritten, d. h. vor allem zu Geschäftspartnern wie Lieferanten und Kunden. Dabei geht es um zwei Fragen: Wer darf die Gesellschaft vertreten, d. h. für sie z. B. rechtlich bindende Verträge abschliessen? Und wie haften die Gesellschafter für Schulden ihrer Gesellschaft?

Abb. [23-3]

Vertretung der Gesellschaft und Haftung

Vertretung	• Nach OR ist jeder Gesellschafter zur Vertretung berechtigt (OR 563). • Eine andere Regelung ist im Gesellschaftsvertrag möglich; damit sie Dritten gegenüber wirkt, muss sie aber im **Handelsregister** eingetragen sein. So kann die Vertretung auf einzelne Gesellschafter beschränkt werden oder es kann vorgesehen werden, dass nur zwei Gesellschafter zusammen die Gesellschaft vertreten können (OR 555). • Vertretungsrechte können auch Mitarbeitenden oder an Dritten (z. B. Treuhänder) eingeräumt werden. Für die Mitarbeitenden kommt das Recht der kaufmännischen Stellvertretung zur Anwendung.
Haftung	• **Primär** (= in erster Linie) haftet die Gesellschaft mit ihrem ganzen Vermögen (Aktiven). Falls dieses nicht ausreicht, haften • **Subsidiär** (= in zweiter Linie) die Gesellschafter, und zwar persönlich, unbeschränkt und solidarisch (OR 568). **Persönlich** heisst: Jeder haftet mit seinem **Privatvermögen.** **Unbeschränkt** heisst: Jeder haftet mit dem **ganzen Vermögen.** **Solidarisch** heisst: Ein Dritter kann von einem beliebigen Gesellschafter die gesamte Gesellschaftsschuld verlangen. Hat dieser bezahlt, ist es dann seine Sache, die Haftungsanteile der anderen Gesellschafter einzutreiben (OR 143 ff.).

Gesellschafterwechsel

Weil es bei der Kollektivgesellschaft auf die Persönlichkeit der Gesellschafter ankommt, sind Wechsel der Gesellschafter nur in ganz engen Grenzen möglich.

Abb. [23-4]

Eintritt neuer Gesellschafter, Ausscheiden alter Gesellschafter

Eintritt	Für den **Eintritt** neuer Gesellschafter braucht es einen Gesellschaftsbeschluss (OR 557 II, 534).
Austritt	Der **Austritt** eines Gesellschafters erfolgt durch **Kündigung.** Falls nichts anderes im Gesellschaftsvertrag verabredet ist, wird die Gesellschaft dadurch **aufgelöst** (OR 576, 557 II, 546 I).
Ausschluss	Fällt ein Gesellschafter in den Konkurs, so können ihn die anderen Gesellschafter unter Auszahlung seines Anteils ausschliessen. Ein Ausschluss aus anderen wichtigen Gründen (z. B. schwere Pflichtverletzungen) kann ausserdem beim Richter beantragt werden (OR 577 ff.).
Tod	Ohne anders lautende Abmachung im Gesellschaftsvertrag wird die Gesellschaft beim Tod eines Gesellschafters **aufgelöst** (OR 574 I, 545 I).

23.5 Die Aktiengesellschaft (AG)

Die Aktiengesellschaft ist eine Verbindung von **Personen** zur Verfolgung eines gemeinsamen Zwecks. Es ist zulässig, dass eine einzelne Person eine AG gründet («Einmann-AG»; vgl. OR 625).

- **Mögliche Mitglieder**: natürliche/juristische Personen und Handelsgesellschaften.
- Im Unterschied zur Kollektivgesellschaft ist die AG eine **juristische Person.** Der Beitrag der Gesellschafter (= Aktionäre) besteht nur darin, der Gesellschaft Kapital zur Verfügung zu stellen. Das geschieht durch Übernahme der Aktien und durch Einzahlung des entsprechenden Betrags an die Gesellschaft.
- Das Aktienkapital ist **zum Voraus bestimmt** und muss mindestens **CHF 100 000.–** betragen (OR 620 und 621). Es ist in feste Teilsummen (Aktien) von mindestens einem Rappen Nennwert zerlegt (OR 622 IV). Für die Gesellschaftsschulden haftet nur das Gesellschaftsvermögen (OR 620 I). Die Aktiengesellschaft wird im deutschen Sprachraum kurz mit AG bezeichnet, im französischen und italienischen mit SA (société anonyme) und im englischen mit Ltd. (limited company).
- Die AG ist in der **Firmenwahl** frei. Sie kann Personen-, Sach- oder Fantasienamen verwenden; immer mit einem Zusatz, der die Rechtsform anzeigt (z.B. «AG»; OR 950 f.).

Gründung

Die Gründung einer AG ist wesentlich komplizierter als die einer Kollektivgesellschaft. Das hängt damit zusammen, dass eine juristische Person «geboren» wird.

Die Gründung erfolgt in **vier Schritten:**

1. **Aufstellen der Statuten.** Die Gründer stellen die Statuten auf. Die Statuten sind der Gesellschaftsvertrag der AG. Sie regeln die wesentlichen Grundfragen wie Zweck, Aktienkapital, Organisation usw. (OR 626 ff.).
2. **Kapital aufbringen.** Die Aktionäre übernehmen das in den Statuten vorgesehene Aktienkapital, indem sie die Aktien **zeichnen** und anschliessend **liberieren.** Zeichnen heisst: sich zur Übernahme einer bestimmten Anzahl von Aktien einer AG verpflichten; liberieren heisst: bezahlen der übernommenen Aktien.
   - 2.1 **Volle oder teilweise Liberierung.** Benötigt eine Unternehmung nicht sofort alles Aktienkapital, dann kann sie eine Beschränkung der Liberierungspflicht vorsehen. Das heisst: Die Aktionäre müssen nicht sofort den ganzen Betrag einzahlen, sondern bloss einen Teil davon. Dieser Teil **muss pro Aktie mindestens 20 %** ausmachen, und insgesamt muss **das tatsächlich einbezahlte Aktienkapital mindestens CHF 50 000.– betragen.** Sobald die AG das nicht einbezahlte Kapital benötigt, kann sie die Aktionäre auffordern, dieses nachzuzahlen (OR 632, 634a und 683).
   - 2.2 **Sperrkonto.** Die Einzahlung des Aktienkapitals erfolgt auf ein Sperrkonto. Die AG kann erst über das Kapital verfügen, wenn die Gründung abgeschlossen ist (OR 633).
3. **Die öffentliche Gründungsurkunde.** Die Gründungsurkunde ist die Erklärung der Aktionäre, dass die AG nun gegründet werden soll und dass alle gesetzlich vorgeschriebenen Massnahmen getroffen worden sind. Die Gründungsurkunde muss von einem Notar öffentlich beurkundet werden (OR 629).
4. **Handelsregistereintrag.** Die Gründung ist erst mit dem Handelsregistereintrag bzw. mit der Veröffentlichung im Schweizerischen Handelsamtsblatt (SHAB) abgeschlossen. In diesem Moment entsteht die AG als juristische Person (OR 643).

Besonderheiten bei der Gründung – Sacheinlagegründung. Unter Umständen ist es für die Gesellschaft nützlicher, wenn die Gründer statt Kapital Sachwerte einbringen (Maschinen, Fahrzeuge, Arbeitsmaterial, eine Liegenschaft usw.). Hier besteht aber die Gefahr, dass die Gründer solche Sachwerte für einen Preis an die Gesellschaft übertragen, den sie nicht wert sind. Um dies zu verhindern, müssen die Gründer einen **Gründerbericht** aufstellen, der genau Auskunft gibt über die eingebrachten Sachen und ihre Bewertung. Dieser Gründungsbericht muss von einem zugelassenen Revisor geprüft werden. Ausserdem wird die Tatsache der Sacheinlage im **Handelsregister** erwähnt. So können sich Gläubiger der AG informieren und die entsprechenden Vorkehrungen treffen (OR 634 und 635 f.).

Das Innenverhältnis der AG

Als juristische Person braucht die AG **Organe,** welche die nötigen Entscheidungen fällen und Handlungen vornehmen. Sie heissen: Generalversammlung (GV), Verwaltungsrat (VR) und Revisionsstelle.

Abb. [23-5]

Die Organe der AG und ihre Aufgaben

Generalversammlung fällt Gesellschaftsbeschlüsse	Sie ist das **oberste Organ der AG** und setzt sich aus allen Aktionären zusammen. Ihre wichtigsten Aufgaben sind (OR 698): • Festsetzen und Ändern der Statuten, • Wahl von VR und Revisionsstelle, • Kontrolle und Entlastung des VR (Rechnungsabnahme und Déchargeerteilung), • Beschluss über Gewinnverteilung (u. a. Dividende), • Beschluss über Auflösung, Fusion, Übernahme und Umwandlung der AG.
Verwaltungsrat hat die Geschäftsführung und Vertretung	Der Verwaltungsrat ist das geschäftsführende Organ und wird von der GV gewählt. Der VR kann aus einem oder mehreren Mitgliedern bestehen. Es kommen nur natürliche Personen in Frage. In Grossgesellschaften ist der VR häufig nur noch **Aufsichtsorgan.** Die eigentliche Geschäftsführung und Vertretung wird von einem Delegierten des Verwaltungsrats und/oder vom Management (Direktoren, Prokuristen, u. a.) übernommen (OR 716b). Die Mitglieder des VR und das Top-Management sind sowohl der Gesellschaft als auch den einzelnen Aktionären für den Schaden **verantwortlich,** den sie durch absichtliche oder fahrlässige Fehler in der Geschäftsführung verursachen (OR 754). Man spricht von der **Organhaftung.** Sie trifft nicht nur den VR, sondern auch das **Topmanagement.**
Revisionsstelle kontrolliert die Geschäftsbücher	Sie unterzieht die Geschäftsbücher einer genauen Kontrolle und erstattet der GV darüber Bericht. Auch die Revisionsstelle wird von der GV gewählt. Wenigstens ein Mitglied der Revisionsstelle muss Sitz in der Schweiz haben (OR 730 IV). Die Amtsdauer der Revisionsstelle ist beschränkt (OR 730a). Das OR unterscheidet zwischen ordentlicher und eingeschränkter Revision. • **Ordentliche Revision.** Die ordentliche Revision ist unter anderem erforderlich für börsenkotierte Unternehmen sowie Unternehmen, die während zweier Geschäftsjahre zwei der nachfolgenden Grössen erfüllen: Bilanzsumme ist grösser als 10 Millionen, Umsatz ist grösser als 20 Millionen, Unternehmen beschäftigt mehr als 50 Vollzeitmitarbeiter im Jahresdurchschnitt (OR 727, OR 728 ff.). • **Eingeschränkte Revision (Review).** Die eingeschränkte Revision ist zulässig, falls die Voraussetzungen für eine ordentliche Revision nicht gegeben sind. • **Verzicht auf Revisionsstelle:** Mit der Zustimmung sämtlicher Aktionäre kann auf die eingeschränkte Revision verzichtet werden, wenn die Gesellschaft nicht mehr als zehn Vollzeitstellen im Jahresdurchschnitt hat (OR 727a, OR 729 ff.). **Anforderungen an die Revisionsstelle.** Die ordentliche Revision darf nur ein unabhängiges, staatlich beaufsichtigtes Revisionsunternehmen bzw. ein amtlich zugelassener Revisionsexperte durchführen (OR 727b). Eine eingeschränkte Revision kann hingegen auch ein unabhängiger, amtlich zugelassener Revisor durchführen (OR 727c). **Verantwortlichkeit.** Die Revisionsstelle ist für den Schaden verantwortlich, den sie durch absichtliche oder fahrlässige Verletzung ihrer Pflichten verursacht (OR 755).

Die Stellung des Aktionärs in der AG

Der Aktionär ist blosser Kapitalgeber der AG. Er ist zu einer aktiven Mitarbeit weder berechtigt noch verpflichtet. Will er mitarbeiten, dann muss er sich anstellen oder in den VR wählen lassen. Als Aktionär hat er **keinerlei Loyalitätspflicht.** Das heisst: Er darf «seine» Gesellschaft beliebig konkurrenzieren. Deshalb hat er keinen Einblick in die Geschäftsunterlagen der AG. Die Revisionsstelle kontrolliert die Geschäftsbücher im Auftrag des Aktionärs und erstattet an der GV Bericht.

Abb. [23-6]

Rechte und Pflichten des Aktionärs

Eine Pflicht	Die einzige Pflicht des Aktionärs ist die Einzahlung der übernommenen Aktien. Er ist blosser Kapitalgeber (OR 680).
Drei Vermögensrechte	Die Vermögensrechte des Aktionärs bestehen aus • dem **Recht auf Dividende** (= Anteil am Gewinn, OR 675), • dem **Bezugsrecht für neue Aktien** bei Kapitalerhöhungen (OR 652b) und • dem **Anteil am Liquidationserlös** bei Auflösung der AG (OR 745).
Drei Mitgliedschaftsrechte	Die Mitgliedschaftsrechte sichern dem Aktionär die Mitbestimmung in der AG. Drei Rechte stehen im Vordergrund: • **Teilnahme an der GV.** Der Aktionär hat das Recht zur Teilnahme an der GV. Er muss auf dem statutarisch vorgesehenen Weg dazu eingeladen werden (OR 689 ff.). • **Stimm- und Wahlrecht an der GV.** Das Stimmrecht ist **kapitalbezogen.** Je mehr Anteil am Aktienkapital ein Aktionär besitzt, desto grösser ist seine Stimmmacht. Die Statuten können jedoch eine andere Gewichtung der Stimmverhältnisse vorsehen (OR 692 ff.). • **Kontrollrechte.** Der Aktionär hat Anspruch auf den Geschäftsbericht. An der GV kann er vom VR und von der Revisionsstelle Auskunft verlangen. Einblick in die Geschäftsbücher erhält er nur mit Ermächtigung der GV oder des VR. Als stärkstes Kontrollmittel steht dem Aktionär die Sonderprüfung zur Verfügung (OR 697a).

Die Beziehungen der Gesellschaft zu Dritten – das Aussenverhältnis

Wie bei der Kollektivgesellschaft geht es um die Vertretung der AG gegenüber Dritten und um die Haftung für Gesellschaftsschulden.

Abb. [23-7]

Vertretung der Gesellschaft und Haftung der Aktionäre

Vertretung der Gesellschaft	Der VR tritt im Geschäftsleben für die AG auf. Sofern in der Unternehmung vorhanden, kann der VR die Vertretung an Direktoren oder Prokuristen übertragen (OR 716b ff.). Damit eine Gesellschaft in der Schweiz auch jederzeit «greifbar» ist, muss mindestens ein vertretungsberechtigtes Mitglied des VR oder ein Direktor in der Schweiz Wohnsitz haben (OR 718 ff).
Haftung	Für die Gesellschaftsschulden haftet **nur das Gesellschaftsvermögen** und nicht die Aktionäre persönlich. Es gelten verschiedene Bestimmungen zum Schutz der Gläubiger. • Die AG muss mit einem Teil des Gewinns Reserven bilden und weist so ein höheres Eigenkapital auf als bloss das von den Aktionären einbezahlte Aktienkapital (OR 671). • Sobald das Gesellschaftsvermögen nicht mehr ausreicht, um die Schulden der Gesellschaft zu begleichen, muss der VR den Konkurs anmelden (OR 725). • Für Grossunternehmen besteht eine verschärfte Rechnungslegungspflicht (OR 662a ff.). • Verbot von Kapitalrückzahlungen und Verzinsung des Aktienkapitals (OR 680 II, OR 675 I).

Gesellschafterwechsel und Kapitalerhöhung

Weil es bei der AG nur auf das Kapital der Aktionäre ankommt, sind Gesellschafterwechsel leicht.

Abb. [23-8] **Eintritt und Austritt von Gesellschaftern; neue Gesellschafter**

Eintritt und Austritt von Gesellschaftern	Weil der Aktionär blosser Kapitalgeber ist, ist die Mitgliedschaft übertragbar. Um die Übertragung zu erleichtern, sind die Aktien bei Grossgesellschaften als besondere Urkunden, sogenannte **Wertpapiere,** ausgestaltet. Man unterscheidet zwischen Inhaberaktien und Namenaktien: • **Inhaberaktien** lauten auf den Inhaber. Damit anerkennt die AG den jeweiligen Besitzer der Aktie als Aktionär. Zur Übertragung der Aktie genügt die Übergabe der Urkunde (OR 683, 967 I). • **Namenaktien** lauten auf den Namen des Aktionärs. Dadurch wird die Übertragung komplizierter. Es braucht die Übergabe des Papiers, ein Indossament (= schriftlicher Übertragungsvermerk auf der Rückseite des Papiers) und den Eintrag ins Aktienbuch der AG (OR 684, 686). Das Aktienbuch ist das Verzeichnis aller Namenaktionäre einer AG. Es hat für Namenaktien praktisch eine ganz wichtige Bedeutung, denn nur wer im Aktienbuch als Namenaktionär eingetragen ist, wird von der AG als Mitglied anerkannt. Die Statuten können den Eintrag ins Aktienbuch von Bedingungen abhängig machen (OR 685 ff.).
Kapitalerhöhung	Benötigt die AG mehr Eigenkapital, kann sie das Aktienkapital erhöhen. Dies wird von der GV beschlossen und vom VR durchgeführt (OR 650 ff.).

23.6 Die Gesellschaft mit beschränkter Haftung (GmbH)

Die GmbH ist eine Verbindung von **Personen** zur Verfolgung eines gemeinsamen Zwecks unter einer **Firma.** Die Gründung einer Einpersonen-GmbH ist möglich (OR 772).

- Die **Mitglieder** können natürliche Personen, juristische Personen oder Handelsgesellschaften sein.
- Die GmbH ist wie die AG eine **juristische Person** mit einem zum Voraus bestimmten Kapital. Es heisst **Stammkapital** und ist in feste Teilsummen (Stammanteile) zu mindestens 100 Franken oder einem Vielfachen davon unterteilt. Das Stammkapital beträgt mindestens 20 000 Franken und muss voll liberiert sein (OR 773 und 774).
- Die GmbH kann in ihrer **Firma** Personennamen, Sachnamen oder Fantasienamen verwenden. Der **Zusatz «GmbH»** muss immer erscheinen (OR 950).

Gründung

Die Gründung einer GmbH verläuft wie die Gründung einer AG (OR 777 ff.). Die teilweise Liverierung des Stammkapitals ist im Unterschied zur AG ausgeschlossen.

Das Innenverhältnis

Als juristische Person braucht die GmbH **Organe.** Das OR schreibt drei Organe vor: die **Gesellschafterversammlung,** die **Geschäftsführung** und die **Revisionsstelle.**

Abb. [23-9]

Die Organe der GmbH und ihre Aufgaben

Gesellschafterversammlung	Die Gesellschafterversammlung ist das oberste Organ der GmbH und wird von **allen Gesellschaftern** gebildet (OR 804 ff.). Sie hat im Prinzip die gleichen Aufgaben wie die GV bei der AG: Festsetzung und Änderung der Statuten, Beschluss über die Gewinnverteilung usw. (OR 804). Es gibt allerdings einen wichtigen Unterschied: Die Wahl der Geschäftsführung entfällt, weil grundsätzlich alle Gesellschafter zur Geschäftsführung berechtigt sind. Die Gesellschafterversammlung trifft ihre Entscheidungen durch Abstimmung. Das Stimmrecht ist **kapitalbezogen.** Es bemisst sich nach der Höhe der Stammanteile (OR 806 I). Eine andere Verteilung der Stimmmacht, z. B. eine Stimme pro Gesellschafter, kann in den Statuten vorgesehen werden (OR 806 II vgl. aber OR 806 III)
Geschäftsführung	Die Geschäftsführung ist das geschäftsführende Organ der GmbH. Wenn die Statuten nichts anderes vorsehen, wird sie automatisch von allen Gesellschaftern gemeinsam gebildet (OR 809 I).
Revisionsstelle	Die Revisionsstelle ist das **Kontrollorgan** der GmbH. Es gelten die gleichen Bestimmungen wie bei der AG (OR 818). • Für grössere GmbHs ist die Revisionsstelle zwingend vorgeschrieben (Messgrössen sind dabei je nach Situation die Bilanzsumme, der Umsatz bzw. die Anzahl der Angestellten; vgl. OR 727 und 727a). • Nur bei ganz kleinen GmbHs mit weniger als zehn Beschäftigten im Jahresdurchschnitt kann auf die Revisionsstelle verzichtet werden. Die Gesellschafter müssen einstimmig beschliessen, auf die Revisionsstelle zu verzichten. Sobald ein Gesellschafter es verlangt, muss aber eine Revisionsstelle eingesetzt werden (OR 818, 727a II und IV).

Stellung der Gesellschafter

Die GmbH ist eine Mischform zwischen einer Kollektivgesellschaft und einer AG. Dabei ist die Stellung der Gesellschafter ähnlich wie bei einer Kollektivgesellschaft.

Abb. [23-10]

Die Rechte und Pflichten der Gesellschafter

Vier Pflichten	• **Einzahlungspflicht.** Der Gesellschafter hat die Pflicht, seinen Stammanteil einzubezahlen (OR 793, sogenannte Liberierung). • **Geschäftsführungspflicht und Vertretung.** Alle Gesellschafter sind zur gemeinsamen Geschäftsführung und Vertretung berechtigt und verpflichtet. Diese Pflicht zur Mitarbeit entfällt, wenn die Statuten eine andere Regelung der Geschäftsführung vorsehen (OR 809 und 814). • **Verantwortlichkeit.** Wie im Aktienrecht haften pflichtvergessene Geschäftsführer für Schäden, die sie durch Fehler anrichten (OR 827). • **Loyalitätspflicht.** Gesellschafter, Geschäftsführer sowie Dritte, die mit der Geschäftsführung betraut sind, dürfen keine konkurrenzierende Tätigkeit ausüben (OR 803 und 812).
Zwei Vermögensrechte	• Recht auf **Dividende = Gewinnanteil** (OR 798) und • Recht auf **Liquidationserlös** (OR 826).
Drei Mitgliedschaftsrechte	Zu den Mitgliedschaftsrechten gehören: • Das **Stimmrecht** an der Gesellschafterversammlung. Es ist grundsätzlich kapitalbezogen und bemisst sich an der Höhe der Stammanteile. Die Statuten können das Kopfstimmrecht vorsehen (OR 806). • Das **Geschäftsführungs- und Vertretungsrecht.** Die Geschäftsführung kann statutarisch auf einzelne Gesellschafter übertragen werden. Die zur Vertretung der Gesellschaft berechtigten Personen müssen im Handelsregister eingetragen sein (OR 809, 814 VI). • Das **Kontrollrecht.** Jeder Gesellschafter hat Anspruch auf den Geschäftsbericht (OR 801 und 801a) und auf Auskunft von den Geschäftsführern (OR 802 I). Wenn die GmbH keine Revisionsstelle hat, besteht auch ein Recht auf Einblick in die Geschäftsbücher (OR 802 II).

Das Aussenverhältnis

Abb. [23-11]

Vertretung der GmbH und Haftung der Gesellschafter

Vertretung	Die Vertretung der GmbH erfolgt durch die Gesellschafter. Sofern die Statuten nichts anderes vorsehen, ist jeder Gesellschafter einzeln zur Vertretung berechtigt. Je nach Bedürfnissen können sie auch Direktoren oder Prokuristen als Arbeitnehmer der GmbH einsetzen. Über die genauen Vertretungsverhältnisse gibt das Handelsregister Auskunft (OR 814).
Haftung	Es haftet ausschliesslich das Gesellschaftsvermögen für die Schulden. Darüber hinausgehende Leistungspflichten der Gesellschafter sind einzig im Rahmen einer statutarisch vereinbarten Nachschusspflicht möglich (OR 794 ff.). Da nur das Gesellschaftsvermögen haftet, stellt das Gesetz wie bei der AG verschiedene Bestimmungen zum Schutz der Gläubiger auf: • Die GmbH muss mit einem Teil des Gewinns Reserven bilden und weist so ein höheres Eigenkapital auf als bloss das von den Gesellschaftern einbezahlte Stammkapital (OR 798). • Sobald das Gesellschaftsvermögen nicht mehr ausreicht, um die Schulden der Gesellschaft zu begleichen, muss die Geschäftsführung den Konkurs anmelden (OR 820). • Verbot von Kapitalrückzahlungen und Verzinsung des Stammkapitals (OR 793 II und 798a).

Gesellschafterwechsel und Kapitalerhöhung

Abb. [23-12]

Eintritt und Austritt von Gesellschaftern, Kapitalerhöhung

Eintritt und Austritt von Gesellschaftern	• Veräusserung der Mitgliedschaft: Nach dem OR kann ein Gesellschafter seine Stammanteil und damit seine Mitgliedschaft übertragen, wenn die Gesellschafterversammlung zustimmt (vgl. OR 785 ff.). Die Statuten können aber auch andere Regelungen vorsehen (z. B. freie Übertragbarkeit der Stammanteile oder Verbot der Abtretung). • Austritt und Ausschluss aus der Gesellschaft. Die Statuten einer GmbH können das Austrittsrecht vorsehen. Unabhängig davon kann jeder Gesellschafter aus wichtigen Gründen beim Richter den Austritt beantragen. Ebenso kann die Gesellschaft aus wichtigen Gründen beim Richter den Ausschluss eines Gesellschafters verlangen. In allen Fällen hat der ausscheidende Gesellschafter eine Abfindung zugut, die dem Wert seiner Stammanteile entspricht (OR 822 ff.). • Tod eines Gesellschafters. Die GmbH besteht weiter. Die Erben erhalten ohne Weiteres die Vermögensrechte des Verstorbenen. Um auch die Mitgliedschaftsrechte zu erhalten, muss die Gesellschafterversammlung einen Beschluss fassen (OR 788)..
Kapitalerhöhung	Mit einem Gesellschaftsbeschluss kann das bisherige Eigenkapital erhöht werden (OR 781). Es kann von den bisherigen oder von neuen Gesellschaftern aufgebracht werden.

Die wichtigsten Merkmale von Kollektivgesellschaft, Aktiengesellschaft und GmbH auf einen Blick			
	Kollektivgesellschaft	**Aktiengesellschaft (AG)**	**GmbH**
Gesetzliche Grundlage	OR 552 ff.	OR 620 ff.	OR 772 ff.
Eignung	Kleinere/mittlere Geschäfte mit wenigen Teilhabern, die persönlich mitarbeiten wollen und sich gegenseitig vertrauen. Hauptvorteil: Risikoverteilung.	Geschäfte jeder Art und Grösse; aktive Mitarbeit der Teilhaber nicht erforderlich. Hauptvorteil: Kapitalbeschaffung, beschränkte Haftung, Anonymität.	Geschäfte jeder Art und Grösse; aktive Mitarbeit der Gesellschafter häufig. Hauptvorteil: Kapitalbeschaffung, beschränkte Haftung.
Grundkapital	Keine Vorschrift.	Mind. CHF 100 000 (OR 621).	Mind. CHF 20 000 (OR 773).
Anzahl Eigentümer	Mind. 2 natürliche Personen (OR 552).	Mind.1 natürliche/juristische Person oder Handelsgesellschaft (OR 625).	Mind. 1 natürliche/juristische Person oder Handelsgesellschaft (OR 775).
Gründung	Die Gründung erfolgt durch Abschluss eines Gesellschaftsvertrags. Ins Handelsregister einzutragende Daten müssen schriftlich abgefasst werden (OR 556, siehe aber auch OR 553).	Vier Schritte: • Statuten aufstellen (OR 629 I, 626 ff.). • Aktien zeichnen und Mindesteinlage einzahlen (= Liberierung, OR 629 ff.). • Öffentliche Gründungsurkunde (OR 629). • Handelsregistereintrag (OR 640, 643).	Vier Schritte: • Statuten aufstellen (OR 777, 776 f.). • Stammanteile zeichnen und vollständig einzahlen (= Liberierung, OR 777a ff.). • Öffentliche Gründungsurkunde (OR 777). • Handelsregistereintrag (OR 778, 779)
Stellung der Gesellschafter	**Vermögensrechte.** • Anspruch auf Gewinnanteil (OR 557 II 533 I), • Anspruch auf Verzinsung des eingebrachten Kapitals (OR 558 II), • Anspruch auf Honorar für geleistete Arbeit (OR 558). **Recht zur Geschäftsführung und Vertretung** (OR 557 II, 535, 563). **Loyalitätspflicht.** Geschäftsinteressen wahren, Konkurrenzverbot (OR 561).	**Vermögensrechte.** • Anspruch auf Gewinn- und Liquidationsanteil (OR 660 f., 675), • Bezugsrecht neuer Aktien bei Kapitalerhöhung (OR 652b). **Mitgliedschaftsrechte.** • Teilnahmerecht und Stimmrecht an der GV, • Kontrollrechte wie Auskunfts-, Einsichtsrecht, Recht auf Sonderprüfung (OR 689 ff.). **Leistungspflicht.** • Der Aktionär muss die gezeichneten Aktien bezahlen (OR 680). • Verantwortlichkeit (OR 752 ff.).	**Vermögensrechte.** • Recht auf Gewinnanteil und Liquidationserlös (OR 798, 826). **Mitgliedschaftsrechte.** • Teilnahmerecht und Stimmrecht an der Gesellschafterversammlung (OR 806), • Recht zur Geschäftsführung (OR 809, 814), • Kontrollrechte (OR 802 II). **Leistungspflicht.** • Der Gesellschafter muss die gezeichneten Stammanteile bezahlen (OR 793). • Loyalitäts-, Treuepflicht der Gesellschafter (OR 803, 812). • Verantwortlichkeit pflichtvergessener geschäftsführender Gesellschafter (OR 827).
Haftung	Primäre Haftung der Gesellschaft, sekundäre Haftung der Gesellschafter und zwar unbeschränkt und solidarisch (OR 568 f.).	Nur Gesellschaftsvermögen. Keine persönliche Haftung der Aktionäre (OR 620, siehe aber auch OR 645, 752).	Nur Stammkapital. Keine persönliche Haftung des Gesellschafters über die Stammanteil hinaus (OR 794, siehe aber statutarische Nachschusspflicht OR 795).
Organisation	Als Personengesellschaft hat die Kollektivgesellschaft keine Organe. Die Geschäftsführung, Vertretung und Kontrolle wird durch die Gesellschafter ausgeübt (OR 557 II, 534 II, 535; OR 563).	• Generalversammlung (OR 698 ff.) • Verwaltungsrat (OR 707 ff.) • Revisionsstelle, bei kleinen Gesellschaften kann auf Revisionsstelle verzichtet werden (OR 727 ff., OR 727a).	• Gesellschafterversammlung (OR 804 ff.) • Geschäftsführung (OR 809 ff.) • Revisionsstelle, bei kleinen Gesellschaften kann auf Revisionsstelle verzichtet werden (OR 818 und OR 727a).

Die wichtigsten Merkmale von Kollektivgesellschaft, Aktiengesellschaft und GmbH auf einen Blick			
	Kollektivgesellschaft	**Aktiengesellschaft (AG)**	**GmbH**
Geschäftsführung	Geschäftsführung steht allen Gesellschaftern zu (OR 557 II, 535).	Geschäftsführung durch VR gesamthaft. Der VR kann die Geschäftsführung delegieren (OR 716 II, 716b).	Geschäftsführung durch alle Gesellschafter gemeinsam. Abweichende Regelung durch Statuten möglich (OR 809 ff.).
Vertretung	Jeder Gesellschafter ist zur Vertretung berechtigt. Das Vertretungsrecht kann an Bevollmächtigte wie Prokuristen oder andere Handlungsbevollmächtigte delegiert werden (OR 555, 563 ff.).	Jedes Mitglied des VR hat ein Einzelzeichnungsrecht. Andere Regelungen möglich, insbesondere Ermächtigung von Direktoren, Prokuristen und anderen Handlungsbevollmächtigten (OR 718 ff.).	Jeder Geschäftsführer ist zur Vertretung berechtigt. Die Statuten können die Vertretung abweichend regeln, jedoch muss mindestens ein Geschäftsführer zur Vertretung befugt sein (OR 814).
Gesellschafterwechsel	• Eintritt neuer Gesellschafter braucht Gesellschaftsbeschluss (OR 557 II 534). • Austritt der Gesellschafter braucht Vereinbarung, Kündigung (OR 576, 557 II, 546 I).	Mitgliederwechsel geschieht durch Aktienverkauf (OR 683 ff.).	Die Abtretung von Stammanteilen bedarf der Zustimmung der Gesellschafterversammlung. Die Gesellschafterversammlung kann die Zustimmung ohne Angabe von Gründen verweigern. Von dieser Regelung können die Statuten abweichen (OR 785 ff.).
Firmenbildung	Familiennamen aller Gesellschafter oder Name eines Gesellschafters plus Gesellschaftszusatz & Co./Cie. (OR 947 f., 951).	Personen-, Sach- oder Fantasiename (OR 950 f.). Der Zusatz «AG» oder ein Zusatz mit gleicher Bedeutung ist zwingend.	Personen-, Sach- oder Fantasiename, Zusatz «GmbH» ist in jedem Fall erforderlich (OR 949, 951).
Einzelunternehmung Die Einzelunternehmung ist im OR nicht wie die übrigen Unternehmensformen unter einem eigenen Titel geregelt. Die wenigen Regeln, welche die Einzelunternehmung betreffen, finden sich unter verschiedenen Titeln wie das Handelsregister (OR 934), die Geschäftsfirmen (OR 945 f.), die kaufmännische Buchführung (OR 956) sowie in der Handelsregisterverordnung (HRegV 10, 52 ff.). Der Einzelunternehmer haftet mit seinem ganzen Geschäfts- und Privatvermögen.			

Repetitionsfragen

81 Wo finden sich die gesetzlichen Grundlagen der Einzelunternehmung im Gesetz?

82 Welche Gründungsschritte müssen Sie durchlaufen, wenn Sie eine Kollektivgesellschaft, eine AG oder eine GmbH gründen wollen?

A] Beschreiben Sie die Schritte bei der Gründung einer Kollektivgesellschaft.

B] Beschreiben Sie die einzelnen Schritte bei der Gründung einer AG.

C] Beschreiben Sie die einzelnen Schritte bei der Gründung einer GmbH.

83 In welchen der folgenden Fälle handelt es sich um eine Gesellschaft?

A] Die Absolvierenden einer Abendschule, die das gemeinsame Ziel verfolgen, den eidgenössischen Fachausweis «Führungsfachmann/Führungsfachfrau» zu erlangen.

B] Monika Streiff und Oskar Schönenberger, die als Konkubinatspaar zusammenleben.

C] Karl Züllig leiht seinem Freund Fred Rhyner CHF 50 000.– mit der Abmachung, dass er als Zins 1 % des Jahresgewinns aus Fred Rhyners Unternehmen erhält und dass er die geliehene Summe erst nach einer Kündigungsfrist von zwei Jahren zurückverlangen darf.

84 Die Firma Holzer + Co. schuldet ihrem Vermieter CHF 20 000.– für aufgelaufene Mietzinsen. Die Betreibung von Holzer + Co. verläuft erfolglos, da sie über keinerlei Geschäftsvermögen mehr verfügt. Der eine der beiden Gesellschafter, Hans Holzer, steckt in finanziellen Schwierigkeiten, während der andere, Peter Speck, als wohlhabend gilt.

Kann der Vermieter von Peter Speck die ausstehenden CHF 20 000.– verlangen?

85 Ein Direktor der X-AG betreibt unnötige, riskante Börsenspekulationen und fügt der AG grossen finanziellen Schaden zu. Der Verwaltungsrat hat davon gewusst, aber nichts unternommen. Könnte man gegen ihn vorgehen?

24 Die Stellvertretung: Wer darf ein Unternehmen nach aussen vertreten?

Lernziele

Nach der Bearbeitung dieses Kapitels können Sie …

- zwischen der direkten und der indirekten sowie der gewöhnlichen und der kaufmännischen Stellvertretung unterscheiden.
- erklären, wann die gewöhnliche Stellvertretung zum Zug kommt und unter welchen Voraussetzungen die Vertretungswirkungen eintreten.
- die Prokura und die Handlungsvollmacht als die Arten der kaufmännischen Stellvertretung beschreiben und ihre Wirkungen an Beispielen aufzeigen.

Schlüsselbegriffe

Direkte Stellvertretung, Generalvollmacht, gewöhnliche Stellvertretung, Handelsreisender, Handlungsvollmacht, indirekte Stellvertretung, kaufmännische Stellvertretung, Prokura, Spezialvollmacht, Stellvertretung, Vollmacht

Sie haben in Kapitel 23 bereits gesehen, dass die **Gesellschafter** oder die **geschäftsführenden Organe** eines Unternehmens (z. B. der Verwaltungsrat einer AG) laut Gesetz befugt sind, das Unternehmen nach aussen zu vertreten. In vielen Unternehmen handeln noch weitere Personen als Unternehmensvertreter gegenüber Dritten. Sie sind im Rahmen eines Einzelarbeitsvertrags an die Weisungen ihres Arbeitgebers gebunden und brauchen eine **Bevollmächtigung,** um das Unternehmen nach aussen vertreten zu können. Diese Bevollmächtigung kann entweder gemäss den Regeln

- der **gewöhnlichen Stellvertretung** (nach OR 32 ff.) oder
- der **kaufmännischen Stellvertretung** (nach OR 458 ff. bzw. OR 348 ff.) erfolgen.

Dabei ist zu beachten, dass die kaufmännische Stellvertretung einen Sonderfall der gewöhnlichen Stellvertretung darstellt.

24.1 Die gewöhnliche Stellvertretung

Allgemein lässt sich die gewöhnliche Stellvertretung folgendermassen beschreiben: Ein Stellvertreter nimmt **Rechtshandlungen für eine andere Person** vor. An einem Stellvertretungsverhältnis sind i. d. R. drei Personen beteiligt:

- Die **vertretene Person** gibt der vertretenden Person eine **Vollmacht,** damit diese für sie eine bestimmte Rechtshandlung vornimmt. Die vertretene Person wird bei der direkten Stellvertretung mit dem **Vertragsschluss** berechtigt und verpflichtet. Wenn z. B. eine Bank bevollmächtigt ist, für den Kunden Aktien zu erwerben, wird aus dem Kauf der Kunde und nicht die Bank berechtigt.
- Die **vertretende Person** tritt stellvertretend im Namen und für Rechnung des Vertretenen gegenüber dem Dritten auf und schliesst ein **Rechtsgeschäft** ab.
- Eine **Drittperson** schliesst mit der vertretenden Person das Rechtsgeschäft ab.

Abb. [24-1] Gewöhnliche Stellvertretung

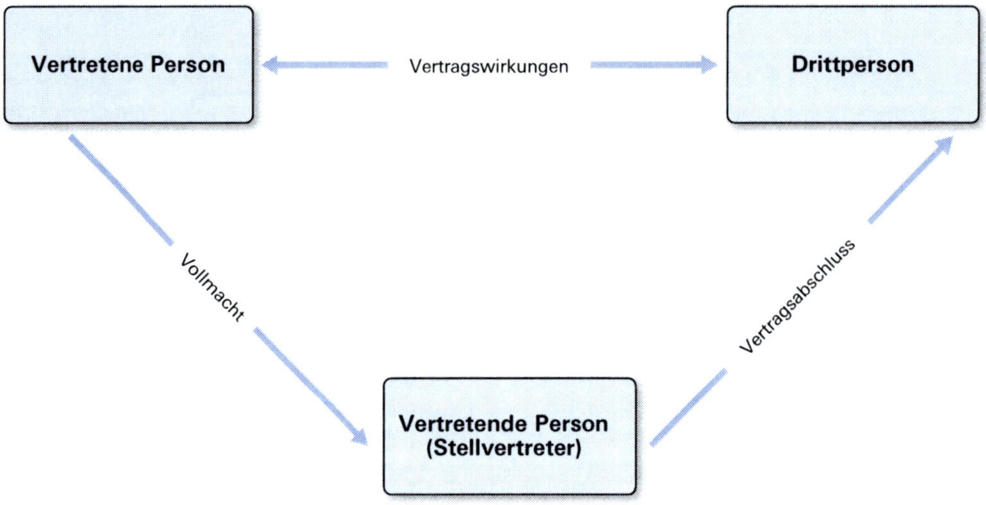

Innerhalb der gewöhnlichen Stellvertretung unterscheidet man zwischen der direkten und der indirekten Stellvertretung:

- Eine **direkte Stellvertretung** liegt vor, wenn der Stellvertreter **im Namen des Vertretenen** auftritt. Er handelt demnach «in fremdem Namen» und somit natürlich auch «auf fremde Rechnung». Als Folge davon entstehen die **Rechte und Pflichten** aus den Handlungen des Stellvertreters direkt **beim Vertretenen.**
- Indirekte Stellvertretung liegt hingegen vor, wenn der Stellvertreter **in eigenem Namen auftritt, aber auf fremde Rechnung handelt.** Bei der indirekten Stellvertretung wird durch den Abschluss eines Rechtsgeschäfts der Stellvertreter selber berechtigt und verpflichtet. Die Wirkungen gegenüber dem Vertretenen treten erst ein, wenn die erworbenen Rechte auf den Auftraggeber übertragen worden sind. Ein typisches Beispiel für die indirekte Stellvertretung ist die **Kommission,** die Sie bereits im Kap. 22.6.3, S. 190, kennengelernt haben.

24.2 Voraussetzungen einer gültigen Stellvertretung

Meist liegt einer Stellvertretung ein **obligationenrechtlicher Vertrag** zugrunde, z. B. ein Arbeitsvertrag, Auftrag oder Gesellschaftsvertrag. Darin werden die gegenseitigen Beziehungen zwischen dem Vertretenen und dem Vertreter geregelt, darunter auch die Verpflichtung des Vertreters, für den Vertretenen tätig zu werden.

Für eine gültige Stellvertretung sind zwei Voraussetzungen notwendig: die Erteilung einer Vollmacht und die Offenlegung der Stellvertretung.

24.2.1 Die Erteilung einer Vollmacht

Eine Vollmacht ist notwendig, wenn der Vertretene aus den Rechtsgeschäften des Stellvertreters **direkt berechtigt oder verpflichtet** werden soll. Bei der Vollmacht handelt es sich um ein einseitiges Rechtsgeschäft, eine **einseitige Willenserklärung,** die der Vertretene seinem Stellvertreter erteilt. Sie ist grundsätzlich **an keine Form gebunden** und kann auch stillschweigend erteilt werden, auch kann sie **jederzeit beschränkt** oder **widerrufen** werden.

Handelt eine Person **ohne Vollmacht** im Namen einer anderen Person oder überschreitet sie die erteilte Vollmacht, so wird der Vertretene weder berechtigt noch verpflichtet. Es kommt in diesem Fall **kein Vertrag zustande.** Der Vertretene kann aber im Nachhinein die Handlungen des Vertreters genehmigen (OR 38 f.).

Beispiel

Achim Bruckner bestellt für seinen Kollegen Jörg Meister 100 Flaschen Weisswein, weil der Stückpreis bei 100 Flaschen wesentlich günstiger ist als bei den 50, die Jörg Meister eigentlich wollte. Nun kann Jörg Meister den Kauf der 100 Flaschen im Nachhinein genehmigen; nur in diesem Fall muss er den Kaufvertrag erfüllen.

24.2.2 Die Offenlegung der Stellvertretung

Der Vertreter muss für eine gültige Stellvertretung dem Vertragspartner gegenüber offen legen, dass er nicht für sich, sondern im Namen des Vertretenen handelt. Schliesslich möchte der Vertragspartner wissen, mit wem er es letztlich zu tun hat und wer ihm die vertragliche Gegenleistung schuldet. Diese Offenlegung kann **ausdrücklich oder stillschweigend** erfolgen (OR 32 II).

Fehlt eine Offenlegung, entsteht der Vertrag zwischen dem Stellvertreter und dem Dritten und nicht zwischen dem Vertretenen und dem Dritten.

24.3 Umfang der Vollmacht

Der Umfang der Ermächtigung kann unterschiedlich gross sein und sogar erlauben, dass Dritte (Substituten) zur Erledigung der Vertretungsgeschäfte beigezogen werden. Grundsätzlich lassen sich zwei Arten von Vollmachten unterscheiden, nämlich die Spezial- und die Generalvollmacht.

24.3.1 Spezialvollmacht

Eine Spezialvollmacht erstreckt sich nur auf ganz **bestimmte Geschäfte oder Tätigkeiten** oder auf eine bestimmte **Art von Geschäften**. Ihre rechtliche Beurteilung richtet sich nach den Regeln der gewöhnlichen Stellvertretung (OR 32 ff.). Zu den Spezialvollmachten zählen auch Unterschriftsberechtigungen von Mitarbeitenden oder die Bank- oder Postkonto-Vollmacht. Um eine solche spezielle Vollmacht kann es sich auch handeln, wenn z. B. eine Sachbearbeiterin befugt ist, Reklamationen zu erledigen.

Abb. [24-2] **Spezialvollmacht – Beispiel**

Vollmacht

Der/die Unterzeichnete ...

bestellt hiermit Herrn/Frau <... Name der bevollmächtigton Person ...>

in der Angelegenheit <... Bezeichnung der Geschäfts ...>

zur/m Bevollmächtigten.

Die/der Bevollmächtigte ist in dieser Angelegenheit berechtigt,

- Verträge abzuschliessen,
- Vergleiche einzugehen,
- gegenüber Behörden die erforderlichen Erklärungen abzugeben.

Der Vollmachtgeber anerkennt hiermit alle Rechtshandlungen der bevollmächtigten Person im Rahmen der obgenannten Befugnisse als für ihn rechtsverbindlich.

Ort, Datum Unterschrift Vollmachtgeber

24.3.2 Generalvollmacht

Generalvollmachten sind demgegenüber **umfassend.** Die vertretende Person ist zur Vertretung bei Rechtsgeschäften allgemein berechtigt. Allerdings kann der Umfang von Generalvollmachten durch **gesetzliche Bestimmungen,** wie dies bei den kaufmännischen Stellvertretungen der Fall ist, oder durch **Willenserklärung** des Vollmachtgebers geregelt werden.

24.4 Die kaufmännische Stellvertretung

Die Besonderheit der kaufmännischen Stellvertretungen besteht darin, dass ihr **Umfang im Gesetz umschrieben** ist. Dies soll grössere Rechtssicherheit gewährleisten. Zudem sind die Bevollmächtigten immer **natürliche Personen.**

Unter die kaufmännische Stellvertretung fallen die Prokura, die Handlungsvollmacht und die Vollmacht des Handelsreisenden (OR 348b).

Abb. [24-3] Kaufmännische Stellvertretung

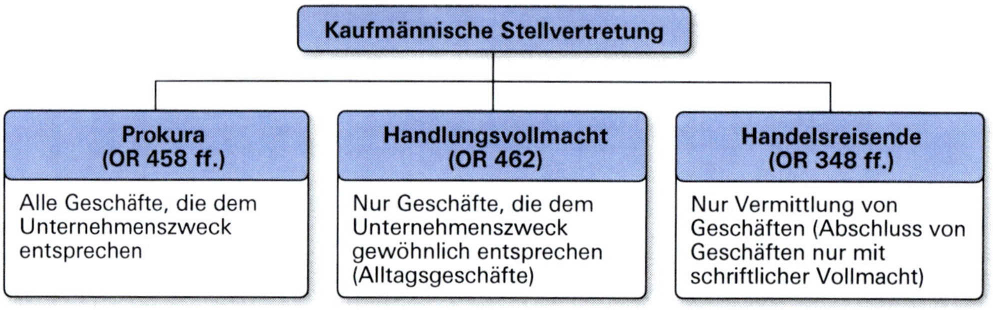

Die Erteilung von Prokura und Handlungsvollmacht ist grundsätzlich **an keine Form gebunden** und **jederzeit widerrufbar.** Die kaufmännischen Stellvertretungen können im Verkehr **gegenüber Dritten beschränkt** werden, indem sie z. B. nur für eine Zweigniederlassung oder nur zusammen mit einem weiteren Zeichnungsberechtigten gelten. Häufig sind Stellvertretungen auch **geschäftsintern eingeschränkt;** diese internen Einschränkungen gelten gegenüber Dritten jedoch nicht.

Die folgende Tabelle gibt Ihnen einen Überblick über die Regelungen der Prokura und der Handlungsvollmacht:

Abb. [24-4] **Regelungen der Prokura und Handlungsvollmacht**

Prokura (OR 458 ff.)	Umfang	• Alle Rechtshandlungen, die der Zweck des Unternehmens mit sich bringen kann (d. h. keine dem Zweck der Unternehmung zuwiderlaufende). • Eine besondere Ermächtigung benötigt der Prokurist für den Verkauf von Grundstücken und deren Belastung, wie z. B. bei der Errichtung eines Grundpfands.
	Beschränkungen	• Umfang der Vertretungsbefugnisse kann eingeschränkt werden. • Das Gesetz lässt neben der umfassenden Einzelprokura zwei Arten von Beschränkungen zu: – Kollektivprokura: Der Prokurist kann nur zusammen mit einem anderen Zeichnungsberechtigten rechtsgültig zeichnen. – Filialprokura: Die Prokura ist auf den Geschäftskreis einer Zweigniederlassung beschränkt.
	Eintrag ins Handelsregister	• Der Eintrag ins Handelsregister sowie die Veröffentlichung im Handelsamtsblatt (SHAB) ist notwendig. • Beschränkungen entfalten ihre Wirkung gegenüber Dritten nur, wenn sie eingetragen sind. • Weitere unternehmensinterne Beschränkungen können nicht ins Handelsregister eingetragen werden.
	Zeichnung	Mit dem Zusatz «ppa» oder «pp» (per procura).
Handlungsvollmacht (OR 462 ff.)	Umfang	• Gilt nur für Alltagsgeschäfte, die der Betrieb des Unternehmens gewöhnlich mit sich bringt und die nicht dem Zweck des Unternehmens zuwiderlaufen. • Beschränkt sich im Wesentlichen auf die Vornahme regelmässig wiederkehrender Rechtshandlungen.
	Beschränkungen	Umfang der im Gesetz umschriebenen Vertretungsbefugnisse kann eingeschränkt oder erweitert werden.
	Eintrag ins Handelsregister	• Die Handlungsvollmacht wird nicht im Handelsregister eingetragen. • Die Handlungsvollmacht beginnt mit der Erteilung und endet mit dem Entzug.
	Zeichnung	Üblicherweise mit der Abkürzung «i. V.» (in Vollmacht, in Vertretung), Vorschriften für die Zeichnung gibt es jedoch nicht.

Ausserdem sind **Geschäftsführer und Direktoren** vertretungsberechtigt. Sie werden durch die Gesellschafter oder durch die Organe einer juristischen Person ernannt. Ihre Vertretungsbefugnisse sind teilweise im **Gesellschaftsrecht** umschrieben (z. B. OR 718 ff. bei der AG und OR 814 bei der GmbH).

Abb. [24-5] **Vollmachten der Direktoren oder Geschäftsführer**

Direktor oder Geschäftsführer	Umfang	• Geschäftsführung und Vertretung nach aussen, ganz oder teilweise. • Direktoren oder Geschäftsführer geniessen eine praktisch unbegrenzte Vollmacht für alle Rechtshandlungen, die der Zweck des Unternehmens mit sich bringt. • Direktoren dürfen damit auch Geschäfte tätigen, die dem Prokuristen oder Handlungsbevollmächtigten ohne ausdrückliche Erlaubnis untersagt sind.
	Beschränkungen	Beschränkungen wie Kollektivunterschriften oder Beschränkungen auf Geschäftseinheiten (Filialvollmachten) sind möglich.
	Eintrag ins Handelsregister	Die Vollmacht der Direktoren muss ins Handelsregister eingetragen werden.
	Zeichnung	Direktoren zeichnen für die Unternehmung mit Firma und Unterschrift.

Andere kaufmännische Angestellte oder übrige Mitarbeitende sind i. d. R. **nicht vertretungsbefugt.** Möglich ist es aber, ihnen über eine **Spezialvollmacht** nach OR 32 ff. die Berechtigung zu erteilen, das Unternehmen für bestimmte Geschäfte oder Rechtshandlungen zu vertreten.

Beispiel

Die Verkäuferin eines Kleidergeschäfts wird durch eine Spezialvollmacht berechtigt, Umtauschgeschäfte zu erledigen oder Gutschriften auszustellen.

Zusammenfassung

Der **Stellvertreter** nimmt gegenüber einer **Drittperson** Rechtshandlungen für die vertretene Person wahr. Er handelt **im Namen und auf Rechnung des Vertretenen.** Durch den Abschluss eines Rechtsgeschäfts wird der Vertretene direkt verpflichtet und berechtigt, sofern die **Vollmacht** erteilt und die Stellvertretung **offen gelegt** wurde.

Der Umfang einer Vollmacht kann unterschiedlich gross sein. Wir unterscheiden

- die auf bestimmte Geschäfte oder Tätigkeiten beschränkte **Spezialvollmacht** und
- die umfassende **Generalvollmacht.**

Die **kaufmännischen Stellvertretungen** sind gesetzlich umschriebene Generallvollmachten. Darunter fallen:

- Prokura (OR 458 ff.)
- Handlungsvollmacht (OR 462)
- Handelsreisende (OR 348 ff.)

Ein **Unternehmen** wird entweder durch die Gesellschafter, durch die Organe, durch die als kaufmännische Stellvertretung bezeichneten Bevollmächtigten oder durch weitere bei ihr angestellte Mitarbeitende vertreten.

Die **Vertretungsbefugnisse** für ein Unternehmen im Überblick:

Funktion	Vertretungsbefugnisse	Zeichnungsberechtigung
Gesellschafter, VR, Delegierte des VR z. B. nach OR 718a, 811	Umfassende Vertretungskompetenz Eintrag ins HR	Ja, Name ohne Zusatz
Direktoren, Geschäftsführer, z. B. nach OR 718, 812, 899	Umfassende Vertretungskompetenz Einschränkungen gemäss Gesetz oder durch interne Regelungen möglich. Eintrag ins HR	Ja, Name ohne Zusatz
Prokuristen nach OR 458 ff.	Vertretungskompetenz gemäss Gesetz oder durch interne Regelungen beschränkt. Eintrag ins HR	Ja, Name mit Zusatz pp./ppa.
Handlungsbevollmächtigte nach OR 462	Vertretungskompetenz gemäss Gesetz oder durch interne Regelungen beschränkt.	Ja, Name mit Zusatz i.V.
Übriges Kaufmännisches Personal nach OR 319 ff.	Keine oder gemäss Spezialvollmacht	Nein, wenn Spezialvollmacht: Name mit Zusatz i.A.

Repetitionsfragen

86 Martha Maler kauft in einem Haushaltgeschäft ein neues Bügeleisen für ihre Nachbarin, die gehbehindert ist und deshalb selber nicht einkaufen kann. Martha Maler gibt sich gegenüber der Verkäuferin nicht als Stellvertreterin zu erkennen, und der Garantieschein wird deshalb auch auf ihren Namen ausgestellt. – Mit wem hat das Haushaltgeschäft den Vertrag abgeschlossen?

87 Der Prokurist eines Unternehmens ist im Handelsregister eingetragen und unterzeichnet mit Einzelunterschrift eine Schuldanerkennung über CHF 100 000.– gegenüber einem Kunden. Nach interner Regelung ist er nur befugt, solche Unterschriften bis zu einer Höhe von CHF 50 000.– mit Einzelunterschrift zu leisten. – Ist das Unternehmen an die Schuldanerkennung gebunden?

88 Sie sind Verkaufsleiterin bei einem Handelsunternehmen und erhalten einen Brief der X-AG mit folgendem Inhalt: «Bitte nehmen Sie zur Kenntnis, dass die Handlungsvollmacht (i. V.) von Herrn Klaus Schönhuber erloschen ist und dass Frau Gerda Keller die Prokura erhalten hat.» Eine Woche später erhalten Sie eine Bestellung, die von Gerda Keller unterschrieben ist.

A] Ist die Prokura von Gerda Keller gültig, auch wenn ihre Prokura nicht im Handelsregister eingetragen wird?

B] Inzwischen ist die Prokura von Gerda Keller im HR eingetragen, und Sie schliessen mit ihr nach rund zwei Jahren erneut einen Vertrag ab. Doch die X-AG weigert sich, den Vertrag anzuerkennen, denn inzwischen sei Frau Keller die Prokura entzogen worden. Davon wussten Sie aber nichts, und im HR ist der Eintrag nicht gelöscht worden. – Ist der Vertrag gültig?

25 Handelsregister

Lernziele

Nach der Bearbeitung dieses Kapitels können Sie ...

- den Zweck und den Inhalt des Handelsregisters beschreiben.
- erklären, welche Unternehmen zum Handelsregistereintrag verpflichtet sind, welche dazu berechtigt sind und welche nicht eingetragen werden können.
- einen Handelsregistereintrag interpretieren.

Schlüsselbegriffe

Handelsregister, Publizitätsfunktion, Publizitätswirkung, Rechtsanknüpfungsfunktion, Rechtsdurchsetzungsfunktion, SHAB

25.1 Zweck des Handelsregisters

Das Handelsregister (abgekürzt HR) ist ein öffentliches Verzeichnis, in dem die wirtschaftlich tätigen Unternehmen eingetragen sind. Es erfüllt **drei** Funktionen: **Publizität, Rechtsdurchsetzung** und **Rechtsanknüpfung.**

Die Publizitätsfunktion

Jedermann, der ein Interesse daran hat, soll sich anhand des Handelsregistereintrags ein Bild über die wichtigsten rechtlichen und tatsächlichen Verhältnisse einer in der Schweiz tätigen Unternehmung machen können, nämlich über:

- die **Haftungsverhältnisse** (Wer haftet wie für Geschäftsschulden?),
- die **Vertretungsverhältnisse** (Wer darf das betreffende Unternehmen in welchem Umfang vertreten?) sowie
- über sonstige **Merkmale der Unternehmung** (Sitz, Zweck und Firma).

Damit die Publizitätsfunktion des Handelsregisters erfüllt wird, ist es **öffentlich zugänglich** (OR 930); jedermann darf **Einsicht** in die Einträge und Belege (= Unterlagen des betreffenden Unternehmens) des Handelsregisters nehmen und sich gegen eine Gebühr **Auszüge davon anfertigen** lassen.

Die Öffentlichkeit des Handelsregisters wird über dieses **Einsichtsrecht hinaus** verstärkt: Sämtliche Eintragungen und Änderungen im Handelsregister werden im **«Schweizerischen Handelsamtsblatt»** (SHAB) veröffentlicht und erlangen dadurch höchste Publizität. Zusätzlich werden Eintragungen und Änderungen meist auch in den **kantonalen Amtsblättern** des entsprechenden Kantons veröffentlicht.

Das SHAB erscheint als gedruckte Zeitung. Die neueren Jahrgänge sind unter **www.shab.ch** im PDF-Format zugänglich. Ein direkter Zugriff auf die Handelsregistereinträge ist über **www.zefix.ch** oder über private sites wie **www.moneyhouse.ch** möglich.

Hinweis

Das «SHAB» ist für das Wirtschaftsleben von grosser Bedeutung. Es enthält neben den Handelsregistereinträgen weitere amtliche Veröffentlichungen, insbesondere:

- Publikation der wesentlichen Abschnitte des Konkursverfahrens (Konkurseröffnungen; Konkursbeendigungen; gerichtliche Nachlassverträge)
- Handelsregister (Neueinträge und Änderungen)
- Öffentliche Ausschreibung abhanden gekommener Wertpapiere (Teil des Kraftloserklärungsverfahrens)
- Schuldenrufe (bei öffentlichem Inventar im Erbrecht, bei der Liquidation einer Unternehmung, bei Konkurseröffnungen, Fusionen, Kapitalreduktionen)
- Öffentliche Ausschreibung von Geschäftseröffnungsverboten (nach Konkurs)
- Publikation der neu eingetragenen Fabrik- und Handelsmarken
- Publikation der Bilanzen von Banken (nach Bankengesetz)

Die Publizität gewährleistet die Verkehrssicherheit und den Vertrauensschutz im täglichen Geschäftsverkehr.

Die Rechtsdurchsetzungsfunktion

Das Handelsregister dient auch der Rechtsdurchsetzung. Dahinter steht folgender Gedanke: Für die Handelsgesellschaften verlangt das Gesetz, dass bestimmte Bedingungen erfüllt sind, damit eine Gesellschaft überhaupt gegründet und aufrechterhalten werden kann. So muss die AG z. B. ein Aktienkapital von mindestens CHF 100 000.– haben. Da wir uns im Privatrecht befinden, werden Verstösse gegen die gesetzlichen Bestimmungen nur geahndet, wenn eine Privatperson beim Richter klagt. Fehlt ein Kläger, so bleibt der rechtswidrige Zustand bestehen. Das Handelsregister schafft hier Abhilfe, indem es einen Eintragungszwang vorsieht. Die mit der Führung des Handelsregisters beauftragten Beamten haben die Pflicht, die Eintragung zu verweigern, wenn elementare Vorschriften des Gesellschaftsrechts verletzt sind.

Die Rechtsanknüpfungsfunktion

Schliesslich hat das Handelsregister noch eine weitere Aufgabe: Man bezeichnet sie als Rechtsanknüpfungsfunktion. Gewisse gesetzliche Rechtsfolgen sind nämlich vom Handelsregistereintrag abhängig. So unterstehen alle im Handelsregister eingetragenen Unternehmen und Unternehmer der Betreibung auf Konkurs, profitieren vom erhöhten Firmenschutz und sind buchführungspflichtig.

25.2 Inhalt des Handelsregisters

Der Handelsregistereintrag umfasst alle Informationen über eine wirtschaftliche Unternehmung, die zur Gewährleistung der Verkehrssicherheit im Geschäftsleben notwendig sind.

Der Inhalt des HR-Eintrags ist bei allen eintragungspflichtigen Unternehmen etwas verschieden geregelt. Allen Unternehmen gemeinsam sind folgende Einträge:

1. Firma des Unternehmens.
2. Sitz des Unternehmens.
3. Rechtsform des Unternehmens (Einzelunternehmung, Kollektivgesellschaft, Kommanditgesellschaft, AG, Kommandit-AG, GmbH, Genossenschaft oder Verein).
4. Zweck des Unternehmens.
5. Haftungsverhältnisse. Sie ergeben sich in den Grundzügen schon aus der Rechtsform, müssen aber für einzelne Gesellschaftsformen weiter konkretisiert werden:
   Bei den Personengesellschaften müssen alle Gesellschafter namentlich aufgeführt sein, weil sie mit ihrem Privatvermögen haften. Bei der Kommanditgesellschaft muss ausserdem die Kommanditsumme der beschränkt haftenden Gesellschafter angegeben werden, sonst haften sie mit ihrem ganzen Privatvermögen.

Bei der AG kommt es dagegen nicht auf die Gesellschafter an, sondern auf das Aktienkapital. Deshalb verlangt das Gesetz detaillierte Angaben dazu.

Für alle eingetragenen Unternehmen gilt ausserdem: Im HR muss stehen, ob sich eine Gesellschaft im Konkurs oder sonst in Liquidation befindet. Gläubiger müssen um die bevorstehende Auflösung wissen, damit sie ihre Ansprüche geltend machen können; ferner müssen sich neue Geschäftspartner vor Vertragsschlüssen schützen können.

6. Art der Information. Bestimmte Gesellschaften (v.a AG und GmbH) müssen angeben auf welche Art und Weise sie ihre Mitglieder informieren.
7. Vertretungsverhältnisse. Wer mit einer Unternehmung Geschäfte tätigen will, muss wissen, mit wem er verbindlich verhandeln und Verträge abschliessen kann. Er muss deshalb die zeichnungsberechtigten Personen kennen und wissen, ob und wie die Vollmachten beschränkt sind.

   Bei der AG sind das: die vertretungsberechtigten Mitglieder des Verwaltungsrats, die Direktoren sowie die Prokuristen. Sie sind mit Angaben des Wohnsitzes und der Staatszugehörigkeit aufgelistet.

   Bei den Personengesellschaften sind anzugeben: Vertretungsberechtigte Gesellschafter, Direktoren und Prokuristen.

   Bei allen Gesellschaften ist ausserdem genau anzugeben, inwiefern die Vertretungsmacht eingeschränkt ist, wobei extern nur die Beschränkung in Form der Kollektivvollmacht oder auf Zweigniederlassungen möglich ist. Ansonsten haben die Vertretungsberechtigten gegenüber gutgläubigen Geschäftspartnern immer die in OR 458 ff. umschriebenen Vertretungsbefugnisse.
8. Weitere Punkte. Unter Umständen sind für bestimmte Gesellschaften weitere Informationen vorgeschrieben, z.B. bei der AG, der GmbH oder der Genossenschaft die Bezeichnung der Revisionsstelle und die Art der Revision (ordentliche, eingeschränkte oder Verzicht).

Abb. [25-1] Der Handelsregistereintrag einer Kollektivgesellschaft

■ **MOSER & FERNANDES,** in Zürich, CH-020.2.006.264-4, Zeltweg 26, 8032 Zürich, Kollektivgesellschaft (Neueintragung). Beginn: 01.09.2009. Zweck: Bildbearbeitung und Druckvorstufen Betrieb sowie erarbeiten von Grafik, Visualisierung und Kommunikations Design in sämtlichen Medien Formen. Eingetragene Personen: Moser, Claudia, von Langnau am Albis, in Zürich, Gesellschafterin, mit Einzelunterschrift; Fernandes, Benedict Sebastian Xavier, britischer Staatsangehöriger, in Zürich, Gesellschafter, mit Einzelunterschrift.

1 **Firma**
2 **Sitz und Handelsregisternummer**
3 **Rechtsform** und Beginn der Geschäftstätigkeit
4 **Zweck** des Unternehmens
5 Gesellschafter und Vertretung

Abb. [25-2] Der Handelsregistereintrag einer GmbH

■ **R.M.B. Installationen und Inspektionen GmbH (R.M.B. Installations and Inspections LLC.)**, in Bronschhofen, CH-320.4.066.038-7, Langmoosstrasse 6, 9552 Bronschhofen, Gesellschaft mit beschränkter Haftung (Neueintragung). Statutendatum: 13.10.2009. Zweck: Erbringung von Servicedienstleistungen sowie den Import und Export von Materialien im Bereich von Schaltstationen. Die Gesellschaft kann Zweigniederlassungen und Tochtergesellschaften im In- und Ausland errichten und sich an anderen Unternehmen im In- und Ausland beteiligen, im In- und Ausland Grundeigentum erwerben, belasten, veräussern und verwalten, Finanzierungen für eigene oder fremde Rechnung vornehmen sowie Garantien und Bürgschaften für Tochtergesellschaften und Dritte eingehen. Stammkapital: CHF 40 000.00. Publikationsorgan: SHAB. Mitteilungen der Geschäftsführung an die Gesellschafter erfolgen per Brief, E-Mail oder Telefax an die im Anteilbuch verzeichneten Adressen. Gemäss Erklärung der Geschäftsführung vom 13.10.2009 untersteht die Gesellschaft keiner ordentlichen Revision und verzichtet auf eine eingeschränkte Revision. Eingetragene Personen: Messmer, Rudolf, von Amriswil, in Bronschhofen, Gesellschafter und Geschäftsführer, mit Einzelunterschrift, mit einem Stammanteil von CHF 40 000.00.

1 **Firma:**

2 **Sitz und Handelsregisternummer**

3 **Rechtsform und Datum der Statuten**

4 **Zweck,** den die Gründer für ihr Unternehmen vorsehen

5 **Haftung.** Hier Stammkapital von CHF 40 000.–

6 **Art der offiziellen Mitteilungen**

7 **Revisionsstelle** (hier Verzicht)

8 **Gesellschafter, Geschäftsführung und Vertretung (hier Einmann-GmbH)**

Abb. [25-3] Der Handelsregistereintrag einer AG

■ **Ceylon Lounge AG,** in Aarau, CH-400.3.032.130-4, Laurenzenvorstadt 89, 5000 Aarau,	1 **Firma** 2 **Sitz und Handelsregisternummer.**
Aktiengesellschaft (Neueintragung). Statutendatum: 07.10.2009.	3 **Rechtsform und Datum der Statuten**
Zweck: Betrieb eines Restaurants im modernen Stil, mit Essens- und Getränkeangebot und punktuellen asiatischen Spezialitäten; kann Zweigniederlassungen errichten, sich an anderen Unternehmen beteiligen, solche erwerben oder erworbene Unternehmen verkaufen, Darlehen aufnehmen und gewähren, Garantien und andere Sicherheiten stellen, Liegenschaften errichten, erwerben, verwalten und verkaufen sowie Immaterialgüterrechte und Wertschriften erwerben, verwalten und verkaufen.	4 **Zweck,** den die Gründer für ihr Unternehmen vorsehen
Aktienkapital: CHF 150 000.00. Liberierung Aktienkapital: CHF 100000.00. Aktien: 150 vinkulierte Namenaktien zu CHF 1 000.00.	5 **Haftung.** Hier beträgt das Aktienkapital CHF 150 000.–; liberiert sind nur CHF 100 000.–
Publikationsorgan: SHAB. Mitteilungen erfolgen per Post durch eingeschriebenen Brief oder durch schriftliche Mitteilung gegen Empfangsbestätigung.	6 **Art der offiziellen Informationen**
Vinkulierung: Die Übertragbarkeit der Namenaktien ist nach Massgabe der Statuten beschränkt.	7 **Vinkulierung.** Die Statuten sehen Übertragungsbeschränkungen vor.
Eingetragene Personen: Kandiah, Sathiyaeasan (genannt Easan), von Boniswil, in Seon, Präsident des Verwaltungsrates, mit Einzelunterschrift; Mahler, Markus, von Fischenthal, in Suhr, Mitglied des Verwaltungsrates, mit Einzelunterschrift;	8 **Verwaltungsrat (Geschäftsführung) und Vertretung**
ORGANISATIONS UND TREUHAND AG (CH- 400.9.019.836-2), in Baden, Revisionsstelle.	7 **Revisionsstelle** (ordentliche Revision)

25.3 Organisation des Handelsregisters

Die Ausgestaltung des Handelsregisters ist zwar bundesrechtlich geregelt, aber wie so oft in der Schweiz delegiert der Bund die Ausführung an die **Kantone.** Jeder Kanton ist daher verpflichtet, ein Handelsregister einzurichten und nach den bundesrechtlichen Vorschriften zu führen (OR 927). Um eine ordentliche Geschäftsführung sicherzustellen, behält sich der Bund die **Oberaufsicht über die Handelsregisterführung** vor. Zuständig ist das **Eidgenössische Justiz- und Polizeidepartement,** das eigens ein Amt, das **Eidgenössische Handelsregisteramt (EHRA),** eingerichtet hat.

Das Eintragungsverfahren ins Handelsregister ist in der Handelsregisterverordnung (HRegVO) detailliert geregelt. Im Wesentlichen verläuft es in fünf Schritten:

1. Die betreffende Unternehmung **meldet** den Neueintrag oder die Änderung mündlich, schriftlich oder per elektronischem Formular beim zuständigen Handelsregisteramt an.
2. Der Handelsregisterführer **überprüft** die Anmeldung (Rechtsdurchsetzungsfunktion).
3. Ist die Anmeldung korrekt, so erfolgt sofort der Eintrag in das **Tagesregister des Handelsregisters.**
4. Danach wird der Handelsregistereintrag unverzüglich im **«Schweizerischen Handelsamtsblatt» publiziert.** Am ersten Werktag nach der Veröffentlichung treten die **Rechtswirkungen** der Eintragung ein (OR 932 II).

5. Am Tag der Veröffentlichung im SHAB wird der «Tagesregistereintrag» in das **Hauptregister** des Handelsregisters übernommen. Damit ist das Eintragungsverfahren abgeschlossen.

25.4 Die zum Handelsregistereintrag verpflichteten und die bloss dazu berechtigten Unternehmen

Man kann die im HR eingetragenen Unternehmungen danach unterscheiden, ob sie zum Eintrag **verpflichtet** oder nur dazu **berechtigt** sind. Abgesehen davon gibt es eine Gruppe von Unternehmen, die in jedem Fall vom Eintrag **ausgeschlossen** ist. Innerhalb der Eintragungspflicht kann man noch unterscheiden zwischen Unternehmungen, die erst mit dem Handelsregistereintrag entstehen (**konstitutiver** Eintrag), und solchen, die auch ohne ihn entstehen (**deklaratorischer** Eintrag).

Die zum Handelsregistereintrag verpflichteten Unternehmen

- **Der Eintrag ist konstitutiv (= Entstehungsvoraussetzung).** Folgende Handelsgesellschaften entstehen erst rechtsgültig, wenn sie im Handelsregister eingetragen sind:
  - Sämtliche **juristischen Personen** des Handelsrechts (AG, Kommandit-AG, GmbH, Genossenschaft),
  - die **Personengesellschaften,** die **kein** kaufmännisches Unternehmen führen (Kollektivgesellschaft OR 553; Kommanditgesellschaft OR 595).
- **Der Eintrag ist deklaratorisch.** Zum Eintrag verpflichtet, ohne dass ihre Entstehung davon aber betroffen ist, sind folgende Unternehmungen:
  - die kaufmännische **Kollektiv-** oder **Kommanditgesellschaft** sowie der **Verein,** der ein kaufmännisches Unternehmen führt;
  - alle anderen Unternehmungen, die ein **Handels-, Fabrikations- oder ein anderes nach kaufmännischer Art geführtes Gewerbe** betreiben (OR 934 I). Was unter diesem Begriff zu verstehen ist, erläutert die HRegV in Art. 52 ff.: Ein Handels-, Fabrikations- oder ein anderes nach kaufmännischer Art geführtes Gewerbe liegt vor, wenn ein Unternehmer eine **selbstständige, dauernde Tätigkeit** ausübt und damit einen **Jahresumsatz** von jährlich mindestens CHF 100 000.– erzielt.

Zum Eintrag berechtigte Unternehmen

Wer ein Geschäft betreibt, das nicht eintragungspflichtig ist, hat das Recht, sich am Ort der Hauptniederlassung ins Handelsregister eintragen zu lassen. Eintragungsberechtigt sind auch alle Vereine, die kein kaufmännisches Unternehmen führen. Der Grund für die freiwillige Eintragung ins Handelsregister liegt in der Regel in der **Steigerung der Kreditwürdigkeit** (Unterstellung unter die Konkursbetreibung) und im erhöhten **Schutz der Firma** (Geschäftsname).

Von der Eintragung ausgeschlossene Unternehmen

Von der Eintragung in jedem Fall ausgeschlossen ist die **einfache Gesellschaft.**

Abb. [25-4] Pflicht und Recht zum HR-Eintrag

Eintragungspflicht mit konstitutivem Charakter (Eintrag ist Entstehungsvoraussetzung)	**Eintragungspflicht mit deklaratorischem Charakter** (das Unternehmen entsteht auch ohne Eintrag)	**Eintragungsrecht** (Eintrag ist freiwillig)	**Kein Eintrag möglich**
(1) **Alle juristischen Personen des Handelsrechts,** d. h.: AG, Kommandit-AG, GmbH und Genossenschaft (2) Personengesellschaften ohne kaufmännisches Unternehmen	(1) Personengesellschaften mit kaufmännischem Unternehmen (2) Alle Unternehmungen, die ein kaufmännisches Unternehmen betreiben	(1) Alle Unternehmungen mit nicht eintragspflichtiger Firma (2) Vereine ohne kaufmännische Unternehmen	(1) Einfache Gesellschaft

25.5 Die Wirkungen des Handelsregistereintrags

Der Handelsregistereintrag hat verschiedene Auswirkungen: für die Geschäftspartner der betreffenden Unternehmung (Aussenverhältnis) sowie für die Unternehmung selbst (Innenverhältnis).

Wirkungen des Handelsregistereintrags im Aussenverhältnis

Die Publizitätsfunktion des Handelsregisters gewährleistet die **Verkehrssicherheit** und den **Vertrauensschutz** im Geschäftsverkehr, d. h. gegenüber Dritten. OR 933 garantiert diese durch die **positive** und die **negative Publizitätswirkung.**

- **Positive Publizitätswirkung** (OR 933 I). Rechtswirksame Handelsregistereinträge (Publikation im SHAB) **wirken gegenüber jedermann** – unabhängig davon, ob der Betreffende davon Kenntnis hatte oder nicht.
- **Negative Publizitätswirkung** (OR 933 II). Wenn eine eintragungspflichtige Tatsache nicht im Handelsregister eingetragen ist, kann sie einem **gutgläubigen Dritten nicht entgegengehalten werden.** In diesem Fall muss das eintragungspflichtige Unternehmen beweisen, dass der Dritte auch ohne Eintrag von der betreffenden Tatsache Kenntnis hatte.

Beispiel

Im abgedruckten Handelsregistereintrag der Firma Moser & Fernandes sind Claudia Moser und Benedict Fernandes je mit Einzelunterschrift zeichnungsberechtigt. Die Publizitätswirkung des HRG hat folgende Wirkung:

- **Positive Publizitätswirkung:** Ein Vertragspartner der Firma kann sich darauf verlassen, dass Claudia Moser berechtigt ist, allein Geschäfte für die Gesellschaft abzuschliessen. Benedict Fernandes kann nicht kommen und behaupten, er hätte mitunterschreiben müssen. Das Gleiche gilt auch umgekehrt.
- **Negative Publizitätswirkung:** Wenn die beiden Gesellschafter nun vereinbaren, dass in Zukunft Verträge nur noch gültig sind, wenn beide sie unterzeichnen, dann ist dies gutgläubigen Dritten gegenüber erst wirksam, wenn die entsprechende Änderung des Handelsregisterauszugs im SHAB publiziert worden ist.

Zusätzlich zur Publizitätswirkung ist mit dem Handelsregistereintrag die Unterstellung unter die **Handelsgerichtsbarkeit** verbunden. Klagen gegen ein eingetragenes Unternehmen müssen beim Handelsgericht eingeleitet werden, sofern der Sitzkanton überhaupt ein besonderes Handelsgericht hat (das ist gegenwärtig in den Kantonen Aargau, Bern, St. Gallen und Zürich der Fall).

Interne Wirkungen des Handelsregistereintrags

Für die betroffene Unternehmung wirkt sich der HR-Eintrag wie folgt aus:

- In gewissen Fällen ist er **konstitutiv,** z. B. bei der Gründung von **juristischen Personen** (siehe oben).
- Er bewirkt den **Schutz der Firma.** Der Inhaber der Firma ist als Einziger berechtigt, den im Handelsregister eingetragenen Geschäftsnamen zu benützen. Dabei ist nicht nur der Geschäftsname geschützt, sondern auch die Bezeichnung der Produkte, falls sie den Firmennamen tragen.
- Der HR-Eintrag bewirkt ferner die Unterstellung der Unternehmung unter die **Konkursbetreibung.** Diese ist um einiges strenger als die normale Betreibung (Betreibung auf Pfändung). Eingeschlossen ist auch die Wechselbetreibung für Wechsel- und Checkschulden (ein besonders rasches Verfahren).
- Schliesslich verpflichtet der Eintrag die Unternehmung zur **Buchführung** nach den gesetzlich vorgeschriebenen Grundsätzen und zur **Aufbewahrung** der Geschäftsbücher während mindestens 10 Jahren.

Zusammenfassung

Zweck, Inhalt und Organisation des Handelsregisters (HR)

- Das **Handelsregister (HR)** ist ein staatliches Verzeichnis der in der Schweiz niedergelassenen Unternehmungen. Es dient drei Zwecken: **Publizität, Rechtsdurchsetzung, Rechtsanknüpfung.**
- Es enthält im Wesentlichen Angaben über die **Haftungsverhältnisse,** die **Vertretungsverhältnisse,** den **Sitz,** die **Firma** und den **Zweck.**
- Zuständig für die Führung des Handelsregisters sind die **Kantone** unter der Oberaufsicht des Bundes. Das Eintragungsverfahren (auch für Änderungen) verläuft wie folgt: Die Eintragung wird beim Handelsregisteramt am Sitz der betreffenden Unternehmung angemeldet. Der Handelsregisterführer prüft die Anmeldung in **formeller und materieller Hinsicht.** Danach erfolgt die Publikation im **«Schweizerischen Handelsamtsblatt».** Sie bewirkt die Wirksamkeit der Eintragung am nächsten Werktag nach der Publikation.

Eintragungsrecht und Eintragungspflicht

- Pflicht mit konstitutivem Charakter: AG, Kommandit-AG, GmbH, Genossenschaft, Kollektiv-/Kommanditgesellschaft ohne kaufmännisches Unternehmen.
- Pflicht mit deklaratorischem Charakter: Kollektivgesellschaft, Kommanditgesellschaft mit kaufmännischem Unternehmen, alle kaufmännischen Einzelunternehmen, Vereine mit kaufmännischem Unternehmen.
- Recht für nichtkaufmännische Einzelunternehmen und Vereine ohne kaufmännisches Unternehmen.
- Kein Eintrag möglich: Einfache Gesellschaft.

Wirkungen des Handelsregistereintrags

- **Aussenverhältnis:** positive und negative Publizitätswirkung sowie Unterstellung unter die Handelsgerichtsbarkeit für Klagen gegen die Unternehmung.
- **Innenverhältnis:** konstitutive Wirkung in gewissen Fällen (v. a. bei Gründung von juristischen Personen), Schutz der Firma durch das Firmenrecht, Unterstellung unter die Konkursbetreibung, Pflicht zur Buchführung und Aufbewahrung der Geschäftsbücher.

Repetitionsfragen

89 A] Was ist das Handelsregister?

B] Welchem Zweck dient es?

90 Sie sind als Einkäufer Ihrer Unternehmung mit der Beschaffung eines PC-Systems betraut. Das Geschäft mit einem Hersteller steht kurz vor dem Abschluss. Sie fragen sich nun, ob Schneebeli, der Kundenberater des Herstellers, unterschriftsberechtigt ist. Wie können Sie – abgesehen von der direkten Anfrage beim Hersteller – prüfen, ob Schneebeli überhaupt unterschreiben darf?

91 Wie beurteilen Sie die folgenden Aussagen?

A] «Ich bin Einzelunternehmer und deshalb nicht zum Handelsregistereintrag verpflichtet.»

B] «Wer als Einzelunternehmer kein kaufmännisches Gewerbe betreibt, erscheint auch nicht im Handelsregister.»

C] Antrag an der Gründerversammlung einer AG: «Ich beantrage, dass die Statuten überarbeitet werden, bevor wir ihnen zustimmen. Hingegen bin ich damit einverstanden, dass die AG ihre Geschäftstätigkeit jetzt schon aufnimmt. Der Handelsregistereintrag soll daher unverzüglich erfolgen, und zwar schon bevor die Statuten beschlossen sind.»

D] «Personengesellschaften sind zwar zum Handelsregistereintrag verpflichtet, entstehen aber in jedem Fall auch ohne diesen.»

92 Welche Wirkungen hat der Handelsregistereintrag?

93 Die X-AG hat es unterlassen, ihren ausscheidenden Prokuristen aus dem Handelsregister streichen zu lassen. Aus Rache schliesst er noch einen Vertrag mit Ihnen ab, und zwar zu Bedingungen, die für Sie sehr günstig, für die X-AG aber äusserst ungünstig sind. Können Sie die vertraglichen Ansprüche gegen die X-AG durchsetzen?

26 Die Geschäftsfirmen

Lernziele Nach der Bearbeitung dieses Kapitels können Sie ...

- beschreiben, nach welchen Grundsätzen Firmen gebildet werden können.

Schlüsselbegriffe Firma, Firmenwahrheit, Übertragbarkeit, Unterscheidbarkeit

Das Wort Firma stammt aus dem Italienischen, wo **«firmare» bezeichnen** bzw. **unterschreiben** bedeutet. Unter der Firma tritt eine Unternehmung im Rechtsverkehr auf. Im allgemeinen Sprachgebrauch verwendet man den Begriff Firma oft gleichbedeutend mit «Geschäft» oder «Unternehmung». Im engeren juristischen Sinn, bedeutet Firma aber bloss der **Name** eines wirtschaftlichen Unternehmens.

Im Prinzip liegt es im Interesse des Unternehmens, seine Firma völlig frei nach seinen Bedürfnissen zu wählen und eine einmal eingeführte, bekannte Firma auch bei Veränderungen der Unternehmung (z. B. bei einer Änderung der Rechtsform oder des Inhabers) beizubehalten. In der Praxis gibt es jedoch einige Einschränkungen, denn die Firma ist für das Publikum erstes **Identifikationsmerkmal** der Unternehmung; sie vermittelt einen Eindruck über die Art der Tätigkeit, die Grösse der Unternehmung oder ihre Rechtsform.

Damit der Informationsgehalt der Firma auch mit der Realität übereinstimmt, beschränken drei Grundsätze die **Freiheit** der Firmenwahl und -übertragbarkeit:

1. **Firmenwahrheit:** Die Angaben in der Firma müssen in allen Teilen wahr und klar sein. Das Publikum soll nicht durch die Firma getäuscht werden.
2. **Unterscheidbarkeit:** Die Firma muss sich von anderen Firmen deutlich unterscheiden.
3. **Beschränkte Übertragbarkeit:** Die Firma ist nur in engem Rahmen übertragbar.

Der Grundsatz der Firmenwahrheit (OR 944 ff.)

Der Grundsatz der Firmenwahrheit verlangt, dass der Inhalt der Firma den Tatsachen entspricht. Er darf Dritte nicht **irreführen** oder gar **täuschen.**

Die **Rechtsform** (OR 945–950) muss aus der Firma ersichtlich sein. Im Einzelnen gilt für die verschiedenen Unternehmensformen Folgendes:

Abb. [26-1] **Prinzipien der Firmenbildung**

Einzelunternehmen

Der Inhaber einer Einzelfirma muss als Firmenbezeichnung seinen Familiennamen mit oder ohne Vornamen verwenden (OR 945).
Beispiele: Franz Knoblauch, Spezereiwarenhandlung; M. Rieger, Musikinstrumente; Frau S. Rieger, Tabakwaren; Sabine Rieger, Tabakwaren.

Kollektivgesellschaft

Die Firma einer Kollektivgesellschaft (OR 947) ist wie folgt aufgebaut:

- Familiennamen eines oder mehrerer Gesellschafter und Zusatz, der das Gesellschaftsverhältnis andeutet, oder
- Familiennahmen aller Gesellschafter. Werden nach der Gründung weitere Gesellschafter in die Kollektivgesellschaft aufgenommen, so muss die Firma nicht geändert werden.

Beispiele: F. Meili & Co.; Gebrüder Meili; Meili & Sohn; Meili und Koller.

Kommanditgesellschaft

Die Firma einer Kommanditgesellschaft muss den Familiennamen wenigstens eines Komplementärs enthalten. Die Namen der Kommanditäre dürfen nicht in der Firma erscheinen, sonst haften diese wie Komplementäre. Auch der Firma der Kommanditgesellschaft muss ein Zusatz beigefügt werden, der das Gesellschaftsverhältnis andeutet (OR 947 III und IV).
Beispiel: Drei Kaufleute gründen zusammen eine Kommanditgesellschaft. Die Herren Meier und Frei sind Komplementäre, Herr Müller ist als Kommanditär beteiligt. Die Möglichkeiten der Firmenbildung sind somit: Meier & Co.; Frei & Co.; Meier, Frei & Co.; Frei, Meier & Co.

AG, GmbH und Genossenschaft

Die AG, die GmbH und die Genossenschaft können unter Wahrung der allgemeinen Grundsätze der Firmenbildung ihre Firma frei wählen und dabei Personennamen, Sach- oder auch Fantasiebezeichnungen verwenden. Die Bezeichnung der Rechtsform (AG, GmbH oder Genossenschaft oder eine Bezeichnung mit gleicher Bedeutung) muss der Firma beigefügt werden (OR 950).
Beispiele: Georg Fischer AG; Charles Vögele AG; Übersee-Handel AG; A. Huber GmbH; Autooccasionenhandel GmbH; Gema GmbH; Migros Genossenschaft; Genossenschaft freier Künstler.

Auch alle über den vorgeschriebenen Inhalt hinausgehenden Firmenzusätze (z. B. über die Grösse, Art der Tätigkeit oder geografische Beziehung usw.) müssen wahr sein.

Beispiel

- **Firmenwahrheit bezüglich Grösse der Unternehmung:** Der Schneider Tuchschmied, der eine Einzelunternehmung mit drei Mitarbeitern führt, darf sich nicht die Firma «Tuchschmied, Hemdenfabrik» geben, weil dadurch beim nichteingeweihten Publikum der Eindruck entsteht, es handle sich nicht um ein Schneideratelier, sondern um eine Fabrik.
- **Firmenwahrheit bezüglich Art der Tätigkeit:** Eine AG, die mit Getränken handelt, darf sich nicht als «Mosterei zum Goldenen Apfel AG» bezeichnen, weil sie dadurch den Eindruck erweckt, sie stelle Getränke her.
- **Weitere täuschende Bezeichnungen:** Meier hat den Doktortitel in Sprachwissenschaften erworben. Von seinem Vater übernimmt er die Drogerie und bezeichnet sie als «Schwanendrogerie Dr. Meier». Dadurch wird der Eindruck erweckt, sein Doktortitel befähige ihn in besonderem Masse zur Führung der Drogerie, was auf einen Sprachwissenschaftler nicht zutrifft.

Die Unterscheidbarkeit von Firmen

Die Firma hat eine **Kennzeichnungsfunktion** im Geschäftsverkehr. Sie hat zusätzlich eine **Werbefunktion,** weil das Publikum die Firma mit der dahinter stehenden Unternehmung identifiziert.

Aus beiden Gründen ist es wichtig, dass Firmen unterscheidbar sind. Das OR stellt deshalb den Grundsatz der **Firmenausschliesslichkeit** auf. Er besagt, dass jeder Unternehmer ein ausschliessliches Recht auf Benützung seiner Firma hat. Er muss es nicht dulden, dass eine später gebildete Firma mit seiner **identisch** oder auch nur **zum Verwechseln ähnlich** ist (OR 956 I). Falls dies dennoch geschieht, kann er vom Richter das Verbot der Firmenanmassung verlangen.

Der Schutzraum für eine Firma hängt von der Rechtsform der Unternehmung ab:

- Für die **AG, die GmbH** und die **Genossenschaft** gilt der Grundsatz der Firmenausschliesslichkeit in der ganzen **Schweiz.** Es dürfen also in der ganzen Schweiz nicht zwei Unternehmen die gleiche oder eine zum Verwechseln ähnliche Firma führen.
- Für **Einzelunternehmungen** und **Personengesellschaften** ist der Schutzraum enger. Hier umfasst er nur den **Ort der Handelsregistereintragung** und den dazugehörenden **Wirtschaftsraum.** Damit ist es möglich, dass verschiedene Unternehmungen mit gleichem Namen innerhalb der Schweiz existieren.

Wann sich eine Firma von einer anderen, vorbestehenden deutlich genug unterscheidet, lässt sich nur im Einzelfall durch konkreten Vergleich ermitteln. Massgebend ist der Gesamteindruck. Als Kriterien kommen ähnliche Kundenkreise, geografisch nahe Lage, Tätigkeit in ähnlichen Branchen usw. in Frage. Das Bundesgericht stellt insgesamt ziemlich strenge Anforderungen an die Unterscheidbarkeit. Dies beweisen einige Entscheide:

- Die Firma «Bavag Bau- und Verwaltungs-AG» ist nicht zulässig neben «Pavag AG».
- Die Firma «Mondial Trust Reg.» ist nicht zulässig neben «Mondia S.A.», wenn beide Unternehmen in der gleichen Branche tätig sind.
- Die Firma «Rubinia AG» neben «Helena Rubinstein S.A.» ist nicht gestattet.
- Nicht erlaubt ist die Verwendung der Firma «Aquafiltro AG» neben «Filtro S.A.».
- Die Firma «Interstop AG» ist nicht zulässig, wenn bereits eine Firma «Intershop Holding AG» besteht.

Die beschränkte Übertragbarkeit von Firmen

Das Schicksal der Firma bei Geschäftsübertragungen hängt von der Rechtsform ab:

- **Einzelunternehmungen** (OR 953). Der alte Name darf weitergeführt werden, wenn das Nachfolgeverhältnis aus einem **Firmenzusatz** ersichtlich wird. Voraussetzung ist allerdings, dass der Vorinhaber (bzw. dessen Erben) mit der Weiterführung des Namens einverstanden ist (z. B. «Heinrich Huber, Schuhhaus, Inhaber Walter Schweingruber» oder «Schuhhaus Schweingruber, vormals Heinrich Huber»).
- **Personengesellschaften** (OR 948). Scheidet ein Gesellschafter, dessen Name in der Firma erscheint, aus der Gesellschaft aus, so darf sein Name grundsätzlich nicht weiter in der Firma erscheinen. Ausnahmen sind nur unter den sehr engen Bedingungen von OR 948 II zulässig.
- **AG, GmbH** und **Genossenschaft.** Hier stellt sich die Frage nur, wenn die Firma einen Personennamen enthält. Eine solche Firma darf auch weitergeführt werden, wenn der Namen gebende Gesellschafter aus der Gesellschaft ausgeschieden ist.

Firmen- und Namensgebrauchspflicht

Nach der Bestimmung von OR 954a muss ein Unternehmen seine im Handelsregister eingetragene Firma in der Korrespondenz, auf Bestellscheinen und auf Rechnungen vollständig und unverändert angeben. Kurzbezeichnungen, Logos usw. dürfen nur als Zusätze und nicht an Stelle der Firma gebraucht werden.

Zusammenfassung

Die **Firma** ist der Name unter dem ein Unternehmen auftritt. Die Freiheit in der Firmenwahl ist durch folgende Grundsätze eingeschränkt: **Firmenwahrheit** (keine Täuschung des Publikums), **Firmenunterscheidbarkeit** (keine Verwechslung von Firmen) und **beschränkte Übertragbarkeit** der Firma.

Die Firma muss **vollständig und unverändert** gebraucht werden.

Repetitionsfragen

94 Was besagen die Grundsätze der Firmenwahrheit und -klarheit?

95 A] Sie sind ein in der Region Zürich tätiges Unternehmen in der Rechtsform der Einzelunternehmung und ärgern sich darüber, dass in Bern eine Einzelunternehmung mit dem gleichen Namen tätig ist, und zwar in der gleichen Branche.

- Müssen Sie diesen Zustand dulden?
- Würde es etwas ändern, wenn der Sitz der andern Unternehmung in Thalwil bei Zürich läge?

B] Prüfen Sie diesen Sachverhalt für alle andern Rechtsformen.

Teil I Betreibungsrecht

27 Das Schuldbetreibungs- und Konkursverfahren

Lernziele

Nach der Bearbeitung dieses Kapitels können Sie …

- mit eigenen Worten den Einsatzbereich des SchKG beschreiben.
- den Anwendungsbereich und den Verlauf der Betreibung auf Pfändung, auf Pfandverwertung und auf Konkurs erklären.
- im Detail aufzeigen, in welchen Schritten die Einleitung der Betreibung abläuft.
- erklären, wie es zur Konkurseröffnung kommt und was danach geschieht.
- in den Grundzügen erklären, was ein Nachlassvertrag ist und wie es dazu kommt.
- die wichtigsten Sicherungsmittel im Betreibungsrecht beschreiben.

Schlüsselbegriffe

Anfechtungsklage, Anschlusspfändung, Arrest, Betreibung, Betreibungsauskunft, Betreibungsbegehren, Betreibungsort, Einleitung, Fortsetzung, Fortsetzungsbegehren, Güterverzeichnis, Kollokationsplan, Kompetenzstücke, Konkurs, Konkurseröffnung, Konkursverfahren, Nachlassstundung, Nachlassvertrag, Pfändung, Pfandverwertung, Privatkonkurs, Rechtsöffnung, Rechtsöffnungstitel, Rechtsvorschlag, Retentionsrecht, Sicherungsmittel, Verfügungsbeschränkung, Verlustschein, Verwertung, Zahlungsbefehl, Zinssperre

27.1 Überblick

Das Schuldbetreibungs- und Konkursrecht ist im Schuldbetreibungs- und Konkursgesetz (SchKG) geregelt. Es befasst sich ganz generell mit der Zwangsvollstreckung von Geldschulden gegen zahlungsunfähige und zahlungsunwillige Schuldner.

Abb. [27-1] Steckbrief des Schuldbetreibungs- und Konkursrechts

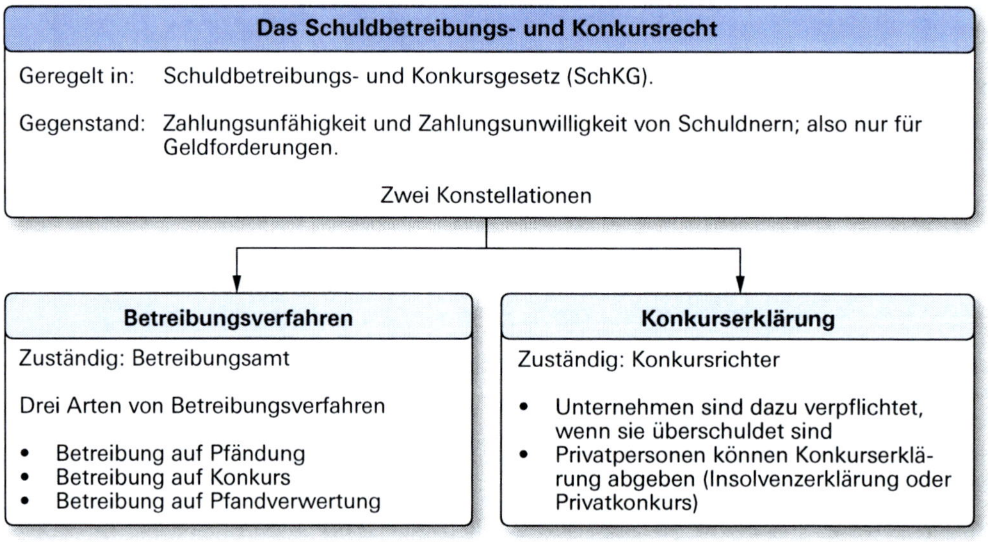

27.1.1 Die drei Arten von Betreibungsverfahren

Die Betreibung auf Pfändung

Sie kommt zum Zug, wenn der Schuldner eine **Privatperson** ist (SchKG 42). Als solche gilt er, wenn er nicht als Unternehmer im Handelsregister eingetragen ist. Bei der **Betreibung auf Pfändung** werden dem Schuldner nur so viele Vermögensgegenstände weggenommen wie für die Tilgung der betriebenen Schuld nötig. Man nennt dieses Verfahren deshalb auch **Einzel-** oder **Spezialexekution** (SchKG 97 II).

Beispiel

John Müller ist nicht im Handelsregister eingetragen und Privatperson. Herr Müller untersteht deshalb der Betreibung auf Pfändung. Er schuldet Daniela Meier CHF 8 000.–, bezahlt aber nicht. Leitet Frau Meier das Betreibungsverfahren ein, wird das Betreibungsamt im Laufe des Verfahrens bei Herrn Müller Vermögensgegenstände in der Höhe von CHF 8 000.– pfänden.

Die Betreibung auf Konkurs

Die Betreibung auf Konkurs kommt zur Anwendung für **Unternehmen** und **Unternehmer (Kaufleute),** die im Handelsregister eingetragen sind (SchKG 39). Sie heisst **Gesamt-** oder **Generalexekution,** weil hier das **gesamte Vermögen** des Schuldners als sogenannte **Konkursmasse** beschlagnahmt wird, um aus dem Erlös alle Forderungen sämtlicher Gläubiger zu befriedigen (SchKG 197).

Beispiel

Die Xeno AG zahlt ihre Darlehensschuld von CHF 100 000.– bei der Bank nicht. Das Betreibungsverfahren nimmt seinen Lauf. Im zweiten Verfahrensabschnitt (Mittelbeschaffungsphase) werden nun nicht nur Vermögenswerte in der Höhe von CHF 100 000.– beschlagnahmt, sondern sämtliche Aktivposten. Daraus werden so weit möglich sämtliche Gläubiger bezahlt. Die Xeno AG wird am Schluss aufgelöst. Falls nach der Bezahlung aller Schulden etwas übrig bleibt, erhalten die Aktionäre der Xeno AG die entsprechende Summe zurück.

Ausnahmen: Auch im Handelsregister eingetragene Schuldner unterliegen für bestimmte Forderungen der Betreibung auf Pfändung, und zwar für Steuern, Bussen und andere öffentlich-rechtliche Abgaben, für Prämienforderungen der obligatorischen Unfallversicherung (UVG-Obligatorium) und für familienrechtliche Unterhaltszahlungen (SchKG 43).

Die Betreibung auf Pfandverwertung

Zur Betreibung auf Pfandverwertung kommt es, wenn eine Forderung durch ein Pfandrecht gesichert ist, was vor allem im Kreditgeschäft der Banken üblich ist. Das Pfandrecht ist ein **Haftungsrecht** an einer Sache. Meistens handelt es sich um ein Grundstück (Grundpfand – Hypothek), manchmal auch um eine bewegliche Sache (z. B. Aktien).

Das Pfand dient zur Sicherung einer Forderung. Es handelt sich dabei also um Vorkehrungen, die bereits bei Vertragsabschluss getroffen wurden, für den Fall, dass der Schuldner seine Pflichten nicht erfüllt. Zahlt der Schuldner seine Schuld nicht, kann der Gläubiger «ersatzweise» auf die verpfändete Sache greifen, diese verwerten lassen und sich am Erlös schadlos halten. Der Weg, auf dem er dies tut, ist die **Betreibung auf Pfandverwertung.**

Beispiel

Jonas Imboden erhält von der Bank ein Darlehen von CHF 100 000.–. Dieses wird durch eine Hypothek (Pfandrecht an einem Grundstück) gesichert. Herr Imboden zahlt das Darlehen nicht wie versprochen zurück. Die Bank kann nun das Grundstück verwerten lassen und ihre Schuld aus dem Erlös decken. Die Verwertung einer Pfandsache erfolgt durch Betreibung auf Pfandverwertung, und zwar unabhängig davon, ob der Schuldner der Betreibung auf Pfändung oder Konkurs untersteht (SchKG 41 I).

Abb. [27-2] Drei Arten von Betreibungen

Betreibung auf Pfändung	Betreibung auf Konkurs	Betreibung auf Pfandverwertung
Spezialexekution Es wird nur so viel Vermögen beschlagnahmt, wie zur Befriedigung des betreibenden Gläubigers nötig (SchKG 97 II).	**Generalexekution** Auch wenn nur ein Gläubiger betreibt, wird alles Vermögen beschlagnahmt. Daraus werden alle Gläubiger befriedigt (SchKG 197).	**Verwertung eines** bereits durch die Parteien reservierten Pfands (SchKG 151ff.).
Anwendungsbereich • Alle **Privatpersonen** • Alle Schuldner für Steuerschulden, Bussen sowie Unterhaltsleistungen.	**Anwendungsbereich** • Im Handelsregister eingetragene **Unternehmen** • Im Handelsregister eingetragene Unternehmer (Kaufleute).	**Anwendungsbereich** • Pfandgesicherte Forderungen

27.1.2 Betreibungsort, Betreibungskosten und Betreibungsauskünfte

Wo muss man einen Schuldner betreiben? – Der Betreibungsort

Für die **Betreibung auf Pfändung** und die **Betreibung auf Konkurs** gilt (SchKG 46):

- Privatpersonen sind an ihrem **Wohnsitz** zu betreiben,
- Unternehmen an ihrem **Sitz,** der im Handelsregister eingetragen ist.

Der Gläubiger muss sich also an das Betreibungsamt wenden, das für den Wohnsitz einer Person bzw. den Sitz einer Unternehmung zuständig ist.

Für die **Betreibung auf Pfandverwertung** gilt:

- Für **faustpfandgesicherte Forderungen** kann der Gläubiger wählen, zwischen dem Wohnsitz/Sitz des Schuldners oder dem Ort, an dem sich die Pfandsache befindet.
- Für **grundpfandgesicherte Forderungen** liegt der Betreibungsort immer am Ort des Grundstücks.

Wer bezahlt die Betreibungskosten?

Die Betreibungsbehörden erheben für ihre Handlungen **Gebühren.** Ihre Höhe richtet sich nach dem Gebührentarif des Bundesrats (SchKG 16). Der **Gläubiger** muss die Gebühren **vorschiessen.** Der Schuldner muss sie ihm zwar später zurückerstatten (SchKG 68), wenn bei ihm aber nichts zu holen ist, bleiben sie trotzdem beim Gläubiger hängen. Mancher Gläubiger überlegt sich daher, ob es sich überhaupt lohnt, den Schuldner zu betreiben.

Oft werden Treuhandbüros oder Rechtsanwälte mit der Eintreibung von Forderungen beauftragt. Anders als in einem Gerichtsverfahren, dürfen dem Schuldner diese Kosten nicht überbürdet werden (SchKG 27).

Betreibungsauskünfte

Vorsichtige Geschäftsleute vergewissern sich bei grösseren Geschäften über die Zahlungsfähigkeit und Zahlungsmoral eines Partners, bevor sie geschäftliche Beziehungen aufnehmen. Eine Möglichkeit dazu ist, **Einsicht ins Betreibungsregister** zu nehmen bzw. **einen Registerauszug** zu verlangen.

Wer beim Betreibungsamt am Wohnsitz der betroffenen Person ein **Interesse glaubhaft** macht, erhält Einsicht in den Betreibungsauszug. Dieser sagt, wie viele Betreibungen in den letzten fünf Jahren gegen eine Person erhoben und durchgeführt worden sind (SchKG 8a).

Beispiel

Corinna hat sich um eine Wohnung beworben. Der Vermieter verlangt nun beim Betreibungsamt einen Betreibungsauszug mit dem Hinweis auf den bevorstehenden Abschluss des Mietvertrags.

Die Aussagekraft des Betreibungsauszugs ist aus zwei Gründen beschränkt:

1. Er enthält nur Betreibungen beim betreffenden Betreibungsamt. Wenn jemand den **Wohnsitz gewechselt** hat, können dort weitere Betreibungen vermerkt sind.
2. Betreibungen, die der Gläubiger **zurückgezogen** hat, sind nicht vermerkt. Recht oft kommt es aber vor, dass der Schuldner einem Gläubiger nach Einleitung des Verfahrens Zahlung oder Teilzahlung offeriert und verlangt, dass dieser ihm schriftlich den Rückzug der Betreibung bestätigt. Gestützt auf diese Bestätigung kann der Schuldner dann die Löschung der eingeleiteten Betreibung verlangen.

27.2 Das Einleitungsverfahren bei der Betreibung auf Pfändung und auf Konkurs

Der Beginn des Betreibungsverfahrens verläuft bei der Betreibung auf Pfändung und der Betreibung auf Konkurs gleich. Die folgende Grafik gibt einen ersten Überblick über das Zusammenspiel der drei Akteure **Gläubiger, Betreibungsamt** und **Schuldner.**

Abb. [27-3] Die Einleitung der Betreibung auf Pfändung und auf Konkurs im Überblick

27.2.1 Das Betreibungsbegehren des Gläubigers

Beim Betreibungsbegehren muss der Gläubiger folgende Punkte berücksichtigen:

- Er muss sich an das **Betreibungsamt am Wohnsitz/Sitz des Schuldners** wenden.
- Er kann das Betreibungsbegehren **mündlich** oder **schriftlich** stellen. Sein Inhalt ist in SchKG 67 aufgezählt. Am einfachsten ist die Verwendung des **offiziellen Formulars.**

Mit dem Betreibungsbegehren muss der Gläubiger einen **Kostenvorschuss** für die Zustellung des Zahlungsbefehls an das Betreibungsamt überweisen. Seine Höhe hängt vom geforderten Betrag ab. Im Unterschied zu den Verzugszinsen muss der Gläubiger die Betreibungskosten nicht extra einfordern. Das Betreibungsamt erhöht den betriebenen Betrag automatisch um ihre Höhe und belastet so direkt den Schuldner (SchKG 68).

27.2.2 Der Zahlungsbefehl

Geht beim **Betreibungsamt** ein Betreibungsbegehren ein, so **prüft** der Betreibungsbeamte, ob der Schuldner in seinem Betreibungskreis **Wohnsitz** hat. Falls nicht, sendet er das Begehren an den Gläubiger zurück. Dieser muss dann herausfinden, wo sein Schuldner wohnt, und die Betreibung dort einleiten. Das ist oft nicht einfach. Besteht das Betreibungsbegehren die Prüfung, stellt das Betreibungsamt dem Schuldner den **Zahlungsbefehl** zu (SchKG 69 ff.).

Bedeutung und Inhalt des Zahlungsbefehls

Der Zahlungsbefehl ist eine **amtliche Aufforderung** an den Schuldner, die Schuld zuzüglich Betreibungskosten und Verzugszins (nur sofern vom Gläubiger gefordert!)

- innert **20 Tagen seit Empfang zu bezahlen** oder
- sich mit **Rechtsvorschlag innert 10 Tagen seit Empfang zur Wehr** zu setzen.
- Zusätzlich enthält der Zahlungsbefehl die **Androhung,** dass das Betreibungsverfahren seinen Fortgang nehmen kann, wenn der Schuldner nichts unternimmt.

Kann der Schuldner jederzeit betrieben werden?

Der Gläubiger kann sein Betreibungsbegehren jederzeit stellen. Das Betreibungsamt darf aber in bestimmten Situationen einem Schuldner keinen Zahlungsbefehl zustellen. In solchen Fällen muss das Betreibungsamt zuwarten, bis das betreffende Hindernis weggefallen ist.

- **Verboten** sind Betreibungshandlungen während **geschlossener Zeiten,** nämlich zwischen 20 Uhr und 7 Uhr sowie an Sonntagen und staatlich anerkannten Feiertagen (SchKG 56 Ziff. 1). Der Samstag gilt betreibungsrechtlich als Wochentag.
- **Verboten** sind Betreibungshandlungen während der **Betreibungsferien.** Das sind 7 Tage vor und 7 Tage nach Ostern und Weihnachten und vom 15. bis 31. Juli (SchKG 56 Ziff. 2).
- **Verboten** sind Betreibungshandlungen ausserdem, wenn für den Schuldner ein **Rechtsstillstand** gilt (SchKG 57 ff.). Rechtsstillstand herrscht während der
  - Dauer des **Militär-** oder **Schutzdienstes** des Schuldners,
  - während zweier Wochen nach einem **Todesfall** in der Familie,
  - bei schwerer **Erkrankung** oder **Tod** des Schuldners,
  - bei dessen **Verhaftung** und
  - bei **allgemeinem Notzustand** (Epidemie, Naturkatastrophe).

Abb. [27-4] **Die Reaktionsmöglichkeiten des Schuldners**

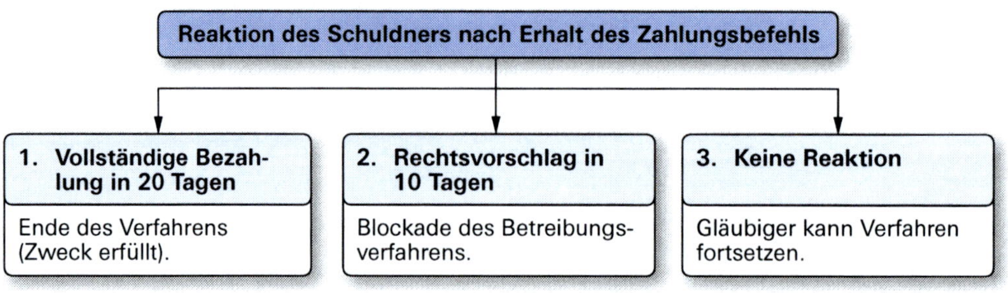

27.2.3 Der Rechtsvorschlag des Schuldners

Was bewirkt der Rechtsvorschlag?

Betreibung ist Zwangsvollstreckung. Es geht also nicht darum festzustellen, ob die betriebene Forderung des Gläubigers tatsächlich besteht oder nicht. Für die Beurteilung dieser Frage ist immer ein Gericht zuständig.

Theoretisch kann also jemand eine x-beliebige Person grundlos betreiben. Die Betreibungsbehörden unternehmen gegen eine solche «unrechtmässige» Betreibung nichts. Sie stellen dem «Schuldner» den Zahlungsbefehl zu. Aus diesem Grund muss der Betriebene ein Mittel haben, sich gegen die Betreibung zu wehren. Dieses Mittel ist der Rechtsvorschlag.

Wie erhebt der Schuldner Rechtsvorschlag?

Der Rechtsvorschlag ist gegenüber dem Betreibungsamt und nicht gegenüber dem Gläubiger zu erklären. Dies kann mündlich oder schriftlich geschehen (SchKG 74). Meistens erhebt der Schuldner gleich bei der Zustellung des Zahlungsbefehls Rechtsvorschlag, worauf der Beamte dies auf dem Original und dem Doppel des Zahlungsbefehls notiert und vom Schuldner unterschreiben lässt (z. B.: «Ich erhebe Rechtsvorschlag» – oder: «Rechtsvorschlag»).

Der Rechtsvorschlag wird dem Gläubiger auf der für ihn bestimmten Ausfertigung des Zahlungsbefehls mitgeteilt. Erhebt der Schuldner keinen Rechtsvorschlag, wird dies dem Gläubiger ebenfalls auf dem für ihn bestimmten Doppel des Zahlungsbefehls nach Ablauf der zehntägigen Bestreitungsfrist mitgeteilt (SchKG 76).

27.2.4 Wie reagiert der Gläubiger auf einen Rechtsvorschlag?

Mit dem Rechtsvorschlag bestreitet der Schuldner die Forderung. Jetzt muss also festgestellt werden, wer Recht hat. Dabei liegt es am Gläubiger, den Rechtsvorschlag zu beseitigen, indem er beweist, dass die Forderung tatsächlich besteht. Für diesen Beweis ist in jedem Fall ein Richter zuständig (nie die Betreibungsbehörden!).

Je nach Situation kommt es entweder zum Rechtsöffnungsverfahren vor dem Rechtsöffnungsrichter (für den Gläubiger einfacher) oder zum ordentlichen Zivilprozess (für den Gläubiger mühsamer). Die folgende Grafik zeigt das Wesentliche:

Abb. [27-5] Rechtsöffnungsverfahren und Zivilprozess

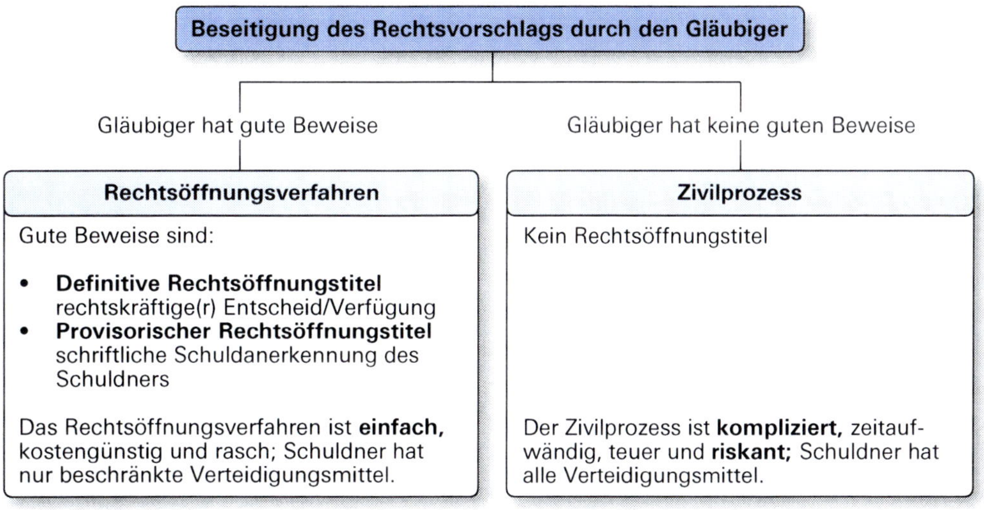

Das Rechtsöffnungsverfahren

Mit einem **definitiven Rechtsöffnungstitel** erhält der Gläubiger definitive Rechtsöffnung. Definitive Rechtsöffnungstitel sind:

- **Der rechtskräftige Gerichtsentscheid.** Damit belegt der Gläubiger, dass er schon einen Prozess über die fragliche Forderung geführt und gewonnen hat (SchKG 80 I).
- **Die rechtskräftige Verfügung einer Behörde** (z. B. Steuerverfügung oder Busse). Auch hier hat der Schuldner seine Rechtsmittel gegen die Verfügung entweder ausgeschöpft oder nicht ergriffen (SchKG 80 II).

Beispiel

Gerichtsentscheid. Monika Meier hat eine Schadenersatzforderung gegen Kurt Dällenbach im Betrag von CHF 83 000.–. Weil Herr Dällenbach diese Forderung nicht akzeptiert hat, hat Frau Meier einen Prozess eingeleitet und gewonnen. Nun kann Herr Dällenbach sich wehren. Tut er das nicht oder sind seine Rechtsmittel (zweite und dritte Instanz) ausgeschöpft, dann wird der Entscheid rechtskräftig. Sobald dies der Fall ist, hat Frau Meier einen definitiven Rechtsöffnungstitel in der Hand.

Verfügung. Die Verkehrsbehörde hat Herrn Dällenbach den Fahrausweis für 6 Monate entzogen. Dieses Entzugsverfahren verursacht Kosten, die die Behörde auf Herrn Dällenbach abwälzt. Dafür erlässt sie eine Verfügung. Sobald Herr Dällenbach seine Rechtsmittel ausgeschöpft hat oder gar keine ergreift, wird die Verfügung rechtskräftig und damit zum definitiven Rechtsöffnungstitel.

Gestützt auf einen **definitiven Rechtsöffnungstitel** gewährt der Rechtsöffnungsrichter dem Gläubiger die **definitive Rechtsöffnung.** Damit ist der Rechtsvorschlag endgültig beseitigt. Der Schuldner kann sich nicht mehr zur Wehr setzen, das Betreibungsverfahren schreitet voran. Ganz wehrlos ist der Schuldner im Rechtsöffnungsverfahren allerdings nicht. Er kann nämlich vor dem Rechtsöffnungsrichter mit **Urkunden** (Quittungen) belegen, dass er seine Schuld **bezahlt** hat, dass ihm der Gläubiger einen **Zahlungsaufschub** gewährt hat oder dass die Forderung **verjährt** ist (SchKG 81).

Mit einem **provisorischen Rechtsöffnungstitel** erhält der Gläubiger provisorische Rechtsöffnung. Provisorische Rechtsöffnungstitel sind schriftliche Schuldanerkennung, öffentliche Urkunden oder ein Verlustschein, mit denen der Gläubiger seine Forderung belegen kann.

- Schriftliche Schuldanerkennungen sind **Schriftstücke,** in denen der Schuldner mit seiner **Unterschrift** eine Schuld bestätigt (z. B. ein Darlehensschuldschein). Kontokorrentauszüge sind deshalb nur provisorische Rechtsöffnungstitel, wenn sie unterschrieben sind.
- Öffentliche Urkunden sind **Schriftstücke,** die von einer Urkundsperson (Notar) ausgefertigt und unterzeichnet sind (z. B. ein Grundstückskaufvertrag).
- Der **Verlustschein** ist die behördliche Bestätigung, dass ein Gläubiger schon einmal eine Betreibung gegen den Schuldner durchgeführt hat und zu Verlust gekommen ist.

Beispiel

Verträge als provisorische Rechtsöffnungstitel

Auch schriftliche Verträge können provisorische Rechtsöffnungstitel sein, denn der Schuldner bestätigt ja mit seiner Unterschrift den Bestand einer Schuld. Hier ist jedoch Folgendes zu berücksichtigen: Verträge enthalten in aller Regel Leistung und Gegenleistung. So ist z. B. beim Kaufvertrag der Verkäufer zur Übergabe des Kaufgegenstandes und der Käufer zur Zahlung des Preises verpflichtet. Der Verkäufer ist meistens vorleistungspflichtig, d. h. er muss gemäss Vereinbarung die Ware zuerst liefern und darf die Bezahlung des Kaufpreises erst danach verlangen. Diese Konstellation hat für die Rechtsöffnung ganz wesentliche Konsequenzen: Der vorleistungspflichtige Verkäufer (oder allgemein Vertragspartner) muss nämlich zusätzlich zum Vertrag noch ein schriftliches Dokument vorlegen, dass er tatsächlich geliefert hat. Der schriftliche Vertrag allein, ohne vom Schuldner unterzeichneten Lieferschein, ist hier kein Rechtsöffnungstitel.

Gestützt auf einen **provisorischen Rechtsöffnungstitel** erhält der Gläubiger vom Rechtsöffnungsrichter **provisorische Rechtsöffnung**. Provisorisch ist die Rechtsöffnung, weil der Schuldner hier mehr Abwehrmöglichkeiten besitzt (vgl. SchKG 82).

- Im Rechtsöffnungsverfahren selber kann er mit **Urkunden** beweisen, dass er **bereits gezahlt** hat, dass der Gläubiger ihm einen **Zahlungsaufschub** gewährt hat oder dass die Forderung inzwischen **verjährt** ist. Ausserdem kann er gegen den **Wahrheitsgehalt** der Ur-

kunden selbst vorgehen. Er kann dem Richter **glaubhaft** darlegen, dass die schriftliche Urkunde des Gläubigers nicht den Tatsachen entspricht (dass der Vertrag z. B. gefälscht ist oder dass er Mängelrüge erhoben hat). Gelingt ihm das, verweigert der Richter die Rechtsöffnung; die Blockade des Rechtsvorschlags bleibt.
- Selbst wenn der Richter die provisorische Rechtsöffnung ausspricht, kann sich der Schuldner noch wehren, indem er selbst innert 20 Tagen einen Prozess über den Bestand der Forderung erzwingt (sogenannte Aberkennungsklage, SchKG 83 II). Tut er dies nicht, wird die Rechtsöffnung definitiv und das Betreibungsverfahren kann voranschreiten.

Wann muss der Gläubiger einen Zivilprozess führen?

Hat der Gläubiger **keinen Rechtsöffnungstitel** oder wurde ihm die **Rechtsöffnung verweigert,** muss er gegen den Schuldner einen **langwierigen und teuren Zivilprozess** führen (SchKG 79 I). Er muss sich also einen Rechtsöffnungstitel (Gerichtsentscheid) beschaffen, wenn er die Betreibung voranbringen möchte.

27.2.5 Die Fortsetzung der Betreibung

Der Gläubiger hat die Betreibung mit dem Betreibungsbegehren eingeleitet und einen allfälligen Rechtsvorschlag des Schuldners beseitigt – kurz, er hat das Einleitungsverfahren erfolgreich überstanden. Zahlt der Schuldner noch immer nicht, so ist der Weg frei für die nächste Phase der Zwangsvollstreckung. Sie heisst **Fortsetzung der Betreibung.** Der Ball liegt nun wieder beim Gläubiger. Er muss das **Fortsetzungsbegehren** stellen, und zwar an das Betreibungsamt am Wohnsitz des Schuldners.

Für das Fortsetzungsbegehren gilt das Gleiche wie für das Betreibungsbegehren. Es kann **mündlich** oder **schriftlich** gestellt werden. Meistens verwendet der Gläubiger dazu das **offizielle Formular** «Begehren um Fortsetzung der Betreibung». Es enthält im Wesentlichen dieselben Angaben wie das Betreibungsbegehren. Und der Gläubiger muss wieder einen **Kostenvorschuss** leisten.

Mit dem Fortsetzungsbegehren leitet der Gläubiger die **Mittelbeschaffungsphase** des Betreibungsverfahrens ein. Beim Schuldner werden Vermögenswerte beschlagnahmt. Und wie Sie bereits wissen, unterscheiden sich hier die Betreibung auf Pfändung und die Betreibung auf Konkurs ganz wesentlich.

- Bei der Pfändung wird nur so viel beschlagnahmt, wie für die Tilgung der betriebenen Schuld (inkl. Betreibungskosten) nötig (Spezialexekution).
- Beim Konkurs wird dagegen das ganze Vermögen beschlagnahmt, um daraus alle Forderungen aller Gläubiger (möglichst) zu befriedigen (Generalexekution).

Sobald das Fortsetzungsbegehren beim Betreibungsamt eintrifft, hören deshalb die Gemeinsamkeiten der Betreibung auf Pfändung und der Betreibung auf Konkurs auf; jedes Verfahren nimmt nun seinen eigenen Verlauf. Der Betreibungsbeamte entscheidet, auf welchem Weg die Betreibung fortzusetzen ist (SchKG 38 III).

Bevor wir die Betreibung auf Pfändung bzw. die Betreibung auf Konkurs etwas genauer anschauen, fassen wir hier die bisher besprochenen Schritte nochmals zusammen.

Überblick über das Einleitungsverfahren

Gilt für Betreibung auf Pfändung **und** auf Konkurs; Abweichungen bei der Betreibung auf Pfandverwertung und bei der Wechselbetreibung.)

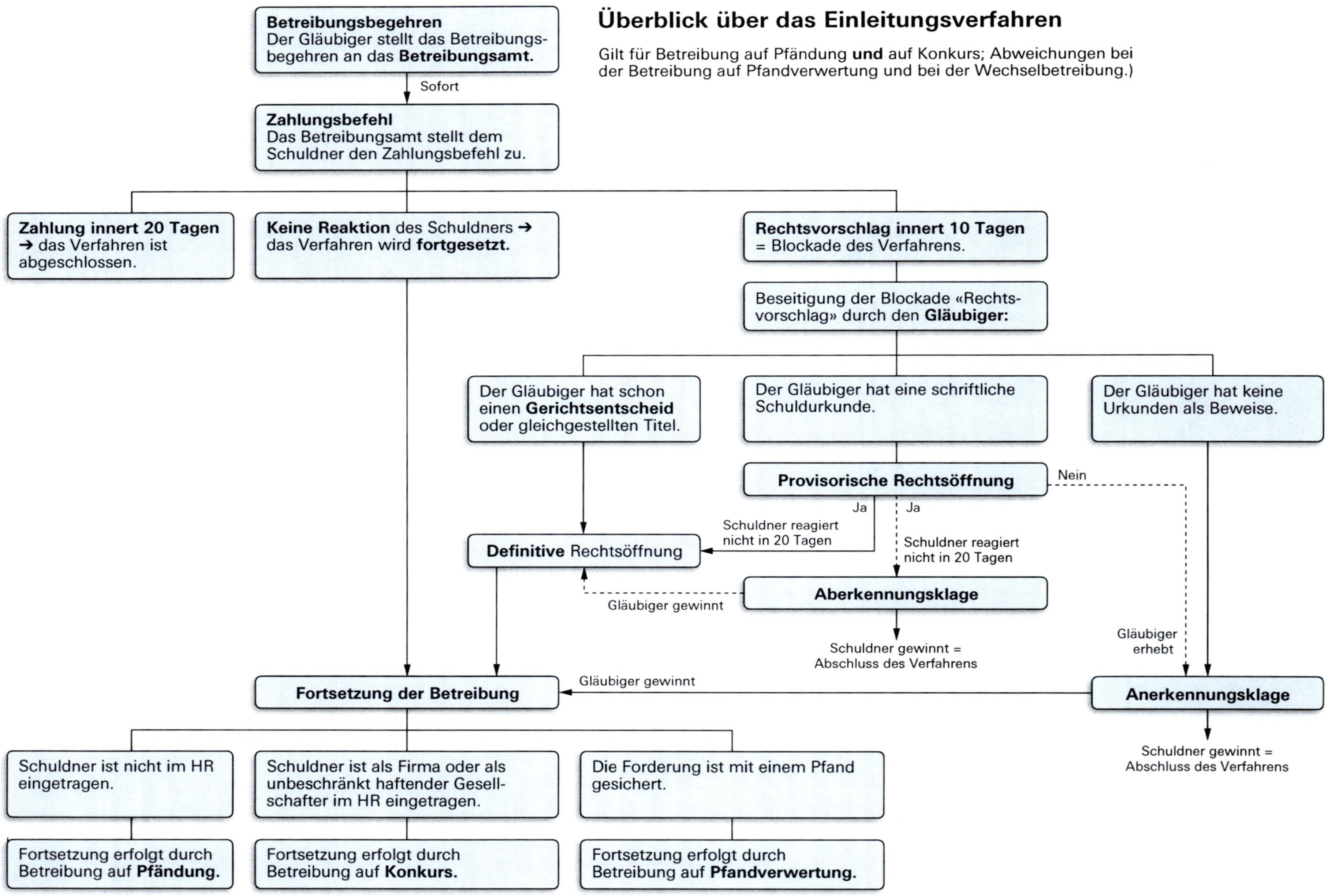

27.3 Die Fortsetzung der Betreibung auf Pfändung

Sobald der Gläubiger das **Fortsetzungsbegehren** gestellt hat, schreitet das **Betreibungsamt** zur Pfändung. Die Durchführung der Pfändung wird dem Schuldner mit der **Pfändungsankündigung** angezeigt.

27.3.1 Die Pfändung (= Mittelbeschaffung)

Pfänden heisst, Vermögenswerte beim Schuldner beschlagnahmen. Das Betreibungsamt pfändet nur so viele Vermögenswerte, wie zur Deckung der betriebenen Forderung, des Verzugszinses und der Betreibungskosten nötig sind (SchKG 97 II). Über die Pfändung und die gepfändeten Gegenstände stellt der Betreibungsbeamte eine Urkunde aus, die sogenannte **Pfändungsurkunde** (SchKG 112 I).

Darf der Betreibungsbeamte alles pfänden, was dem Schuldner gehört?

Die Antwort lautet **nein!** – Auch wenn das vorgefundene Vermögen nicht ausreicht, um die Forderung des Gläubigers zu befriedigen, muss das Betreibungsamt dem Schuldner so viel belassen, wie für das Überleben nötig ist.

- **Kompetenzgegenstände.** Gewisse Vermögensstücke sind **unpfändbar** (SchKG 92). Dazu gehören Gegenstände, die der Schuldner und seine Familie zum Leben unbedingt brauchen (Möbel, Kleider usw.), sowie Gegenstände, die der Schuldner zur Ausübung seines Berufs unbedingt braucht (Werkzeuge, Maschinen usw.).
- **Lohnforderungen.** Lohn des Schuldners kann nur beschränkt gepfändet werden (SchKG 93). Dem Schuldner ist in jedem Fall das **Existenzminimum** für sich und seine Familie zu belassen. Nur der darüber hinausgehende Betrag kann gepfändet werden. Das Betreibungsamt setzt das Existenzminimum des Schuldners aufgrund verbindlicher Richtlinien der kantonalen Aufsichtsbehörden fest. Lohnforderungen (und auch andere Geldforderungen) werden gepfändet, indem der Arbeitgeber angewiesen wird, den über das Existenzminimum hinausgehenden Betrag direkt an das Betreibungsamt zu bezahlen. Damit nicht ein Gläubiger den pfändbaren Lohn für unabsehbare Zeit für sich beanspruchen kann, ist die Dauer einer Lohnpfändung auf 1 Jahr beschränkt.

Hinweis

Existenzminimum

Die Höhe des betreibungsrechtlichen Existenzminimums variiert von Kanton zu Kanton, wird aber im Wesentlichen nach dem folgenden Konzept berechnet:

Grundbetrag

- Für Nahrung, Kleidung und Wäsche, einschliesslich deren Instandhaltung, Körper- und Gesundheitspflege, Unterhalt der Wohnungseinrichtung, Kulturelles sowie sämtliche Energiekosten (ohne Heizung).
- Höhe abhängig vom Familienstatuts (alleinstehend; verheiratet, alleinerziehend usw.)

Die Grundbeträge der Stadt Zürich als Beispiel (Stand 2010):

• Alleinstehende und nicht in Hausgemeinschaft lebende Person:	1 100.–
• In Hausgemeinschaft lebendes Ehepaar, eingetragenes Paar, Konkubinatspaar (für beide zusammen):	1 700.–
• Zuschlag für Kinder des Schuldners im gleichen Haushalt:	
– bis 10 Jahre	400.–
– 10 bis 18 Jahre (bzw. bis zum Abschluss der Erstausbildung)	600.–

plus Zuschläge

- für effektive Wohnungsmiete und Heizungskosten.
- Sozialbeiträge, soweit nicht bereits vom Lohn abgezogen. Das ist bei Arbeitnehmenden die obligatorische Krankenversicherung.
- Prämien der Hausratversicherung und der (Privat-)Haftpflichtversicherung.
- geschuldete und tatsächlich geleistete Unterhalts- und Unterstützungsbeiträge.
- Besondere Berufsauslagen, z. B. für Fahrten an den Arbeitsplatz und für auswärtige Verpflegung. Ein Auto wird nur berücksichtigt, wenn dieses Kompetenzcharakter hat.
- Bestehende Miet- oder Leasingverpflichtungen, solange sie geschuldet sind.
- Weitere notwendige Auslagen (z. B. für Sonderschulung der Kinder oder unmittelbar bevorstehende grössere und notwendige Arzt- oder Zahnarztauslagen usw.).

minus Abzüge

- Naturalbezüge (z. B. Kost- und Logis).
- Angemessene Haushaltsbeiträge von erwerbstätigen Kindern.

Die Pfändung von Liegenschaften

Werden Liegenschaften gepfändet, müssen die Mieter/Pächter die Zinsen an das Betreibungsamt bezahlen. Ausserdem erwirkt das Betreibungsamt eine Verfügungsbeschränkung im Grundbuch (ZGB 960 und VZG 15; VZG = Verordnung des Bundesgerichts über die Zwangsverwertung von Grundstücken).

Was gilt, wenn mehrere Gläubiger den Schuldner betreiben? – Anschlusspfändung.

Laufen gegen einen Schuldner mehrere Betreibungsverfahren wäre es ungerecht, wenn der ungeduldigste Gläubiger, der **zuerst** das Pfändungsbegehren gestellt hat, den geduldigeren Gläubigern die besten (und vielleicht einzigen) Vermögensstücke des Schuldners vor der Nase wegschnappen und durch die Pfändung für sich allein beanspruchen könnte.

Aus diesem Grund bildet das SchKG sogenannte **Gläubigergruppen** (SchKG 110). Zu einer Gläubigergruppe gehören alle Gläubiger, die innert 30 Tagen seit der Pfändung für den ersten Gläubiger ein Fortsetzungsbegehren stellen. Diese Gläubiger sind alle am Erlös der Pfändung beteiligt (daher der Name Anschlusspfändung).

Normalerweise können nur Gläubiger die Anschlusspfändung verlangen, die schon das Einleitungsverfahren hinter sich haben **(= gewöhnliche Anschlusspfändung).** Das SchKG gibt aber einigen Personen die **privilegierte Anschlusspfändung.** Sie können innert 40 Tagen die Anschlusspfändung auch ohne vorherige Betreibung verlangen (SchKG 111). Privilegiert sind:

- der Ehegatte des Schuldners,
- die Kinder, Mündel oder Verbeiständeten des Schuldners für Forderungen aus dem elterlichen oder vormundschaftlichen Verhältnis,
- die mündigen Kinder und Grosskinder für Ersatzforderungen, die ihnen gemäss ZGB 334 für die Pflege des Schuldners im gemeinsamen Haushalt zustehen (Lidlohn).

27.3.2 Die Verwertung

Das Verwertungsbegehren des Gläubigers

Gepfändetes Sachvermögen (Schmuck, Aktien, Auto usw.) muss versilbert werden, bevor es an die Gläubiger einer Gläubigergruppe verteilt werden kann. Das geschieht in der Verwertungsphase der Betreibung. Eingeleitet wird sie durch das **Verwertungsbegehren** des Gläubigers an das Betreibungsamt. Der Gläubiger kann es stellen, wenn die **Fristen** von SchKG 116 eingehalten sind.

Dem Schuldner wird das Verwertungsbegehren innert 3 Tagen mitgeteilt. Das bedeutet, dass die **Verwertung** bevorsteht. Falls der Schuldner ernsthafte Gründe geltend machen kann, erhält er **Aufschub** und damit die Chance, die Verwertung zu verhindern, indem er seine Schulden in Raten abzahlt (SchKG 123).

Die Durchführung der Verwertung

Gewöhnlich wird das gepfändete Gut **öffentlich versteigert** (SchKG 125). Wenn es erfolgversprechender ist, kann das Betreibungsamt aber auch einen **freihändigen** Verkauf vornehmen (SchKG 130).

Die Verteilung des Verwertungserlöses

Zuerst werden vom Erlös die Kosten für die Verwertung gedeckt. Aus dem verbleibenden Reinerlös werden die Gläubiger der beteiligten Gläubigergruppe befriedigt (SchKG 144).

Der Verwertungserlös reicht in den seltensten Fällen aus. Das heisst: Es können nicht alle Gläubiger einer Gläubigergruppe befriedigt werden. Deshalb muss der Betreibungsbeamte eine Rangordnung der Gläubiger aufstellen (= **Kollokationsplan,** SchKG 146; vgl. S. 251).

Der Pfändungsverlustschein

Für den ungedeckten Forderungsbetrag erhalten die Gläubiger einen **Verlustschein.** Dieser bestätigt, für welchen Betrag sie in einem Betreibungsverfahren zu Verlust gekommen sind. Der Verlustschein hat verschiedene Wirkungen und erleichtert den zu Verlust gekommenen Gläubigern eine zukünftige Zwangsvollstreckung für den Fall, dass der Schuldner sich finanziell wieder erholt (SchKG 149 ff.).

Der Pfändungsverlustschein hat folgende Wirkungen:

- Gläubiger kann innert **6 Monaten direkt ein Fortsetzungsbegehren** gegen den Schuldner richten und damit eine weitere Zwangsvollstreckungsrunde ohne Einleitungsverfahren durchführen.
- Nach Ablauf der 6 Monate muss er zwar die Betreibung neu einleiten, der Verlustschein ist aber immerhin ein **provisorischer Rechtsöffnungstitel.**
- Die Forderung im **Verlustschein ist unverzinslich!**
- Die Forderung im Verlustschein **verjährt erst nach 20 Jahren.** Stirbt der Schuldner, tritt die Verjährung gegenüber den Erben innert einem Jahr nach dem Tod ein.

Hinweis

Verjährung von Verlustscheinen, die vor dem 1. Januar 1997 ausgestellt wurden

Die Verjährungsfrist von 20 Jahren für Pfändungsverlustscheine gilt erst seit dem 1. Januar 1997. Zuvor waren Pfändungsverlustscheine unverjährbar. Für solche Verlustscheine begann am 1. Januar 1997 die neue 20-jährige Frist zu laufen. Die darin verurkundeten Forderungen sind am 1.1.2017 verjährt.

Die Fortsetzung der Betreibung auf Pfändung

Wenn der Schuldner nicht im Handelsregister eingetragen ist, erfolgt das weitere Verfahren auf dem Wege der Betreibung auf Pfändung. Nach erfolgreichem Abschluss des Einleitungsverfahrens treibt der Gläubiger das Verfahren voran, indem er das Fortsetzungsbegehren stellt.

Mittelbeschaffungsphase

Fortsetzungsbegehren (SchKG 88) des Gläubigers an das **Betreibungsamt;** es muss spätestens innert Jahresfrist seit Zustellung des Zahlungsbefehls erfolgen; sonst muss der Gläubiger mit der Betreibung wieder von vorne anfangen.

↓

Nach Erhalt des Fortsetzungsbegehrens stellt das Betreibungsamt dem Schuldner die **Pfändungsankündigung** (SchKG 90) zu. Er erfährt den Zeitpunkt der Pfändung und muss anwesend sein oder einen Stellvertreter senden.

↓

Durchführung der Pfändung (SchKG 92 ff.) unverzüglich nach Eingang des Fortsetzungsbegehrens. Pfändung bedeutet: Beschlagnahme von Vermögenswerten des Schuldners durch die Betreibungsbehörde; der Schuldner verliert das Verfügungsrecht über die gepfändeten Gegenstände. Nach dem Prinzip der Spezialexekution pfändet der Betreibungsbeamte höchstens so viele Gegenstände, wie zur Deckung der Schuld samt Zinsen und Betreibungskosten nötig sind.

Unpfändbar sind (SchKG 92):

- **Kompetenzstücke** = für den Schuldner zum Leben unentbehrlich (z. B. Kleider, Tisch, Stuhl, Bett usw.)
- **Werkzeuge, Geräte, Instrumente** zur Ausübung des Berufes

Beschränkt pfändbar sind Lohnguthaben während 1 Jahres, soweit es den Existenzbedarf überschreitet (SchKG 93).

Lohnpfändung ist heute **begehrter** als Sachpfändung, da sie bequemer und ergiebiger ist.

Über den Vollzug der Pfändung stellt das Betreibungsamt ein Protokoll auf, die **Pfändungsurkunde.** Darin sind alle gepfändeten Gegenstände und deren Schätzwert aufgeführt.

Fruchtlose Pfändung. Falls ein Schuldner kein pfändbares Vermögen hat, gilt die Pfändungsurkunde automatisch als Verlustschein.

↓

Resultat: Das laufende Betreibungsverfahren ist abgschlossen.

Erfolgreiche Pfändung. Beim Schuldner können Vermögensgegenstände gepfändet werden.

Anschlusspfändung wenn weitere Gläubiger innert 30 Tagen das Pfändungsbegehren stellen. Sie alle bilden eine gleichberechtigte Gläubigergruppe (privilegierte Anschlusspfändung ohne Betreibung für Ehegatten, Kinder und Mündel innert 40 Tagen).

Verwertungsphase

Nach Abschluss der Mittelbeschaffungsphase treibt der Gläubiger das Betreibungsverfahren mit dem **Verwertungsbegehren** (SchKG 116) voran. Er kann dieses

- bei beweglichen Vermögensstücken und Forderungen frühestens 1 Monat und spätestens 1 Jahr nach der Pfändung,
- bei Grundstücken frühestens 6 Monate und spätestens 2 Jahre nach der Pfändung beim Betreibungsamt stellen,
- bei Lohnforderungen spätestens 15 Monate nach der Pfändung.

Wartet er länger, erlischt die Betreibung.

Der Schuldner kann **Aufschub der Verwertung** (SchKG 123) verlangen und damit die Versteigerung seiner Vermögensgegenstände verhindern. Das Betreibungsamt gewährt Aufschub, wenn folgende Voraussetzungen erfüllt sind (Art. 123 SchKG): Glaubhaftmachung der Möglichkeit, die Schuld ratenweise tilgen zu können, – Zusicherung regelmässiger und angemessener Abschlagszahlungen, – Leistung der ersten Rate.

Die Verwertung wird um höchstens 12 Monate aufgeschoben.

Verwertung der gepfändeten Vermögensstücke durch das Betreibungsamt (SchKG 122–130). Spätestens 2 Monate nach Eingang des Verwertungsbegehrens wird das gepfändete Gut versilbert – meistens durch Versteigerung. Nur bei Waren mit Börsen- oder Marktpreisen ist der freihändige Kauf erlaubt.

Verteilung des Verwertungserlöses (SchKG 144). Nach Abzug der Betreibungskosten wird der Erlös der Verwertung an die betreibenden Gläubiger verteilt.

Verteilung ergibt volle Deckung der Forderungen: Das Betreibungsverfahren hat seinen Zweck erreicht – die Schulden sind bezahlt.

Verteilung ergibt keine volle Deckung der Gläubiger (SchKG 149): Es wird ein Verteilungsplan (Kollokationsplan) aufgestellt.

Pfändungsverlustschein für den Ausfall unverzinslich, Verjährung gegenüber dem Schuldner nach 20 Jahren.

Während 6 Monaten kann der Gläubiger gegen den Schuldner ein neues Fortsetzungsbegehren stellen (ohne Einleitungsverfahren). Später muss er wieder ganz vorne anfangen, wobei der Verlustschein als Schuldanerkennung gilt und zur provisorischen Rechtsöffnung berechtigt.

27.4 Die Betreibung auf Pfandverwertung

Die Betreibung auf Pfandverwertung kommt in 2 Fällen zum Zug:

- **für pfandgesicherte Forderungen.** Dient ein beweglicher Gegenstand als Pfand, spricht man von einem **Faustpfand,** dient ein Grundstück als Pfand, von einem **Grundpfand;**
- für Gegenstände, die vom Gläubiger aufgrund des **Retentionsrechts** zur Sicherung einer Forderung beschlagnahmt worden sind;

27.4.1 Das Einleitungsverfahren

Auch die Betreibung auf Pfandverwertung beginnt mit dem **Einleitungsverfahren.** Der Pfandgläubiger richtet das Betreibungsbegehren an das **örtlich zuständige** Betreibungsamt. Wo sich dieses befindet, wissen Sie aus der letzten Lerneinheit:

- für **faustpfandgesicherte Forderungen** nach Wahl des Gläubigers am Wohnort des Schuldners oder am Ort, wo sich die Pfandsache befindet;
- für **grundpfandgesicherte Forderungen** ausschliesslich am Ort, wo sich das Grundstück befindet (SchKG 51).

A] Betreibungsbegehren

Das **Betreibungsbegehren** enthält die gleichen Angaben wie das «gewöhnliche» Betreibungsbegehren (SchKG 67); zusätzlich muss es aber weitere Angaben (SchKG 151) enthalten:

Abb. [27-6] **Inhalt des Betreibungsbegehrens auf Pfandverwertung (Überblick)**

1. Name und Wohnsitz des Gläubigers (und allenfalls seines Vertreters).
2. Name und Wohnsitz des Schuldners (und allenfalls seines Vertreters).
3. Höhe der Forderung und allenfalls geforderte Zinsen.
4. Bezeichnung der Forderungsurkunde.
5. **Bezeichnung des Pfandgegenstands und des Orts, an dem sich dieser befindet.**
6. **Angabe des Pfandeigentümers, sofern das Pfand einer Drittperson gehört.**
7. **Bei Grundpfändern die Angabe einer allfälligen Verwendung als Familienwohnung.**
8. Datum und Unterschrift des Gläubigers.

Gewöhnlicher Inhalt — Zusätzlicher Inhalt

Erläuterungen zum zusätzlichen Inhalt:

Bezeichnung des Pfandgegenstands und des Orts, an dem sich dieser befindet. Ohne Bezeichnung des **Pfandgegenstands** würde das Betreibungsamt nicht erfahren, dass es um eine Betreibung auf Pfandverwertung geht. Und der **Ort** muss bekannt sein, weil davon die Zuständigkeit des Betreibungsamts abhängt.

Übrigens: Der Schuldner hat einen Anspruch darauf, dass eine pfandgesicherte Forderung als Betreibung auf Pfandverwertung abgewickelt wird. Will der Gläubiger für eine pfandgesicherte Forderung eine Betreibung auf Konkurs oder Pfändung durchführen, dann kann sich der Schuldner mit Beschwerde an die Aufsichtsbehörde gegen den betreffenden Zahlungsbefehl zur Wehr setzen (SchKG 41 I^{bis}). Gegen den Willen des Schuldners kann der Gläubiger nur in einem Fall die Betreibungsart auswählen; dann nämlich, wenn er bloss rückständige Zinsen eintreiben will und nicht die ganze gesicherte Forderung. Hier kann er die Betreibung auf Pfändung/Konkurs einleiten oder die Betreibung auf Pfandverwertung.

Angabe des Pfandeigentümers, sofern das Pfand einem Dritten gehört (Drittpfandeigentümer). Nicht immer ist der Schuldner der pfandgesicherten Forderung auch gleichzeitig Eigentümer des Pfands. Es ist durchaus möglich, dass ein Dritter ein Pfand zur Verfügung stellt, um eine (aus seiner Sicht fremde) Forderung abzusichern. Allerdings nimmt der Dritte dann das Risiko auf sich, dass sein Pfandgegenstand verwertet wird, wenn der Schuldner nicht bezahlt. Daraus erklärt sich auch, weshalb der Drittpfandeigentümer auf dem Betreibungsbegehren erwähnt werden muss. Das Betreibungsamt wird ihm nämlich einen Zahlungsbefehl zustellen, damit er über die bevorstehende Verwertung informiert ist. Er hat dann immer noch die Möglichkeit, anstelle des Schuldners die Forderung zu begleichen und so die Verwertung seines Eigentums zu verhindern.

Beispiel

- Tobias Schnell hat vor einigen Jahren ein eigenes Unternehmen gegründet. Um seine Kapazitäten ausweiten zu können, benötigt er zusätzliches Kapital. Seine Bank gewährt den Kredit zu vertretbaren Konditionen nur gegen eine Sicherheit. Andreas Schnell, der Vater von Tobias, ist bereit, eine ihm gehörende Liegenschaft als Grundpfand zu stellen. Er wird so zum Drittpfandeigentümer. Sofern Tobias Schnell den Kredit nicht bedient, kann die Bank mit der Betreibung auf Pfandverwertung die Verwertung des Grundstücks verlangen. Der Drittpfandeigentümer Andreas Schnell kann dies verhindern, wenn er die betriebene Schuld selbst bezahlt. Die Forderung der Bank geht dann auf ihn über, sodass er einen Anspruch auf Zahlung gegen seinen Sohn hat.
- Zu einer ähnlichen Konstellation kann es bei Neu- und Umbauten kommen, die ein Generalunternehmer ausführt. Zahlt dieser die Baurechnungen für bereits verkaufte Liegenschaften nicht, können die Bauhandwerker für ihre Forderungen ein Bauhandwerkerpfandrecht durchsetzen. Der Eigentümer des Grundstücks muss dann bezahlen, weil er sonst die Verwertung seines Grundstücks riskiert. Bezahlt er, dann hat er zwar einen Anspruch auf Rückerstattung gegenüber dem Generalunternehmer, der ja der eigentliche Schuldner ist; dieser wird aber regelmässig zahlungsunfähig sein.
- Ein ähnliches Resultat ergibt sich beim (öffentlich-rechtlichen) Pfandrecht für Grundstückgewinnsteuern. Geschuldet werden diese ja auch vom Verkäufer und nicht vom Käufer der Liegenschaft. Pfandbelastet wird aber die Liegenschaft des Käufers.

Die Angabe einer allfälligen Verwendung eines Grundpfands als Familienwohnung des Schuldners oder des Drittpfandeigentümers. Das Eherecht sieht vor, dass Eheleute nur gemeinsam über die Familienwohnung verfügen können (ZGB 169). Dieser Grundsatz gilt auch im Zwangsvollstreckungsrecht. Denn die Verwertung des Grundpfands bedeutet Verlust des Eigentums und damit Verlust der Familienwohnung. Aus diesem Grund wird der Ehepartner des Schuldners bzw. des Drittpfandeigentümers in das Betreibungsverfahren hineingezogen, wenn die Liegenschaft als Familienwohnung dient. Der betroffene Ehepartner erhält wie der Drittpfandgläubiger eine Kopie des Zahlungsbefehls, und er kann sich selbstständig gegen den drohenden Verlust der Familienwohnung zur Wehr setzen. Beachten Sie: Das soeben Gesagte gilt nur, wenn das Grundpfand als Familienwohnung des Schuldners bzw. des Drittpfandeigentümers dient.

B] Der Zahlungsbefehl

Nach Eingang des Betreibungsbegehrens stellt das Betreibungsamt den Zahlungsbefehl zu, wobei es zuerst prüft, ob für den betreffenden Schuldner eine Schonfrist (Betreibungsferien oder Rechtsstillstand) gilt. Die Zustellung erfolgt dann wie bei der Betreibung auf Pfändung (SchKG 64 ff.).

Abgesehen vom Schuldner der Forderungen erhalten auch ein allfälliger Drittpfandeigentümer und bei Verwendung des Pfandgrundstücks als Familienwohnung der betreffende Ehegatte einen Zahlungsbefehl zugestellt; diese können sich als Mitbetriebene wie der Schuldner selbst gegen die Betreibung zur Wehr setzen (SchKG 153 II).

Der Inhalt des Zahlungsbefehls ist auf die besonderen Gegebenheiten der Betreibung auf Pfandverwertung zugeschnitten:

- Länger ist die «letzte Zahlungsfrist». Statt 20 Tage beträgt sie bei der Betreibung auf Verwertung eines Faustpfands 1 Monat und bei derjenigen auf Verwertung eines Grundpfands sogar 6 Monate (SchKG 152 I Ziff. 1).
- Ausserdem enthält der Zahlungsbefehl die Androhung, dass das Pfand verwertet wird, wenn die Schuld nicht bezahlt oder innert 10 Tagen kein Rechtsvorschlag erhoben wird.

Abb. [27-7] Die Einleitung der Betreibung auf Pfandverwertung

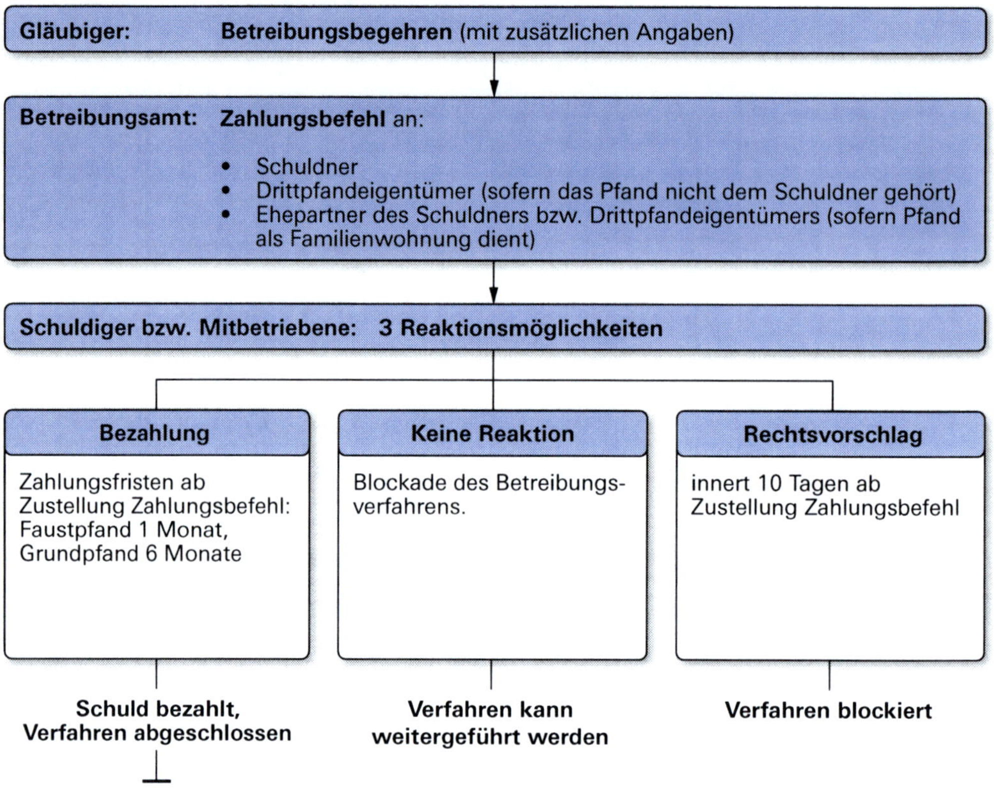

Die Zinssperre für Miet- und Pachtzinsen auf der Pfandliegenschaft

Der Gläubiger einer grundpfandgesicherten Forderung kann mit dem Betreibungsbegehren verlangen, dass die Pfandhaft auf die Miet-/Pachtzinsen ausgedehnt wird (vgl. ZGB 806). Tut er das, ordnet das Betreibungsamt eine Zinssperre an. Diese besteht in der Anweisung an die Mieter/Pächter, die Zinsen fortan nur noch an das Betreibungsamt zu bezahlen. Gleichzeitig übernimmt das Betreibungsamt die Verwaltung der Liegenschaft (vgl. VZG 91 ff.; VZG = Verordnung des Bundesgerichts über die Zwangsverwertung von Grundstücken).

C] Der Rechtsvorschlag

Mit dem Rechtsvorschlag blockiert der Schuldner die Betreibung und zwingt den Gläubiger, seine Ansprüche zu belegen. Die bereits bekannten drei Wege sind möglich: **definitive Rechtsöffnung** oder **provisorische Rechtsöffnung** oder **Zivilprozess** (Anerkennungsprozess). Die Wahl des Weges hängt von den Dokumenten ab, mit denen der Gläubiger seine Forderung belegen kann.

Mit dem Rechtsvorschlag kann der Schuldner den Umfang, den Bestand oder die Betreibbarkeit der Forderung bestreiten und zusätzlich auch den Bestand des Pfandrechts. Ansonsten gelten für die Rechtsöffnung die gleichen Prinzipien wie bei der Betreibung auf Pfändung.

In die Betreibung auf Pfandverwertung sind unter Umständen neben dem Schuldner auch der **Drittpfandeigentümer** und der **Ehepartner** involviert. Der **Drittpfandeigentümer** ist involviert, weil er die Möglichkeit haben muss, sich gegen die Verwertung seines Eigentums zur Wehr zu setzen; der **Ehepartner,** wenn es sich um die Familienwohnung des Drittpfandeigentümers bzw. des Schuldners handelt. Dann kann er sich ebenfalls gegen die drohende Verwertung zur Wehr setzen. Eine Möglichkeit sich zur Wehr zu setzen ist, dass der Drittpfandeigentümer bzw. der betroffene Ehepartner (freiwillig) anstelle des Schuldners **bezahlt;** eine andere, dass sie **Rechtsvorschlag** erheben, wenn der Schuldner das selbst nicht tut.

Vormerkung einer Verfügungsbeschränkung im Grundbuch

Sobald der Zahlungsbefehl rechtskräftig geworden ist, kann der Pfandgläubiger verlangen, dass das Betreibungsamt eine Verfügungsbeschränkung im Grundbuch eintragen lässt (ZGB 960 und VZG 90).

27.4.2 Die Verwertung

Verwertungsbegehren

Im Unterschied zu den anderen Betreibungsarten braucht es bei der Betreibung auf Pfandverwertung keine Mittelbeschaffungsphase. Das Pfand ist ja bereits reserviert und kann jetzt einfach verwertet werden. Der zweite und letzte Schritt in der Betreibung auf Pfandverwertung ist daher die Verwertung. Der Gläubiger leitet sie ein, indem er das **Verwertungsbegehren** stellt. Das SchKG setzt ihm dabei, von der Zustellung des Zahlungsbefehls an den Schuldner an gerechnet, folgenden zeitlichen Rahmen:

- **faustpfandgesicherte** Forderungen frühestens 1 Monat, spätestens 1 Jahr;
- **grundpfandgesicherte** Forderungen frühestens 6 Monate, spätestens 2 Jahre.

Die Zeit für die Beseitigung des Rechtsvorschlags wird nicht mitgezählt (SchKG 154). Verpasste Höchstfrist bedeutet Erlöschen der laufenden Betreibung. Der Gläubiger muss ein neues Verfahren einleiten, wenn er zu seinem Geld kommen will. Die Verwertungsphase verläuft gleich wie bei der Betreibung auf Pfändung:

Ankündigung der bevorstehenden Verwertung

Nach Eingang des Verwertungsbegehrens kündigt das Betreibungsamt dem Schuldner die bevorstehende Pfandverwertung an (SchKG 155).

Zur Verwertung kommt es aber nicht sofort. Der Schuldner hat noch eine allerletzte «Gnadenfrist» von minimal 10 Tagen (bei Faustpfändern) und von minimal 1 Monat (bei Grundpfändern). Diese Zeit kann er wie bei der Betreibung auf Pfändung nutzen, um allenfalls einen **Verwertungsaufschub** zu erreichen (SchKG 123). Der Verwertungsaufschub ist die Erlaubnis des Betreibungsamts, eine betriebene Schuld innert längstens 12 Monaten ratenweise zu bezahlen.

Durchführung der Verwertung

Das Pfand wird entweder öffentlich **versteigert** oder **freihändig verkauft.** Das SchKG verweist dafür auf die Bestimmungen zur Verwertung bei der Betreibung auf Pfändung. Es gelten also die Bestimmungen von SchKG 122 ff. für bewegliche Sachen (Faustpfänder) und von SchKG 133 ff. für Grundstücke.

Hinweis

Deckungsprinzip

Hier wollen wir Sie noch auf das Deckungsprinzip aufmerksam machen, das bei der Verwertung von Pfandgegenständen immer gilt. Verlangt ein Gläubiger die Verwertung eines Gegenstands, der auch als Pfand für andere Forderungen haftet, dann darf dieser nur veräussert werden, wenn die im Rang vorangehenden Forderungen aus dem Kaufpreis befriedigt werden können (SchKG 126 I und 142a).

Was das genau heisst, lässt sich am einfachsten an einem **Beispiel** zeigen: Nehmen wir an, ein Grundstück sei mit drei Hypotheken belastet. Man spricht dann von der ersten, zweiten und dritten Hypothek und gibt damit den juristisch bedeutsamen Rang der Pfandhaftung an; die Forderung der ersten Hypothek wird nämlich aus dem Verwertungserlös zuerst befriedigt. Nur so weit der Verwertungserlös ausreicht, kommt auch die Forderung der zweiten Hypothek zum Zug und die dritte wiederum erst, wenn auch die zweite vollständig gedeckt ist (ZGB 817).

Kurz: Je höher der Rang der Hypothek ist, desto grösser ist das Risiko, dass das Pfand zur Absicherung der Forderung nicht ausreicht, was sich auch in den höheren Zinsen niederschlägt, die für eine zweite bzw. dritte Hypothek üblicherweise bezahlt werden müssen.

Und nun zum Deckungsprinzip: Verlangt z. B. der Gläubiger der dritten Hypothek die Verwertung, dann darf das Grundstück nur veräussert werden, wenn aus dem Verkauf die beiden vorangehenden Gläubiger vollständig befriedigt werden können. Unter diesem Preis darf das Betreibungsamt das Grundstück nicht verwerten. Verlangt dagegen der Gläubiger der zweiten Hypothek die Verwertung, dann muss der Preis im Minimum die erste Hypothek hergeben.

Verteilung

Ist das Pfand veräussert, werden aus dem Erlös zuerst die Kosten der Pfandverwertung gedeckt (SchKG 157 I). Den verbleibenden Reinerlös erhalten die Pfandgläubiger bis zur Höhe ihrer Forderungen einschliesslich der Zinsen und der Betreibungskosten (SchKG 157 II).

- Sichert ein Pfand nur eine Forderung, dann ist die Verteilung einfach – der Pfandgläubiger kann seine Forderung so weit wie möglich befriedigen, ein allfälliger Überschuss fällt an den Schuldner.
- Schwieriger wird es, wenn **mehrere Gläubiger** aus einem Pfand befriedigt werden müssen. Dann ist das Risiko gross, dass das Pfand nicht für eine vollständige Bezahlung der Schulden ausreicht. Nach welchem Schlüssel wird nun verteilt? – Die Antwort: Anders als man vielleicht annehmen würde, sitzen nicht alle Pfandgläubiger «im gleichen Boot». Das Pfandrecht stellt vielmehr eine strenge Reihenfolge der Verteilung auf. Ausschlaggebend ist der **zivilrechtliche Rang des Pfandrechts** (SchKG 157 III und 219 III); zuerst wird die pfandgesicherte Forderung im ersten Rang befriedigt, dann diejenige im zweiten, dann diejenige im dritten usw.

Der Pfandausfallschein

Betreibende Pfandgläubiger, die ganz oder teilweise zu Verlust kommen, erhalten einen **Pfandausfallschein.** Er ist eine blosse Bestätigung, zu welchem Betrag einem Gläubiger aus der Betreibung auf Pfandverwertung ein Verlust entstanden ist. Er hat also nicht die Bedeutung eines Verlustscheins; denn der betreffende Gläubiger kann immer noch mit einer Betreibung auf Pfändung/Konkurs auf das übrige Vermögen des Schuldners zugreifen. Erst wenn ihm auch dies keine volle Befriedigung bringt, kommt er definitiv zu Verlust, der dann in einem Pfändungs- oder Konkursverlustschein ausgewiesen wird. Trotzdem hat der Pfandausfallschein für den Gläubiger zwei positive Wirkungen:

- Er kann innert **einem Monat die Fortsetzung der Betreibung auf Pfändung/Konkurs** verlangen. Er muss das Einleitungsverfahren nicht noch einmal durchlaufen (SchKG 158 II), das hat er ja bereits in der Betreibung auf Pfandverwertung getan.
- Verpasst der Gläubiger die Monatsfrist, muss er zwar die Betreibung auf Pfändung/Konkurs neu einleiten. Immerhin gilt der Pfandausfallschein aber als **Schuldanerkennung.** Der Gläubiger hat also wenigstens einen **provisorischen Rechtsöffnungstitel,** mit dem er einen Rechtsvorschlag des Schuldners einfach beseitigen kann (SchKG 158 III).

Abb. [27-8] Betreibung auf Pfandverwertung nach Abschluss des Einleitungsverfahrens

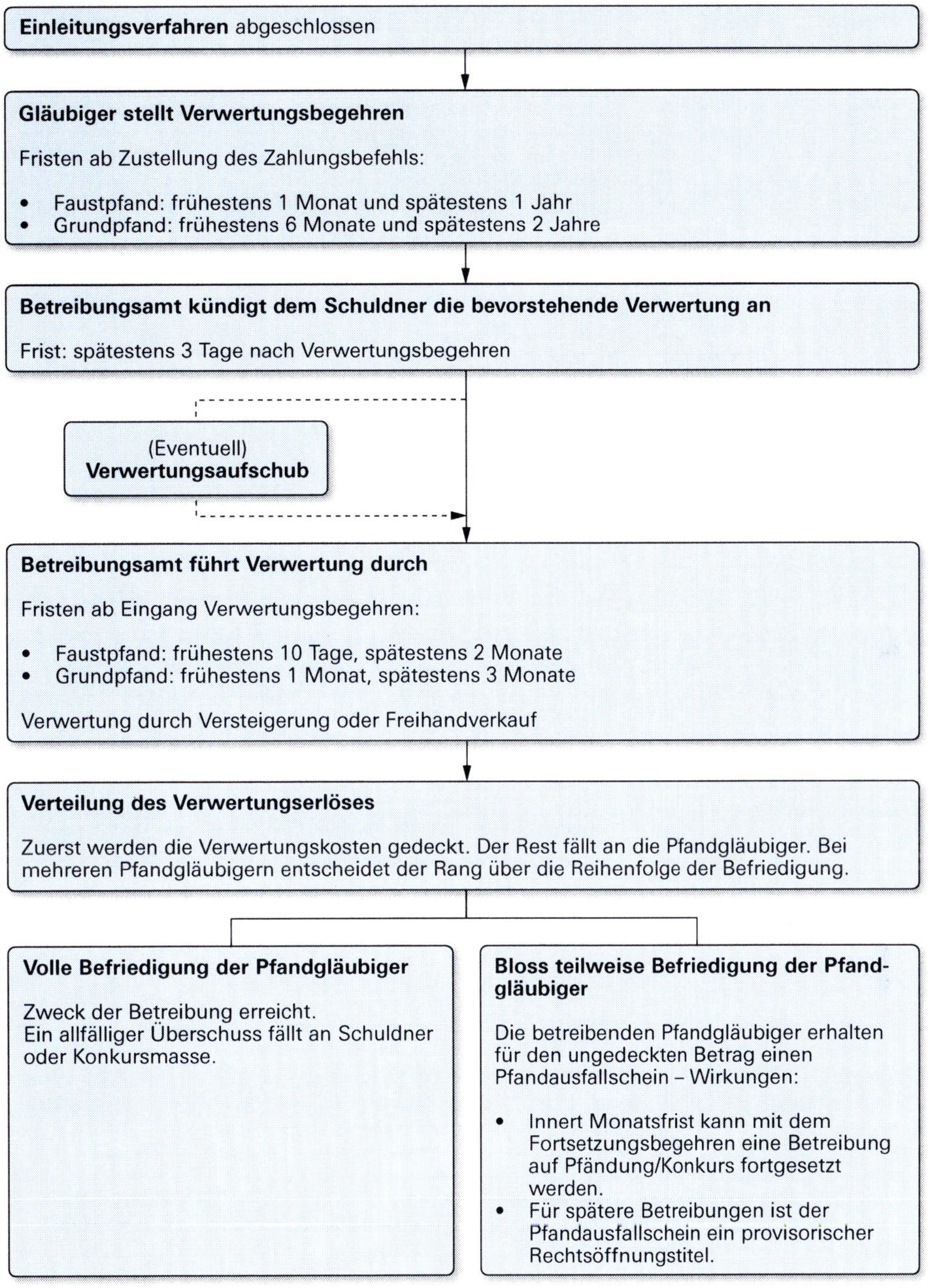

27.5 Der Konkurs

Halten wir zum Einstieg fest, was wir bereits zum Konkurs gesagt haben.

- Der **Konkurs ist Generalexekution.** Dem Schuldner wird das ganze verwertbare Vermögen weggenommen, um aus dem Erlös die Forderungen aller Gläubiger zu befriedigen. Am Konkurs sind also nicht nur betreibende Gläubiger beteiligt, sondern alle zusammen. Konkursfolge ist der wirtschaftliche Untergang des Schuldners und bei juristischen Personen auch das Ende ihrer Existenz (Löschung im Handelsregister).
- Zum **Konkurs führen vor allem zwei Wege:**
  - Entweder führt ein Gläubiger das Betreibungsverfahren durch oder

- ein Schuldner verlangt von sich aus die Konkurseröffnung, weil er zahlungsunfähig geworden ist. Überschuldete Unternehmen sind dazu verpflichtet (OR 725, 820). Privatpersonen können unter Umständen die Insolvenzerklärung abgeben (SchKG 190).

27.5.1 Die Konkurseröffnung durch den Konkursrichter

Wie kommt es bei der Betreibung auf Konkurs zur Konkurseröffnung? Nach Empfang des Fortsetzungsbegehrens stellt das Betreibungsamt dem Schuldner die **Konkursandrohung** zu. Darin erhält er eine letzte Zahlungsfrist von 20 Tagen und damit eine letzte Chance, die drohende Totalliquidation, den Verlust seiner wirtschaftlichen Existenz zu verhindern (SchKG 159 ff.). Nach unbenutztem Ablauf dieser Frist und spätestens innerhalb von 15 Monaten nach der Zustellung des Zahlungsbefehls kann der Gläubiger beim Konkursrichter das **Konkursbegehren** stellen (SchKG 166).

Was tut der Konkursrichter und was bewirkt die Konkurseröffnung? Vor dem Konkursgericht findet ein verkürztes Gerichtsverfahren statt, dessen Gegenstand die Eröffnung des Konkurses über den Schuldner ist. Wenn alle Voraussetzungen erfüllt sind, spricht der Richter die **Konkurseröffnung** aus, die im kantonalen Amtsblatt und im Schweizerischen Handelsamtsblatt **veröffentlicht** wird. Die Konkurseröffnung hat einschneidende Wirkungen:

- Der **Schuldner verliert** die **Verfügungsbefugnis** über sein ganzes **Vermögen.** Alles, was dem Schuldner zur Zeit der Konkurseröffnung gehört, und ein Teil von dem, was er bis zum Abschluss des Konkursverfahrens erwirbt (z. B. Schenkungen und Erbschaften), fällt in die **Konkursmasse** (SchKG 197). Damit diese nicht führungslos ist, muss jemand anstelle des Schuldners die Kontrolle übernehmen – zuerst das **Konkursamt** und später allenfalls eine von den Konkursgläubigern gewählte **Konkursverwaltung.**
  Im Konkurs wird nur das **Vermögen des Schuldners beschlagnahmt,** nicht aber sein Erwerbseinkommen. Gegenüber der Pfändung hat der Schuldner also einen gewichtigen Vorteil: Es gibt keine Lohnpfändung bis auf das Existenzminimum.
- **Alle Forderungen aller Gläubiger** werden automatisch fällig. Jeder Gläubiger kann und muss seine Ansprüche an die Konkursmasse anmelden (SchKG 208).

27.5.2 Das Konkursverfahren

Mit der Konkurseröffnung wird eine neue Behörde in die Konkursbetreibung eingeschaltet, das **Konkursamt.** Als Erstes nimmt dieses ein **Inventar** über das gesamte schuldnerische Vermögen auf und bestimmt so den vermutlichen Wert der Konkursmasse.

Zeigt sich, dass keine Vermögenswerte vorhanden sind, verfügt der Konkursrichter auf Antrag des Konkursamts die **Einstellung des Konkurses mangels Aktiven.** Bei der Einstellung des Konkurses mangels Aktiven müssen die Gläubiger ihre Forderungen vollkommen abschreiben und erhalten **keine Verlustscheine.** Auf Verlangen eines Gläubigers innert 10 Tagen wird das Konkursverfahren jedoch trotzdem durchgeführt, allerdings nur, wenn er einen erheblichen Kostenvorschuss leistet. Ist der Schuldner eine **natürliche Person,** kann zudem jeder Gläubiger **innert zwei Jahren eine Betreibung** auf Pfändung einleiten und so einen **Pfändungsverlustschein erstreiten** (SchKG 230).

Ist Vermögen vorhanden, wird das Konkursverfahren aufgenommen. Dabei gibt es zwei Varianten, eine einfache – das **summarische Konkursverfahren** – und eine komplizierte – das **ordentliche Konkursverfahren** (SchKG 231 ff.). Zum summarischen Konkursverfahren kommt es, wenn es um kleinere Konkurse mit kleineren Beträgen geht. Bei grossen Konkursen kommt es in der Regel zum ordentlichen Konkursverfahren, an dem die Gläubiger aktiv beteiligt sind. Da es fast immer um die Liquidation von Unternehmen geht, können Sie sich vorstellen, dass das Konkursverfahren ziemlich kompliziert sein kann. Aus diesem Grund wollen wir hier nicht in die Details einsteigen. Wichtig ist, dass Sie Folgendes wissen: Die Konkursverwaltung informiert alle bekannten Gläubiger und sie erlässt einen **öffentlichen Schuldenruf** (Handelsamtsblatt), um unbekannte Gläubiger zur Eingabe ihrer Ansprüche aufzufordern. Die Gläubiger müssen ihre **Ansprüche** beim Konkursamt oder bei der mit der Durchführung des Konkurses betrauten Konkursverwaltung **anmelden.** Sonst riskieren sie, **leer** auszugehen (SchKG 232 ff.).

27.5.3 Abschluss des Konkursverfahrens durch Ausschüttung der Konkursdividende

Die **Konkursdividende** ist der Erlös, den die Gläubiger aus dem Konkurs erzielen. Meistens ist sie viel geringer als die eigentliche Forderung. Deshalb müssen die vorhandenen Mittel auf die Gläubiger **verteilt** werden. Die Verteilung geschieht aufgrund des Kollokationsplans, der eine genaue Rangordnung der Gläubiger aufstellt (SchKG 219).

Abb. [27-9] Der Kollokationsplan

Rangordnung der Gläubiger (Kollokationsplan)

Forderungen 1. Klasse werden zuerst befriedigt …

- Unterhaltsforderungen (Kinder und Ehepartner) für 6 Monate
- Lohnforderungen von Arbeitnehmern für 6 Monate, gemäss SchKG 219 IV, aber nur, soweit sie den maximal versicherten UVG-Lohn nicht übersteigen (CHF 126 000 pro Jahr, Stand 2011)

Forderungen 2. Klasse … was übrig bleibt …

- Forderungen von Kindern wegen des überlassenen Vermögens (ZGB 318)
- Forderungen von Sozialversicherungen
- Mehrwertsteuerforderungen der Steuerbehörden

Forderungen 3. Klasse … was übrig bleibt.

Alle übrigen Forderungen

Gläubiger, die in einem Konkurs zu Verlust kommen, erhalten einen **Konkursverlustschein,** wenn der Konkursschuldner eine **natürliche Person** ist. Im Vergleich zum Pfändungsverlustschein hat der Konkursverlustschein einen schweren Nachteil für den Gläubiger. Der Gläubiger kann eine **neue Betreibung** nur einleiten, wenn der Schuldner zu neuem **Vermögen** kommt (z. B. durch eine Erbschaft). Laufendes Einkommen kann nur beschlagnahmt werden, wenn der Schuldner «über seine Verhältnisse lebt» und alles ausgibt, um die Bildung neuen Vermögens zu verhindern (SchKG 265 II).

Der Konkursverlustschein hat folgende Wirkungen:

- Der Verlustschein ist ein **provisorischer Rechtsöffnungstitel** (sofern der Schuldner die Forderung im Konkursverfahren anerkannt hat).
- Die Forderung im **Verlustschein ist unverzinslich!**
- Die Forderung im Konkursverlustschein **verjährt erst nach 20 Jahren.**

Konkursite juristische Personen wie **AGs** und **GmbHs** werden nach Abschluss des Konkursverfahrens endgültig **aufgelöst** und aus dem Handelsregister gelöscht. Es gibt niemanden, den man später nochmals betreiben könnte. Deshalb erhalten Gläubiger hier nur eine **Verlustbestätigung** (sogenannter Verlustausweis) und keinen Verlustschein.

Das Konkursverfahren

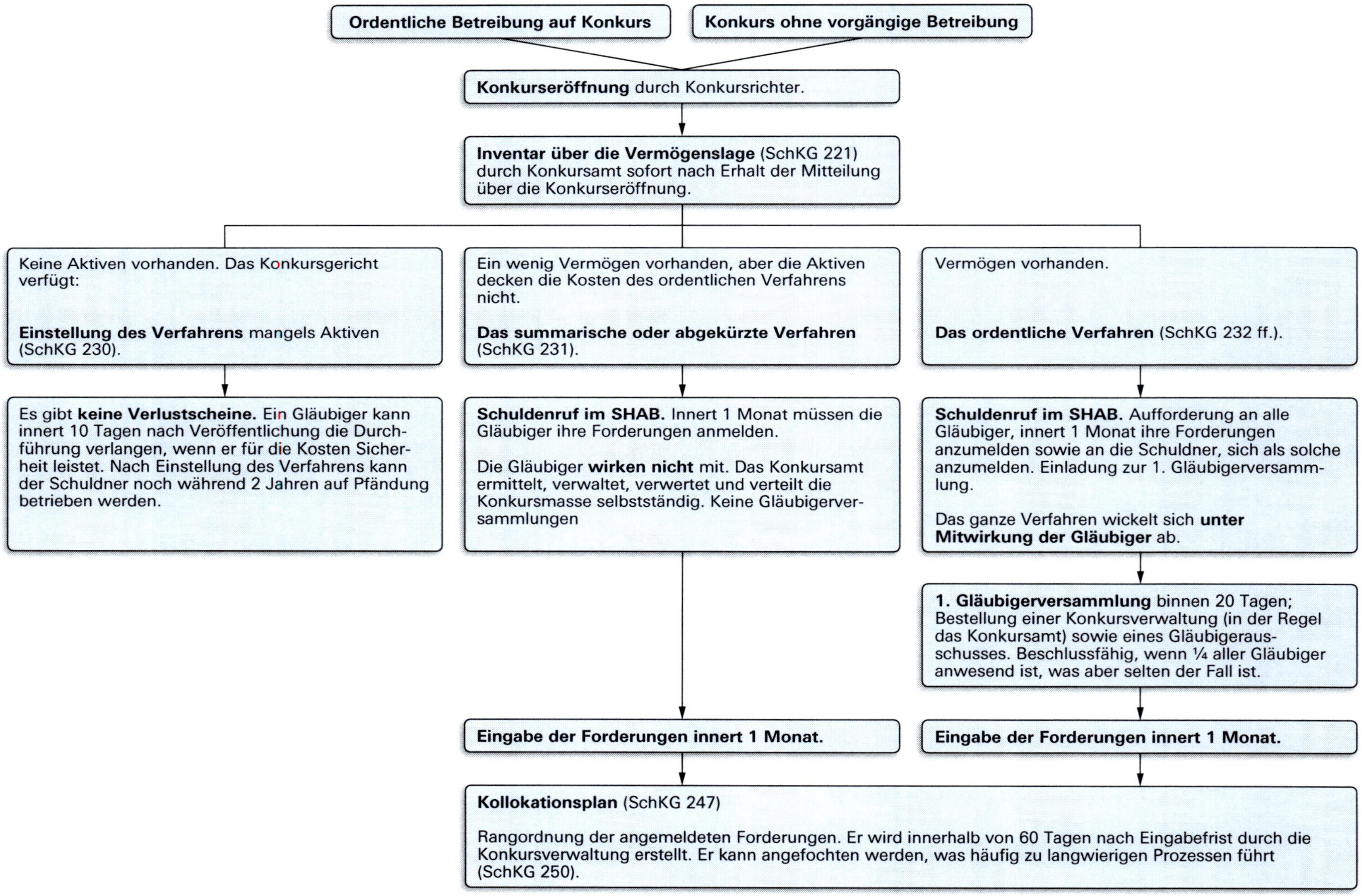

2. Gläubigerversammlung (SchKG 252) trifft Anordnungen über die Art der Veräusserung der Konkursmasse.

Verwertung (SchKG 256 ff.)

Die zur Konkursmasse gehörenden Aktien werden öffentlich versteigert oder freihändig verkauft.

Auflegung der Verteilungsliste (SchKG 263). Kann innert 10 Tagen angefochten werden.

Verteilung

Aus dem Verwertungserlös werden zuerst die Konkurskosten gedeckt; der Rest wird gemäss Kollokationsplan ausbezahlt.

- **Konkursdividende** = Prozentualer Anteil, den die Gläubiger von ihren Forderungen bezahlt erhalten.
- Für den Restbetrag (ungedeckt gebliebener Betrag) erhalten die Gläubiger einen **Verlustschein aus Konkurs** (SchKG 265). Dieser unterscheidet sich wesentlich vom Verlustschein aus Pfändung. Eine neue Betreibung kann nur angehoben werden, wenn der Schuldner nachweisbar zu neuem Vermögen gekommen ist.

Schluss des Verfahrens (SchKG 268)

wird vom Konkursrichter ausgesprochen aufgrund des Schlussberichts der Konkursverwaltung.

27.5.4 Nachlassvertrag und Privatkonkurs

Der Nachlassvertrag

Der Konkurs eines Unternehmens ist oft keine günstige Lösung für die Gläubiger. Konkurs bedeutet nämlich Liquidation des ganzen Unternehmens. Und erfahrungsgemäss sind die einzelnen Vermögenswerte eines Unternehmens wenig wert. Deshalb ist den Gläubigern mit der Sanierung einer an sich konkursiten Unternehmung unter Umständen besser gedient. Zudem können bei der Sanierung teilweise Arbeitsplätze erhalten werden. Ermöglicht wird dies durch den Nachlassvertrag, der den Konkurs verhindert, indem Gläubiger auf einen Teil ihrer Forderung verzichten (SchKG 305 ff.).

Nur in den seltensten Fällen wird es gelingen, alle Gläubiger für einen Nachlassvertrag zu gewinnen. Deshalb sieht das Gesetz vor, dass negativ eingestellte Gläubiger unter Umständen zu einem Nachlassvertrag gezwungen werden können. Dies geschieht im Nachlassverfahren. Der Schuldner muss ein Nachlassbegehren stellen. Daraufhin wird ein Sachwalter eingesetzt. Er führt das Unternehmen und hat die Aufgabe, Klarheit in die Vermögensverhältnisse zu bringen und einen **Entwurf des Nachlassvertrags** auszuarbeiten.

Für den Nachlassvertrag ist entscheidend, dass die Gläubiger der ersten und der zweiten Klasse voll befriedigt werden können. Gelingt das nicht, ist der Nachlassvertrag gescheitert. Gescheitert ist er auch, wenn die voraussichtliche Nachlassdividende für die **Drittklassgläubiger** nicht höher ist als die Konkursdividende. Die Gläubiger der dritten Klasse müssen dem Nachlassvertrag mehrheitlich zustimmen, denn sie verzichten ja auf einen Teil ihrer Forderungen (SchKG 305). Stimmt nicht die Mehrheit zu, ist der Nachlassvertrag ebenfalls gescheitert. Nimmt der Nachlassvertrag diese Hürde, muss er noch vom **Nachlassgericht** genehmigt werden. Dieses überprüft, ob sämtliche Voraussetzungen des Nachlassvertrags erfüllt sind (vollständige Befriedigung der Erst- und Zweitklassgläubiger; Zustimmung der Mehrheit aller Drittklassgläubiger, genügend hohe Dividende für die Drittklassgläubiger).

Der Privatkonkurs und die einvernehmliche private Schuldenbereinigung

Wann kann man Privatkonkurs erklären? Es kann vorkommen, dass eine Privatperson so viele Schulden hat, dass für sie der Privatkonkurs die einzige Lösung ist, um jemals wieder auf die Beine zu kommen. In solchen Fällen ist es finanziell gesehen sinnvoll, Privatkonkurs zu erklären (SchKG 191). Umgekehrt ist es natürlich nicht das Ziel des SchKG, dass Privatpersonen auf Kosten der Gläubiger über ihre Verhältnisse leben, mit der Absicht, von Zeit zu Zeit die Insolvenzerklärung abzugeben und so das Einkommen vor dem Zugriff der Gläubiger zu sichern. Es gibt zwei Barrieren:

- **Der Privatkonkurs ist nicht gratis!** – Wenn ein Schuldner die Insolvenzerklärung abgeben will, muss er für das Verfahren vor dem Konkursrichter und die Durchführung des Konkurses einen Kostenvorschuss von rund CHF 5 000.– leisten.
- Bevor der Konkursrichter den Privatkonkurs bewilligt, muss er überprüfen, ob tatsächlich keine Aussicht besteht, dass der Schuldner innert nützlicher Frist aus eigener Kraft seine Schulden abzahlen kann, indem er eben tatsächlich den Gürtel enger schnallt und empfindliche Einkommenseinbussen in Kauf nimmt. Das SchKG kennt dafür ein Instrument, die **einvernehmliche private Schuldenbereinigung.**

Wie läuft das Verfahren bei der einvernehmlichen privaten Schuldenbereinigung ab? Die einvernehmliche private Schuldenbereinigung ist der «Nachlassvertrag des kleinen Mannes» und verläuft ähnlich wie das Nachlassverfahren. Es wird ein Sachwalter bestellt, der gemeinsam mit dem Schuldner und den Gläubigern einen Bereinigungsvorschlag erarbeitet. Dieser ist – anders als beim Nachlassvertrag – **nur für die akzeptierenden Gläubiger verbindlich.** Scheitert die Schuldenbereinigung, weil die Gläubiger nicht bereit sind, auf einen Teil ihrer Ansprüche zu verzichten und den Nachlassvertrag zu unterschreiben, kann der Schuldner die Insolvenzerklärung abgeben (SchKG 191, 333 ff.).

27.6 Die Sicherungsmittel im Betreibungsrecht

Wenn ein Schuldner merkt, dass ihm nächstens das Vermögen gepfändet wird oder der Konkurs vor der Tür steht, ist die Versuchung natürlich gross, noch möglichst viele **Vermögenswerte auf die Seite zu schaffen,** um sie dem Zugriff der Gläubiger zu entziehen und sie vor der Verwertung zu bewahren. Zwar macht sich ein Schuldner dadurch **strafbar,** nur nützt das den Gläubigern nichts. Allein dadurch, dass der Schuldner vom Strafrichter (vielleicht) verurteilt wird, kommen sie noch nicht zu den vorenthaltenen Vermögensstücken.

Eine Möglichkeit ist, die sofortige **Konkurseröffnung ohne vorgängige Betreibung zu verlangen.** Zumindest drohende Vermögensverschiebungen können so verhindert werden. Denn mit der Konkurseröffnung wird ja ein Inventar aufgenommen und der Schuldner verliert die Verfügungsbefugnis über sein Vermögen.

Das SchKG bietet nun aber noch weitere, zum Teil griffigere Möglichkeiten, um eine ungerechtfertigte Vermögensverschiebung zum Voraus zu verhindern oder – falls schon geschehen – rückgängig zu machen; es handelt sich dabei um den **Arrest,** die Aufnahme eines **Güterverzeichnisses,** die **Sicherstellung von Miet- und Pachtzinsen** und die **Anfechtungsklage.**

Abb. [27-10] **Die Sicherungsmittel im Betreibungsrecht**

Zum **Rückgängigmachen** ungerechtfertigter Vermögensverschiebungen:	Zum **Verhindern** von ungerechtfertigten Vermögensverschiebungen:
Anfechtungsklage	Arrest • Güterverzeichnis • Sicherstellung von Miet- und Pachtzinsen (Retentionsrecht)

27.6.1 Der Arrest

Der Arrest ist ein Sicherungsmittel und hilft dem Gläubiger, seine Interessen zu wahren. Unter dem Begriff Arrest versteht das SchKG die unangekündigte, das heisst «überfallsartige amtliche Beschlagnahme» von Vermögen des Schuldners durch den Betreibungsbeamten. Die Beschlagnahme kann also auch mitten in der Nacht und an Feiertagen erfolgen.

Der Arrest ist nur zulässig, wenn einer der fünf in SchKG 271 genannten Arrestgründe besteht, d.h wenn die Gefahr besteht, dass der Schuldner nachher nicht mehr fassbar ist, wenn er Vermögensstücke beiseite schafft oder wenn der Gläubiger im Besitz eines Verlustscheins ist und Vermögen des Schuldners entdeckt.

Da die Beschlagnahme von Vermögensstücken einen massiven Eingriff ins Verfügungsrecht des Schuldners bedeutet, muss der «Arrestbefehl» von einem Arrestrichter ausgehen. Zudem muss der Gläubiger innert 10 Tagen nach erfolgtem Arrest betreibungsrechtliche Schritte einleiten oder Klage einreichen, sonst fällt der Arrest dahin. Der Gläubiger haftet für den aus einem ungerechtfertigten Arrest erwachsenen Schaden (SchKG 271 ff.).

Beispiel

Sinisa Di Miceli lebt, seit er denken kann, auf grossem Fuss. Schulden trüben ihm die Lebensfreude nicht. Di Micelis Gläubiger finden allerdings immer weniger Gefallen an dessen Lebenswandel. Auch Tunca Nega, die ehemalige Lebenspartnerin von Herrn Di Miceli, ist ein Opfer von Sinisas Redekünsten. Das Konkursamt hat ihr vergangene Woche einen Konkursverlustschein zugesandt, der einen ungedeckten Forderungsbetrag von Franken 80 000 bescheinigt. Frau Nega kontaktiert in der Verzweiflung das Inkassobüro Textor & Limon, das Hilfe verspricht. Inkassoprofi Boris Ruza nimmt sich des Falles an, macht sich kundig und erfährt per Zufall, dass auf dem Bodensee ein Motorboot liegt, das auf den Namen Sinisa Di Miceli registriert ist. Herr Ruza kennt seine «Kunden» und weiss, dass hier schnell gehandelt werden muss. Da ein Arrestgrund vorliegt, zögert er deshalb nicht, beim zuständigen Arrestrichter einen Arrestbefehl zu beantragen (SchKG 271 Ziff. 5). Er legt dem Arrestrichter Frau Negas Konkursverlustschein vor und macht glaubhaft, dass das zu verarrestierende Boot Herrn Di Miceli gehört (SchKG 272, 274 f.). Noch am gleichen Wochenende vollzieht der Betreibungsbeamte den Arrest und beschlagnahmt das Boot. Es wird aus dem Wasser genommen und in einer Werft eingestellt. Der Arrestrichter informiert danach Herrn Di Miceli über den vollzogenen Arrest und gibt ihm nachträglich rechtliches Gehör (Recht sich im Verfahren äußern zu können und mit seinen Einwendungen berücksichtigt zu werden), während das Inkassobüro Textor & Limon, sobald es im Besitz der Arresturkunde ist, gegen Schuldner Di Micelis die Betreibung einleitet (SchKG 278 f.).

27.6.2 Das Güterverzeichnis im Konkurs

- **Was ist ein Güterverzeichnis?** Durch den Pfändungsvollzug wird dem Schuldner bei der Betreibung auf Pfändung die freie Verfügung über sein Vermögen entzogen. Da die Konkursandrohung keine solchen Wirkungen hat, könnte der Schuldner ungehindert und zum Nachteil seiner Gläubiger über sein Vermögen verfügen; die Verfügungsbefugnis verliert er ja erst mit der Konkurseröffnung. Um ungerechtfertigte Verfügungen in der Zeit zwischen Konkursandrohung und Eröffnung zu verhindern, gibt es im Konkursverfahren eine besondere Sicherungsmassnahme: das Güterverzeichnis. Darin werden sämtliche Gegenstände und Vermögenswerte des Schuldners aufgenommen.
- **Wann und durch wen wird ein Güterverzeichnis aufgenommen?** Nicht in jedem Konkursfall wird ein Güterverzeichnis aufgenommen, sondern nur, wenn ein Gläubiger beim Konkursgericht ein entsprechendes Begehren stellt. Das Gericht wird dem Gesuch nur entsprechen, wenn die Aufnahme eines Güterverzeichnisses zum Schutz der Gläubigerrechte geboten erscheint; so etwa, wenn der Gläubiger glaubhaft macht, dass der Schuldner Vermögen verheimlicht oder die Flucht ergreifen will (SchKG 162). Wenn der Gläubiger diese oder ähnliche Gründe vorbringen kann, wird der Richter das zuständige Betreibungsamt anweisen, ein Güterverzeichnis aufzunehmen (SchKG 163). Es darf damit erst beginnen, wenn die Konkursandrohung zugestellt ist.
- **Wirkung des Güterverzeichnisses.** Durch die Aufnahme eines Güterverzeichnisses verliert der Schuldner das Verfügungsrecht über seine «Sachen» nicht. Er kann weiterhin über sie verfügen, ist aber bei Straffolge (StGB 169) verpflichtet, veräusserte Sachen zu ersetzen oder zumindest dafür zu sorgen, dass deren Gegenwert erhalten bleibt; er darf jedoch davon so viel verbrauchen, als nach dem Ermessen des Betreibungsbeamten zu seinem und seiner Familie Lebensunterhalt erforderlich ist (SchKG 164). Die Wirkung des Güterverzeichnisses erlöscht nach 4 Monaten (SchKG 165). Dies spielt jedoch keine Rolle, da die Gläubiger ja die Konkurseröffnung verlangen können. Ihre Rechte sind dann gesichert, weil der Schuldner mit der Konkurseröffnung das Verfügungsrecht über seine «Sachen» verliert.

27.6.3 Die Sicherung von Miet- und Pachtzinsen (Retentionsrecht)

Besondere Sicherungsmittel stehen dem Vermieter und dem Verpächter von **Geschäftsräumen** für seine Miet- bzw. Pachtzinsforderungen zu: Er hat ein **Retentionsrecht** an gewissen Gegenständen des Mieters/Pächters (SchKG 283–284).

Was versteht man unter dem Retentionsrecht?

Das Retentionsrecht gibt dem Vermieter (Verpächter) von Geschäftsräumen das Recht, für den geschuldeten Miet- bzw. Pachtzins Gegenstände des Schuldners zu beschlagnahmen und anschliessend nach den Regeln der Betreibung auf Pfandverwertung verwerten zu lassen (vgl. auch OR 268 ff. und 299c). Folgende Grundsätze sind dabei zu beachten:

- **Retinierbare Gegenstände.** Der Retention unterliegen nur bewegliche Gegenstände des Schuldners, die sich in den vermieteten (verpachteten) Räumen befinden und zugleich zur Einrichtung gehören.
- **Gesicherte Forderungen:** Der Vermieter (Verpächter) von Geschäftsräumen kann das Retentionsrecht nicht für alle Forderungen geltend machen, sondern nur: für maximal einen verfallenen Jahreszins und den laufenden Halbjahreszins (Vermieter) bzw. für einen verfallenen und den laufenden Jahreszins (Verpächter).

Wie ist bei der Retention vorzugehen?

Bezahlt der Mieter/Pächter die Miet-/Pachtzinsen nicht, so kann der Vermieter/Verpächter das Retentionsrecht geltend machen: Er verlangt beim Betreibungsamt die Aufnahme einer Retentionsurkunde (SchKG 283). Es spielt dabei keine Rolle, ob er schon eine Betreibung eingeleitet hat. In dringenden Fällen kann er sogar um die Hilfe der Polizei oder der Gemeindebehörde nachsuchen. Wurden Gegenstände heimlich oder gewaltsam fortgeschafft, so können sie in den ersten zehn Tagen nach ihrer Fortschaffung in die vermieteten/verpachteten Räumlichkeiten zurückgebracht werden (SchKG 284). Das Betreibungsamt erstellt ein Verzeichnis der dem Retentionsrecht unterliegenden Gegenstände. Retentionsurkunden werden auch während der Betreibungsferien und der Dauer eines Rechtsstillstands aufgenommen.

Was passiert mit den beschlagnahmten Gegenständen?

Der Vermieter (Verpächter), der eine Retentionsurkunde hat aufnehmen lassen, hat eine ähnliche Stellung wie der Gläubiger einer faustpfandgesicherten Forderung. Er kann die retinierten Gegenstände durch Betreibung auf Pfandverwertung verwerten lassen und seine Forderung daraus befriedigen. Das Betreibungsamt setzt dem Vermieter/Verpächter eine Frist, um die Betreibung einzuleiten. In dieser Zeit muss er also je nach Fall die Betreibung auf Pfandverwertung einleiten (Betreibungsbegehren) oder bei schon eingeleiteter Betreibung den nächsten Betreibungsschritt unternehmen.

Beachten Sie! Das Retentionsrecht des Vermieters/Verpächters gilt heute nur für Vermietung/Verpachtung von Geschäftsräumlichkeiten. **Wohnungseinrichtungen** können dagegen **nicht** retiniert werden.

27.6.4 Die Anfechtung

Die Anfechtung dient dazu, Vermögenswerte, die der Schuldner durch an sich zulässige Rechtsgeschäfte bereits entäussert hat, wieder für die Vollstreckung zurückzuschaffen. Die betreffenden Rechtsgeschäfte werden rückgängig gemacht.

Beispiel

Kurz vor der drohenden Betreibung verschenkt ein Schuldner seine Ferienhäuser seiner Frau. In der darauf folgenden Betreibung erhält der Gläubiger nur einen Verlustschein, da kein pfändbares Vermögen mehr vorhanden ist. Mit der Anfechtung kann er die Schenkung rückgängig machen, um die Ferienhäuser zur Vollstreckung seiner Forderung heranzuziehen.

Entsprechend ihrer Funktion wirkt sich die Anfechtung auf die angefochtenen Rechtsgeschäfte nur so weit aus, als es für die Vollstreckung der Forderung des anfechtenden Gläubigers nötig ist. Die Schenkung im vorherigen Beispiel wird also durch die Anfechtungsklage nur so weit rückgängig gemacht, als dies zur Tilgung der betriebenen Forderung samt Zinsen und Kosten notwendig ist. Im Übrigen verbleiben die Ferienhäuser Eigentum der Ehefrau und gehen nicht wieder an den Schuldner zurück.

Nicht alle Gläubiger können die Anfechtungsklage erheben. Berechtigt ist nur, wer bereits einen **Verlustschein** in der Tasche hat. Berechtigt ist auch die **Konkursverwaltung** (SchKG 285 II).

Es gibt drei Fälle von Anfechtung:

- **Die Schenkungsanfechtung (SchKG 286).** Anfechtbar sind mit Ausnahme üblicher Gelegenheitsgeschenke alle Schenkungen und unentgeltlichen Verfügungen, die der Schuldner **innerhalb des letzten Jahres** vor der Pfändung/Konkurseröffnung vorgenommen hat.
- **Die Überschuldungsanfechtung (SchKG 287).** Anfechtbar sind bestimmte Rechtshandlungen, mit denen der Schuldner trotz seiner bereits bestehenden Überschuldung einen

anderen Gläubiger durch Leistungen bevorzugt hat, zu denen er nicht verpflichtet gewesen wäre. Der anfechtende Gläubiger muss beweisen, dass der Schuldner schon im Zeitpunkt der fraglichen Handlung überschuldet gewesen war. Auch hier gilt die Schranke von 1 Jahr vor der Pfändung bzw. Konkurseröffnung. Eine anfechtbare Rechtshandlung liegt vor, wenn der Schuldner
- einem anderen Gläubiger für dessen Forderung nachträglich eine Sicherheit leistet (z. B. ein Pfand bestellt), obschon er dazu nicht verpflichtet gewesen war;
- die Forderung eines anderen Gläubigers mit einem unüblichen Zahlungsmittel tilgt (z. B. durch Übergabe einer Sache oder durch Schuldübernahme);
- die Forderung eines anderen Gläubigers zahlt, obschon sie noch nicht fällig ist.

- **Die Absichtsanfechtung (SchKG 288).** Anfechtbar sind Rechtshandlungen, welche der Schuldner innerhalb der letzten fünf Jahre vor der Pfändung oder Konkurseröffnung in der Absicht vorgenommen hat, seine Gläubiger zu benachteiligen oder einzelne Gläubiger zu begünstigen. Der Gläubiger muss nachweisen, dass die schädigende bzw. begünstigende Absicht für den Begünstigten erkennbar gewesen ist.

Für die Anfechtungsklage sind die ordentlichen Gerichte zuständig (SchKG 289). Die Klage richtet sich nicht gegen den Schuldner, sondern gegen den Begünstigten (z. B. den Beschenkten; SchKG 290). Ziel der Klage ist die Rückgabe des Vermögens des Schuldners, das der Begünstigte auf anfechtbare Weise erworben hat.

Zusammenfassung

Das SchKG kennt drei Arten von Betreibungen

Betreibung auf Pfändung	Betreibung auf Konkurs	Betreibung auf Pfandverwertung
Spezialexekution Es wird nur so viel Vermögen beschlagnahmt, wie zur Befriedigung des betreibenden Gläubigers nötig (SchKG 97 II).	**Generalexekution** Auch wenn nur ein Gläubiger betreibt, wird alles Vermögen beschlagnahmt. Daraus werden alle Gläubiger befriedigt (SchKG 197).	**Verwertung eines** bereits durch die Parteien reservierten Pfands (SchKG 151 ff.).
Anwendungsbereich • Alle **Privatpersonen** • Alle Schuldner für Steuerschulden, Bussen sowie Unterhaltsleistungen.	**Anwendungsbereich** • Im Handelsregister eingetragene **Unternehmen** • Im Handelsregister eingetragene Unternehmer (Kaufleute).	**Anwendungsbereich** • Pfandgesicherte Forderungen

Einleitung der Betreibung (vgl. Abb. S. 238)

Die Einleitungsphase verläuft bei allen Betreibungsarten im Wesentlichen gleich. Bei der Betreibung auf Pfandverwertung muss das Betreibungsbegehren zusätzliche Punkte umfassen und es gelten längere Fristen.

Fortsetzung der Betreibung auf Pfändung (vgl. Abb. S. 242)

Ist ein allfälliger Rechtsvorschlag des Schuldners beseitigt bzw. hat der Schuldner weder Rechtsvorschlag erhoben noch innert 20 Tagen bezahlt, kann der Gläubiger das **Fortsetzungsbegehren** stellen. Das Betreibungsamt schickt darauf dem Schuldner die Pfändungsankündigung und schreitet zur Pfändung. Unpfändbar sind die **Kompetenzgegenstände** (SchKG 92); beschränkt pfändbar ist der **Lohn,** und zwar bis zum **betreibungsrechtlichen Existenzminimum.**

Will der Gläubiger, dass die gepfändeten Gegenstände versilbert werden, muss er das **Verwertungsbegehren** stellen (Frist von SchKG 116). Erleidet der Gläubiger einen Ausfall, erhält er einen **Pfändungsverlustschein.**

Betreibung auf Pfandverwertung

Bei der Betreibung auf Pfandverwertung entfällt die Phase der Mittelbeschaffung. Der Gläubiger kann direkt die Verwertung des Pfandobjekts verlangen. Für allfällige Ausfälle erhalten die Pfandgläubiger einen **Pfandausfallschein.** Gestützt auf diesen können sie innert 6 Monaten die Fortsetzung der Betreibung auf Pfändung oder auf Konkurs (je nach Stellung des Forderungsgläubigers) verlangen.

Betreibung auf Konkurs (vgl. Abb. S. 249)

Untersteht ein Schuldner der **Konkursbetreibung,** nimmt das **Betreibungsverfahren** nach dem Fortsetzungsbegehren folgenden Verlauf: Das Betreibungsamt stellt dem Schuldner die **Konkursandrohung** mit einer letzten **Zahlungsfrist von 20 Tagen** zu. Nach unbenütztem Ablauf dieser Frist kann der Gläubiger das **Konkursbegehren** an den Konkursrichter stellen. Zur Konkurseröffnung kann es auch kommen, wenn ein Schuldner von sich aus das Konkursbegehren stellt (Konkurs ohne vorgängige Betreibung).

Sofern die Voraussetzungen erfüllt sind, eröffnet der Konkursrichter den Konkurs. Damit **verliert der Schuldner** die Verfügung über sein ganzes Vermögen (nicht aber über sein laufendes Einkommen). Sämtliche **Forderungen aller Gläubiger** werden fällig.

Zuständig für die Abwicklung des Konkurses ist zunächst das **Konkursamt.** Eventuell wählen die Gläubiger aber später eine andere **Konkursverwaltung.** Ihre Aufgabe: Liquidation der Konkursmasse, Auffinden der Gläubiger, Verteilung der Mittel auf die Gläubiger (gemäss der Rangordnung des Kollokationsplans). Gläubiger, die in einem Konkurs zu Verlust kommen, erhalten einen **Konkursverlustschein,** sofern der Schuldner eine natürliche Person ist.

Sicherungsmittel im Betreibungsrecht

Das SchKG sieht vier rechtliche Mittel vor, die verhindern sollen, dass der Schuldner Vermögenswerte dem Zugriff der Gläubiger entziehen kann; den **Arrest,** das **Güterverzeichnis im Konkurs,** das **Retentionsrecht** des Vermieters von Geschäftsräumen und die **Anfechtungsklage.**

Repetitionsfragen

96 Es gibt drei Betreibungsverfahren.

A] Welche sind es?

B] Erklären Sie die wesentlichen Unterschiede.

97 Wo muss betrieben werden?

98 Ein Schuldner hat einen Zahlungsbefehl erhalten. Was kann er innert welcher Frist tun, wenn er den Fortgang des Verfahrens stoppen möchte? (2 Möglichkeiten)

99 Der Schuldner hat Rechtsvorschlag erhoben. Der Gläubiger möchte diesen beseitigen.

A] Wann kann er definitive Rechtsöffnung verlangen?

B] Wann kann er provisorische Rechtsöffnung verlangen?

C] Wann muss er einen ordentlichen Prozess einleiten?

100 Nach erfolgreichem Abschluss des Einleitungsverfahrens muss der Gläubiger handeln.

A] Was heisst erfolgreicher Abschluss des Einleitungsverfahrens?

B] Was muss der Gläubiger tun?

C] An wen muss er sich wenden?

101 A] Was heisst pfänden?

B] Bestimmte Werte des Schuldners dürfen nicht gepfändet werden. Welche sind es?

102 Der Gläubiger hat mit einem Pfändungsverlustschein dreifachen Nutzen, der Schuldner immerhin einen. Welche sind es?

103 A] Wie verläuft ein Betreibungsverfahren auf Konkurs nach Eingang des Fortsetzungsbegehrens? (Drei Schritte)

B] Wie nennt man das schuldnerische Vermögen nach der Konkurseröffnung?

104 A] Was ist ein Kollokationsplan?

B] In welcher Reihenfolge werden die Gläubiger im Kollokationsplan eingeteilt?

105 A] Was versteht man unter einem Drittpfandeigentümer?

B] Unter welchen Voraussetzungen erhält er einen Zahlungsbefehl?

C] Wann erhält die Ehefrau des Schuldners/Drittpfandeigentümers einen Zahlungsbefehl?

106 Der Gläubiger G hat das Betreibungsbegehren für eine pfandgesicherte Forderung eingereicht. Er kann sich auf einen definitiven Rechtsöffnungstitel abstützen und rechnet deshalb nicht damit, dass der Schuldner S Rechtsvorschlag erhebt. Er fragt sich nun, bis wann er frühestens mit seinem Geld rechnen kann.

A] Variante 1: Der Gläubiger hat ein Faustpfand.

B] Variante 2: Der Gläubiger hat ein Grundpfand.

107 Was würden Sie in den folgenden Fällen als Gläubiger tun?

A] Blancpain wohnt in Frankreich, residiert aber zurzeit im Erstklasshotel «Schweizerhof». Der Hotelier befürchtet, dass Blancpain sich davonmachen will, ohne seine Rechnung zu bezahlen. Er weiss, dass Blancpain eine wertvolle Rolex-Uhr bei sich hat.

B] Müller merkt, dass es mit seinem Geschäft bergab geht. Der Konkurs steht kurz bevor. Deshalb lässt er sein Einfamilienhaus schnell auf seine Frau überschreiben.

C] Meier hat gegen die X-AG das Fortsetzungsbegehren gestellt. Er hat nun berechtigten Anlass zur Annahme, dass innerhalb der X-AG Vermögenswerte zu seinen Ungunsten verschoben werden.

Teil J Übungen

Übung macht den Meister

Theoriewissen allein garantiert noch nicht den Prüfungserfolg. Erst wer sein Wissen an konkreten Problemen angewendet hat, ist für die Prüfung gerüstet. Darum geht es in diesem Teil des Lehrmittels. Sie finden hier Übungen, denen Sie in ähnlicher Form auch an Ihrer Abschlussprüfung begegnen könnten. Die Übungen sind nach folgendem Raster aufgebaut:

- **Steckbrief der Übung.** Gleich unter dem Titel der Übung informieren wir Sie über die Übungsziele und verweisen Sie auf die Kapitel, in denen die Theorie besprochen wird.
- **Ausgangslage.** Sie schildert die Voraussetzungen, die für die Übung gelten.
- **Aufgaben.** Eine Übung umfasst in der Regel 2–5 Aufgaben.

Dozent/-innen, die dieses Buch im Unterricht einsetzen, können die Musterlösungen auf CD-ROM kostenlos bei uns beziehen (E-Mail an postfach@compendio.ch mit der Angabe des Buchs und der Schule, an der Sie unterrichten). Einzelpersonen, die im Selbststudium mit dem Buch arbeiten, verrechnen wir für die CD-ROM einen Unkostenbeitrag.

Nummer und Titel der Übung	Theorie
1 Autounfall Dällenbach	Kap. 2, S. 14, Kap. 3, S. 27
2 Druckerei Pulitzer I	Kap. 5, S. 40
3 Druckerei Pulitzer II	Kap. 5, S. 40, Kap. 24, S. 209
4 Instrumentenhändler Merian	Kap. 10, S. 88
5 Musikhaus Roten	Kap. 10, S. 88 bis Kap. 11, S. 99
6 Papierfabrik Matter & Cie	Kap. 5, S. 40, Kap. 8, S. 65 bis Kap.10, S. 88, Kap. 24, S. 209 bis Kap. 25, S. 216
7 Treuhand Meyer	Kap. 12, S. 112 bis Kap. 16, S. 131
8 Malermeistser Mahlstein	Kap. 2, S. 14, Kap. 5, S. 40, Kap. 6, S. 44, Kap. 7, S. 54, Kap. 13, S. 115, 18
9 Restaurant Weisses Kreuz	Kap. 2, S. 14, Kap. 17, S. 136 bis Kap. 20, S. 166
10 West-Garage	Kap. 10, S. 88, Kap. 18, S. 145, Kap. 21, S. 176 bis Kap. 23, S. 194
11 Bank Fides	Kap. 4, S. 33 bis Kap. 6, S. 44, Kap. 27, S. 230
12 Glas AG	Kap. 5, S. 40, Kap. 20, S. 166, Kap. 23, S. 194
13 Stoffhandel Frey	Kap. 11, S. 99, Kap. 23, S. 194, Kap. 25, S. 216, Kap. 27, S. 230
14 Software ISSAG	Kap. 5, S. 40, Kap. 6, S. 44, Kap. 11, S. 99, Kap. 23, S. 194, Kap. 25, S. 216
15 Bäckerei Zürcher	Kap. 4, S. 33, Kap. 6, S. 44, Kap. 18, S. 145, Kap. 20, S. 166, Kap. 27, S. 230
16 Oberstadtgass GmbH	Kap. 14, S. 123, Kap. 15, S. 129, Kap. 16, S. 131, Kap. 23, S. 194
17 E. Hegetschweiler AG	Kap. 4, S. 33, Kap. 8, S. 65, Kap. 9, S. 71, Kap. 11, S. 99, Kap. 24, S. 209

1 Autounfall Dällenbach

Übungsziele

Rechtsgebiete dem öffentlichen Recht und Privatrecht zuordnen, Unterschiede zwischen öffentlichem Recht und Privatrecht aufzeigen, Zivil-, Straf- und Verwaltungsverfahren einleiten und bei Unterliegen entsprechende Rechtsmittel ergreifen.

Theorie

Kap. S. 14, Kap. S. 27

Ausgangslage

Kurt Dällenbach geht nach der Arbeit gern ins Wirtshaus, um ein Feierabend-Bier zu trinken. Obwohl ihm seine Kollegen abraten, bestellt er oft noch ein zweites und drittes Bier. Immer öfter steigt er in seinen Wagen in angetrunkenem Zustand und fährt nach Hause. Gestern verlor er in einer Kurve die Kontrolle über sein Fahrzeug, geriet auf die andere Fahrspur, touchierte die ihn kreuzende Fahrradfahrerin Carola Zefi und verletzt diese schwer. Ein unmittelbar hinter Dällenbach fahrender Motorradlenker beobachtet den Unfall und rief die Ambulanz und Polizei. Frau Zefi liegt nun während Wochen im Spital und kann aufgrund der Verletzungen über ein halbes Jahr nicht mehr arbeiten.

Aufgaben

1 Welche Rechtsgebiete sind im vorliegenden Fall betroffen? Zählen Sie die betroffenen Rechtsgebiete auf und ordnen Sie diese dem öffentlichen Recht oder dem Privatrecht zu.

2 Was ist der Unterschied zwischen öffentlichem und privatem Recht?

3 Mit seiner Dummheit löst Kurt Dällenbach sicher zwei Verfahren aus und eventuell sogar ein Drittes. Nennen Sie diese drei möglichen Verfahren:

4 Herr Dällenbach wird wegen Fahren in angetrunkenem Zustand zu einer Geldstrafe von 8000 Franken verurteilt. Herr Dällenbach findet die Strafe zu hart und seinen Vermögensverhältnissen nicht angemessen. Er möchte das Urteil anfechten.

A] Wie weiss Herr Dällenbach, an welche Instanz er sich wenden muss und innert welcher Frist er sich gegen den Entscheid wehren kann?

B] Was verstehen Sie unter dem Begriff Rechtsmittel?

5 Mithilfe welcher Gerichtsinstanzen setzt Frau Zefi ihre zivilrechtliche Forderung gegen Herrn Dällenbach durch, falls er sich bis zuletzt gegen die Forderung wehrt?

2 Druckerei Pulitzer I

Übungsziele Verträge auf ihr wirksames Zustandekommen hin beurteilen.

Theorie Kap. S. 40

Ausgangslage

Am 1. März bittet Frau Niröh vom Verlagshaus William & Randolph AG in Basel die Drukkerei Joseph Pulitzer AG in Lengnau um eine Offerte für den Nachdruck des Bestsellers Little Man. Am 10. März erhält Frau Niröh von der Druckerei Pulitzer die Offerte. Diese enthält einen Qualitätsbeschrieb, den Druckpreis und nennt als Liefertermin «30 Tage nach Bestellung». Mit Mail vom 14. März gibt Frau Niröh den Druck von 10 000 Stück gemäss Offerte bei der Druckerei Pulitzer in Auftrag. Am 17. März schickt die J. Pulitzer AG eine schriftliche Auftragsbestätigung. Am 10. April bekommt Frau Niröh von William & Randolph die schriftliche Mitteilung der Druckerei Pulitzer, dass der Liefertermin sich auf den 20. Mai verschiebe.

Beantworten Sie folgende Fragen und begründen Sie Ihre Antworten mithilfe des Gesetzes.

Aufgaben

1 Sind im vorstehenden Fall Obligationen entstanden? Wenn ja, aus welchem Rechtsgrund und an welchem Tag?

2 Wie qualifizieren Sie aus rechtlicher Sicht das Schreiben der J. Pulitzer AG vom 10. April?

3 Annahme. Sie sind Geschäftsführer der Druckerei J. Pulitzer. Ein Mitarbeiter fragt Sie, was OR 16 bedeute. Lesen Sie die Bestimmung durch und erklären Sie dem Mitarbeiter den Inhalt von OR 16 mit eigenen Worten.

3 Druckerei Pulitzer II

Übungsziele

Verträge auf ihr wirksames Zustandekommen hin beurteilen, die richtige Erfüllung von Verträgen hinsichtlich Ort und Zeit sowie weiterer Rechte und Pflichten der Parteien beurteilen, Erfüllungsfehler und Vertragsverletzungen erkennen, aus Erfüllungsfehlern und Vertragsverletzungen entstehende Ansprüche geltend machen, bei Erfüllungsfehlern und Vertragsverletzungen gesetzliche Fristen einhalten und den Eintritt der Verjährung unterbrechen.

Theorie

Kap. S. 40, Kap. S. 209

Ausgangslage

Am 2. August nimmt Frau Niröh vom Verlagshaus William & Randolph erneut mit der Offertverantwortlichen der Druckerei J. Pulitzer Kontakt auf und bespricht mit ihr den geplanten Druck eines neuen Buchs. Sie bittet die Offertverantwortliche Frau Manzano um eine entsprechende Offerte. Am 5. August erhält das Verlagshaus William & Randolph von der Druckerei Pulitzer die Offerte. Frau Niröh nimmt die Offerte noch am gleichen Tag an. Im Bestätigungsmail heisst es ausserdem: «... Bitte beachten Sie, dass ich vom 8. bis 30. August in den Ferien bin. Während dieser Zeit vertritt mich wie immer mein Kollege Karrer ...»

Am 11. August ruft Karrer Frau Manzano an und verlangt eine Anpassung des Druckauftrags (anderes Buchformat und anderer Einband). Die Druckerei Pulitzer schickt am 12. August eine Auftragsbestätigung im Sinn der Anpassungswünsche von Herrn Karrer. Als Frau Niröh bei Lieferung am 10. September den schrillen Einband sowie das unmöglich schmale, hohe Format des Romans sieht, verweigert sie die Annahme und verlangt Lieferung gemäss Offerte vom 5. August.

Aufgaben

1 Ist im vorliegenden Fall ein Vertrag zustande gekommen? Wenn ja, an welchem Tag und mit welchem Inhalt? Begründen Sie Ihre Antwort mithilfe des Gesetzes.

2 Frau Manzano will sicher gehen, dass Herr Karrer tatsächlich zur Vertragsänderung ermächtigt ist. Was kann sie unternehmen?

3 Was versteht das Gesetz unter Rechtsfähigkeit, Handlungsfähigkeit, beschränkter Handlungsunfähigkeit sowie voller Handlungsunfähigkeit? Erklären Sie die Begriffe mithilfe des Gesetzes und nennen Sie je ein Beispiel.

4 Was für Formvorschriften kennt das schweizerische Vertragsrecht? Erklären Sie die verschiedenen Formvorschriften mithilfe des Gesetzes und nennen Sie je ein Beispiel.

5 Die Druckerei Pulitzer beharrt auf Erfüllung des Vertrags. Die Romane seien gemäss Offerte fristgerecht geliefert worden, der Vertrag sei ihrerseits folglich richtig erfüllt.

A] Was versteht das OR ganz allgemein unter «richtiger Erfüllung einer Obligation»? Begründen Sie Ihre Antwort mithilfe des Gesetzes.

B] Hat die Druckerei J. Pulitzer Ihres Erachtens richtig erfüllt?

C] Annahme. Falls der Verlag William & Randolph die Annahme der Bücher verweigert und auch den Kaufpreis nicht bezahlt, obwohl die Druckerei J. Pulitzer richtig erfüllt hat, was liegt obligationenrechtlich gesprochen vor? Begründen Sie Ihre Antwort mithilfe des Gesetzes.

D] Um die Geschäftsbeziehung mit der langjährigen Kundin William & Randolph nicht zu belasten, verzichtet die Druckerei Pulitzer vorläufig, ihre Ansprüche einzufordern. Wie lange hat die Druckerei nach OR Zeit, ihren Anspruch gegenüber William & Randolph geltend zu machen? Begründen Sie Ihre Antwort mithilfe des Gesetzes.

4 Instrumentenhändler Merian

Übungsziele Bei zufälligem Untergang der Kaufsache die entsprechenden Gesetzesbestimmungen anwenden, den Unterschied zwischen Gattungs- und Speziesware beurteilen.

Theorie Kap. S. 88

Ausgangslage

Instrumentenhändler Merian in London kauft Mitte März vom Musikhaus Karin Roten in Raron, ein antikes Horn für 60 000 Franken. Durch Parteivereinbarung wird der Vertrag dem schweizerischen Obligationenrecht unterstellt. Es wurde vereinbart, das Horn, das sich im Zeitpunkt des Vertragsabschlusses in Raron befindet, bis Ende März nach London zu senden.

Kurz vor der Versendung wird das Horn durch einen Brand zerstört. Die polizeilichen Untersuchungen ergeben, dass der Brand durch Blitzschlag verursacht worden ist.

Über die rechtlichen Konsequenzen dieses Brandes streiten sich die Vertragsparteien. Hornkäufer Merian verlangt vom Musikhaus Roten Schadenersatz im Betrag von 40 000 Franken. Er begründet seinen Anspruch damit, dass er das Horn bereits für 100 000 Franken weiterverkauft habe. Der entgangene Gewinn von 40 000 Franken müsse ihm ersetzt werden.

Hornverkäuferin Roten dagegen stellt sich auf den Standpunkt, nach schweizerischem Recht sei sie zur Zahlung von Schadenersatz nicht verpflichtet. Im Gegenteil. Obwohl sie das Instrument nicht mehr liefern könne, habe sie Anspruch auf Bezahlung des Kaufpreises von 60 000 Franken.

Aufgaben

1 Auf welchen Gesetzesartikel stützt Käufer Merian seinen Schadenersatzanspruch? Als Antwort genügt die Angabe der Gesetzesartikel.

2 Auf welche zwei Gesetzesartikel stützt sich Instrumentenhändlerin Roten bei der Geltendmachung ihrer Kaufpreisforderung? Als Antwort genügt die Angabe der Gesetzesartikel.

3 Wer ist im Recht? Begründen Sie Ihren Entscheid mithilfe des Gesetzes.

4 Würde an der Rechtslage etwas ändern, wenn es sich beim Kaufgegenstand nicht um ein antikes Horn, sondern um ein seriell produziertes Horn aus einem Katalog handelte? Wenn ja, was? Begründen Sie Ihre Antwort mithilfe des Gesetzes.

5 Musikhaus Roten

Übungsziele Erfüllungsfehler beim Kaufvertrag erläutern, die konsumentenschutzrechtlichen Bestimmungen des Produktehaftpflichtgesetzes und des Konsumkreditgesetzes erläutern.

Theorie Kap. S. 88 bis Kap. S. 99

Ausgangslage

Instrumentenhändlerin Roten besammelt ihre Mitarbeitenden jeweils am Morgen vor der Arbeit zu einem kurzen Meeting. Um dieses angenehmer zu gestalten, treffen sich die Mitarbeitenden im Pausenraum. Frau Roten kauft zu diesem Zweck eine neue Kaffeemaschine und stellt diese in der kleinen Anrichte auf.

Einen Monat nach dem Kauf und trotz sorgfältiger Wartung überhitzt die Kaffeemaschine, während Frau Roten und sämtliche Mitarbeitenden bei der Arbeit oder unterwegs sind. Die Maschine verursacht einen Brand, und an den Wänden und Decken entstehen Russschäden. Neben der Kaffeemaschine zerbricht die Abdeckplatte des Glaskeramikherdes. Insgesamt entsteht ein Sachschaden von 1 800 Franken. Personenschaden entsteht keiner. Frau Roten ist nicht bereit, den Schaden zu tragen.

Aufgaben

1 Wen kann Frau Roten zur Rechenschaft ziehen? Was hat sie dabei zu beachten? Begründen Sie Ihre Antworten mithilfe des Gesetzes?

2 Welche Rechte kann Frau Roten geltend machen?

3 Würde an der Sachlage etwas ändern, wenn Frau Roten die Kaffeemaschine nicht im Geschäft, sondern privat bei sich zu Hause eingesetzt hätte?

4 Das Instrumentenhaus Roten braucht einen neuen Lieferwagen für den Instrumententransport. Frau Roten möchte den neuen Wagen aber nicht mehr kaufen, sondern leasen.

A] Frau Roten hat gehört, dass in diesem Fall nicht das OR, sondern das Konsumkreditgesetz KKG zur Anwendung komme. Ist das richtig? Begründen Sie Ihre Antwort mithilfe des Gesetzes.

B] Das Konsumkreditgesetz enthält in KKG 9 f. eine Formvorschrift für Abzahlungsverträge. Welche?

C] Das Konsumkreditgesetz sieht in KKG 16 ein 7-tägiges Widerrufsrecht des Konsumenten vor. Nennen Sie eine andere gesetzliche Bestimmung, die dem Konsumenten ein solches 7-tägiges Widerrufsrecht einräumt.

6 Papierfabrik Matter & Cie

Übungsziele

Zutreffende Gesetzesbestimmungen finden, mit betrieblich relevanten Rechtsvorschriften selbstständig umgehen, Verträge auf ihr Zustandekommen hin beurteilen, richtige Erfüllung eines Kaufvertrages beurteilen, Vorgehen bei Lieferverzug aufzeigen, das Rechtsinstitut Besitz von demjenigen des Eigentums abgrenzen, Handlungsvollmachten des kaufmännischen Personals beurteilen.

Theorie

Kap. S. 40, Kap. S. 65 bis Kap. S. 88, Kap. S. 209 bis Kap. S. 216

Ausgangslage

Die Papierfabrik Matter & Cie. mit Sitz in Brig verschickt am 15. Mai die neuen Kataloge. Die Handelsfirma Hirt AG mit Sitz in Zürich erhält am 20. Mai ebenfalls einen Katalog mit den neuesten Angeboten der Papierfabrik.

Frau Vollenweider, Sachbearbeiterin bei der Hirt AG, bestellt gestützt auf den Katalog am 25. Mai per E-Mail bei der Papierfabrik Matter 50 Kartons Kopierpapier zum Preis von Franken 3 200. Matter & Cie. bestätigt und bedankt sich für die Bestellung am 27. Mai per Mail und am 3. Juni trifft bei Frau Vollenweider per Post eine schriftliche Auftragsbestätigung von Matter ein.

Begründen Sie die Antworten auf die folgenden Fragen mithilfe des Gesetzes.

Aufgaben

1

A] Ist zwischen Matter & Cie. und der Hirt AG ein Vertrag zustande gekommen? Wenn ja, was für einer und an welchem Tag (Datum nennen)?

B] Handelt es sich beim Kopierpapier um eine Spezies- oder eine Gattungssache? Wo im OR spielt diese Unterscheidung eine Rolle (nennen Sie drei Beispiele)?

C] Wo muss die Papierfabrik das Papier übergeben?

D] Was bedeutet es, wenn Frau Vollenweider mit der Papierfabrik Matter & Cie. einen Versendungskauf vereinbarte? Wer bezahlt in diesem Fall die Transportkosten? Wie nennt man den Versendungskauf auch noch?

2

Frau Vollenweider von Hirt AG wartet auf die Papiersendung. Doch diese trifft nicht ein. Weder im Mail noch in der Auftragsbestätigung der Papierfabrik findet Frau Vollenweider einen Liefertermin. Da Frau Vollenweider verantwortlich für den Kopierapparat bei der Hirt AG ist, macht sie sich über die ausstehende Lieferung zunehmend Sorgen. Sie ruft deshalb Matter & Cie. an, doch der zuständige Sachbearbeiter ist nicht erreichbar. Frau Vollenweider weiss nicht weiter und bittet deshalb Sie als ihren direkten Vorgesetzten um Rat. Zeigen Sie Frau Vollenweider das korrekte Vorgehen auf, falls die ausstehende Sendung in den nächsten Tagen nicht eintrifft. Begründen Sie Ihre Antworten mithilfe des Gesetzes.

A] Wann kann die Handelsfirma Hirt AG die Lieferung frühestens verlangen?

B] Handelt es sich im vorliegenden Fall um ein Mahn- oder eine Verfalltagsforderung?

C] Muss Hirt AG die Papierfabrik Matter & Cie. mahnen, damit diese in Verzug gerät?

D] Was heisst Verzug und wo sind im Gesetz die allgemeinen Folgen des Schuldnerverzugs geregelt?

E] Kann Hirt AG ohne Weiteres vom Vertrag zurücktreten, wenn Matter & Cie. auf die Mahnung nicht reagiert?

F] Welche Möglichkeiten hat Hirt AG grundsätzlich, wenn die Papierfabrik Matter trotz Mahnung und verstrichener Nachfrist das Kopierpapier nicht liefert? Welche Möglichkeit wählt Hirt AG in welchem Fall?

3 Mit dem neu erworbenen Wissen über das korrekte Vorgehen beim Lieferverzug kehrt Frau Vollenweider zufrieden in ihr Büro zurück. Zu ihrer Überraschung trifft sie dort auf den Chauffeur von Matter & Cie. Dieser teilt ihr mit, die 50 Kartons Kopierpapier ständen draussen vor der Tür. Wann wird Hirt AG Eigentümer der Kaufsache? Begründen Sie Ihre Antworten mithilfe des Gesetzes.

4 Wir sind bis jetzt immer stillschweigend davon ausgegangen, dass Frau Vollenweider von der Hirt AG zeichnungsberechtigt ist.

A] Wo kann die Papierfabrik Matter sich informieren, ob Frau Vollenweider auch wirklich berechtigt ist, Verträge im Namen der Hirt AG abzuschliessen?

B] Welche Arten von Handlungsvollmachten finden Sie im OR? Nennen und erläutern Sie die einschlägigen Gesetzesartikel.

7 Treuhand Meyer

Übungsziele

Haftung des Vermieters bei Mängeln der Mietsache aufzeigen, Beendigung des Mietvertrags beurteilen, Mieterschutz erläutern.

Theorie

Kap. S. 112 bis Kap. S. 131

Ausgangslage

Treuhand Meyer kauft Anfang Dezember in Steinhausen das Gewerbehaus Im Grund. Treuhand Meyer möchte das Gebäude umfassend sanieren und dabei möglichst freie Hand haben. Mietern, die nicht freiwillig ausziehen, will Treuhänder Meyer möglichst schnell kündigen.

Aufgaben

1

Ab welchem Zeitpunkt ist Treuhand Meyer Eigentümer der Liegenschaft Im Grund? Nennen und erläutern Sie den entsprechenden Gesetzesartikel.

2

Sobald Treuhand Meyer Eigentümerin der Liegenschaft geworden ist, schickt sie Herr Deuber, einem Mieter der Liegenschaft, einen neuen Mietvertrag. Dieser enthält eine Kündigungsfrist von drei Monaten und nennt zwei mögliche Kündigungstermine, den 31. März und den 30. September. Herr Deuber ist seit dreissig Jahren mit seinem Sanitärinstallationsunternehmen zufriedener Mieter und möchte seine Gewerberäume auch in Zukunft weiterhin mieten. Deshalb unterschreibt er den neuen Mietvertrag, obwohl der bisherige Mietvertrag eine Kündigungsfrist von sechs Monaten enthielt und anstatt zwei Kündigungsterminen bloss einen, nämlich den 30. Juni.

A] Erklären Sie den Unterschied zwischen Kündigungsempfang, Kündigungsfrist und Kündigungstermin.

B] Wenige Tage nachdem Sanitärinstallateur Deuber den neuen Mietvertrag an die neue Hauseigentümerin Treuhand Meyer zurückgeschickt hat, bekommt er von dieser erneut Post – diesmal eingeschrieben. Der Brief von Treuhand Meyer enthält die Kündigung auf den 31. März. Ist die Kündigung des Gewerberaums auf den 31. März zulässig? Wenn ja, weshalb? Wenn nein, auf welchen Zeitpunkt ist die Kündigung zulässig?

3

Treuhand Meyer vermietet im Gewerbehaus Im Grund auch Maler Fuchs Gewerberäumlichkeiten. Im Mietvertrag ist festgehalten, dass der Mietzins von Franken 2 500 jeweils auf den Ersten des Monats geschuldet ist. Weiter sind zwei Kündigungstermine, nämlich der 31. März und der 30. September vereinbart worden. Nun hat Maler Fuchs finanzielle Probleme. Er ist bereits mit den Monatsmieten Januar und Februar im Rückstand. Beantworten Sie nachfolgende Fragen mithilfe des Gesetzes.

A] An welchem Tag endet das Mietverhältnis, wenn Vermieter Meyer am 8. Februar den Mieter Fuchs schriftlich mahnt und im übrigen alles unternimmt, um den Mieter so schnell wie möglich aus den Gewerberäumen ausweisen zu können, und der Mieter in keiner Weise auf die Interventionen des Vermieters reagiert. Geben Sie Ihre Berechnung und den Endtermin des Mietverhältnisses an.

B] Maler Fuchs zieht auf diesen Termin hin auch tatsächlich aus. Allerdings hat Treuhand Meyer von Mieter Fuchs die ausstehenden Mietzinse immer noch nicht bekommen. Sieht das Mietrecht für Treuhand Meyer eine Möglichkeit, ihre Forderung im Nachhinein zu sichern? Begründen Sie Ihre Antwort mithilfe des Gesetzes.

4 Die folgenden Vereinbarungen stammen aus dem Mietvertrag von Kundenmaurer Wanner, der ebenfalls Räume der Liegenschaft Im Grund gemietet hat. Vergleichen Sie diese Vereinbarungen mit den mietrechtlichen Bestimmungen des Gesetzes. Welche weichen in zulässiger Weise von den mietrechtlichen Bestimmungen ab und welche widersprechen inwiefern zwingenden Vorschriften? Begründen Sie Ihre Antworten mithilfe des Gesetzes.

A] Mietvertragsklausel: «Vermieter und Mieter verzichten auf das Recht, Forderungen und Schulden aus dem Mietverhältnis zu verrechnen.»

B] «Dem Mieter ist es untersagt, die Gewerberäume unterzuvermieten.»

C] «Der Vermieter muss eine allfällige Mietzinserhöhung dem Mieter mindestens 10 Tage vor deren Inkrafttreten mündlich oder schriftlich mitteilen.»

5 Auch Kunstmaler Limacher arbeitet im Gewerbehaus Im Grund. Er mietet die Estrichetage, wo die Mietverhältnisse seit Jahren prekär sind. Bei Regenfällen regnet es in die Räume. Welche Möglichkeiten stehen Maler Limacher grundsätzlich zur Verfügung, wenn die Mietsache mangelhaft ist?

8 Malermeister Mahlstein

Übungsziele Die Entstehung einer Obligation beurteilen, zutreffende Gesetzesbestimmungen finden, die Tatbestandselemente eines Artikels erkennen und umschreiben, den Unterschied zwischen vertraglicher und ausservertraglicher Haftung erläutern, Rechtsfolgen einer nicht richtigen Vertragserfüllung aufzeigen, Rechtsfolgen einer unerlaubten Handlung aufzeigen.

Theorie Kap. 2, 5, 6, 7, 13, 18

Ausgangslage

Vermieter Vallaster beauftragt Malermeister Mahlstein, die Wohnung des Mieters Tresch neu zu streichen. Aus Unachtsamkeit stösst Malermeister Mahlstein beim Ausführen der Arbeit mit der Leiter an eine Vitrine, in der Mieter Tresch antikes Porzellan aufbewahrt. Vitrine und Porzellan gehen zu Bruch.

Beantworten Sie die nachstehenden Fragen mithilfe des Gesetzes und nennen Sie jeweils die entsprechenden Gesetzesartikel.

Aufgaben

1

A] Das OR unterscheidet drei Entstehungsgründe von Obligationen. Welche sind es? Nennen Sie die jeweilige gesetzliche Grundlage und je ein Beispiel.

B] Im vorliegenden Fall gibt es verschiedene Obligationen und Entstehungsgründe zwischen den drei beteiligten Personen. Für die Lösung ist es sinnvoll, in einer Zeichnung alle Möglichkeiten zu erfassen und zu beschreiben.

Erstellen Sie eine solche Zeichnung und bezeichnen Sie die infrage kommenden Entstehungsgründe für Obligationen zwischen Vermieter Vallaster, Malermeister Mahlstein und Mieter Tresch jeweils mit einem Stichwort.

Muster:

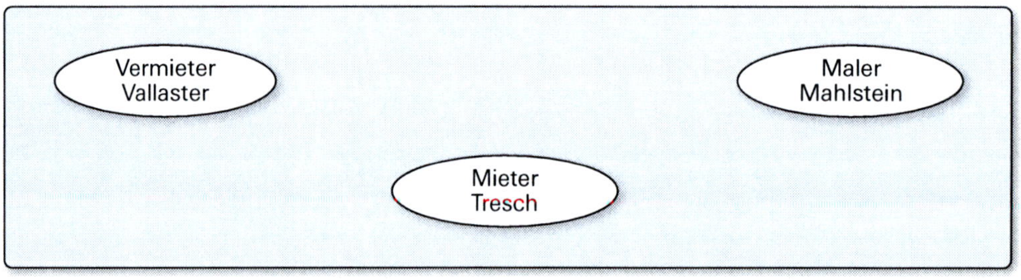

C] Um den Fall zu lösen, stellt sich als Nächstes die Frage nach den massgeblichen Gesetzesbestimmungen. Notieren Sie in Ihrer Zeichnung die für die beschriebenen Entstehungsgründe von Obligationen massgeblichen Gesetzesartikel.

2

Mahler Mahlstein hat die Vitrine samt Inhalt von Mieter Tresch beschädigt.

A] Prüfen Sie, ob die Voraussetzungen (Tatbestandsmerkmale) für die Entstehung des Rechtsverhältnisses zwischen Tresch und Mahlstein erfüllt sind.

B] Welches ist die Rechtsfolge, falls sämtliche Voraussetzungen gegeben sind??

3

Könnte eigentlich Mieter Tresch seinen Schaden auch bei Vermieter Vallaster einfordern?

Prüfen Sie, ob die Voraussetzungen (Tatbestandsmerkmale) für die Entstehung eines entsprechenden Rechtsverhältnisses zwischen Vallaster und Mahlstein erfüllt sind und ob der Vermieter Vallaster Pflichten verletzt hat.

4 Für angehende Profis: Annahme: Malermeister Mahlstein führt die Malerarbeiten nicht persönlich aus, sondern er lässt diese durch seinen angestellten Maler Piazza ausführen. Piazza stösst aus Unachtsamkeit mit der Leiter an eine Vitrine, in der Mieter Tresch antikes Porzellan aufbewahrt. Vitrine und Porzellan gehen zu Bruch.

A] Erstellen Sie auch in der Konstellation eine Zeizchnung mit den allenfalls bestehenden Entstehungsgründen für Obligationen zwischen Vermieter Vallaster, Malermeister Mahlstein, Mieter Tresch und Malergeselle Piazza ein.

Muster:

B] Tragen Sie in die Zeichnung ein, welche Gesetzesartikel für die Prüfung der Ansprüche eine Rolle spielen.

C] Angenommen MieterTresch setzt seine Ansprüche gegen Maler Mahlstein durch. Inwiefern kann Mahlstein seinen Schaden an Malergeselle Piazza weiterreichen?

D] Angeonmmen Mieter Tresch setzt seine Ansprüche gegen Malergeselle Piazza durch. Hätte dieser eine Möglichkeit, mindestens einen Teil des Schadens an seinen Arbeitgeber Mahlstein weiterzugeben?

9 Restaurant Weisses Kreuz

Übungsziele Hierarchie des Rechts erläutern, mit den betrieblich relevanten Rechtsvorschriften selbstständig umgehen, verschiedene Bereiche des Arbeitsrechts erläutern, richtige Erfüllung eines Arbeitsvertrages beurteilen, Beendigung des Arbeitsvertrags beurteilen.

Theorie Kap. S. 14, Kap. S. 136 bis Kap. S. 166

Ausgangslage

Heinz Bruggisser, Wirt des Restaurants «Weisses Kreuz», steht das Wasser bis zum Hals. Die Umsatzzahlen brechen täglich mehr ein, und ein Ausweg aus den roten Zahlen ist nicht in Sicht. Daher entscheidet er sich Mitte Oktober, sein Restaurant per Ende Dezember zu schliessen. Die beiden Angestellten Ursina Rösli und Ernesto Pal arbeiten seit rund drei Jahren im «Weissen Kreuz». Der Wirt möchte das Arbeitsverhältnis mit ihnen auf den 31. Dezember auflösen. Da er nicht weiss, ob das geht, studiert er in der Wirtsstube den Ordner «Arbeitsrecht im Gastgewerbe».

Aufgaben

1

Die Arbeitnehmerorganisationen der Gastronomiebranche schlossen mit den Arbeitgeberverbänden der Branche einen Gesamtarbeitsvertrag, der für die gesamte Gastrobranche gilt. Artikel 6 dieses Gesamtarbeitsvertrags bestimmt: «Nach Ablauf der Probezeit kann das Arbeitsverhältnis im ersten bis fünften Arbeitsjahr mit einer Frist von einem Monat, ab dem sechsten Arbeitsjahr mit einer Frist von zwei Monaten je auf das Ende eines Monats gekündigt werden.».

A] Vergleichen Sie Artikel 6 des Gesamtarbeitsvertrags des Gastgewerbes mit der entsprechenden gesetzlichen Bestimmung des OR. Inwieweit weicht Artikel 6 von der Vorschrift des OR ab? Benennen Sie konkret die Abweichung.

B] Darf der GAV der Gastronomie überhaupt von den arbeitsrechtlichen Kündigungsfrist-Bestimmungen des OR abweichen?

C] Das Arbeitsrecht kennt eine Fülle von Rechtsquellen. In welchem hierarchischen Verhältnis stehen diese grundsätzlich zueinander? Ordnen Sie die nachfolgenden arbeitsrechtlichen Rechtsquellen nach ihrer Rangordnung und bestimmen Sie in wenigen Stichworten den Inhalt dieser Begriffe.

D] Je länger Herr Bruggisser über das «Weisse Kreuz» nachdenkt, desto mehr steht sein Entschluss fest: Er will das Wirten Ende Jahr aufgeben, das Haus verkaufen und auswandern. Bis zu welchem Zeitpunkt müssen die Kündigungen an Frau Rösli und Herrn Pal spätestens erfolgt sein, wenn er bezüglich Kündigung mit seinen Mitarbeitenden keine Vereinbarungen traf?

2

Wirt Bruggisser informiert seine Mitarbeiter Rösli und Pal Ende Oktober mündlich über die Betriebsschliessung und händigt ihnen gleichentags ein schriftliches Kündigungsschreiben aus. Da nur noch wenig Gäste das Restaurant besuchen und andere Restaurants Serviceangestellte suchen, möchte Frau Rösli ihrerseits innerhalb einer kürzeren als der gesetzlich vorgesehenen Frist das Arbeitsverhältnis auflösen.

A] Entscheiden Sie, ob das Gesetz eine solche Möglichkeit vorsieht, und begründen Sie Ihren Entscheid unter Angabe des massgeblichen Gesetzesartikels.

B] Herr Bruggisser ist mit dem vorzeitigen Weggang von Frau Rösli alles andere als einverstanden. Deshalb arbeitet sie weiterhin im «Weissen Kreuz». Mitte Dezember teilt Frau Rösli ihrem Chef Bruggisser mit, dass sie im dritten Monat schwanger sei. Ist die Ende Oktober ausgesprochene Kündigung daher nichtig? Begründen Sie Ihre Antwort mithilfe des Gesetzes.

C] Wie wäre die Sachlage, wenn Herr Bruggisser die Kündigung vor Beginn der Schwangerschaft ausgesprochen hätte? Begründen Sie Ihre Antwort mithilfe des Gesetzes.

3 Da Herr Bruggisser das Restaurant «Weisses Kreuz» Ende Dezember schliesst, ist eine Weiterbeschäftigung von Ursina Rösli nicht möglich. In einer ähnlichen Situation hat das Bundesgericht entschieden, dass auch bei Betriebsschliessungen aus wirtschaftlichen Gründen die Bestimmungen zur Anwendung kommen, die zum Schutz der Arbeitnehmer erlassen wurden. Demnach kommt der Arbeitgeber nach dem 31. Dezember mit der Annahme der Arbeitsleistung von Frau Rösli in Verzug.

A] Wegen der Betriebsschliessung kann Ursina Rösli nach dem 31. Dezember ihre Arbeitsleistung nicht mehr erbringen. Auf welchen Gesetzesartikel stützt sich Frau Rösli für ihre Forderungen gegenüber dem Arbeitgeber?

B] Beurteilen Sie die Situation, wenn Ursina Rösli im Februar trotz Schwangerschaft eine neue Arbeitsstelle findet und diese antritt, jedoch im Monat 500 Franken weniger verdient als im Restaurant «Weisses Kreuz». Begründen Sie Ihre Antwort mithilfe des Gesetzes.

4 Herr Bruggisser ist Eigentümer der Liegenschaft «Weisses Kreuz». Er schreibt das Haus zum Verkauf aus. Zwei Geschäftsleute aus der Stadt interessieren sich für die Liegenschaft, die im Zentrum von Reichenbach liegt. Die Vertragsparteien sind sich über Verkaufspreis, Übernahmezeitpunkt und alle weiteren Fragen einig.

A] Müssen die Vertragsparteien eine Vertragsform beachten? Wenn ja, welche? Begründen Sie Ihre Antwort mithilfe des Gesetzes und umschreiben Sie die erforderliche Vertragsform in eigenen Worten.

B] Der Verkaufspreis wurde aufgrund einer Schatzung auf 800 000 Franken festgesetzt. Die Zahlung hat im Zeitpunkt der Schlüsselübergabe zu erfolgen. Doch am vereinbarten Tag erscheinen die beiden Käufer und haben weder das Geld dabei, noch ist eine entsprechende Zahlung auf das Konto von Herr Bruggisser erfolgt. Welche Möglichkeiten hat Herr Bruggisser und wie hat er konkret vorzugehen?

10 West-Garage

Übungsziele

Unterschiede zwischen Arbeitsvertrag, Werkvertrag und einfachem Auftrag aufzeigen, Erfüllungsfehler und Vertragsverletzungen erkennen, aus Erfüllungsfehlern und Vertragsverletzungen entstehende Ansprüche geltend machen, bei Erfüllungsfehlern und Vertragsverletzungen gesetzliche Fristen einhalten und den Eintritt der Verjährung unterbrechen, richtige Erfüllung eines Arbeitsvertrags beurteilen, Erfüllungsfehler und Vertragsverletzungen bei Arbeitsvertrag, Werkvertrag und einfachem Auftrag erkennen, aus Erfüllungsfehlern und Vertragsverletzungen entstehende Ansprüche geltend machen.

Theorie

Kap. S. 88, Kap. S. 145, Kap. S. 176 bis Kap. S. 194

Ausgangslage

Mechaniker Kurt Bühler von der West-Garage GmbH montiert einen Zylinderring falsch, was einen Motorschaden am Auto der Kundin Johanna Villiger zur Folge hat.

Aufgaben

1 Die Arbeitgeberin von Mechaniker Bühler, die West-Garage GmbH, will den Schaden nicht übernehmen, mit der Begründung, der Werkstattchef habe Mechaniker Bühler pflichtgemäss überwacht und er könne nicht jeden Handgriff seiner Angestellten kontrollieren. Begründen Sie Ihre Antworten jeweils mithilfe des Gesetzes.

A] Was halten Sie von dieser Sichtweise der West-Garage? Was sagt das Gesetz?

B] Was für ein Vertrag wurde zwischen West-Garage und Frau Villiger vereinbart?

C] Inwiefern unterscheidet sich diese Vertragsart von anderen Vertragsarten auf Arbeitsleistung?

D] Wer muss beweisen, dass der Motorschaden vom falsch montierten Zylinderring herrührt? Begründen Sie Ihre Antwort und geben Sie den Gesetzesartikel an.

E] Wer muss beweisen, dass Mechaniker Bühler den Schaden verschuldete? Argumentieren Sie mithilfe des Gesetzes.

F] Im Vertrag zwischen der West-Garage und der Kundin Johanna Villiger wurde vereinbart, dass die West-Garage «für Fehler der Angestellten nicht haftet». Ist ein solcher Haftungsausschluss zulässig? Argumentieren Sie mithilfe des Gesetzes.

G] Könnte Frau Villiger auch Mechaniker Bühler für den Schaden verantwortlich machen? Begründen Sie Ihre Antwort mithilfe des Gesetzes. Prüfen Sie, ob die einzelnen Tatbestandsmerkmale des massgebenden Artikels im vorliegenden Fall erfüllt sind.

H] Wann verjähren Frau Villigers Ansprüche gegenüber der West-Garage und wann ihr Anspruch gegenüber Mechaniker Bühler, falls sie einen solchen hat? Begründen Sie Ihre Antwort mithilfe des Gesetzes.

I] Falls sich die Schadenersatzverhandlungen mit der West-Garage und Mechaniker Bühler in die Länge ziehen, wie kann Frau Villiger verhindern, dass ihre Forderungen verjähren? Begründen Sie Ihre Antwort mithilfe des Gesetzes.

J] Annahme. Die West-Garage bezahlte Frau Villiger den Motorschaden. Kann die West-Garage als Arbeitgeberin Rückgriff nehmen auf Mitarbeiter Bühler? Begründen Sie Ihre Antwort mithilfe des Gesetzes.

K] Wie muss Mechaniker Bühler argumentieren, damit er die Forderung seiner Arbeitgeberin abwehren kann?

2 Den Motorschaden, den Mechaniker Bühler verursacht hat, kommt die West-Garage GmbH teuer zu stehen. Ein Gutachten stellt einen Schaden von insgesamt 18000 Franken fest. In der Not wendet sich Geschäftsführer Keller von der West-Garage mit seinen Sorgen an Rechtsanwalt Brunner, der ihn berät.

A] Was für ein Vertragsverhältnis besteht zwischen Rechtsanwalt Brunner und der West-Garage?

B] Frau Villiger leitet gegen die West-Garage einen Zivilprozess ein. Rechtsanwalt Brunner rät Geschäftsführer Keller im Laufe dieses Verfahrens, sämtliche möglichen Rechtsmittel zu ergreifen, obwohl deren Chancen von Anfang an äusserst gering sind. Welche der folgenden Aussagen ist richtig?

Aussage 1: Der Rat von Rechtsanwalt Brunner kann in keinem Fall eine Haftpflicht des Rechtsanwalts auslösen, solange er den Prozess mit grosser Sorgfalt und fachkundig führt und alle massgebenden Sachverhaltselemente und Argumente vorbringt. Begründen Sie Ihre Antwort mithilfe des Gesetzes.

Aussage 2: Die Vereinbarung, wonach das Beratungsverhältnis zwischen Rechtsanwalt Brunner erst nach Beendigung des Prozesses auf Ende des Kalendermonats kündbar ist, ist rechtsgültig. Begründen Sie Ihre Antwort mithilfe des Gesetzes.

Aussage 3: Anwalt Brunner muss die Bitte unerwünschter Kunden, für sie die Rechtsinteressen zu wahren, ausdrücklich und sofort ablehnen, um das Zustandekommen eines Vertrages zwischen ihm und diesen Kunden zu verhindern. Begründen Sie Ihre Antwort mithilfe des Gesetzes.

3 Die West-Garage rentiert seit Längerem nicht mehr, sie ist verschuldet, die Ersatzteilhändler verkaufen nur noch gegen bar und sämtliche Wagen in der Ausstellung wurden der Garage mit Eigentumsvorbehalt geliefert.

A] Was versteht man unter einem Eigentumsvorbehalt?

B] Wie wird ein Eigentumsvorbehalt begründet? Begründen Sie Ihre Antwort mithilfe des Gesetzes.

4 Die West-Garage GmbH hat ein Stammkapital von 50000 Franken, eingeteilt in 50 Stammanteile à 1000 Franken. Keller ist der einzig verbliebene Gesellschafter.

A] Rechtsanwalt Brunner studiert die Statuten der West-Garage GmbH und kommt zum Schluss, dass Keller für 100000 Franken Schulden der West-Garage mit seinem privaten Vermögen haften muss. Wie ist das möglich – die West-Garage ist doch eine Gesellschaft mit beschränkter Haftung? Begründen Sie Ihre Antwort mithilfe des Gesetzes.

B] Unter welchen Voraussetzungen müssen auch ausgeschiedene Gesellschafter für die ungedeckten Schulden der West-Garage GmbH einstehen? Begründen Sie Ihre Antwort mithilfe des Gesetzes.

11 Bank Fides

Übungsziele

Die Entstehung einer Obligation beurteilen, den Unterschied zwischen Kausal- und Verschuldenshaftung erläutern, Rechtsfolgen einer unerlaubten Handlung oder ungerechtfertigten Bereicherung aufzeigen, bei ausstehenden Geldforderungen das betreibungsrechtliche Einleitungsverfahren durchführen, Betreibungsarten und deren wichtigste Verfahrensschritte erläutern, das für die Befriedigung der Forderung zur Verfügung stehende Schuldnervermögen beurteilen.

Theorie

Kap. S. 33 bis Kap. S. 44, Kap. S. 230

Ausgangslage

Die Bank Fides erhält für einen nicht identifizierbaren Kunden 244000 Franken. Bei der Suche nach dem Kunden ruft die Bankangestellte Frau Schwarzwald beim Fides-Kunden Herr Immervoll an und fragt, ob er dieses Geld erwarte. Herr Immervoll, Autospengler von Beruf, lügt und bejaht die Frage. Daraufhin überweist Fides ihrem Kunden Immervoll die 244000 Franken. Als die Bank den Fehler bemerkt, sind nur noch 54000 Franken auf Immervolls Konto – den grossen Rest hat er verprasst. Beantworten Sie die nachstehenden Fragen mithilfe des Gesetzes und nennen Sie jeweils die entsprechenden Gesetzesartikel.

Aufgaben

1 Sind durch die Überweisung von Franken 244 000 an Herrn Immervoll Obligationen entstanden? Wenn ja, welche? Begründen Sie Ihre Antwort mithilfe des Gesetzes.

2 Bezeichnen Sie in den von ihnen angeführten Artikeln die einzelnen Voraussetzungen und ordnen Sie ihnen den in der Aufgabenstellung beschriebenen Sachverhalt zu.

3 Bezeichnen Sie in den von ihnen angeführten Artikeln die Rechtsfolge und entscheiden Sie, wie diese Rechtsfolge im vorliegenden Fall konkret aussieht.

4 Die Bank Fides ist wieder im Besitz der verbliebenen Franken 54 000. Herr Immervoll schuldet ihr aber noch Franken 190 000. Da er alles andere als vermögend ist und er der Bank Fides die ausstehenden Franken 190 000 trotz Aufforderung nicht zurückerstattet, kommt es zum Prozess.

A] Herr Immervolls Anwältin beantragt dem Gericht die Abweisung der Klage und beruft sich dabei auf OR 64. Würden Sie als RichterIn dem Antrag der Anwältin stattgeben?

B] Fällt Herr Immervolls Verhalten zivilrechtlich in die Kategorie der Verschuldenshaftung oder der Kausalhaftung? Was ist der Unterschied dieser zwei Haftungsarten und wo ist die Verschuldenshaftung, wo die Kausalhaftung im Gesetz geregelt?

5 Annahme: Die Bank Fides hat den Zivilprozess gewonnen. Doch trotz rechtskräftigem Entscheid hat sie die 190000 Franken immer noch nicht. Beantworten Sie die nachstehenden Fragen mithilfe des Gesetzes und nennen Sie jeweils die entsprechenden Gesetzesartikel.

A] Mithilfe von welchem Gesetz kann die Bank den Gerichtsentscheid vollstrecken lassen?

B] Welche drei grundsätzlichen Verfahrensarten kennt dieses «Vollstreckungsgesetz» und wer bestimmt welches Verfahren im Fall Immervoll zur Anwendung kommt?

C] Herr Immervoll erhebt in dem von der Bank Fides eingeleiteten Vollstreckungsverfahren Rechtsvorschlag. Auf welchem Weg wird die Bank versuchen, Immervolls Rechtsvorschlag zu beseitigen?

D] Neben dem von Ihnen unter C] genannten Weg, kennt das Gesetz noch zwei weitere Möglichkeiten, einen Rechtsvorschlag zu beseitigen. Welche beiden Wege sind das und in welchem Fall kommt welche zur Anwendung?

E] Annahme: Der Rechtsvorschlag wurde von der Bank Fides erfolgreich beseitigt. Die konkrete Zwangsvollstreckung rückt immer näher. Da Herr Immervoll ausser seinem Lohn von 3 900 Franken monatlich und seiner Wohnungseinrichtung weder Einkommen noch Vermögen hat, überlegt er sich, ob das Betreibungsamt ihm den Lohn oder die Einrichtung der Wohnung wegnehmen darf. Was sagt das Gesetz?

F] Herr Immervolls Anwältin rät ihrem Mandanten, Privatkonkurs anzumelden. Was heisst das und wie läuft das Verfahren ab?

G] Annahme: Dem Privatkonkurs wird stattgegeben. Was ist nun der grosse Vorteil für Herr Immervoll?

6 Herr Immervoll hat mit seinem dreisten Verhalten zwei Prozessverfahren ausgelöst. Mithilfe des Zivilprozesses versuchte die Bank Fides, wieder zu ihrem Geld zu kommen. Mit welchem weiteren Prozessverfahren sah sich Herr Immervoll auch noch konfrontiert?

12 Glas AG

Übungsziele

Kapital, Liberierungspflicht, Aktionärsrechte, Aufgaben der Organe bei der Aktiengesellschaft analysieren und beurteilen, Beendigung des Arbeitsvertrags analysieren und beurteilen, Massnahmen bei arbeitsrechtlichen Streitigkeiten einleiten und hinsichtlich ihrer Wirksamkeit einschätzen, Zivilverfahren einleiten und bei Unterliegen entsprechende Rechtsmittel ergreifen, Entstehung und Rechtsfolgen einer ungerechtfertigten Bereicherung aufzeigen.

Theorie

Kap. S. 40, Kap. S. 166, Kap. S. 194

Ausgangslage

Die Glas AG ist seit vielen Jahren erfolgreich im Glas-Recycling tätig. Sie verfügt über ein Grundkapital von 4 Millionen Franken, aufgeteilt in Namenaktien mit einem Nennwert von je Franken 1000. Das Kapital ist nur bis zum nötigen Minimum liberiert. Begründen Sie Ihre Antworten jeweils mithilfe des Gesetzes.

Aufgaben

1

A] Wie viel beträgt im Fall der Glas AG das Minimum der Liberierung? (Nennen Sie neben der gesetzlichen Grundlage auch den konkreten Frankenbetrag).

B] Wie viel muss der Nennwert einer Aktie mindestens betragen?

C] Die Unternehmung plant eine bedeutende Expansion in Skandinavien. Um über die nötigen Mittel dafür zu verfügen, soll das Aktienkapital auf 6 Millionen Franken erhöht werden. Die Neuemission soll durch Inhaberaktien erfolgen, die auch nicht voll liberiert sind. Beurteilen Sie die geplante Kapitalerhöhung bezüglich Zulässigkeit der gewählten Aktienart.

D] Welches Organ kann über diese ordentliche Kapitalerhöhung entscheiden und in welcher Form hat dieser Beschluss zu erfolgen?

E] Um Altaktionäre nicht zu benachteiligen, sollen sie bei der Erhöhung privilegiert behandelt werden, indem sie einen Kaufanspruch auf einen Teil der neuen Aktien geltend machen können. Nennen Sie das beschriebene Recht mit Angabe der Gesetzesquelle.

2

Drei Jahre nach der ordnungsgemäss durchgeführten Kapitalerhöhung stellt sich heraus, dass das Skandinavien-Engagement nicht den gewünschten Erfolg gebracht hat. Deshalb präsentiert sich die Jahresbilanz wie folgt:

Aktiven		**Bilanz per**	**31. Dezember**		**Passiven**
Umlaufvermögen	CHF	2 500 000	Fremdkapital	CHF	3 000 000
Anlagevermögen	CHF	3 500 000	Aktienkapital	CHF	6 000 000
Verlust	CHF	3 500 000	Reserven	CHF	500 000
	CHF	9 500 000		CHF	9 500 000

Was muss der Verwaltungsrat in dieser Situation unternehmen? Begründen Sie Ihre Antwort mithilfe des Gesetzes.

3 Bei der betriebsinternen Revision stellt Revisorin Vega fest, dass Verwaltungsrat Karntig mehrere Millionen Franken unterschlagen hat. Als sie die Unterschlagung Verwaltungsratspräsidentin Reiher mitteilt, fordert dieser sie auf, in dieser Angelegenheit Stillschweigen zu bewahren. Wegen dem Revisionsergebnis und der Stillschweigeforderung kommt es zum Zerwürfnis zwischen Finanzexpertin Vega und ihren Vorgesetzten. Glas AG kündigt Frau Vega und stellt sie frei. Frau Vega fühlt sich ungerecht behandelt. Begründen Sie nachfolgenden Fragen mithilfe des Gesetzes.

A] Was für eine Kündigung liegt hier vor? Wo ist sie im OR geregelt? Nennen Sie den Fachausdruck für diese Art der Kündigung und nennen Sie die Gesetzesartikel, die sie regeln.

B] Was kann Frau Vega gegen die Kündigung unternehmen? Beschreiben Sie mithilfe des Gesetzes die einzelnen Schritte, die Frau Vega beachten muss, um dies zu erreichen.

C] Wenn Frau Vegas ehemalige Arbeitgeberin kein Einsehen hat, an wen kann sich Maria Vega wenden? Argumentieren Sie mithilfe des Gesetzes.

4 Glas AG gerät zunehmend in Schieflage und auch ins Visier der Steuerbehörde. Diese leitet aufgrund entsprechender Hinweise gegen die Glas AG ein Steuerhinterziehungsverfahren ein. Im Zuge des Verfahrens erhält auch Frau Jaeger, die Buchhalterin der Glas AG, eine Vorladung zur Zeugeneinvernahme. Frau Reiher, direkte Vorgesetzte von Frau Jaeger, bittet Frau Jaeger, bei der Einvernahme wahrheitswidrig zu behaupten, es existieren keine Bankkonten, die den Steuerbehörden verheimlicht werden. In diesem Fall würde sie sich auch erkenntlich zeigen und ihr ein Schweigegeld von Franken 80 000 zahlen. Buchhalterin Jaeger ist damit einverstanden, wenn sie sofort Franken 40 000 als Barzahlung erhält. In der Folge wird ihr der Betrag bar übergeben. Als Frau Jaeger in der Strafuntersuchung auf die strafrechtlichen Folgen einer wissentlich falschen Aussage aufmerksam gemacht wird, bekommt sie Angst und beantwortet alle Fragen wahrheitsgetreu. Aufgrund dieser Aussage kann der Nachweis erbracht werden, dass im Laufe der letzten Jahre Kundenzahlungen von über zwei Millionen Franken am Fiskus vorbei vereinnahmt wurden. In der Folge verlangt Frau Reiher von ihrer Buchhalterin die Franken 40 000 mit der Begründung zurück, sie sei «ungerechtfertigt bereichert», weil sie den «Schweigegeldvertrag» nicht erfüllt habe.

A] Wie ist diese Schweigegeldvereinbarung vertragsrechtlich zu qualifizieren? Geben Sie in Ihrer Begründung auch den Gesetzesartikel an, auf den Sie Ihre Antwort abstützen.

B] Besteht für eine allfällige Klage von Frau Reiher auf Rückerstattung der Franken 40 000 Aussicht auf Erfolg? Geben Sie in Ihrer Begründung auch den Gesetzesartikel an, auf den Sie Ihre Antwort abstützen.

13 Stoffhandel Frey

Übungsziele Einzelunternehmung, Kollektivgesellschaft, Geschäftsfirma beurteilen, Vorgehen bei mangelhafter Kaufsache aufzeigen, Grundbegriffe des Schuldbetreibungs- und Konkursrechts erklären, die wichtigsten Verfahrensschritte in Betreibungsverfahren erläutern.

Theorie Kap. S. 99, Kap. S. 194, Kap. S. 216, Kap. S. 230

Ausgangslage

Frau Petra Frey, Stoffhändlerin aus Nyon, erhält per Mail eine Bestellung vom Stoffhaus Modena & Cie. in Zürich für 5 Ballen Designstoff zu Franken 18 000 je Ballen. Händlerin Frey bestätigt die Bestellung schriftlich und stellt die Lieferung auf Ende Monat in Aussicht.

Aufgaben

1 Unternehmerin Frey kennt die Zahlungsmoral des Stoffhauses Modena & Cie. nicht. Wie kann sie sich über diese Frage auf einfache Art informieren? Begründen Sie Ihre Antwort mithilfe des Gesetzes.

2 Der bestellte Stoff trifft pünktlich im Hauptsitz von Modena & Cie. in Zürich ein. Bei der Eingangskontrolle muss die Einkaufverantwortliche jedoch bestürzt feststellen, dass der Stoff wegen Webfehler unbrauchbar ist.

A] Was für eine «Pflicht» trifft Modena & Cie. bei Erhalt der Ware und wie lange hat sie gemäss OR Zeit, dieser Verpflichtung nachzukommen? Begründen Sie Ihre Antwort mithilfe des Gesetzes.

B] Was ist die Folge, wenn Modena & Cie. die Stoffballen ohne Prüfung an Lager nimmt? Begründen Sie Ihre Antwort mithilfe des Gesetzes.

C] Stoffhändlerin Petra Frey bestreitet die Mangelhaftigkeit des gelieferten Stoffs. Sie behauptet, diese Webunregelmässigkeiten seien gewollt. Modena & Cie. weist diese Sichtweise als Schutzbehauptung zurück und will von ihren Rechten Gebrauch machen. Welche Rechte stellt das OR Modena & Cie. bei Lieferung einer mangelhaften Kaufsache grundsätzlich zur Verfügung? Begründen Sie Ihre Antwort mithilfe des Gesetzes.

2 Angela Modena, Geschäftsführerin des Modehauses Modena & Cie., weist deshalb die Debitorenabteilung an, die Frey-Rechnung nicht zu bezahlen. Doch Unternehmerin Frey bleibt hart und leitet nach erfolgloser Mahnung die Betreibung ein, worauf Modena & Cie. Rechtsvorschlag erhebt.

A] Wo muss Verkäuferin Frey das Betreibungsverfahren einleiten? Begründen Sie Ihre Antwort mithilfe des Gesetzes.

B] Wer muss die Kosten für dieses Betreibungsverfahren bezahlen? Begründen Sie Ihre Antwort mithilfe des Gesetzes.

C] Als die Betreibungsbeamtin der Modena & Cie. den Zahlungsbefehl zustellen will, trifft sie ausser einer Sachbearbeiterin und der Lehrtochter niemand in den Geschäftsräumlichkeiten des Stoffhandelsunternehmens Modena vor. Darf die Betreibungsbeamtin die Betreibungsurkunde auch der Sachbearbeiterin oder der Lehrtochter aushändigen?

D] Stoffhändlerin Frey verlangt mit einer Kopie der Bestellung und des Lieferscheins die provisorische Rechtsöffnung, die ihr trotz der Einwendungen von Modena & Cie. gegeben wird. Was kann Modena & Cie. gegen diesen Rechtsöffnungsentscheid unternehmen? Begründen Sie Ihre Antwort mithilfe des Gesetzes.

E] Annahme. Falls Stoffhändlerin Frey vom Zivilgericht Recht bekommen sollte und sie das Betreibungsverfahren gegen Modena & Cie. fortsetzen kann, welcher Art von Schuldbetreibung unterliegt Modena & Cie.? Begründen Sie Ihre Antwort mithilfe des Gesetzes.

F] Ordnen Sie im Zusammenhang mit einem Schuldbetreibungs- und Konkursverfahren folgende Ausdrücke in der richtigen Reihenfolge (1,2,3 etc.) und geben Sie die entsprechende Rechtsgrundlage an.

Reihenfolge	Artikel	
		Aberkennungsklage des Schuldners
		Kollokationsplan
		Verteilungsliste
		Zustellung des Zahlungsbefehls
		Konkursbegehren
		Rechtsöffnungsverfahren
		Eingabe der Forderungen
		Betreibungsbegehren
		Verlustschein
		Öffentliche Versteigerung
		Konkursandrohung
		Fortsetzungsbegehren
		Rechtsvorschlag
		Konkurseröffnung

3 Doch die Stoffballen ist nicht die einzige Sorge, die Geschäftsführerin Modena plagt. Sie ist verwickelt in einen Namensstreit mit dem Konkurrenzunternehmen Modesa. Modena & Cie. ist seit Jahrzehnten bis weit in die Region hinaus ein Begriff für qualitativ hochwertige Stoffe. Zum Streit kam es, als Modesa, die unter diesem Namen seit etwa zehn Jahren in der Westschweiz Modegeschäfte betreibt, unter demselben Namen, nur wenige Gehminuten vom Modena-Hauptsitz entfernt, einen Laden für Damen- und Vorhangstoffe eröffnet.

A] Was für eine Rechtsform hat Modena & Cie. und Modesa? Begründen Sie Ihre Antwort mithilfe des Gesetzes.

B] Was für eine Rechtsform hat Petra Frey, Stoffhandel? Begründen Sie Ihre Antwort mithilfe des Gesetzes.

C] Wenn Sie als RichterIn den Namensstreit entscheiden müssten, welche Geschäftsfirma hätten Sie geschützt? Begründen Sie Ihre Antwort mithilfe des Gesetzes.

14 Software ISSAG

Übungsziele	Unterschied zwischen Kausal- und Verschuldenshaftung erklären, Geschäftsführung und Vertretung bei Unternehmen beurteilen, Auszüge aus dem Handelsregister erläutern.
Theorie	Kap. S. 40, Kap. S. 44, Kap. S. 99, Kap. S. 194, Kap. S. 216

Ausgangslage

Die International Software Solutions AG kurz ISSAG mit Sitz in Zug hat ein Software-Tool entwickelt. Die ISSAG vertreibt dieses an Industriebetriebe, die das Tool zur Steuerung von Produktionsanlagen verwenden. Einer der Programmierer der ISSAG, Tom Lang, der nicht zeichnungsberechtigt ist, hat, weil er sich bei der letzten Lohnerhöhungsrunde übergangen fühlte, einen Bug (Programmierfehler) in das Tool programmiert, der leider, weil er zeitverzögert wirkt, unbemerkt blieb und auch bei genauesten Kontrollen nicht hätte bemerkt werden können. Die ISSAG hat ein sehr gutes und von den Mitarbeiten gewissenhaft angewandtes Qualitätssicherungssystem. Chemo Lab SA in Neuenburg interessiert sich für die neu entwickelte Software und kauft von der ISSAG mit schriftlichem Vertrag vom 5. Oktober ein ordnungsgemäss geprüftes Tool für 25 000 Franken. Der Vertrag enthält keine Garantiebestimmungen. Ausgeliefert wird das Tool am 5. November.

Am 15. Oktober des folgenden Jahres, also mehr als ein Jahr nach Abschluss des Kaufvertrages, macht sich der Bug bemerkbar. An der Farbmischmaschine der Chemo Lab entsteht deshalb ein Schaden von 150 000 Franken. Dazu kommt noch ein voraussichtlicher Schaden aus Produktionsstillstand in derselben Höhe. Sie sind Geschäftsführer der Chemo Lab und werden über den Schaden umgehend informiert.

Beantworten Sie die nachstehenden Fragen (mit Angaben aller notwendigen Gesetzesartikel).

Aufgaben

1

A] Welche beiden Schritte muss die Chemo Lab innert welcher Frist einleiten, um ihre Rechte aus dem Schadenfall zu wahren? Begründen Sie Ihre Antworten mithilfe des Gesetzes.

B] Welche Ansprüche kann die Chemo Lab gegen die ISSAG stellen (alle in Frage kommenden Ansprüche mit Gesetzesartikel anführen? Begründen Sie Ihre Antworten mithilfe des Gesetzes.

C] Prüfen Sie, ob die unter B) aufgeführten Ansprüche von einem Verschulden der ISSAG abhängen oder nicht. Dabei lassen Sie die Frage, wer das Verschulden bzw. das Nichtverschulden beweisen muss, noch offen. Begründen Sie Ihre Antworten mithilfe des Gesetzes.

D] Muss Chemo Lab das Verschulden der ISSAG beweisen oder muss die ISSAG ihr Nichtverschulden beweisen? Begründen Sie Ihre Antworten mithilfe des Gesetzes.

E] Ist aufgrund des geschilderten Sachverhaltes ein Verschulden der ISSAG gegeben. Begründen Sie Ihre Antworten mithilfe des Gesetzes.

2

Um die Ansprechpartner bei ISSAG zu kennen, besorgen Sie sich einen HR-Auszug der Firma.Dieser enthält folgende Angaben:

Firma	ISSAG International Software Solutions AG
Sitz	Zug
Adresse der Firma	Baarerstrasse 13, 6300 Zug
Aktienkapital (CHF)	25 000 000
Liberierung (CHF)	12 500 000
Aktien-Stückelung	62 500 Namenaktien zu CHF 400.–

Zweck	Entwicklung und Vertrieb von Software, Leitung und Finanzierung von Unternehmungen im In- und Ausland; Beteiligungen
Bemerkungen	Mitteilungen erfolgen schriftlich. Die Namenaktien sind vinkuliert.
Statutendatum	19. 04.1996
Besondere Tatbestände	Gemäss Fusionsvertrag vom 24. 04. 2002 und Bilanz per 31. 12. 2001 übernimmt die Gesellschaft nach Massgabe von Art. 748 OR die International Finance AG in Zug, mit sämtlichen Aktiven von CHF CHF 12 163 000.– und dem gesamten Fremdkapital von 5 768 000.–. Da die Gesellschaft bereits Eigentümerin sämtlicher Aktien der übernommenen Gesellschaft ist, erlöschen diese Aktien und das Aktienkapital der übernehmenden Gesellschaft bleibt unverändert.
Publikationsorgan	SHAB
Zweigniederlassung	Bern, Basel, Zürich, Lausanne
Personalangaben	Boesch Peter, Präsident VR, Einzelunterschrift Poschiavo Adriano, Mitglied VR, Kollektivunterschrift zu zweien Preisig Heinrich, Mitglied VR, Kollektivunterschrift zu zweien Bühler Ursula, Mitglied der Geschäftsleitung, Kollektivunterschrift zu zweien Weingand Winfried, Mitglied der Geschäftsleitung, Kollektivunterschrift zu zweien Luethy Fridolin, Mitglied der Geschäftsleitung, Kollektivunterschrift zu zweien Holzer Felix, Mitglied der Direktion, Kollektivunterschrift zu zweien Früh Ruth, Mitglied der Direktion, Kollektivunterschrift zu zweien Ferré Jacques, Mitglied der Direktion, Kollektivunterschrift zu zweien Spuhler Heinrich, Mitglied der Direktion, Kollektivunterschrift zu zweien Conte Hansrudolf, Mitglied der Direktion, Kollektivunterschrift zu zweien Auenstein Astrid, Kollektivprokura zu zweien beschränkt auf den Hauptsitz Von Matten Helen, Kollektivprokura zu zweien beschränkt auf den Hauptsitz

A] An wen wenden Sie sich mit ihrem Problem, wenn Sie bei den Verhandlungen von Beginn weg «Nägel mit Köpfen» machen wollen? Erläutern Sie mithilfe des Gesetzes die vorstehenden Personalangaben hinsichtlich dieser Frage.

B] Was heisst Kollektivunterschrift zu zweien?

C] Was bedeutet der HR-Eintrag «die Namenaktien sind vinkuliert»? Beantworten Sie die Frage mithilfe des Gesetzes.

D] Neben ISSAG muss auch Tom Lang für sein Handeln einstehen. Sowohl Chem Lab als auch ISSAG können von Informatiker Lang Schadenersatz fordern. Aufgrund welcher gesetzlichen Bestimmungen?

E] Tom Lang ist gegenüber seiner Arbeitgeberin ISSAG für sein Tun verantwortlich. Handelt es sich bei dieser Haftung um eine Verschuldens- oder eine Kausalhaftung?

F] Was ist der Unterschied zwischen Verschuldens- und Kausalhaftung?

G] Entscheiden Sie, ob das Gesetz in OR 101 eine Verschuldens- oder eine Kausalhaftung regelt.

15 Bäckerei Zürcher

Übungsziele

Entstehung einer Obligation beurteilen, den Unterschied zwischen Kausal- und Verschuldenshaftung erläutern, Rechtsfolgen einer unerlaubten Handlung aufzeigen, bei ausstehenden Geldforderungen das betreibungsrechtliche Einleitungsverfahren durchführen, Zivilverfahren einleiten und bei Unterliegen entsprechende Rechtsmittel ergreifen, Rechtsansprüche des Arbeitgebers bei Pflichtverletzungen des Arbeitnehmers erläutern, Beendigung des Arbeitsvertrags beurteilen.

Theorie

Kap. S. 33, Kap. S. 44, Kap. S. 145, Kap. S. 166, Kap. S. 230

Ausgangslage

In der Nacht vom Samstag auf Sonntag trieben es der elfjährige Fynn und seine zehnjährige Freundin Tonia in der Winterthurer Bäckerei Zürcher allzu bunt. Sie beobachteten wie Bäckereimitarbeiter Joe Blättler die Backstube verliess, ohne diese abzuschliessen. Diese Gelegenheit nutzten die beiden, drangen in die Bäckerei ein, schlitzten dort mehrere Dutzend Mehlsäcke auf, warfen Hunderte Eier an Wände und Decken, plünderten die Kühlschränke und warfen mit Teig und Torten nur so um sich. Die Bäckersfrau Zürcher, die oben in der Wohnung ihren Feierabend genoss, hörte unten in der Backstube das Scheppern und Schlagen und erwischte die Kinder auf frischer Tat. Der Sachschaden inklusive Reinigungskosten beträgt 5 800 Franken.

Beantworten Sie die nachstehenden Fragen mithilfe des Gesetzes und nennen Sie jeweils die entsprechenden Gesetzesartikel.

Aufgaben

1

A] Sind durch die Teig- und Tortenschlacht von Fynn und Tonia Obligationen entstanden? Wenn ja, welche und wer kann gegebenenfalls welchen Anspruch gegen wen stellen?

B] Können sich die für den Schaden verantwortlichen Personen von ihrer Haftung befreien? Wenn ja, wie?

C] Angenommen, es kommt im vorliegenden Fall zu einem Gerichtsverfahren. Wer muss den von Fynn und Tonia angerichteten Schaden beweisen? Welche Gesetzesbestimmung regelt diese Frage?

D] Fällt Fynns und Tonias Verhalten in die Kategorie Verschuldenshaftung oder Kausalhaftung? Was ist der Unterschied dieser zwei Haftungsarten?

2

Die Bäckerei Zürcher fordert die für den Schaden Verantwortlichen auf, den Schadensbetrag von 5 800 Franken innert 30 Tagen zu begleichen. Doch diese bezahlen nicht.

A] Mithilfe welchen Gesetzes kann die Bäckerei Zürcher die Forderung eintreiben?

B] Herr und Frau Zürcher leiten mithilfe des vorgenannten Gesetzes ein Vollstreckungsverfahren ein. Die für den Schaden verantwortlichen Personen setzen sich dagegen zur Wehr. Wie heisst das Abwehrmittel, das sie dabei ergreifen?

C] Was kann Herr Zürcher unternehmen, um das genannte Abwehrmittel auszuhebeln?

3 A] Könnten Herr und Frau Zürcher auch ihren Mitarbeiter Joe Blättler für den entstandenen Schaden verantwortlich machen?

B] Falls Herr und Frau Zürcher den Ersatz des entstandenen Schadens bei ihrem Mitarbeiter Blättler einforderten: Sehen Sie eine Möglichkeit, wie sich Arbeitnehmer Blättler von dieser Haftung befreien könnte?

C] Joe Blättler ist entrüstet, dass Frau Zürcher ihn für den Schaden verantwortlich macht. Er hat genug und möchte das Arbeitsverhältnis mit Arbeitgeber Zürcher möglichst schnell auflösen. Welche Kündigungsfristen und Kündigungstermine muss er beachten, wenn er seit gut eineinhalb Jahren bei Zürcher arbeitet?

D] Herr Blättler möchte weder Kündigungsfrist noch Kündigungstermin beachten – er will fristlos kündigen. Darf er das? Wenn ja, wie? Begründen Sie mithilfe des Gesetzes.

E] Muss Joe Blättler mit Folgen rechnen, falls er ungerechtfertigt fristlos kündigt? Begründen Sie mithilfe des Gesetzes und nennen Sie die gesetzliche Grundlage.

16 Oberstadtgass GmbH

Übungsziele Gesellschaft mit beschränkter Haftung hinsichtlich Gründung, Kapital, Organen, Geschäftsführung, Vertretung und Geschäftsfirma beurteilen, Beendigung des Mietvertrags beurteilen, Mieterschutz erläutern, Entstehung und Rechtsfolgen einer ungerechtfertigten Bereicherung beurteilen.

Theorie Kap. S. 123, Kap. S. 129, Kap. S. 131, Kap. S. 194

Ausgangslage

Grafiker Jacques Streuli trifft nach Jahren seinen Jugendfreund Rudolf Walter, von Beruf Innenarchitekt, zufällig in der Rio Bar wieder. Da beide beruflich eine neue Herausforderung suchen, entscheiden sie sich, gemeinsam eine GmbH zu gründen, im Bereich Ladenbau und Restaurantausstattung.

Beantworten Sie die nachstehenden Fragen mithilfe des Gesetzes und nennen Sie jeweils die entsprechenden Gesetzesartikel.

Aufgaben

1

A] Beschreiben Sie die vier wesentlichen Schritte, die Streuli und Walter bei der Gründung ihrer GmbH beachten müssen. Geben Sie zu den einzelnen Schritten jeweils auch die gesetzliche Grundlage an.

B] Da beide in der Zofinger Altstadt aufgewachsen sind, möchten sie ihre Gesellschaft Oberstadtgass GmbH nennen. Ist dieser Name zulässig? Welche Grundsätze müssen Streuli und Walter grundsätzlich bei der Namenwahl beachten? Begründen Sie mithilfe des Gesetzes.

2

Streuli und Walter sind ein gutes Team. Sie haben jedes Jahr mehr Erfolg. Vor allem Innenarchitekt Walter zeigt Geschäftssinn und möchte nach Deutschland expandieren. Er sucht für dieses Vorhaben Partner. Jacques Streuli steht den Expansionsplänen skeptisch gegenüber. Trotzdem inseriert Rudolf Walter in der Frankfurter Zeitung. Auf das Inserat meldet sich Hanns-Konrad Meienburg aus München. Herr Meienburg ist an einer geschäftlichen Zusammenarbeit interessiert und bereit, sich als Gesellschafter an der Oberstadtgass GmbH zu beteiligen.

A] Herr Meienburg liest die Statuten der Oberstadtgass GmbH und sieht, dass Jacques Streuli und Rudolf Walter bei Beschlüssen der Gesellschafterversammlung ein allgemeines Vetorecht zukommt. Die Statuten nennen zudem die Voraussetzungen, nach denen das Vetorecht auf Streulis und Walters Nachkommen übertragen werden kann. Was versteht das OR unter Vetorecht? Nennen Sie auch die gesetzlichen Voraussetzungen (Tatbestandsmerkmale), die bei einem Vetorecht beachtet werden müssen.

B] Sind die gesetzlichen Regeln bezüglich das Vetorecht im vorliegenden Fall beachtet worden?

C] Annahme: Herr Walter möchte Herrn Meienburg einen Teil seiner Stammanteile abtreten. Welche Form sieht das Gesetz für die Abtretung von Stammanteilen vor?

D] Annahme: Jacques Streuli ist nicht einverstanden, dass Rudolf Walter einen Teil seiner Stammanteile an Herrn Meienburg abtritt. Jacques Streuli besitzt vier Stammanteile à 5 000 Franken, Rudolf Walter hingegen sechs Stammanteile à 5 000 Franken. Kann Walter gegen den Willen seines Mitgesellschafters Streuli Stammanteile an Meienburg abtreten?

E] Annahme: Herr Meienburg hat im Hinblick auf die geplante Übernahme der Stammanteile Herrn Walter bereits eine Anzahlung von 10 000 Franken überwiesen. Aus verschiedenen Gründen kommt die Abtretung der Stammanteile jedoch nicht zustande. Ist eine Obligation entstanden? Wenn ja, gegen wen? Begründen Sie mithilfe des Gesetzes.

3 A] Annahme: Ein Jahr später einigen sich Streuli, Walter und Meienburg. Meinburg wird als Gesellschafter in die GmbH aufgenommen, wobei Streuli und Walter je gleich viele Stammanteile an Meienburg abtreten. Müssen deswegen die Statuten geändert werden?

B] Muss Herr Meienburg als neuer Gesellschafter ins Handelsregister eingetragen und im SHAB veröffentlicht werden?

C] Der junge Meienburg bringt Schwung in die Oberstadtgass GmbH. Schon bald mangelt es auf dem firmeneigenen Gelände an Platz und vor allem an Parkplätzen für die Kunden. Die Oberstadtgass GmbH mietet deshalb sechs Parkplätze auf dem Nachbargrundstück für je 150 Franken monatlich. Nach gut einem Jahr bekommen sie von der Vermieterin eine eingeschriebene Sendung. Die Vermieterin will künftig für die Parkplätze 480 Franken monatlich. Herr Streuli findet das unverschämt. Er will die Mietzinserhöhung von mehr als 200% nicht hinnehmen. Kann er sich mithilfe des Mietrechts wehren?

D] Falls die Oberstadtgass GmbH den Mietvertrag für die Parkplätze kündigen möchte, welche Kündigungsfrist und welcher Kündigungstermin wären zu beachten?

17 E. Hegetschweiler AG

Übungsziele

Die richtige Erfüllung eines Kaufvertrags beurteilen, aus Erfüllungsfehlern und Vertragsverletzungen entstehende Ansprüche geltend machen, bei Erfüllungsfehlern und Vertragsverletzungen gesetzliche Fristen einhalten, Handlungsvollmachten des kaufmännischen Personals beurteilen, Zivilverfahren einleiten und bei Unterliegen entsprechende Rechtsmittel ergreifen.

Theorie

Kap. S. 33, Kap. S. 65, Kap. S. 71, Kap. S. 99, Kap. S. 209

Ausgangslage

Die heute 59-jährige Hobbymusikerin Therese Früh kaufte vor eineinhalb Jahren die italienische Meistervioline Andrea Amati di Cremona für 160 000 Franken. Das Zürcher Musikhaus E. Hegetschweiler AG glaubte, dass es sich um eine echte Amati handelte, und bestätigt der Käuferin Früh dies schwarz auf weiss.

Als Therese Früh vergangene Woche die Geige versichern wollte und der Versicherung eine Wertbestätigung vorlegen musste, verweigerte ihr der mit der Schätzung beauftragte Experte diese Bestätigung, weil die Violine bei weitem nicht 160 000 Franken wert sei. Frau Früh fällt aus allen Wolken und verlangt vom Musikgeschäft den Kaufpreis zurück. Sowohl der gerichtlich eingesetzte Londoner Gutachter als auch der vom Musikhaus E. Hegetschweiler AG eingesetzte Privatgutachter schliessen aus, dass die Geige aus Amatis Atelier stammt.

Beantworten Sie die nachstehenden Fragen mithilfe des Gesetzes und nennen Sie jeweils die entsprechenden Gesetzesartikel.

Aufgaben

1

A] Was sind die Voraussetzungen für das gültige Zustandekommen des Kaufvertrags zwischen Früh und E. Hegetschweiler AG? Nennen Sie die Voraussetzungen und prüfen Sie, ob sie im vorliegenden Fall erfüllt sind.

B] Frau Früh fordert vom Musikhaus E. Hegetschweiler den Kaufpreis zurück, weil die Geige die ausdrücklich zugesicherte Eigenschaft – nämlich eine Meistergeige aus dem Atelier Amati zu sein – nicht hat. Wie beurteilen Sie Therese Frühs Chance, aufgrund der kaufvertraglichen Sachgewährleistungsregeln, den Kaufpreis zurückzubekommen?

C] Annahme: Die E. Hegetschweiler AG weigert sich, die Geige zurückzunehmen, weil kein rechtlich durchsetzbarer Anspruch aus Sachgewährleistung besteht. Welchen Anspruch könnte Frau Früh auch noch prüfen und wie beurteilen Sie Frühs Chancen in diesem Fall

D] Ein Freund von Therese Früh behauptet, beim Geigenkauf liege ein Fall von Übervorteilung vor. Ist dem so? Nennen Sie zunächst sämtliche gesetzlichen Voraussetzungen (Tatbestandsmerkmale) und die entsprechende Rechtsfolge. Prüfen Sie anschliessend jede einzelne dieser Voraussetzungen und geben Sie an, ob diese im vorliegenden Fall erfüllt ist oder nicht. Schliessen Sie dann aus Ihrem Ergebnis, ob eine Übervorteilung vorliegt oder nicht.

2

Nachdem Frau Früh die schlechte Neuigkeit vom Experten erfahren hat, wendet sie sich an Herrn Baer, den Geschäftsführer des Musikhauses E. Hegetschweiler, und fordert den Kaufpreis samt Zinsen zurück. Als auch der von Herr Baer beauftragte Experte bestätigt, dass es sich bei der von Frau Früh gekauften Geige um eine wenig wertvolle Geige eines unbekannten französischen Geigenbauers handelt, erklärt er sich schriftlich mit der Rückgabe des Kaufpreises einverstanden inklusive eines Zinses von 5 Prozent.

Einen Tag vor Auszahlung des Betrags erfährt Frau Erika Hegetschweiler, Präsidentin und Delegierte des Verwaltungsrats der E. Hegetschweiler AG, von der geplanten Rückabwicklung des Kaufvertrags. Gemäss Handelsregister besitzt Frau Hegetschweiler Einzelunterschrift, während Herr Baer im HR mit dem Vermerk Kollektivunterschrift zu zweien eingetragen ist.

A] Kommentieren Sie die Begriffe Delegierte des Verwaltungsrats, Handelsregister, Einzelunterschrift, Kollektivunterschrift zu zweien.

B] Ist die von Herrn Baer unterzeichnete Erklärung gültig?

---

3. A] Verwaltungsratspräsidentin Erika Hegetschweiler zeigt keine Kompromissbereitschaft in der Sache Früh. Sie beauftragt einen Anwalt. Die Parteien können sich nicht einigen. Hobbygeigerin Früh sieht sich gezwungen, vor Gericht zu gehen. Welche Art von Gerichtsverfahren kommt hier zur Anwendung?

B] An welche Instanz musste sich Frau Früh als Erstes wenden?

C] Annahme: Die Parteien einigen sich vor dieser Instanz nicht. Welches ist die nächsthöhere Instanz?

D] Wie glauben Sie, ist der Prozess entschieden worden? Wer musste die Verfahrenskosten bezahlen?

Teil K Anhang

Antworten zu den Repetitionsfragen

1 Seite 13

Die Moral genügt zur Friedenssicherung in der Gesellschaft nicht, weil es sich bei der Moral um innere Verhaltensregeln des Menschen handelt, die gerichtlich nicht durchgesetzt werden können. Von den menschlichen Verhaltensregeln ist einzig das Recht gerichtlich durchsetzbar und erzwingbar.

2 Seite 13

A] Recht (Verstoss gegen gesetzlich vorgeschriebene Promillegrenze)

B] Brauch (Verstoss gegen einen Brauch)

C] Sitte (Verstoss gegen die Sitte, sich entsprechend zu kleiden, d. h., eine katholische Kirche mit bedeckten Schultern und Knien zu betreten)

3 Seite 25

A] Bei jeder **Verfassungsänderung** kann der Stimmbürger mitbestimmen (Volksabstimmung ist zwingend). Bei einer **Gesetzesänderung** kann der Stimmbürger nur mitbestimmen, wenn Bürger gegen das vom Parlament angenommene Gesetz genügend Unterschriften sammeln und so das fakultative Referendum ergreifen. **Verordnungen** werden ohne direkte Mitwirkung der Stimmbürger erlassen oder geändert, müssen aber auf einer gesetzlichen Grundlage beruhen, sodass wenigstens eine indirekte Mitwirkung vorliegt.

B] Verordnungen müssen übergeordneten Rechtsregeln, d. h. Gesetz und Verfassung, entsprechen. Verordnungen dürfen nur erlassen werden, wenn ein Gesetz einen entsprechenden Auftrag enthält.

4 Seite 26

Art.	Antwort	Art.	Antwort
OR 868	**Dispositiv**	OR 791	**Zwingend**
OR 329a I	**Relativ zwingend**	OR 335	**Zwingend**
OR 216b I	**Dispositiv**		

5 Seite 26

A] Strassenverkehrsrecht: **Öffentliches Recht.**

B] Schadenersatzforderung: **Privatrecht.**

C] Im **Privatrecht,** denn hier entscheidet der Berechtigte (Gläubiger) selbst, ob er ein Recht durchsetzen will.

6 Seite 26

1. **«die Person»** im Personenrecht; 2. **«die Familie»** im Familienrecht; 3. **«das Erben»** im Erbrecht; 4. **«die Sachen»** im Sachenrecht; 5. **«die Geschäftsbeziehungen»** im Obligationenrecht.

7 Seite 32

A] OR 3 II.

B] OR 24 I Ziff 4.

8 Seite 32

A] **OR 1 I:** Damit es zum Abschluss eines zweiseitigen Rechtsgeschäfts kommt, sind inhaltlich übereinstimmende Willenserklärungen der Parteien erforderlich.

B] **OR 41 I:** Wer einem andern durch sein unerlaubtes Verhalten (Widerrechtlichkeit) mit Wissen und Willen oder durch Unsorgfalt (Verschulden) eine Vermögenverminderung (Schaden) verursacht (Kausalzusammenhang), muss dem Geschädigten den entstandenen Schaden decken (Schadenersatz).

C] **OR 62 I:** Wer ungerechtfertigt aus dem Vermögen eines andern einen Vermögensvorteil erhält, muss diesen Vermögensvorteil zurückerstatten.

9 Seite 32

1. Schritt: Sachverhalt (Problemstellung) analysieren.

Wie lautet die Frage genau?	Muss Herr Böni die 5000 Franken an seine Frau bezahlen?
Welches sind die wichtigen Stichwörter?	• Verheiratet → Ehe ist wichtig, weil es möglich ist, dass das Eherecht Sonderregeln kennt für Verträge und andere Rechtsgeschäfte unter Eheleuten. • Darlehensvertrag • Verjährt; Verjährung.
Zu welchem Thema (Gesetz) gehört der Sachverhalt	• Eherecht → im ZGB nachprüfen, ob allenfalls Bestimmungen für Rechtsgeschäfte unter Ehegatten gelten. • Darlehensvertrag und Verjährung →Im OR Regeln nachschlagen.

2. Schritt: Zutrefffende Rechtsgrundlage, d. h. Gesetzesbestimmung suchen.

	«Ehe» – Verträge, Rechtsgeschäfte und Ehegatten:
Suchstrategie 1: Stichwortverzeichnis	→ vermutlich sind sie über das Stichwortverzeichnis nicht fündig geworden.
Suchstrategie 2: Inhaltsverzeichnis (=Aufbau des Gesetzes)	Es geht um Eherecht – Rechte und Pflichten von Ehegatten während der Ehe. • Eherecht ist die erste Abteilung im zweiten Teil «Familienrecht»: → Rechte und Pflichten sind in fünftem Titel als H «Rechtsgeschäfte der Ehegatten» → ZGB 168 und 169. • ZGB 168 lautet: «Jeder Ehegatte kann mit dem anderen oder mit Dritten Rechtsgeschäfte abschliessen, sofern das Gesetz nichts anderes bestimmt.» ZGB 169 nennt eine Beschränkung für die Familienwohnung sonst nichts. Zwischenresultat: Das Eherecht kennt keine Beschränkungen für den Abschluss solcher Rechtsgeschäfte. Ein Darlehensvertrag unter Ehegatten ist zulässig.
	Darlehensvertrag/Verjährung:
Suchstrategie 1: Stichwortverzeichnis	Hier liefert die Suchstrategie «Stichwortverzeichnis» zweifellos gute Resultate. → Darlehen: OR 312–318 → Verjährung: OR 127–142
Suchstrategie 2: Inhaltsverzeichnis (=Aufbau des Gesetzes)	

3. Schritt: Gesetzesbestimmung analysieren.

Wie lauten die gefundenen Gesetzesbestimmungen genau?	Herr Böni verweigert die Bezahlung, weil er behauptet sie sei verjährt. OR 315 befasst sich mit der Verjährung: *«Der Anspruch des Borgers auf Aushändigung und der Anspruch des Darleihers auf Annahme des Darlehens verjähren in sechs Monaten vom Eintritte des Verzugs an gerechnet.»* → Die Bestimmung passt aber nicht auf unseren Fall, weil sie sich mit der Aushändigung des Darlehens und nicht mit der Rückzahlung des ausgehändigten Darlehens befasst. OR 127 – 142 befassen sich mit der Verjährung: Für die Darlehensforderung gilt eine Verjährungsfrist von 10 Jahren nach OR 127 (keine Regelung in OR 312 ff; keine Erwähnung in OR 128). Nach OR 127 ist die Forderung als spätestens Ende 2002 verjährt. So gesehen hat Herr Böni recht. Aber! – OR 134 I Ziff. 3 enthält eine Sonderbestimmung für Ehegatten während der Ehe. Forderungen unter Ehegatten verjähren während der Dauer der Ehe nicht.
Passt die gefundene Gesetzesbestimmung zum Fall?	• OR 127 und OR 134 I Ziff. 3 passen.

4. Schritt: Gesetzesbestimmung auf Problemstellung anwenden, daraus die Schlussfolgerung (Rechtsfolge) ziehen und das Resultat begründen.

Beantwortung der Frage aufgrund der gefundenen Gesetzesbestimmungen und Begründung der Antwort	Antwort: Frau Böni kann auf der Rückzahlung der gemäss Darlehensvertrag geliehenen 5 000 Franken bestehen. Begründung mit Verweis auf Gesetzesartikel: Zwar gilt für die Forderung nach OR 127 eine Verjährungsfrist von 10 Jahren, während der Dauer der Ehe steht die Verjährungsfrist für Forderungen unter Ehegatten aber still (OR 134 I Ziff. 3). Deshalb ist die Forderung nicht verjährt.

10 Seite 38

A] Das **materielle Recht** äussert sich zur Frage, wann eine Gläubigerin (Monika Meier) das Recht hat, von einem Schuldner (Kurt Dällenbach) etwas (Schadenersatz) zu verlangen.

B] Frau Meier muss ihren Anspruch mit dem **Zivilverfahrensrecht** durchsetzen, da ihr **Schadenersatzanspruch** ein **zivilrechtlicher** ist (SVG 58).

C] Monika Meier muss folgende drei Grundsätze des Zivilprozessrechts beachten:

- **Wo kein Kläger, da kein Richter:** Das Gericht wird nur aktiv, wenn Frau Meier klagt.
- **Der Gläubiger muss am Wohnsitz des Schuldners klagen (Gerichtsstand):** Frau Meier muss am Wohnsitz von Herrn Dällenbach klagen.
- **Wer eine Tatsache behauptet, muss diese vor Gericht beweisen (Beweisregel):** Frau Meier muss vor Gericht beweisen, dass Herr Dällenbach den Schaden verursachte.

11 Seite 38

A] Behörden wenden mit dem Instrument der **Verfügung** Verwaltungsrecht an.

B] Der Betroffene findet mithilfe der **Rechtsmittelbelehrung** heraus, wie er sich gegen einen Behördenentscheid wehren kann. Die im Behördenentscheid enthaltene Rechtsmittelbelehrung gibt Auskunft darüber, innert welcher **Frist** der Behördenentscheid mit welchem **Rechtsmittel** bei welcher **Rechtsmittelinstanz** angefochten werden kann.

12 Seite 38

A] Rechtskraft heisst, dass ein **Entscheid** (Zivilverfahren) **Urteil** (Stafverfahren) **vollstreckt werden kann.**

B] Eine Verfügung ist rechtskräftig, sobald die in der Verfügung **angegebene Bestreitungsfrist** (Rechtsmittelfrist) **unbenutzt verstrichen** ist bzw. **alle zur Verfügung stehenden Rechtsmittel** (Einsprache, Beschwerde) **ausgeschöpft** sind.

C] Ein Entscheid/Urteil ist rechtskräftig, sobald die im Entscheid/Urteil **angegebene Bestreitungsfrist** (Rechtsmittelfrist) **unbenutzt verstrichen** ist bzw. **alle zur Verfügung stehenden Rechtsmittel** (Beschwerde u. a.) **ausgeschöpft** sind.

13 Seite 38

Die vier Schritte sind: 1. Einleitung der Strafverfolgung, 2. Untersuchungsverfahren, 3. Strafprozess (erste Instanz, zweite Instanz, evtl. Bundesgericht als dritte Instanz), 4. Strafvollzug.

14 Seite 43

A] Die Obligation zwischen Karin Scheuchzer und Lorenzo Arioli besteht in einem Vertragsverhältnis (OR 1 ff.).

B] Gläubigerin ist Karin Scheuchzer, denn sie hat Lorenzo Arioli CHF 50.– geliehen. Schuldner ist Lorenzo Arioli, denn er hat sich verpflichtet, die geliehenen CHF 50.– Karin Scheuchzer zurückzugeben.

15 Seite 43

A] Karin Scheuchzer stützt sich auf den Rechtsgrund «Vertrag» ab.

B] Falls Lorenzo Arioli, ohne zu fragen, Karin Scheuchzers Kugelschreiber genommen und verloren hat, würde der Rechtsgrund «unerlaubte Handlung» vorliegen (OR 41 ff.).

C] Folgende vier Voraussetzungen müssen erfüllt sein, wenn Karin Scheuchzer von Lorenzo Arioli die CHF 50.– fordern will: widerrechtliches Handeln, Schaden, Verschulden, Kausalzusammenhang.

D] Karin Scheuchzer stützt sich auf den Rechtsgrund «ungerechtfertigte Bereicherung» (OR 62 ff.). Würde Lorenzo Arioli die CHF 50.– behalten, wäre er ohne rechtlichen Grund aus dem Vermögen von Karin Scheuchzer bereichert.

16 Seite 43

	Vertrag	Unerlaubte Handlung	Ungerechtfertigte Bereicherung
Fredi Flammer borgt sich von Susi Schedler ohne zu fragen das Auto und verbraucht 10 l Benzin.			☒
Jan Lieberherr hilft dem Bauern Kalbermatten beim Melken der Kühe und erhält dafür 20 l Milch.	☒		
Samuel Schnell verstaucht sich beim Joggen den Knöchel.			
Bruno Bell touchiert mit seinem Fahrrad eine Fussgängerin und verletzt sie.		☒	
Der Onkel verspricht seinem Neffen, ihm ein Auto zu schenken, wenn dieser bis zu seiner Mündigkeit nicht raucht.	☒		
Anton Ruoss verkauft dem 16-jährigen Ahmed ein Mofa. Als Ahmeds Eltern dem Kauf nicht zustimmen wollen, verlangt Anton Ruoss das Mofa zurück.			☒

17 Seite 51

Die Treppe hätte durch eine bessere Beleuchtung und eine Markierung sicherer gestaltet werden können. Ein Werkmangel liegt vor, weil keine Sicherheitsvorkehrungen getroffen wurden. Der Eigentümer des Restaurants Sonne muss für den Schaden aufkommen (OR 58).

18 Seite 51

A] Scharfe Kausalhaftung der Automobilistin.

B] Die Automobilistin kann sich nicht befreien, weil keiner der Gründe vorliegt, die von einer scharfer Kausalhaftung befreien (durch grobes Drittverschulden, grobes Selbstverschulden des Geschädigten oder durch höhere Gewalt wird der adäquate Kausalzusammenhang unterbrochen).

19 Seite 51

In beiden Fällen geht es um die Frage des adäquaten Kausalzusammenhangs:

A] Adäquater Kausalzusammenhang ist gegeben (die Handlung ist nach dem gewöhnlichen Lauf der Dinge geeignet, ein bestimmtes Resultat zu bewirken) ist gegeben.

B] Adäquater Kausalzusammenhang fehlt; der Autofahrer kann nicht für den Herzinfarkt der Drittperson verantwortlich gemacht werden.

20 Seite 51

1. **Finanzieller Schaden** gegeben in der Höhe von CHF 2 500.–.
2. **Widerrechtlichkeit** gegeben. Schädigung fremden Eigentums.
3. **Verschulden** gegeben. Kugler verhält sich zumindest fahrlässig, sonst würde er nicht ohne Fremdeinwirkung die Kontrolle über das Board verlieren. Als 17-Jähriger ist er zweifellos urteilsfähig.
4. **Adäquater Kausalzusammenhang** gegeben. Wer mit dem Skateboard auf dem Trottoir fährt, die Kontrolle verliert und gegen eine Schaufensterscheibe stürzt, muss nach dem normalen Lauf der Dinge damit rechnen, dass diese in die Brüche geht.

Da alle vier Voraussetzungen der unerlaubten Handlung erfüllt sind, wird Kugler schadenersatzpflichtig.

21 Seite 51

A] Solche Haftungen heissen Kausalhaftungen.

B] Der Unterschied zur Haftung nach OR 41 ist, dass der Haftpflichtige unabhängig von seinem Verschulden haftet.

C] Richtig ist Ihre Antwort, wenn Sie zwei der folgenden Kausalhaftungen genannt haben: Geschäftsherrenhaftung (OR 55), Tierhalterhaftung (OR 56 und 57), Werkeigentümerhaftung (OR 58), Haftung des Motorfahrzeughalters (SVG 58/59), Haftung des Familienoberhaupts (ZGB 333), Produktehaftung (nach PrHG).

22 Seite 63

A] **Nein,** das Angebot der «Sun + Fun AG» ist eine unverbindliche Offerte. Inserate, Kataloge, Prospekte, Preislisten und dergleichen sind gemäss OR 7 II keine Anträge.

B] Marianne Schilds Annullation ist **kein Widerruf** im Sinne von OR 9, weil die Annullation zu spät erfolgt. Sie hätte vor oder gleichzeitig mit der Buchung beim Reiseveranstalter eintreffen müssen und nicht erst zwei Tage später.

C] Der Internet-Vertrag erfüllt das Erfordernis der Schriftlichkeit nicht, da er nicht **eigenhändig** unterschrieben werden kann (OR 14 I).

23 Seite 63

A] Laura Jacobi kann unter der Voraussetzung, dass sie urteilsfähig und nicht entmündigt ist, Verträge gültig abschliessen.

B] Wenn Laura Jacobi vor drei Wochen den 17. Geburtstag gefeiert hätte, wäre sie noch unmündig und könnte nur mit Zustimmung der gesetzlichen Vertreter Verträge abschliessen (ZGB 19 I). Ohne Zustimmung ist der Vertrag nur gültig, wenn Laura Jacobi aus ihrem Arbeitserwerb/Taschengeld bezahlt (ZGB 323).

24 Seite 63

Nein, hier ist kein Vertrag entstanden, und zwar aus folgendem Grund:

Im ersten Gespräch hat A das Bike für CHF 1 000.– angeboten und B hat abgelehnt. Weil es um eine Offerte unter Anwesenden geht, ist As Bindung an seine Offerte damit erloschen.

Im zweiten Telefongespräch unterbreitet nun B eine neue Offerte. A, der nicht mehr an seine alte Offerte gebunden ist, lehnt ab und unterbreitet eine Gegenofferte zum Preis von CHF 1 200.–. Diese lehnt B ab. Seine Behauptung, er könne den Vertrag für CHF 1 000.– abschliessen, ist falsch. Die beiden haben sich nicht geeinigt (OR 1), weil A gemäss OR 4 I nicht mehr an seine erste Offerte gebunden war.

25 Seite 64

A] Nein. Die beiden haben sich zwar über den Vertragsinhalt geeinigt. Aber Frau Rossi will noch nicht gebunden sein! Wie die vertraglichen Forderungen aussehen, ist klar: Der Händler müsste den Teppich geben und Frau Rossi müsste CHF 8 000.– bezahlen. Es fehlt aber noch der Wille von Frau Rossi, gebunden zu sein.

B] Nein. Der ursprüngliche Antrag des Händlers ist bis am nächsten Tag gültig, denn er war damit einverstanden, dass Frau Rossi es sich nochmals überlegt.

26 Seite 70

A] **Nein,** Urs Schaller und der Händler haben sich zwar über den Vertragsinhalt geeinigt. Aber es fehlt noch der Wille von Urs Schaller, gebunden zu sein.

B] **Nein,** der ursprüngliche Antrag des Händlers ist auch am nächsten Tag noch gültig, denn er war damit einverstanden, dass Urs Schaller es sich nochmals überlegt.

27 Seite 70

A] **Ja,** es handelt sich um ein **Haustürgeschäft** (Werbefahrt). Anna Wiesner hat die Möglichkeit, ihre Annahmeerklärung **innert sieben Tagen schriftlich zu widerrufen,** da ihr das Angebot zum Kauf der Wolldecken und des Heizkissens auf einer Werbefahrt gemacht wurde und der Kaufpreis CHF 100.– übersteigt (OR 40e, 40b lit. c und 40a I lit. b).

B] **Nein,** Herr Bieri kann den gültig zustande gekommenen Kaufvertrag wegen Erklärungsirrtums anfechten. Er hat gemäss OR 24 I Ziff. 3 eine Leistung von erheblich grösserem Umfange versprochen, als es sein Wille war. Hat Herr Bieri seinen Irrtum jedoch der eigenen Fahrlässigkeit zuzuschreiben, ist er gemäss OR 26 I zu Schadenersatz verpflichtet.

28 Seite 70

A] Das OR kennt folgende vier Möglichkeiten, um einen Vertrag wieder aufzulösen:

- **Aufhebungsvertrag:** Marianne Schild kann versuchen, mit den Reiseveranstaltern einen Aufhebungsvertrag abzuschliessen (OR 115). Die Reiseveranstalter sind jedoch nicht verpflichtet, auf Marianne Schilds Angebot einzugehen. Aus Kulanz kommt ihr möglicherweise eines der Reiseunternehmen entgegen.
- **Kündigung:** Das Gesetz sieht ein Kündigungsrecht nur bei Dauerschuldverhältnissen wie Miet- und Arbeitsvertrag vor. Da der Pauschalreisevertrag kein Dauerschuldverhältnis ist, kann Marianne Schild den Vertrag nicht kündigen.
- **Rücktrittsrecht:** Der Rücktritt von einem Vertrag ist nur zulässig, wenn die Vertragsparteien ein Rücktrittsrecht vereinbarten oder das Gesetz ein solches vorsieht. Die AGB seriöser Reiseveranstalter sehen ein Rücktrittsrecht gegen eine Gebühr vor. Je kurzfristiger die Reise vor Antritt abgesagt wird, desto höher ist die Rücktrittsgebühr. Marianne Schild könnte also vermutlich zurücktreten.
- **Anfechtung wegen Mängel des Vertragsabschlusses:** Das Gesetz nennt folgende vier Anfechtungsgründe: wesentlicher Irrtum, absichtliche Täuschung, Furchterregung und Übervorteilung (OR 23 ff., 28, 29 f. und 21). Marianne Schild kann sich weder auf einen wesentlichen Irrtum berufen, noch wurde sie absichtlich getäuscht, bedroht oder übervorteilt.

B] **Erster Schritt: Ist der Vertrag gültig zustande gekommen?** Der Fragende prüft die vier Voraussetzungen für das gültige Zustandekommen eines Vertrags:

- Einigung über den Vertragsinhalt (OR 1 ff.)
- Handlungsfähigkeit der Parteien (ZGB 13 ff.)
- Richtige Form der Verträge (OR 11 ff.)
- Zulässige Inhalt eines Vertrags (OR 19 f.)

Fehlt eine der Voraussetzungen, ist der Vertrag nicht zustande gekommen.

Zweiter Schritt: Kann man den gültig zustande gekommenen Vertrag wieder auflösen? Der Fragende prüft die vier Möglichkeiten:

- Aufhebung des Vertrags durch Übereinkunft (OR 115)
- Kündigung (nur wenn vereinbart oder gesetzlich vorgesehen)
- Rücktrittsrecht (nur wenn vereinbart oder gesetzlich vorgesehen)
- Anfechtung des Vertrags wegen Mängel (OR 21, 23 ff. und 28 f.)

Liegt einer der vier Ausnahmefälle vor, kann der Vertrag wegen Mängel bei Vertragsabschluss aufgelöst werden.

29 Seite 84

Wer muss in **welcher Reihenfolge, wann, wo, welche Leistung** erbringen?

30 Seite 84

Begriff	Bedeutung (je drei Stichworte)
a) Fälligkeit	Zeitpunkt, von dem an der Schuldner erfüllen muss bzw. der Gläubiger Erfüllung verlangen kann.
b) Verzug	Verspätung des Schuldners mit der Erfüllung.
c) Mahngeschäft	Kein bestimmter Erfüllungszeitpunkt vereinbart. Der Gläubiger muss den Schuldner mit Mahnung zur Leistung auffordern.
d) Verfalltagsgeschäft	Bestimmter Erfüllungszeitpunkt abgemacht. Mit Ablauf des Zeitpunkts kommt der Schuldner automatisch in Verzug.
e) Fixgeschäft	Bestimmter Erfüllungszeitpunkt oder -zeitraum abgemacht und festgelegt, dass die Leistung genau zu diesem Zeitpunkt oder innerhalb dieses Zeitraums erwartet wird.
f) Nachfrist	Bevor der Gläubiger seine Wahlrechte ausüben kann, muss er beim Mahngeschäft und beim Verfalltagsgeschäft eine Nachfrist zur nachträglichen Erfüllung ansetzen.

31 Seite 84

A] **Nein,** Richard Müggler liegt falsch. Wenn nichts abgemacht ist, gelten die Regeln des OR für den Erfüllungsort. Beim Rasenmäher handelt es sich um eine Gattungssache, deren Erfüllungsort in Zürich-Albisrieden liegt (OR 74 II Ziff. 3).

B] **Nein,** Richard Müggler liegt auch hier falsch. Sofern nicht eine andere Zahlungsart vereinbart wurde, kann die Toro AG auf Barzahlung bestehen (OR 75).

32 Seite 84

A] Schlechterfüllung. G erfüllt den Vertrag fehlerhaft.

B] Schuldnerverzug. Bezüglich der Lieferung ist der Galerist der Schuldner. Wegen seiner Verspätung gerät er in Schuldnerverzug.

C] Gläubigerverzug. Der Galerist kann seine Schuld nicht erfüllen, weil er auf die Mitwirkung von Frau Bieri, der Gläubigerin dieser Forderung, angewiesen ist.

D] Schuldnerverzug. Bezüglich des Kaufpreises ist Frau Bieri die Schuldnerin. Mit ihrer Verspätung gerät sie in Schuldnerverzug.

E] Unmöglichkeit. Es ist für niemanden möglich, den Vertrag richtig zu erfüllen.

33 Seite 85

	Art des Geschäfts	Fälligkeit	Verzug
Lieferung von 1 Tonne Heizöl am 12.3.06	**Verfalltagsgeschäft**	12.3.06	**Mit unbenutztem Ablauf des Verfalltags**
Lieferung des Apérogebäcks für das Personalfest am 22.11.05 um 17.00 Uhr	**Verfalltagsgeschäft (Fixgeschäft)**	**22.11.05, 17.00 Uhr**	**Mit unbenutztem Ablauf des vereinbarten Lieferzeitpunkts**
Sabrina zu Lorenzo: «Du kannst meinen MP3-Player haben.»	**Mahngeschäft**	**Jederzeit ab Vertragsabschluss**	**Nach Mahnung**
Lorenzo zu Sabrina: «Ich zahle dir CHF 100.– für den MP3-Player.»	**Mahngeschäft**	**Jederzeit ab Vertragsabschluss**	**Nach Mahnung**

34 Seite 85

A] Da Sie mit dem Gläubiger den 30. März als Zahlungszeitpunkt vereinbarten, ist Ihre Geldschuld gemäss **OR 102 II** ein **Verfalltagsgeschäft.**

B] Beim Verfalltagsgeschäft (und beim Mahngeschäft) muss der Gläubiger Ihnen gemäss **OR 107 I** eine **Nachfrist ansetzen,** d.h. eine letzte Frist für die nachträgliche Erfüllung einräumen. Dieses Element fehlt im Schreiben.

C] Ja, Sie vereinbarten mit dem Gläubiger den 30. März als Zahlungszeitpunkt. Seit dem 31. März ist die Forderung fällig, und der Gläubiger kann sie ab diesem Zeitpunkt mithilfe der Schuldbetreibung einfordern.

35 Seite 85

A] Mahnen müssen Sie C nicht, denn es liegt ein Verfalltagsgeschäft vor: Er hat Ihnen die Lieferung auf den 31. Mai versprochen. Hingegen müssen Sie ihm eine **Nachfrist** ansetzen. Nur so erhalten Sie das volle Wahlrecht gegen C.

B] Nach Ablauf der Nachfrist haben Sie drei Wahlrechte:

- Sie können das Notebook **nach wie vor verlangen.** Da C am 31. Mai in Verzug geraten ist, können Sie zudem Schadenersatz verlangen, etwa für die Miete eines Ersatzgeräts bis zur tatsächlichen Lieferung. Am Ende sollen Sie finanziell so dastehen, wie wenn der Händler rechtzeitig erfüllt hätte. Der Händler muss aber nur dann Schadenersatz zahlen, wenn ihn ein Verschulden trifft; dies ist z. B. der Fall, wenn er vergessen hat, Ihre Bestellung an den Importeur weiterzuleiten.
- Sie können die ursprüngliche Lieferpflicht in eine **finanzielle Ersatzpflicht** umwandeln. Dann muss Ihnen C nicht mehr das Notebook liefern, sondern, sofern er schuld ist, Geld zahlen, und zwar so viel, dass Sie dasselbe Notebook bei einem andern Händler kaufen könnten, also CHF 2490.–. Da Sie C Ihrerseits aber CHF 1990.– schulden, können Sie per Saldo CHF 500.– verlangen. Darüber hinaus können Sie, sofern C schuld ist, Schadenersatz wegen Verzugs fordern. Auch hier haben Sie also letztlich Anspruch auf das Erfüllungsinteresse.
- Sie können **vom Vertrag zurücktreten.** Dadurch gehen die Leistungspflichten unter: C muss Ihnen kein Notebook liefern, und Sie müssen nichts bezahlen. Bei Verschulden von C können Sie zudem Schadenersatz verlangen.

C] Wenn Sie sich nicht ausdrücklich für eine der Varianten entscheiden, kommt die **erste Variante** (nachträgliche Leistung plus Schadenersatz) zum Zuge.

36 Seite 97

Johanna ist sicher die Besitzerin des Motorrads, da sie die tatsächliche und körperliche Herrschaft über das Motorrad ausübt (ZGB 919). Damit ist aber noch nicht gesagt, dass Johanna auch Eigentümerin des Motorrads ist. Es könnte ja ausgeliehen, gemietet oder geleast sein. In diesem Fall ist Johanna Entleiherin, Mieterin oder Leasingnehmerin. Eigentümerin ist die Verleiherin, Vermieterin oder Leasinggeberin. Sie hat im Rahmen der vertraglichen Vereinbarung das Motorrad an Johanna übergeben und kann dieses nach Ablauf der Vertrags wieder zurückverlangen. Hat Johanna das Motorrad jedoch aufgrund eines gültigen Rechtsgeschäfts wie Kaufvertrag oder Schenkung erworben, ist sie nicht bloss Besitzerin, sondern auch Eigentümerin (ZGB 641).

37 Seite 97

A] Nein, im vorliegenden Fall ist kein Kaufvertrag entstanden. **Im vorliegenden Fall fehlt es an der Einigung der Vertragsparteien in den Hauptpunkten.** Tim Suter hat Kopierpapier zum Preis von CHF –.02 pro Blatt bestellt. Der Lieferant will aber CHF –.025 pro Blatt, also 25% mehr. Tim Suter und der Lieferant haben sich betreffend eines Hauptpunkts des Vertrags (Kaufpreis) nicht geeinigt.

B] Nein, im vorliegenden Fall ist kein Kaufvertrag entstanden. **Im vorliegenden Fall fehlt es an der Handlungsfähigkeit von Cornelia.** Um vertragsfähig zu sein, müsste Cornelia gemäss ZGB 13 mündig und urteilsfähig sein. Urteilsfähige Unmündige wie Cornelia können einen Kaufvertrag nur mit Zustimmung der Eltern abschliessen, ausser sie bezahlen den Kaufpreis aus dem Taschengeld oder dem eigenen Erwerbseinkommen (ZGB 19, 323).

38 Seite 98

A] Allgemeine Geschäftsbestimmungen werden nur Vertragsbestandteil, wenn sie vor Vertragsabschluss eingesehen werden konnten.

B] Die Transportkosten muss nach OR 189 der Käufer übernehmen, wenn nichts anderes vereinbart ist. Die Verpackungskosten gehen zulasten des Verkäufers.

C] Da die Regelungen der Nebenkosten im Kaufvertrag dispositiver Natur sind, können die Parteien eine andere Regelung vereinbaren.

39 Seite 98

A] **Ja,** diese Aussage stimmt. Mangels Vereinbarungen haben Käufer und Verkäufer ihre Leistungen am gleichen Ort zu erfüllen, und zwar am Wohnsitz des Verkäufers (OR 74 II).

B] **Ja,** diese Aussage stimmt. Der Käufer eines Fahrnisgegenstands wird im Moment der Übergabe Eigentümer (ZGB 714).

C] Ja, die Aussage ist richtig. Jeder Besitzer darf sich ungerechtfertigter Angriffe auf seinen Besitz mit Gewalt erwehren. Gewalt darf der Besitzer aber nur in dem Mass anwenden, als sie nach den Umständen gerechtfertigt ist (ZGB 926 I und III).

D] Nein, die Aussage ist falsch. Bei einer bloss der Gattung nach bestimmten Kaufsache gehen Nutzen und Gefahr wie folgt über:

- Beim Platzkauf (Käufer holt Kaufsache ab) gehen Nutzen und Gefahr auf den Käufer über, sobald die Kaufsache ausgeschieden ist.
- Beim Versendungskauf (Distanzkauf), gehen Nutzen und Gefahr auf den Käufer über, sobald die Kaufsache zur Versendung abgegeben ist (OR 185 II).

E] Nein, die Aussage ist falsch. Ein Eigentumsvorbehalt kann nur über bewegliche Sachen vereinbart werden. Zudem muss er nicht ins Grundbuch, sondern ins Eigentumsvorbehaltsregister am Wohnort des Käufers eingetragen werden (ZGB 715 I).

40 Seite 109

A] Wenn bei einem neuen Drucker die Anzeige nicht funktioniert, liegt **Schlechterfüllung** vor. Der Verkäufer haftet aufgrund der Regeln über die **Sachgewährleistung** für körperliche Mängel der Kaufsache (OR 197).

B] Jasmin Krüger muss zweimal schnell sein: beim **Prüfen** und beim **Rügen**. Sie hätte den Drucker sofort nach Übernahme, d. h. im Verkaufslokal, **auf offene Mängel hin kontrollieren** (prüfen) müssen und, falls sich **Mängel** ergeben, diese dem **Verkäufer sofort anzeigen** (rügen) müssen. Da Jasmin Krüger den Drucker erst zu Hause auf Mangelfreiheit hin kontrolliert hat, erfüllt sie streng genommen die sofortige Prüfungspflicht nicht. Im heutigen Geschäftsleben ist es jedoch üblich, dass die Sache erst zu Hause «auf Herz und Nieren» geprüft wird. Deshalb wird der Verkäufer aus Jasmin Krügers Vorgehen keine Vorteile zu seinen Gunsten ableiten können, wenn sie den zu Hause festgestellten Mangel sofort dem Verkäufer mitteilte (OR 201 I).

C] Jasmin Krüger hat nach **OR 205 f.** folgende drei Ansprüche: Sie kann vom Kaufvertrag zurücktreten, den Drucker zurückgeben und den Kaufpreis zurückfordern **(Wandelung)**, eine Preisreduktion im Verhältnis des Minderwerts der mangelhaften Kaufsache fordern **(Minderung)** oder eine andere mangelfreie Kaufsache verlangen **(Ersatzlieferung)**.

41 Seite 109

A] Hier geht es um **Lieferverzug** (OR 190 f.).

B] Weil Aldo Magno die Druckerpatronen für den Wiederverkauf kauft, liegt **kaufmännischer Verkehr** vor.

C] Aldo Magno kann sich gemäss OR 191 II sofort anderswo mit Druckerpatronen eindecken, um so seinen vertraglichen Verpflichtungen gegenüber eigenen Kunden nachkommen zu können **(Deckungskauf)**. Er kann also auf die Lieferung verzichten und Schadenersatz wegen Nichterfüllung beanspruchen (OR 190 I).

D] Bei einer Bestellung für den Eigenbedarf liegt **nichtkaufmännischer Verkehr** vor. Aldo Magno kann nach den allgemeinen Regeln über den Schuldnerverzug vorgehen: **Nachfrist** setzen, **Wahlrechte** ausüben, **Schadenersatz** geltend machen (OR 107 ff.).

42 Seite 109

A] Es liegt eine **Schlechterfüllung** des Vertrags vor. Der Spezialbegriff, den das OR bei Kaufverträgen verwendet, ist **Sachgewährleistung.**

B] Die Sachgewährleistung ist in **OR 197 ff.** geregelt.

C] **Ja,** Robert Hug ist im Recht. Präsentationsmappen müssen ein bestimmtes Mass an Robustheit aufweisen, denn nur so sind sie brauchbar. Der Verkäufer haftet gemäss OR 197 I für körperliche Mängel, die die Tauglichkeit der Mappen zum vorausgesetzten Gebrauch herabsetzen.

D] Robert Hug verlangt vom Verkäufer, dass er die Präsentationsmappen zurücknehme. Folglich hat er sich für den **Vertragsrücktritt (Wandelung)** entschieden (OR 205 I).

43 Seite 110

A] Aufgrund von OR 201 hat der Käufer die Pflicht zur sofortigen Prüfung der Kaufsache und zu einer Mängelrüge, sofern er Mängel festgestellt hat. Der Käufer behält damit das gesetzliche Wahlrecht (Wandelung, Minderung oder Ersatz).

B] Die gesetzlichen Möglichkeiten sind wegbedungen und durch die vertragliche Garantieleistung ersetzt (OR 199).

C] Die Regeln des OR zum Lieferverzug kommen zur Anwendung.

44 Seite 114

A] Beim **befristeten Mietvertrag endet** der Mietvertrag **automatisch** mit Ablauf der vereinbarten Mietdauer (OR 266). Beim **unbefristeten Mietvertrag** haben die Parteien dagegen nicht im Voraus bestimmt, wann der Mietvertrag enden soll. Ein unbefristeter Mietvertrag **endet, wenn** ein **Vertragspartner** den Vertrag **kündigt** (OR 266a ff.).

B] Die Mieter von Wohn- und Geschäftsräumen kommen in den Genuss der Mieterschutzbestimmungen, sodass sie gegenüber Mietern von anderen Mietobjekten folgende drei Vorteile haben: **Schutz vor missbräuchlichen Mietzinsen** (OR 269 ff.), **Schutz vor ungerechtfertigter Kündigung** des Vermieters (OR 271 f.) und **Möglichkeit der Mieterstreckung** (OR 272 ff.).

45 Seite 114

A] Mit 17 Jahren ist Frau Eigenmann noch nicht mündig. Grundsätzlich kann sie deshalb den Mietvertrag nur mit Zustimmung ihrer Eltern gültig abschliessen. Etwas anderes gilt nur, wenn sie die Miete aus ihrem eigenen Einkommen bezahlt.

B] Das Mietrecht schreibt nicht vor, dass Mietverträge schriftlich abgeschlossen werden müssen. Daher genügt auch eine mündliche Einigung.

C] Der von Frau Eigenmann gewünschte Vertrag müsste im Minimum die Einigung über den Mietgegenstand enthalten (Hauptpunkt 1). Ist aus den Umständen klar, dass die Vertragspartner einen Mietvertrag abschliessen wollen, dann muss der Hauptpunkt 2, die Höhe des Mietzinses, nicht unbedingt vereinbart werden. Geschuldet ist dann einfach die ortsübliche Miete. Die Minimallösung könnte deshalb sinngemäss wie folgt lauten:

Mietvertrag zwischen

Frau Eigenmann [... Adresse ...] und Herrn Dobler [... Adresse ...]

Frau Eigenmann mietet die 3-Zimmer-Wohnung von Herrn Dobler
im 2. Stock an der XY-Strasse.

Ort und Datum, die Mieterin [... eigenhändige Unterschrift ...]	Ort und Datum, der Vermieter [... eigenhändige Unterschrift ...]

Bemerkung: Natürlich würde niemand einen so knappen Mietvertrag aufsetzen. Mindestens den Mietzins (zweiter Hauptpunkt) und den Mietantritt (Nebenpunkt) würde man wohl auch noch ausdrücklich vereinbaren.

---

46 Seite 122

Schwere Mängel liegen vor, wenn der **Gebrauch** der Mietsache **ausgeschlossen** ist oder so **schwer beeinträchtigt** ist, dass das Mietobjekt fast nicht benutzbar ist. Beispiel: Totalrenovation der Wohnung, Handwerker belegen alle Zimmer.

Mittlere Mängel liegen vor, wenn der **Gebrauch** der Mietsache **vermindert** ist. Die Mietsache kann aber trotz Mangel benutzt werden. Beispiel: Im Badezimmer blättert Farbe ab.

Leichte Mängel liegen vor, wenn die Mängel durch Ausbessern oder Reinigen behoben werden können. Beispiel: tropfende Wasserhähne.

---

47 Seite 122

A] **Bei Mietantritt** darf der Mieter eine vollkommen mängelfreie Mietsache verlangen. **Sämtliche Mängel,** sowohl schwere, mittlere als auch leichte gehen **zulasten des Vermieters** (OR 258).

B] **Während der Mietdauer** muss der Mieter **leichte Mängel** auf eigene Kosten beheben. **Schwere und mittlere Mängel** gehen **zulasten des Vermieters** (OR 259 f.).

---

48 Seite 122

A] Ob der Mieter bei der Rückgabe der Mietsache seine Sorgfaltspflicht erfüllt oder verletzt hat, beurteilt sich nach folgender Regel:

Zustand der Mietsache bei Übernahme	–	Normale Abnützung durch Gebrauch	=	Zustand der Mietsache bei Rückgabe

B] Der Mieter muss bei unsorgfältiger Benützung einzig den **Minderwert bezahlen,** den er zu verantworten hat. Im Maximum ist das die **Differenz zwischen dem tatsächlichen Wert** der Sache bei Rückgabe und **dem hypothetischen Wert der Sache bei normaler Abnützung.**

---

49 Seite 122

A] Ein solches Mietverhältnis nennt man **Untermiete** (OR 262).

B] Sie müsste von Ihrer Kollegin zur Sicherheit einen **schriftlichen Mietvertrag** sowie die **Zustimmung des Vermieters** zur Untervermietung verlangen (OR 262).

---

50 Seite 128

A] Der Vermieter verspätet sich mit der Übergabe der Mietsache (OR 256 I). Es handelt sich um einen **Erfüllungsfehler des Vermieters** (Nichterfüllung, Schuldnerverzug).

B] Übergibt der Vermieter die Sache nicht zum vereinbarten Zeitpunkt, kann Lana nach den Artikeln OR 107–109 über die Nichterfüllung von Verträgen vorgehen (OR 258 I). Lana kann dem Vermieter eine Nachfrist setzen und nach unbenutztem Ablauf der Nachfrist die Wahlrechte ausüben.

---

51 Seite 128

A] Hat die Mietsache bei der Übergabe Mängel, kann Lana gemäss OR 258 III **sämtliche Ansprüche nach den Artikeln 259a ff.** geltend machen. Lana wird den Vermieter auf den leichten Mangel hinweisen. Wenn dieser den Mangel nicht innert angemessener Frist beseitigt, kann sie diesen gemäss OR 259b lit. b auf Kosten des Vermieters beseitigen lassen. Da es sich jedoch um einen leichten Mangel handelt, wird Lana vernünftigerweise den Dichtungsring auf eigene Kosten ersetzen (CHF 3.–).

B] Während der Mietdauer muss Lana den **Dichtungsring auf eigene Kosten ersetzen** (leichter Mangel, OR 259).

52 Seite 128

A] Lana hat gegen die Sorgfalts- und Rücksichtsnahmepflicht verstossen (OR 257f).

B] Ja, der Vermieter darf eine Verwarnung mit Kündigungsandrohung aussprechen (OR 257 f III).

C] Lana muss bei ihrer nächsten Party damit rechnen, dass ihr der Vermieter mit einer Frist von mindestens 30 Tagen auf Ende eines Monats kündigt, weil ihm oder den Hausbewohnern die Fortsetzung des Mietverhältnisses nicht mehr zuzumuten ist (OR 257f III).

53 Seite 128

A] Lana muss gemäss OR 257c den Mietzins am **Ende des Monats** bezahlen, wenn kein anderer Zeitpunkt vereinbart oder ortsüblich ist.

B] Bei der Vereinbarung im Mietvertrag handelt es sich um ein **Verfalltagsgeschäft.** Lana vereinbarte mit ihrem Vermieter einen bestimmten Verfalltag, nämlich den Anfang des Monats (OR 102 II).

C] Der Vermieter kann gemäss **OR 257d** vorgehen und das Mietverhältnis frühestens **auf den 31. Juli kündigen.**

- **Mahnung, Kündigungsandrohung.** Der Vermieter muss schriftlich eine Zahlungsfrist von mindestens 30 Tagen setzen und Lana androhen, dass bei unbenutztem Ablauf der Frist das Mietverhältnis gekündigt werde (OR 257d I).
- **Kündigung.** Nach unbenutztem Ablauf der Zahlungsfrist kann der Vermieter den Mietvertrag mit einer Kündigungsfrist von mindestens 30 Tagen auf das Ende eines Monats kündigen (OR 257d II).
- **Betreibung einleiten.** Zudem kann der Vermieter für die ausstehenden Mietzinse die Betreibung gegen Lana einleiten.

54 Seite 128

A] Bei Mängeln an der Mietsache kommen folgende fünf Möglichkeiten in Betracht: Beseitigung verlangen (OR 259b lit. b), fristlose Kündigung (OR 259b lit. a – bei Wohnungen nur für schwere Mängel), Reduktion des Mietzinses, Schadenersatz bei Verschulden des Vermieters (OR 259e), Hinterlegung des Mietzinses (OR 259g–i).

B] Sie können **ausserordentlich kündigen,** denn bei den geschilderten Umständen handelt es sich um einen schweren Mangel und Sie können eine **Reduktion des Mietzinses** verlangen. Schadenersatz für das Hotelzimmer, das Sie allenfalls mieten müssen, können Sie dagegen nicht verlangen. Der Vermieter kann ja nichts dafür, dass sich nebenan eine Grossbaustelle befindet.
Die Beseitigung des Mangels und die Hinterlegung des Mietzinses kommen nicht in Betracht, weil sie ja sinnlos wären.

C] Vermutlich werden Sie von Ihrer Kündigungsmöglichkeit nicht Gebrauch machen, weil ja ein Ende der Bauarbeiten absehbar ist. Für die Reduktion des Mietzinses müssen Sie wie folgt vorgehen: Zuerst mit dem Vermieter Kontakt aufnehmen und eine Reduktion verlangen. Wie viel Sie verlangen können, bringen Sie am besten über den Mieterverband in Erfahrung. Falls sich der Vermieter nicht einverstanden erklärt, müssen Sie an die Schlichtungsstelle in Mietsachen gelangen, die dann entscheidet.

55 Seite 130

Wenn Lana ausserterminlich ausziehen will, muss sie einen zumutbaren Nachmieter finden. Dieser muss zahlungsfähig und bereit sein, den Mietvertrag zu den gleichen Bedingungen zu übernehmen (OR 264 I).

56 Seite 134

Die Mieter von Wohn- und Geschäftsräumen kommen in den Genuss folgender Mieterschutzbestimmungen:

- **Schutz vor missbräuchlichen Mietzinsen** (OR 269 ff.),
- **Schutz vor ungerechtfertigter Kündigung des Vermieters** (OR 271 f.),
- **Möglichkeit der Mieterstreckung** (OR 272 ff.).

57 Seite 134

A] Hannah hat zwei Möglichkeiten: Sie kann bei der Schlichtungsbehörde innert Frist die **Kündigung ihres Vermieters anfechten** oder die Kündigung akzeptieren und bloss die **Erstreckung des Mietverhältnisses** beantragen.

B] Die **Anfechtung** der Kündigung ist nur erfolgversprechend, wenn sie missbräuchlich ist. Sobald der Vermieter einen sachlich plausiblen Grund vorbringen kann, scheidet Missbrauch aus. Erfolgversprechender scheint die **Erstreckung des Mietverhältnisses.** Hat Hannah Schwierigkeiten, eine zahlbare und zumutbare neue Wohnung zu finden und kann der Vermieter nicht dringenden Eigenbedarf geltend machen, sind die Erfolgsaussichten gut (OR 272 II).

C] Die Anfechtung und die Mieterstreckung laufen nach dem folgenden Verfahren ab (OR 273):

1. Innert **30 Tagen** nach Erhalt der Kündigung muss Hannah ihr Begehren auf Anfechtung bzw. Mieterstreckung bei der **Schlichtungsbehörde** einreichen (OR 273 I und II). Wenn sie sich verspätet, hat sie ihr Recht verwirkt.
2. Die Behörde versucht eine Einigung zwischen den Parteien herbeizuführen. Kommt keine Einigung zustande, so fällt sie einen Entscheid über die Ansprüche der Vertragsparteien (OR 273 IV).
3. Wenn der Vermieter oder Hannah mit dem Entscheid der Schlichtungsbehörde nicht einverstanden ist, kann jeder innert **30 Tagen** den Richter anrufen. Andernfalls wird der Entscheid der Schlichtungsbehörde **rechtsverbindlich** (OR 273 V).

58 Seite 144

Verschiedene Gesetze engen die Vertragsfreiheit mit zwingenden Bestimmungen ein, vor allem: die zwingenden Bestimmungen des öffentlichen Arbeitsrechts (z. B. ArG) sowie die relativ und absolut zwingenden Bestimmungen des OR. Daneben kann die Vertragsfreiheit auch durch GAV-Bestimmungen eingeschränkt sein.

59 Seite 144

- Zwingende Gesetzesbestimmungen dürfen von den Geschäftspartnern nicht abgeändert werden.
- Dispositive Gesetzesbestimmungen dürfen die Geschäftspartner abändern. Dispositives Recht gilt nur, wenn die Geschäftspartner nicht etwas anderes vereinbart haben.

60 Seite 144

OR 321c III	Kein oder weniger Lohn bei Überstundenarbeit
OR 340 I	Vereinbarung eines Konkurrenzverbots
OR 344a	Abschluss eines Lehrvertrags

61 Seite 144

Damit ein Arbeitsvertrag entsteht, müssen sich die Vertragspartner über die Hauptpflichten **einigen,** also über die Arbeitsleistung und den Lohn (OR 319). Zwar haben sich die Vertragspartner hier nicht über den Lohn geeinigt, nach OR 320 II ist das aber auch nicht nötig. Y hat einfach den üblichen Lohn zugut (OR 322).

Ausserdem müssen erfüllt sein: **Handlungsfähigkeit, Form, zulässiger Inhalt.** Es gibt keine Anhaltspunkte, dass eine dieser Voraussetzungen nicht erfüllt ist. Der Arbeitsvertrag kann ja abgesehen vom Lehrvertrag, vom Handelsreisendenvertrag und von einzelnen Vertragspunkten formfrei abgeschlossen werden.

62 Seite 152

Bei dieser Frage geht es um den Inhalt der Arbeitspflicht, der sich durch die Vereinbarungen im EAV und durch ein allfälliges Pflichtenheft bestimmt, sofern es Vertragsbestandteil ist. Lässt sich hier keine Antwort finden, dann bestimmt sich der Inhalt der Arbeitsleistung nach dem im betreffenden Beruf üblichen. Abzuklären ist folglich, ob Floristen **üblicherweise verpflichtet sind,** das Ladenlokal zu reinigen.

63 Seite 152

Alle erwähnten Regelungen der Überstundenvergütung sind **zulässig,** sofern folgende **Voraussetzungen** erfüllt sind:

- Variante von A: Blosser Stundenlohn ist zulässig, wenn es im EAV schriftlich vereinbart bzw. in einem geltenden GAV vorgesehen ist.
- Variante von B: Sie entspricht der gesetzlichen Regelung von OR 321c III.
- Variante von C: Kompensation mit Freizeit gleich langer Dauer ist zulässig, sofern das so vereinbart ist. Mündlichkeit genügt (OR 321c II).
- Variante von D: Die Überstundenvergütung (Lohn plus Zuschlag) kann ganz wegbedungen werden, sofern das schriftlich geschieht oder in einem GAV vorgesehen ist (OR 321c III).

Zu beachten ist aber in den Fällen von A, C und D die Regelung des ArG (sofern die betreffenden Arbeitsverhältnisse unterstellt sind): Für Überzeitarbeit, d. h. über die Höchstarbeitszeit hinausgehende Arbeit, ist zwingend der Stundenlohn mit einer Entschädigung von 25 % geschuldet, wobei auch die Ausnahmen von ArG 13 I zu beachten sind.

64 Seite 153

A] **Grundsätzlich** sind Nebenbeschäftigungen **erlaubt** und nur dann verboten, wenn sie treuewidrig sind. Man muss also prüfen, ob Gaby Zehnders Annahme der Nebenbeschäftigung **treuewidrig** ist. Das wäre der Fall, wenn die Nebenbeschäftigung

- im EAV verboten ist,
- als Schwarzarbeit im Sinne von OR 321a III zu qualifizieren ist (konkurrenzierende Tätigkeit gegen Entgelt),
- zusammen mit der Hauptbeschäftigung die Höchstarbeitszeit überschreitet (sofern das ArG überhaupt gilt) oder
- sonst berechtigte Interessen des Arbeitgebers verletzt (z. B. Verminderung der Leistungsfähigkeit des Arbeitnehmers).

B] Das Scheitern der Reparatur ist noch nicht zwingend eine Vertragsverletzung. Allerdings muss der Arbeitnehmer die übertragenen Arbeiten sorgfältig ausführen (OR 321e), es sei denn, der Arbeitgeber hätte gewusst (oder wissen müssen), dass er dazu nicht in der Lage ist. – Nach diesem Prinzip ist zu beurteilen, ob die Chefin Mischa von Arx haftbar machen kann oder nicht. Ist die misslungene Reparatur auf eine **unsachgemässe oder schludrige Arbeitsweise** zurückzuführen, dann ist **Mischa von Arx** dafür verantwortlich, ausser, die Chefin hätte gewusst (oder wissen müssen), dass er zu einer sachgemässen Reparatur **nicht in der Lage ist.**

65 Seite 153

A] Ja, Heinz Blumer hat seine Sorgfaltspflicht verletzt. Denn von jedem Bankschalterbeamten wird verlangt, dass er bei der Einlösung von Schecks die üblichen, im Reglement verlangten Vorsichtsmassnahmen einhält.

B] Die Nichtbeachtung der notwendigen Sorgfalt bedeutet eine Schlechterfüllung des Arbeitsvertrags: Heinz Blumer hat zwar Arbeit geleistet, diese Arbeitsleistung war aber mangelhaft.

C] Nein, bei Schlechterfüllung darf der Arbeitgeber den Lohn nicht kürzen. Dieses Recht steht ihm nur bei Nichterfüllung des Arbeitsvertrags zu. Allerdings hat der Arbeitgeber unter Umständen einen Schadenersatzanspruch, den er unter Umständen mit dem Lohn verrechnen kann. Unter diesem Titel ist ein «Lohnabzug» also möglich, sofern die Voraussetzungen der Verrechnung erfüllt sind.

D] Er kann das Arbeitsverhältnis kündigen – allerdings nur ordentlich; für eine fristlose Kündigung reicht diese Pflichtverletzung keinesfalls aus. Dazu müsste Heinz Blumer schon mehrmals und auf gröbste Weise die Grundsätze einer ordentlichen Scheckeinlösung verletzen. Schliesslich kann der Arbeitgeber Schadenersatz verlangen.

66 Seite 165

A] Grundsätzlich gilt: Ohne Arbeit kein Lohn. Dazu gibt es aber zwei Ausnahmen:

- Hat Hanspeter Latour nicht gearbeitet, weil der Arbeitgeber ihm keine Arbeit bzw. keinen Arbeitsplatz zuweisen konnte oder wollte, dann liegt ein Annahmeverzug des Arbeitgebers vor. Hanspeter Latour hat den Lohn zugut (OR 324).
- Hat Hanspeter Latour nicht gearbeitet, weil er unverschuldeterweise verhindert im Sinne von OR 324a war (Krankheit, Unfall usw.), dann hat er den Lohn zugut. Vorausgesetzt ist allerdings, dass ein befristetes Arbeitsverhältnis für mehr als drei Monate eingegangen wurde bzw. dass ein unbefristetes Arbeitsverhältnis bereits mehr als drei Monate gedauert hat.

B] Beim Annahmeverzug des Arbeitgebers dauert die Lohnfortzahlung so lange, wie der Arbeitgeber keine Arbeit zuweist. Bei der unverschuldeten Verhinderung des Arbeitnehmers ist die Lohnfortzahlung zeitlich beschränkt: im ersten Dienstjahr auf drei Wochen, danach entsprechend länger (OR 324a II).

67 Seite 165

A] Der Zeitpunkt der Ferien darf vom Arbeitgeber bestimmt werden (OR 329c II), wobei er auf die Wünsche des Arbeitnehmers so weit wie möglich eingehen soll. In der Regel sind (gerechtfertigte) betriebliche Gründe des Arbeitgebers höher zu gewichten als die individuellen Ferienwünsche des Arbeitnehmers. Daher ist die Anordnung von Betriebsferien **zulässig.**

B] Nicole Ritz handelt **auf eigenes Risiko,** wenn sie Ferien bucht, ohne die Zusicherung des Arbeitgebers zu besitzen. Daher kann sie nicht verlangen, dass sie die Ferien im März anstatt im August beziehen kann. Anders wäre die Rechtslage allenfalls zu beurteilen, wenn sie noch ein Ferienguthaben aus dem Vorjahr hat, das zusammen mit der verbleibenden Ferienwoche für dieses Jahr die drei Wochen abdeckt. Sofern keine übergeordneten betrieblichen Gründe gegen weitere Ferien im März sprechen, könnte sie die Ferien so verlangen.

68 Seite 165

A] **Schlechterfüllung;** der Arbeitnehmer kann vom Arbeitgeber die Ausstellung eines «richtigen» Zwischenzeugnisses verlangen (notfalls unter Anrufung des Richters).

B] Da der Zeitpunkt der Lohnzahlung gesetzlich oder vertraglich festgelegt ist (spätestens Ende des Monats), ist die Lohnforderung spätestens am Monatsende fällig, und der Arbeitnehmer kann das **Inkasso** vornehmen, d. h. den Arbeitgeber betreiben. Spätestens am Monatsende gerät der Arbeitgeber aber auch automatisch in Verzug (Verfalltagsgeschäft), sodass der Arbeitnehmer auch **Verzugszins sowie allenfalls Schadenersatz** für die Verspätung fordern kann. – Damit sind aber die Probleme des betreffenden Arbeitnehmers nicht vollständig gelöst. Es handelt sich ja um eine wiederkehrende Leistung. Der Arbeitnehmer kann deshalb den Arbeitgeber **(notfalls gerichtlich) auffordern,** in Zukunft rechtzeitig zu erfüllen.

C] Streng juristisch gesehen, muss der Arbeitnehmer nur Arbeiten verrichten, die innerhalb des vereinbarten bzw. üblichen Tätigkeitsfeldes liegen. Daher **verletzt der Arbeitnehmer den Vertrag nicht,** wenn er sich weigert, Arbeiten zu übernehmen, die nicht zum Inhalt der Arbeitsleistung gehören. Die **allgemeine Treuepflicht** kann dem Arbeitnehmer unter Umständen gebieten, auch Tätigkeiten ausserhalb seines Pflichtenheftes auszuüben; dann nämlich, wenn sich der Arbeitgeber in einer **Notlage** befindet (z. B. eine unvorhergesehene und einmalige Überlastung mit einem grossen Auftrag).

D] Der Arbeitgeber kommt dadurch in den **Annahmeverzug** (auch Gläubigerverzug). Juristisch gesehen ist das ein Unterlassen der notwendigen Mitwirkungshandlung zur Vertragserfüllung des Schuldners. Der Arbeitnehmer, der seine Arbeit vertragsgemäss anbietet, kann deshalb die Gegenleistung, d. h. den Lohn, verlangen, obwohl er nicht arbeitet.

69 Seite 165

A] Erlaubt sind prinzipiell nur Fragen, die mit der künftigen Tätigkeit zusammenhängen und die für einen Entscheid über die Eignung für eine Stelle bzw. Tätigkeit notwendig sind. Dies ist bei dieser Frage nicht der Fall; die Frage ist folglich **nicht zulässig.**

B] Diese Frage ist **erlaubt,** da sie für die künftige Tätigkeit relevant ist und sich auf die bisherigen Kenntnisse bzw. die Bereitschaft für künftige Ausbildungen bezieht.

C] Die allgemeine Frage nach Vorstrafen geht bei einer Stellenbewerbung grundsätzlich zu weit; allerdings kann bei einer Vertrauensstellung, wie dies bei einem Kassierer der Fall ist, z. B. eine konkrete Fragestellung nach **Vorstrafen wegen Unterschlagung** gerechtfertigt sein.

70 Seite 165

Daten dürfen nur zu dem Zweck bearbeitet werden, der bei der Beschaffung bekannt gegeben wurde, der gesetzlich vorgesehen ist oder der aus den Umständen ersichtlich ist.

Eine Weitergabe der Daten an den Turnverein wäre nur zulässig, wenn ein Rechtfertigungsgrund vorliegt, d. h., wenn der Geschäftsführer in diesem Fall vorgängig die Einwilligung der Mitarbeitenden eingeholt hat.

71 Seite 165

A] Die Klägerin kann die Diskriminierung feststellen lassen und eine Entschädigung wegen diskriminierender Kündigung verlangen.

B] Der Arbeitgeber könnte damit argumentieren, dass die Leistungen der Chemikerin während der Schwangerschaft massiv abgenommen hätten und die Absenzen unverhältnismässig lange gewesen seien.

72 Seite 174

A] Andreas Herzog müsste gegenüber der Arbeitgeberin seine **Ansprüche** gemäss OR 337c geltend machen (Entschädigung und Ersatz dessen, was er verdient hätte, wenn das Arbeitsverhältnis ordentlich gekündigt oder beendigt worden wäre, sowie eine Entschädigung von max. sechs Monatslöhnen). Kommt es zu keiner Einigung, muss er **Klage einreichen,** und zwar beim Gericht am Wohnsitz der Arbeitgeberin oder am Ort, an dem er seine Arbeit verrichtete (Zivilprozessordnung ZPO 34 und 243 ff.). .

B] Da Andreas Herzog offensichtlich zwei zentrale Arbeitnehmerpflichten verletzte (Schwarzarbeitverbot und Geheimhaltungspflicht), sind seine Erfolgsaussichten gering. Die Arbeitgeberin kann aus **wichtigem Grund** das Arbeitsverhältnis jederzeit fristlos auflösen. «Als wichtiger Grund gilt namentlich jeder Umstand, bei dessen Vorhandensein dem Kündigenden nach Treu und Glauben die Fortsetzung des Arbeitsverhältnisses nicht mehr zugemutet werden kann.» (OR 337 II). Die Pflichtverletzungen von Andreas Herzog stellen zweifellos einen «wichtigen Grund» im Sinne von OR 337 dar, und das Gericht wird die fristlose Kündigung als gerechtfertigt beurteilen.

73 Seite 174

A] Ungenügende Leistungen genügen alleine noch nicht für eine fristlose Kündigung; hierfür ist die ordentliche Kündigung durch den Arbeitgeber vorgesehen. Die fristlose Kündigung war also **ungerechtfertigt.**

B] Am besten protestiert Rolf Dobler mit eingeschriebenem Brief gegen die Kündigung, damit klar und beweisbar wird, dass er mit der Auflösung des Arbeitsverhältnisses nicht einverstanden ist. Will ihn der Arbeitgeber endgültig nicht mehr weiterbeschäftigen, dann kann er **gerichtliche Klage** wegen ungerechtfertigter fristloser Kündigung einreichen und den **Lohn bis zum Ablauf der ordentlichen Kündigungsfrist plus eine Entschädigung bis zu sechs Monatslöhnen** einklagen.

C] **Nein,** Rolf Dobler kann die Weiterbeschäftigung auch gerichtlich nicht erzwingen; das Arbeitsverhältnis ist nämlich endgültig aufgelöst.

74 Seite 174

A] Zweites Dienstjahr mit einer gesetzlichen Kündigungsfrist von zwei (Kalender-)Monaten – Beendigung des Arbeitsverhältnisses am **31. Januar 2006.**

B] Gesetzliche Regelung: Kündigungsfrist von sieben Tagen, gerechnet vom Tag nach der Mitteilung an; kein Kündigungstermin. Das Arbeitsverhältnis endet also am **19.2.2005.**

75 Seite 174

Nach OR 336c I lit. c darf der Arbeitgeber während der ganzen Schwangerschaft und während 16 Wochen nach der Geburt nicht kündigen. Erst danach ist eine Kündigung zulässig.

76 Seite 181

A] Werkvertrag: Das Velo wird speziell für Florian Keller angefertigt.

B] Kaufvertrag: Das Velo behält den Charakter eines Serienprodukts, auch wenn Patrizia Hinz eine besondere Ausstattung wünscht.

77 Seite 181

A] Ja; ein Dach muss dicht sein, andernfalls fehlt ihm eine zweckbestimmte Eigenschaft.

B] Nein. Auch bei sorgfältiger Prüfung konnte Flavio Tomma diesen Mangel erst beim ersten Regen erkennen; es liegt also ein versteckter Mangel vor. Die Fünfjahresfrist für versteckte Mängel an Bauwerken ist noch nicht abgelaufen.

C] Flavio Tomma muss den Mangel sofort nach dem Gewitter rügen. Er kann dann die Reparatur des Dachs verlangen oder einen Abzug am Werklohn vornehmen. Ein Rücktritt vom Werkvertrag ist nicht möglich, denn es liegt kein gravierender Mangel vor. Zudem wäre der Aufwand für die Entfernung des neuen Dachs unverhältnismässig gross (OR 368 III).

D] Ja, sofern den Dachdecker ein Verschulden trifft. Wahrscheinlich kann man ihm fehlende Sorgfalt bei seiner Arbeit vorwerfen.

78 Seite 192

A] **Auftrag.** Der Detektiv muss sich nach Kräften bemühen, einen allfälligen Betrug aufzudecken, kann dieses Ergebnis aber nicht garantieren.

B] **Werkvertrag.** Die Coiffeuse schuldet Ihnen einen klar formulierten Arbeitserfolg.

C] **Werkvertrag.** Der Gärtner schuldet Theres Inglin einen klar formulierten Arbeitserfolg.

D] **Werkvertrag.** Die Spenglerei schuldet dem Kirchenrat einen klar formulierten Arbeitserfolg, die sanierte Kuppel.

E] **Auftrag und Arbeitsvertrag.** Barbara Bill muss sich nach Kräften bemühen, ihre Dienstleistungen sorgfältig zu erbringen. Mit der Teilzeitmitarbeiterin schliesst sie einen Arbeitsvertrag ab.

79 Seite 192

Bettina Langmeier schuldet dem Anwalt das Honorar trotzdem. Als Beauftragter muss der Anwalt den Prozessgewinn anstreben, jedoch nicht garantieren.

80 Seite 192

A] OR 418 a–v gibt keine Antwort auf diese Frage. Der Agenturvertrag ist ein besonderer Auftrag; entsprechend ist das Auftragsrecht ergänzend anwendbar. Ein Beauftragter muss seine Dienstleistung in dem Umfang erbringen, wie es der Vertrag vorsieht. Ist seine Arbeitsleistung geringer als vereinbart, liegt **Nichterfüllung** vor. Lässt der Vertrag hingegen offen, wie viel der Agent arbeitet, liegt **keine Vertragsverletzung** vor.

B] Als Arbeitnehmer wäre Hugo Wohlwend in vereinbartem Umfang zur Arbeitsleistung verpflichtet. Wenn er seine Kunden nicht besucht, liegt somit **Nichterfüllung** des Arbeitsvertrags vor.

C] Nach OR 418g entsteht der Provisionsanspruch des Agenten mit Abschluss des Geschäfts. Wenn die Ausführung des Geschäfts ohne Verschulden des Auftraggebers ausbleibt, fällt der Provisionsanspruch nachträglich wieder dahin. Hugo Wohlwend hat folglich **keinen Anspruch auf Provision** für die «faulen» Bestellungen. Wurde sie ihm bereits bezahlt, muss er sie wieder zurückbezahlen.

81 Seite 207

Die Einzelunternehmung ist im OR nicht wie die übrigen Unternehmensformen unter einem eigenen Titel geregelt. Die wenigen Regeln, welche die Einzelunternehmung betreffen, finden sich unter verschiedenen Titeln wie das Handelsregister (OR 934), die Geschäftsfirmen (OR 945 f.), die kaufmännische Buchführung (OR 956) sowie in der Handelsregisterverordnung (HRegV 10, 52 ff.).

82 Seite 207

A] Für die Gründung einer Kollektivgesellschaft genügt ein formfreier Vertrag unter den Gesellschaftern. Doch ist ein schriftlicher Gesellschaftsvertrag im Interesse aller Beteiligten empfehlenswert. Werden von den Gesellschaftern Grundstücke in die Gesellschaft eingebracht, muss der Gesellschaftsvertrag öffentlich beurkundet werden. Der Handelsregistereintrag ist gesetzlich vorgeschrieben, die wirtschaftlich tätige Kollektivgesellschaft entsteht aber auch ohne den HR-Eintrag (OR 552 f.).

B] Für die Gründung einer AG sind folgende Schritte erforderlich:

1. Statuten aufstellen (OR 626 ff.)
2. Aktien zeichnen und im statutarisch vorgesehenen Umfang liberieren (OR 632, 634a, 683)
3. öffentliche Gründungsurkunde durch Notar (OR 629)
4. Handelsregistereintrag (OR 643)

C] Für die Gründung einer GmbH sind folgende Schritte erforderlich:

5. Statuten aufstellen (OR 776 ff.)
6. Stammanteile zeichnen und liberieren (OR 774)
7. Öffentliche Gründungsurkunde durch Notar (OR 777)
8. Handelsregistereintrag (OR 778 ff.)

83 Seite 207

A] **Nein,** bei der Schulklasse handelt es sich nicht um eine Gesellschaft, denn es fehlt am vertraglichen Zusammenschluss. Die Schüler schliessen sich nicht zusammen, um gemeinsam die Prüfung zu bestehen. Jeder von ihnen hat zwar dieses Ziel, aber jeder für sich; ein Rechtsverhältnis besteht nicht zwischen ihnen.

B] **Ja,** es liegt ein Gesellschaftsverhältnis vor. Auch wenn das Konkubinatspaar (vermutlich) keinen schriftlichen Vertrag aufgesetzt hat, kann man annehmen, dass Monika Streiff und Oskar Schönenberger stillschweigend abgemacht haben, ihren Unterhalt gemeinsam zu bestreiten. Darin besteht der gemeinsame Zweck, zu dem jeder seinen Teil beisteuern muss, sei es mit Geld (Miete, Essen usw.) und/oder mit Arbeit (Waschen, Bügeln, Kochen usw.).

C] **Nein,** es handelt sich nicht um eine Gesellschaft, sondern um einen «gewöhnlichen» Darlehensvertrag. Die Tatsache, dass der Zins für das Darlehen vom Unternehmensgewinn abhängig ist, spricht allein noch nicht für ein Gesellschaftsverhältnis.

84 Seite 208

Ja, der Vermieter kann Speck einklagen, da dieser solidarisch und unbeschränkt haftet.

85 Seite 208

Wenn der VR seine Aufsichtspflicht nicht sorgfältig ausgeübt hat, können die Aktionäre die **Verantwortlichkeitsklage** einleiten und Schadenersatz verlangen. Sie könnten auch direkt gegen den fehlbaren Direktor vorgehen.

86 Seite 215

Martha Maler ist zwar bevollmächtigt, gibt sich aber nicht als Stellvertreterin zu erkennen. Da es dem Haushaltgeschäft nicht darauf ankommt, mit wem es den Vertrag abschliesst, kommt der Vertrag somit zwischen dem Haushaltgeschäft und Martha Maler zustande.

87 Seite 215

Ja, das Unternehmen ist an die abgegebene Schuldanerkennung gebunden, denn der gutgläubige Kunde darf sich auf den Handelsregistereintrag verlassen. Ist dort keine Beschränkung vorgesehen, kann dem Kunden die interne Regelung nicht entgegengehalten werden.

88 Seite 215

A] **Ja,** denn die Prokura muss zwar ins HR eingetragen werden, die Unterschrift der Prokuristin Gerda Keller ist aber auch ohne Eintrag gültig (OR 458 II).

B] **Ja,** die im HR eingetragenen Vollmachten sind gültig, bis sie wieder gelöscht werden (OR 933 II).

89 Seite 224

A] Das Handelsregister ist ein öffentliches (staatliches) Verzeichnis, in dem bis auf wenige Ausnahmen sämtliche wirtschaftlich tätigen Unternehmen verzeichnet sind.

B] Das Handelsregister hat **drei** Aufgaben: Zunächst dient es dem Informationsbedürfnis der Allgemeinheit. **Jedermann** soll sich über die wesentlichen Aspekte von wirtschaftlich tätigen Unternehmen informieren können. Das Handelsregister ist deshalb öffentlich zugänglich **(Publizitätsfunktion).** Das HR garantiert aber auch, dass die **Vorschriften** des **OR** im Gesellschaftsrecht eingehalten werden. Durch den Zwang zum Eintrag erhalten die Behörden ein Mindestmass an Kontrolle über die Gesellschaften. Da die Behörden jedoch nicht in den Wettbewerb eingreifen dürfen, ist ihre Prüfungsbefugnis stark eingeschränkt **(Rechtsdurchsetzungsfunktion).** Schliesslich werden an den HR-Eintrag auch gewisse Rechte und Pflichten der betreffenden Unternehmen geknüpft **(Rechtsanknüpfungsfunktion).** So unterstehen die im HR Eingetragenen der Konkursbetreibung; sie profitieren ausserdem vom Firmenschutz und sind zur Buchführung verpflichtet.

90 Seite 224

Am sichersten ist die **Nachfrage** beim Unternehmen selbst. Will man nicht direkt nachfragen, kann man beim **Handelsregisteramt** einen **Auszug** über den Eintrag des Unternehmens verlangen. Darin sind die zeichnungsberechtigten Direktoren und Prokuristen aufgeführt. Allerdings: Der Kundenberater kann unterschriftsberechtigt sein, auch wenn er nicht im HR eingetragen ist – dann nämlich, wenn er bloss eine Handlungsvollmacht hat (diese wird laut OR 462 nicht im HR eingetragen).

Eine weitere Möglichkeit: im **Internet** recherchieren.

91 Seite 224

Behauptung A] ist nicht exakt. Ein Einzelunternehmer ist zum HR-Eintrag verpflichtet, sobald er ein kaufmännisches Gewerbe betreibt (Jahresumsatz **über CHF 100 000.–**). Auch Behauptung B] ist nicht exakt. Ein Unternehmen ohne kaufmännisches Gewerbe ist zum Eintrag **berechtigt,** nicht aber verpflichtet. Behauptung C] liegt vollkommen daneben: Die AG entsteht erst **nach** dem Abschluss des gesamten Gründungsverfahrens durch den HR-Eintrag. Bis zu diesem Zeitpunkt ist sie eine einfache Gesellschaft, die nicht eingetragen werden kann. Behauptung D] ist nicht ganz exakt: Personengesellschaften, die kein kaufmännisches Gewerbe betreiben, entstehen nämlich erst mit dem HR-Eintrag.

92 Seite 224

Im **Aussenverhältnis** – d. h. gegenüber Dritten – löst der HR-Eintrag die **Publizitätswirkung** aus. **Positiv** bewirkt diese, dass rechtswirksame Handelsregistereinträge gegenüber jedermann gelten, und **negativ,** dass fehlende Eintragungen einem gutgläubigen Dritten nicht entgegengehalten werden können. Der HR-Eintrag hat aber auch **interne Wirkungen.** Mit ihm verbindet sich der erhöhte Firmenschutz, die Unterstellung unter die Konkursbetreibung, die Buchführungspflicht (Achtung: Letztere nur für Eintragungspflichtige) sowie die Unterstellung unter die Handelsgerichtsbarkeit. Zudem hat der HR-Eintrag bei allen juristischen Personen und bei den Personengesellschaften ohne kaufmännisches Gewerbe konstitutive Wirkung – sie entstehen erst mit dem HR-Eintrag.

93 Seite 224

Der Vertrag ist nach der negativen Publizitätswirkung gültig zustande gekommen, wenn Sie als Vertragspartner gutgläubig waren, d. h. nicht wussten, dass der Prokurist nicht mehr vertretungsberechtigt war.

94 Seite 227

Firmen dürfen nicht irreführend und täuschend sein, d. h. sie müssen klar Aufschluss über die Rechtsform geben und dürfen keinen falschen Eindruck über Art oder Grösse der Unternehmung erwecken.

95 Seite 227

A] Als Einzelunternehmung müssen Sie diesen Zustand dulden. Der Schutzraum der Firmenausschliesslichkeit ist für Einzelunternehmungen und Personengesellschaften auf den Ort des HR-Eintrags und den damit verbundenen Wirtschaftsraum beschränkt.

B] Personengesellschaften gleich wie Einzelunternehmung.
GmbH, AG und Genossenschaft: Der Schutzraum umfasst die ganze Schweiz.

96 Seite 259

A] Das Schuldbetreibungs- und Konkursgesetz (SchKG) kennt folgende drei Betreibungsverfahren:

- Die **Betreibung auf Pfändung** (SchKG 89 ff.)
- Die **Betreibung auf Konkurs** (SchKG 159 ff.)
- Die **Betreibung auf Pfandverwertung** (SchKG 151 ff.)

B] Die wesentlichen Unterschiede zwischen den drei Betreibungsverfahren sind:

- Die Betreibung auf Pfändung: Es wird **nur so viel Vermögen** des Schuldners beschlagnahmt, **wie zur Befriedigung des betreibenden Gläubigers nötig** ist (Spezialexekution, SchKG 97 II).
- Die Betreibung auf Konkurs: Auch wenn nur ein Gläubiger betreibt, wird **alles Vermögen** des Schuldners beschlagnahmt (Generalexekution). Daraus werden alle Gläubiger befriedigt (SchKG 197).
- Die Betreibung auf Pfandverwertung: Es wird ein **bereits** bei Vertragsabschluss von Gläubiger und Schuldner **reserviertes Pfand** verwertet (SchKG 151 und 37).

97 Seite 259

Der ordentliche Betreibungsort bei der Betreibung auf Pfändung und auf Konkurs ist **bei Privatpersonen der Wohnsitz** und **bei Unternehmen der Sitz, der im Handelsregister eingetragen ist** (SchKG 46).

Bei der Betreibung auf Pfandverwertung gilt: Bei Grundpfändern ist der Betreibungsort immer der Ort des Grundstücks; bei beweglichen Pfandgegenständen kann der Gläubiger wahlweise am Ort betreiben, an dem sich die Sache im Moment der Betreibung befindet, oder am Wohnsitz des Schuldners (SchKG 51).

98 Seite 259

Wenn der Schuldner den Fortgang des Betreibungsverfahrens stoppen möchte, kann er **innert 20 Tagen** den Forderungsbetrag **bezahlen** (SchKG 69 II Ziff. 2). Er kann aber auch **innert 10 Tagen** die **Forderung bestreiten** (Rechtsvorschlag erheben, SchKG 69 II Ziff. 3).

99 Seite 260

A] Der Gläubiger kann **definitive Rechtsöffnung** verlangen, wenn seine Forderung auf einem **vollstreckbaren Gerichtsentscheid** oder einer rechtskräftigen Verfügung beruht (SchKG 80).

B] Der Gläubiger kann eine **provisorische Rechtsöffnung** verlangen, wenn seine Forderung auf einer **öffentlichen Urkunde** (z. B. Grundstückkaufvertrag) oder einer **schriftlichen Schuldanerkennung** (z. B. schriftlicher Mietvertrag) beruht (SchKG 82).

C] Der Gläubiger muss einen **Zivilprozess** einleiten, wenn er **keinen Rechtsöffnungstitel** (z. B. Gerichtsentscheid, öffentliche Urkunde, schriftlichen Vertrag) hat (SchKG 79 I).

100 Seite 260

A] Erfolgreicher Abschluss des Einleitungsverfahrens heisst, dass ein **rechtskräftiger Zahlungsbefehl** vorliegt: Der Gläubiger hat die Betreibung mit dem Betreibungsbegehren eingeleitet und einen allfälligen Rechtsvorschlag beseitigt.

B] Der Gläubiger muss bei der Betreibung auf Pfändung und auf Konkurs das **Fortsetzungsbegehren stellen, bei der Betreibung auf Pfandverwertung** das Verwertungsbegehren.

C] In allen drei Fällen ist das Betreibungsamt am Betreibungsort zuständig.

101 Seite 260

A] Pfänden heisst, **Vermögenswerte beim Schuldner beschlagnahmen** (SchKG 89 ff.).

B] Gewisse Vermögensstücke sind gänzlich **unpfändbar** (sogenannte Kompetenzgegenstände). Zu den **Kompetenzgegenständen** zählen Gegenstände, welche der Schuldner und seine Familie zum Leben unbedingt brauchen (Möbel, Kleider usw.), sowie Gegenstände, die der Schuldner zur Ausübung seines Berufs unbedingt braucht (Werkzeuge, Maschinen usw., SchKG 92). Zudem ist der **Lohn des Schuldners** nur **beschränkt pfändbar.** Lohnforderungen bis zur Höhe des Existenzminimums sind unpfändbar (SchKG 93).

102 Seite 260

Der **Gläubiger** hat mit einem Pfändungsverlustschein folgenden dreifachen Nutzen (SchKG 149 f.):

- Der Gläubiger kann **innert 6 Monaten direkt ein neues Fortsetzungsbegehren** gegen den Schuldner richten und damit eine weitere Zwangsvollstreckungsrunde ohne Einleitungsverfahren durchführen.
- Nach Ablauf der 6 Monate muss er zwar die Betreibung neu einleiten, der Verlustschein ist aber immerhin ein **provisorischer Rechtsöffnungstitel.**
- Die Forderung **verjährt erst nach 20 Jahren.**

Der **Schuldner** hat mit einem Pfändungsverlustschein folgenden Nutzen (SchKG 149 IV): Er hat für die durch den Verlustschein verurkundete Forderung **keinen Zins zu zahlen.**

103 Seite 260

A] Das Betreibungsverfahren auf Konkurs verläuft nach Eingang des Fortsetzungsbegehrens in folgenden drei Schritten: **Konkursandrohung, Konkursbegehren** und **Konkurseröffnung** (SchKG 159 ff., 166 und 171).

B] Das schuldnerische Vermögen heisst nach der Konkurseröffnung **Konkursmasse** (SchKG 197 I).

104 Seite 260

A] Der Kollokationsplan ist die **Rangordnung der Gläubiger** im Falle ungenügender Deckung durch die Konkursmasse (SchKG 219).

B] Die Gläubiger werden in folgender Rangordnung aus dem Erlös der Konkursmasse gedeckt (SchKG 219):

- **1. Klasse:** Unterhaltsforderungen (Kinder und geschiedener Ehepartner) für 6 Monate; Lohnforderungen von Arbeitnehmern für 6 Monate (bis zu einem Jahreslohn von maximal 126 000 Franken).
- **2. Klasse:** Forderungen von Kindern wegen dem Schuldner überlassenen Vermögen; Forderungen von Sozialversicherungen (insb. AHV/IV), Mehrwertsteuerforderungen der Steuerbehörden.
- **3. Klasse:** alle übrigen Forderungen.

105 Seite 260

A] Drittpfandeigentümer heisst der Eigentümer des Pfandgegenstands, sofern dieser nicht dem Schuldner gehört.

B] Der Drittpfandeigentümer erhält immer einen Zahlungsbefehl.

C] Die Ehefrau erhält einen Zahlungsbefehl, wenn der Pfandgegenstand eine Liegenschaft ist, die der Familie des Schuldners oder des Drittpfandeigentümers als Familienwohnung dient.

106 Seite 260

Die Fristen des Betreibungsverfahrens beginnen mit der Zustellung des Zahlungsbefehls an den Schuldner zu laufen.

A] Bei faustpfandgesicherten Forderungen dauert das Einleitungsverfahren mindestens 1 Monat ab Zustellung des Zahlungsbefehls. Danach kann der Gläubiger das Verwertungsbegehren stellen, worüber der Schuldner sofort informiert wird (im Idealfall am nächsten Tag). Die Verwertung findet frühestens 10 Tage nach Zustellung des Verwertungsbegehrens statt. Im allerschnellsten Fall dauert eine Betreibung auf Pfandverwertung bei Faustpfändern also knapp 1 1/2 Monate (SchKG 154, 156 und 122).

B] Bei grundpfandgesicherten Forderungen dauert das Einleitungsverfahren mindestens 6 Monate ab Zustellung des Zahlungsbefehls (Zahlungsfrist). Danach kann der Gläubiger das Verwertungsbegehren stellen, worüber der Schuldner sofort informiert wird (im Idealfall am nächsten Tag). Die Verwertung findet frühestens 1 Monat ab Eingang des Verwertungsbegehrens statt. Im allerschnellsten Fall dauert eine Betreibung auf Pfandverwertung bei Grundpfändern mindestens 7 Monate (SchKG 154, 156 und 133).

107 Seite 260

A] Dies ist ein typischer Fall für einen Arrest. Damit erreicht der Hotelier, dass die Uhr von Blancpain beschlagnahmt wird (Taschenarrest, SchKG 271 I Ziff. 3).

B] Gläubiger mit einem Verlustschein oder die Konkursverwaltung können hier mit der Anfechtungsklage die Ungültigkeit der Schenkung bewirken (Schenkungsanfechtung, SchKG 286).

C] In der Zeit zwischen Konkursandrohung und -eröffnung kann der Schuldner voll über sein Vermögen verfügen. Meier hat aber die Möglichkeit, beim Konkursrichter die Gefährdung seiner Ansprüche vorzubringen und die Aufnahme eines Güterverzeichnisses zu beantragen. Dieses wird gegebenenfalls vom Betreibungsamt aufgenommen. Der Schuldner kann nun nicht mehr unbemerkt Vermögenswerte verschieben (SchKG 162 ff.).

Stichwortverzeichnis